大国通史丛书

总主编 钱乘旦

# 日本通史

## A History of Japan

王新生 主编

【第一卷】

远古卷

崔金柱 等 著

江苏人民出版社

**图书在版编目(CIP)数据**

日本通史. 第一卷,远古卷 / 崔金柱等著. —南京:
江苏人民出版社,2023.5
(大国通史丛书)
ISBN 978 - 7 - 214 - 27605 - 6

Ⅰ.①日… Ⅱ.①崔… Ⅲ.①日本-历史 Ⅳ.
①K313.0

中国版本图书馆 CIP 数据核字(2022)第 192197 号

书　　名　日本通史　第一卷　远古卷
主　　编　王新生
著　　者　崔金柱　高　燎　章　林　王海燕
策　　划　王保顶
责 任 编 辑　马晓晓　王　娟
装 帧 设 计　刘莘莘
责 任 监 制　王　娟
出 版 发 行　江苏人民出版社
地　　址　南京市湖南路 1 号 A 楼,邮编:210009
照　　排　江苏凤凰制版有限公司
印　　刷　江苏凤凰新华印务集团有限公司
开　　本　652 毫米×960 毫米　1/16
印　　张　193　插页 24
字　　数　2 566 千字
版　　次　2023 年 5 月第 1 版
印　　次　2023 年 5 月第 1 次印刷
标 准 书 号　ISBN 978 - 7 - 214 - 27605 - 6
定　　价　880.00 元(全 6 卷)

(江苏人民出版社图书凡印装错误可向承印厂调换)

# 总　序

王新生

　　2008年正式启动六卷本日本通史丛书的撰写工作,至今已过去14个年头,期间人员经历过多次变动,尽管最终面世,但仍有许多遗憾。改革开放以来,日本学术界姑且不论,国内通史性日本历史书籍陆续出版,断代史专著更是诸多。单就通史类的著作来看,最初有赵建民、刘予苇主编的《日本通史》(复旦大学出版社1989年),其后是吴廷璆主编的百万字《日本史》(南开大学出版社1994年)。进入新世纪以后,陆续出版了刘建强编著的《新编日本史》(外语教学与研究出版社2002年)、浙江大学日本文化研究所编的《日本历史》(高等教育出版社2003年)、王新生的《日本简史》(北京大学出版社2005年)、王保田的《日本简史》(上海人民出版社2006年)、孙秀玲的《一口气读完日本史》(京华出版社2006年)、王仲涛和汤重南的《日本史》(人民出版社2008年)、王雪松的《简明日本史教程》(武汉大学出版社2008年)、冯玮的《日本通史》(上海社会科学院出版社2008年)等。上述通史性著作既有学术性专著,也有教材类图书,更有普及性书籍,篇幅长短不一,内容叙述也各有特色,但均从不同的视角阐述了日本社会的发展变化,丰富了把握日本历史的渠道。

　　虽然本书在借鉴国内外学术成果的基础上撰写而成,但没有达到理论与方法论上的突破,只是在内容上较大幅度增加社会生活的历史,行文也以叙述性为主,以期更为全面地理解日本历史的发展演变进程。从体例上看,本书采用国内学术界也逐渐使用的日本历史时期划分方式,即各卷分别称为远古、古代、中世、近世、近代、战后等。具体地说,圣德太子执政之前为远古时期,大化改新到摄关政治结束为古代时期,院政政治兴起到室町幕府灭亡为中世时期,织丰政权到"黑船来航"之前为近世时期,明治维新到第二次世界大战结束为近代时期,战后为现代时期。

第一卷远古部分最初的撰写人由于各种原因未能坚持下来,后来改由北京大学历史学博士、现为首都师范大学历史学院教师的崔金柱承担。有关该部分的历史,文字资料很少,国内研究者及其成果也比较少,因而主要介绍国内外学术观点;第二卷古代部分由日本国学院大学博士、浙江大学人文学院教授王海燕承担,另外还撰写了第一卷第八章;第三卷中世部分最初由两位作者承担,但其中一位因病退出,最后由本丛书主编按照自己的设想整合、改编了原天津社会科学院日本研究所研究员王金林先生和浙江工商大学东亚文化研究所陈小法教授的书稿,增加了一些新内容,两位原作者核实、校对了书稿,附录部分由陈小法教授做成;第四卷近世部分最初计划由两位作者承担,其中一位因故退出,最后由北京大学历史学博士及日本新潟大学哲学博士、北京大学历史学系教授唐利国撰写而成;第五卷近代部分由北京大学历史学系教授宋成有承担;第六卷战后部分由本书主编、北京大学历史学系教授王新生承担,是在2013年出版的《战后日本史》基础上改编而成。

2009年得到日本国际交流基金的赞助,本丛书成员集体访问日本,与东京大学综合文化研究科教授三谷博等先生举行座谈会,并考察了东京大学史料编纂所,同时在东京的新旧书店、国会图书馆收集了相关资料。本书撰写、出版过程一直得到以王保顶先生为中心的江苏人民出版社各位的支持,在此一并表示谢意。

# 目　录

# 第一章　旧石器时代

## 第一节　第四纪更新世的自然与人类

据既有的考古学发现，日本列岛的人类历史发端于旧石器时代。自1949年群马县岩宿遗址被调查发掘以来的七十年来，日本史前考古取得长足进步。特别是在经济高度增长时代，随着政府主导的大型基建设施及商民不动产开发，日本列岛发现了大量考古学资料，为研究日本上古历史提供了极佳条件。在20世纪八九十年代，日本的旧石器时代考古，特别是前期旧石器时代考古的成就令人刮目相看。这是因为在日本各地，其中主要是关东、东北和北海道地区的考古发掘中，不断有年代久远的前期和中期旧石器出土。而且，其年代被不断刷新，最早的可以追溯到70万年前。于是，使用这些石器的古人类也被堂而皇之地誉为"亚洲最北端的直立人"。但新世纪初爆出的藤村新一伪造考古遗址的丑闻，让整个日本一片哗然。

2000年11月5日，日本新闻媒体中颇具影响力的全国性报刊《每日新闻》在头版头条的位置刊登了一则重大新闻，用大量的真实照片和详细的记述，揭露了新近在宫城县上高森旧石器时代遗址中出土的，据称是 70 万年前的石器,实际上是被人事先埋入遗址中的,而埋石器的人正是主持该遗址发掘的遗址调查团长、日本东北旧石器文化研究所副理事长、日本全国闻名的前期旧石器的发现人藤村新一。藤村生于 1950 年,从仙台高中毕业后,通过自学进入考古界,并从 1972 年开始参加考古发掘。在考古发掘方面并没有受过专门训练的他,曾经拜旧石器时代考古领域的权威学者、日本东北大学教授芹泽长介为师。1981 年,藤村在宫城县岩出山町的座散乱木遗址"发现"了 4 万年前的、比当时已知最早的石器文化还早一万年的更新世旧石器,刷新了当时日本旧石器文化年代的最早记录。他在 1983 年 4 月出版的该遗址的考古调查报告中,声称多年来学术界关于日本是否存在前期旧石器的争论,在座散乱木遗址的发掘中得到解决。1984 年,藤村又在宫城县古川市的马场坛 A 遗址的约 17 万年前的地层中发现了石器,最终确定了日本的前期旧石器文化的存在。1992 年,为了表彰藤村在考古发掘中取得的成就,他被授予了专门奖励民间考古工作者的"相泽忠洋奖"。同年年底,他又和其他几位考古爱好者一起组织成立了一家民营的考古发掘团体"东北旧石器文化研究所",他自己任副理事长。

　　自 1980 年代以后,藤村亲自参加发掘的旧石器时代考古遗址达 33 处,他涉足过的遗址共有 186 处,遍及日本的 9 个都、道、府、县。藤村在考古发掘现场往往是每挖必有,"精准无比",发掘过程充满神奇色彩。至造假丑闻被揭露前的 20 年时间里,藤村发现的石器接连刷新日本旧石器年代的最早纪录,把日本的旧石器时代上推到 70 万年以前。一些曾和他一起发掘的人说他有神灵相助,还有人赞誉他的手是发掘现场的"上帝之手"。藤村新一在旧石器考古领域取得的一连串的"成功"使他的名声大噪,他的发掘成果引起了日本学术界、教育界和新闻媒体的高度重视。他发现的遗址和旧石器被高校和中小学的历史教科书广泛引用,许多国内博物馆,包括日本的国家博物馆——国立历史民俗博物馆都展出过藤村发现的"旧石器"和复制品。与其一起从事发掘的日本东北福祉大学教授梶原洋还根据藤村的发现推测,日本直立人在前期旧石器时代就已经有了死亡的观念,有了建造墓穴的智慧,甚至有可能具备了语言能力。

藤村在考古学界的迅速走红,特别是他在短短 20 年的时间里将日本旧石器时代的上限提前了数十万年的事实,也引起了日本学术界少数有识之士的警觉。2000 年 8 月下旬,《每日新闻》北海道分社报道部长真田和义收到报社驻北海道根室市的一位记者发来的一封电子邮件,邮件中称有人向该记者透露,藤村的旧石器发掘十分可疑,要求报社详查。真田等人认为此事事关重大,如果藤村的造假行为属实,将是对日本人起源历史的严重歪曲,绝不能让他把这种歪曲事实的"成就"带入 21 世纪。北海道报道部当即决定成立专门采访组,对此事展开调查。经过两个多月的努力,《每日新闻》北海道分社的记者终于掌握了藤村在考古发掘现场造假的直接证据,而且还非常巧妙地使藤村承认了造假的事实。

藤村新一的学术造假行为在新闻媒体上曝光之后,在日本学术界和社会上引起了强烈的反响。各界人士纷纷谴责藤村的可耻行径。不久前向藤村颁发了县知事表彰的日本埼玉县知事气愤地称此次造假事件是"日本的耻辱"。日本内阁官房长官和文化厅长官也分别表态,要求有关部门对事件进行详细调查,并要求将审查的视野扩大到其他旧石器时代遗址。事件发生后,东北旧石器文化研究所迅速将藤村除名;日本考古学界的全国性学术团体日本考古学协会也对藤村做出了该会的最高处罚——令其退会。藤村曾获得的"相泽忠洋奖"也被撤销、收回。日本全国各地的博物馆,特别是东北地区的历史学、考古学的专业资料馆、博物馆纷纷撤除了与藤村的发掘有关的展品和说明。与此同时,实教出版社、山川出版社、三省堂、东京书籍出版社等一批出版高校和中小学教科书的出版社分别向日本文部省提出申请,要求修改教科书中的有关内容。

造假事件发生后受到最严重打击的自然是日本考古学界。为了彻底查清此事,日本考古学协会于 2001 年 6 月设立了一个专门委员会——"前·中期旧石器问题调查研究特别委员会"(以下简称"特别委员会")。对于特别委员会来说,首先要搞清的问题是,藤村造假事件的"受灾面积"究竟有多大。这项工作主要通过两个方面展开,一是给藤村施加压力,让其交代全部造假事实;二是组织力量重新排查验证藤村涉足过的所有遗址。造假事件的当事人藤村新一在事件发生后,先是躲进了宫城县的一家寺院"闭门思过",后来又住进了当地的医院。2001 年 6 月以后,特别委员会委员长户泽教授多次到医院找藤村谈话。在强大的舆论压力下,藤村终于在同年 9 月下旬向特别委员会递交了一份自 1981 年以来从事造假活动的遗址名单。名单中记录的内容是触目惊心的,藤村从事造假的遗址并非他最初所承认的两处,而是多达 42 处。从藤村交代的造假遗址名单来看,他的造假活动涉及日本关东、东北地区的 7 个县(道),即北海道(被造假遗址数为 4 处)、岩手县(2 处)、宫城县(14 处)、山形县(6 处)、福岛县(2 处)、群马县(3 处)、埼玉县(11 处),在这些遗址中包括了近 20 年来日本旧石器文化考古中最著名的遗址,其中宫城县座散乱木遗址、马场坛 A 遗址和上高森遗址、福岛县一斗内松叶山遗址、埼玉县小鹿坂遗址都"榜上有名"。这些遗址和发现的遗物早已被冠冕堂皇地写入教科书和历史书中,变成了常识性知识。根据藤村提供的造假遗址名单,他本人承认的造假活动最早始于 1981 年发掘的座散乱木遗址,正是这个一度被认为对日本旧石器文化考古的发展具有"里程碑"意义的遗址让藤村新一一举成名。

藤村的造假活动给日本旧石器考古界造成了无法弥补的创伤和损失。首先,他的造假行为使日本前·中期旧石器时代考古的发展步伐倒退了整整 20 年,使考古学界苦心编织出来的日本前·中期旧石器时代编年体系顷刻之间土崩瓦解。他的造假活动还大大降低了日本国民和外国学术界对日本旧石器考古学家和考古成果的信任,从而使日本考古学界蒙受了巨大的耻辱。[①]

2000 年爆出藤村新一伪造考古遗址的丑闻后,整个日本历史及考古

---

[①] 徐建新:《透视日本旧石器时代考古造假事件》,《世界历史》,2002 年第 6 期。

学界对考古资料采取了更为审慎的态度。目前,在众多考古学资料中,被认为可信的最早考古遗迹距今 3.5 万年左右,相当于欧亚大陆地区的旧石器时代晚期。虽然在岩手县金取遗址发现的石器被推测为距今 8 万—5 万年前,但因出土数量有限,因此尚需更多的证据来确认其可信性。尽管难以完全否定存在旧石器时代中期乃至前期文化的可能性,但在相关考古学证据不足的今天,学术界一般将日本列岛人类史的起点限定在旧石器时代晚期。而日本旧石器时代的下限,即旧石器时代与绳文时代的界限,一般以距今 1.3 万—1.2 万年为通说。很多学者主张以陶器的出现为划界标志,而目前发现的最古陶片,是在青森县大平山元 I 遗迹的神子柴石器群中发掘出的,碳十四校正年代为距今 1.6 万年前。尽管存在这样的考古学证据,但考虑出土资料的单一性及碳十四测年的可靠性问题,本书仍延续传统的断代说。

作为日本通史的开篇,本章将首先在地球环境变迁的视角下,简要说明史前人类史的发展轨迹,明确日本列岛人类历史的时空坐标;在此基础上,介绍日本列岛旧石器时代文化遗存的分布及其特征。

通过对陨石的放射性同位素的年代检测,一般认为人类赖以生存的地球的年龄约为 46 亿年。现代地质学将地球的地质年代从远到近划分为始生代、原生代、古生代、中生代和新生代。约 6500 万年前开始的新生代又进一步被划分为古第三纪(Paleogene)、新第三纪(Neogene)以及第四纪(Quaternary)。距离我们最近的第四纪开始于约 260 万年以前,气候变动激烈是其最大环境特征。已知的最古老石器是由南方古猿惊奇种制作的,距今约 250 万年。在开始制作石器的同时,人类开始学会使用工具和火,这些都是人类区别于其他灵长类动物的核心标志,因此第四纪也常常被称为人类的时代。以约 1.5 万年前最后一次冰川期结束为界,第四纪被分为更新世(Pleistocene)和完新世(Holocene),前者又被称为洪积世(Diluvium),后者也被称为冲积世(Alluvium),本节将重点考察第四纪更新世阶段日本列岛的自然环境变迁与人类历史轨迹。

## 一、更新世时期的古环境

在叙述更新世时期环境前,需简要概述更新世之前的地质变动。日本列岛的主体部分原本是欧亚大陆的一部分,但在约 2000 万年前随着日本海的逐步形成而与大陆分离。一般认为,约 1700 万年前,因地壳运动导致东北日本与西南日本沿着相反的方向移动,最终形成了现在的狭窄弧形列岛。在 1200 万—600 万年前之间,列岛除九州的大部分地区的地质活动由扩张向收缩运动转换,进而出现山地隆起、盆地下沉、火山频发等现象。许多原来的低矮山地,如飞驒山脉、日高山脉、奥羽山脉等到第四纪时期均相继隆起为高耸的山脉。在古第三纪末尚处于平原状态的近畿、中国地方也从前期更新世开始不断隆起,同时发生的地质断层促使今天的大阪盆地、古琵琶湖及伊势湾缓慢形成。

今天的日本,受季风及四面环海等地理因素的影响,气候宜人,四季分明,温暖、湿润,降水充沛,非常适合动植物生息繁衍。但在更新世时期,地球的气候环境反复出现剧烈变动,特别是从约 80 万年前开始,以 10 万年为周期的冰期与间冰期交替主导地球表面。通过对日本关东平原的花粉及植物遗留物的研究,可知在旧石器时代,日本列岛的环境气候与今日区别巨大。概括言之,更新世阶段受冰期影响,日本列岛周边的海平面比今天至少下降 100 米,现在的北海道、库页岛及南千岛群岛与亚洲大陆相连接,被称为古北海道半岛。本州、四国及九州亦连接为一个整体,当时瀬户内海尚处于陆地状态,只有较深的津轻海峡将北海道隔开,形成了被称为古本州岛的大岛。这样的古地理环境构成了日本旧石器文化产生和发展的基础,特别是狭窄的津轻海峡的存在对古北海道半岛与古本州岛的古人类文化差异产生了深刻影响。古北海道半岛因与亚洲大陆接壤,受到大陆旧石器文化的直接影响,与东西伯利亚及远东地区的旧石器文化联系紧密;与之相对,古本州岛的旧石器文化则具有一定的独立性。① 在理解日本旧石器时代的人类生产生活、社会结构乃至精神文化状况时,必须对古今气候及地理环境的迥异有基本的认识。

一般来说,历史时期愈古,人类对环境的依赖愈深。旧石器时代的人类生产生活工具都极为简陋,而作为人类基本食物资源的动植物状况亦随着自然环境的变化而变化。石器时代的人类工具并非只有石器,当时的狩猎采集工具多半还是木制品,但木制品很难保存,因此考古学家只能用实际发现的石器来命名这个时代。通过了解古代环境的变迁,我们可以探寻早期人类与环境变化的博弈与适应的过程,而两者的互动是推进旧石器文化不断演进、发展的核心动力。

日本列岛人类史的上限暂定为旧石器时代晚期,其大部分时期处于末次冰期的寒冷气候状态,但在末次冰期范围内短期的环境变化也不容忽视。在日本已发现的旧石器时代遗址中,留存下来的直接反映人类活动的动植物遗物非常少,光靠已发现的考古遗迹、遗存文物来了解史前人类的生产生活很难不产生巨大的偏差。因此,历史和考古学界一般通过采集宏观地理环境中动植物的基本数据,作为推断当时人类活动的间接证据。此处需指出的是,试图利用花粉、大型植物遗体等资料复原旧石器时代的人类对当时植物资源的利用情况殊非易事。而留存下来的动物遗物则更加稀少,这客观上制约着相关研究。但最近二十年来,对自然科学的技术方法的充分利用,极大地推动了对旧石器时代古环境研究及人类史的整体性研究。比如利用地层学的研究方法,可对不同时期的古生物发展史进行宏观考察。位于关东房总半岛的上总层群和关西地区的大阪层群被认为是日本列岛从新第三纪进入第四纪更新世的代表性地层。大阪层群分布于京都、奈良和大阪等地的平原与盆地,其地层分为最下部、下部、上部三个部分。该层群的最下部处于新第三纪时期,存在枫香树、银杏树、水杉等杉属裸子植物群曾茂密生长的证据,这

---

① 大津透编集『岩波講座日本歴史』第 1 卷原始・古代 1,岩波書店、2013 年、29—30 頁。

表明当时此地的气候偏温暖湿润。但该地层的下部堆积则清楚地显示，喜温暖气候的植物不断消失，逐渐为红松、云杉、睡菜等亚寒带植物所取代。据此推断，大阪层群下部的下限便是第四纪更新世开始的时间。日本的樽野博幸等学者通过对近畿地区脊椎动物化石的研究，认为更新世初始阶段日本列岛上生息的动物以曙光剑齿象、麋鹿、鳄鱼类、甲鱼类等为主。

到了距今 120 多万年前的前期更新世中段，地层中的植物化石构成出现温带与寒带物种的叠加现象。这是因为地球表面冰期和间冰期交替出现，气候变化剧烈。在相对温暖的间冰期，被称为滋贺象的物种在日本各地栖息繁衍，生活在中国大陆北部地区的哺乳动物逐渐向日本列岛迁移。[1] 进入约 60 万年前中期更新世的寒冰期阶段，东亚地区受寒冷气候的控制，日本列岛的大部分植被由亚寒带针叶林组成。在这一时期，东方剑齿象广泛地分布在从九州到东北地区的整个古本州岛。与其同时在日本列岛生息的动物，还包括来自东亚大陆的牛类、鹿属动物、杨氏虎、德氏水牛等物种。[2] 中期更新世的后半阶段，即 30 万—20 万年前的日本列岛迎来地质地形变迁的高峰，关西的大阪层群区域不断隆起，而大阪的中央平原地区则因地势较低不断受到海水倒灌侵袭。从处于高位地层的土壤构成可以推断，当时的气候以温暖湿润为主，应处于间冰期。

约 8 万年前日本列岛迎来末次冰川期，在约 2.3 万年前最寒冷的时期，年平均气温比现在低约 7 摄氏度。今天在本州、四国和九州常见的常绿阔叶林在当时仅存在于九州南部的狭窄地带，而针叶林构成当时植被的主体。末次冰期引发的温度降低导致海平面下降，今天的学术界一

---

① 樽野博幸、亀井節夫著「近畿地方の鮮新・更新統の脊椎動物化石」、市原実編『大阪層群』、創元社、1993 年。

② 小西省吾、吉川周作著「トウヨウゾウ・ナウマンゾウの日本列島への移入時期と陸橋形成」、『地球科学』五三、1999 年。転引自趙哲済著「旧石器時代遺跡の地層学」、稲田孝司、佐藤宏之編『旧石器時代・上』(講座日本の考古学 1)、青木書店、2010 年、111 頁。

般认为当时的日本海已经被东亚大陆、古本州岛及古北海道半岛围成了一个内湖。尽管有经由津轻海峡进入的海水，但陆地淡水的不断注入让日本海的盐分含量是逐渐降低的。与此同时，东亚大陆的驼鹿、西伯利亚野牛等大型哺乳动物可以通过陆地化的对马海峡及津轻海峡的"冰桥"进入日本列岛。[①]

末次冰期开始后的数万年时间内动植物的生存状况如何，这是探讨旧石器时代晚期日本列岛人类活动的关键背景。根据对地层中花粉及植物遗留物的分析，关东平原在末次冰期前半段的植被构成以杉属、柏属以及日本特有的桧属日本云杉等温带常绿针叶林为主；在近畿地区，末次冰期前半段的植被主要由杉属、金松属等温带针叶林构成，也就是说此时期日本列岛植被主体是杉属乔木。而末次冰期后半段，关东平原植被以桧属、虾夷松、红松、铁杉等亚寒带针叶林为主；长野县野尻湖地区和京都府神吉盆地周围此时出现杉属乔木大幅减少，松属亚寒带针叶林大量生长的现象。因此，一般认为此阶段的气候以寒冷、少雨、干旱为主要特征。

不过，在末次冰期前半段与后半段之间，即约5万—3.3万年前存在一个亚间冰期。在对朝向日本海的福井县三方湖及近畿地区的花粉遗存进行分析后得知，在这个亚间冰期杉属、山毛榉属及栎树等温带落叶阔叶林曾一度在这些地方广泛分布，这反映出当时的气候以清凉、湿润、降水充沛为主要特征。与之相对，在面向太平洋的高知平原及近畿内陆地区柏属树木占据优势地位，因此可以判断该地区气候仍偏干燥。但总体而言，亚间冰期比末次冰期前后两个阶段要相对温暖湿润许多。

考古学家在对宫崎县川南町的后牟田遗迹调查后发现，处于亚间冰期地层（约4.5万—4万年前）的青篱竹属女竹与熊竹的推定生产量比率与温暖气候条件相对应。在九州南部的内陆地区、阿苏山周边及岛原半

---

① 多田隆治著「日本とアジア大陸を結ぶ最終氷期の陸橋」、小泉格、田中耕司編集「海と文明」（講座文明と環境第10巻）、31—48頁、朝倉書店、1995年。

岛东部的同期地层中,还发现了黑垆土(黑ボク土),据此可推测当时应处于草原环境状态。[1] 目前,黑垆土虽存在于日本列岛各处,但在世界其他地方却几乎没有被发现的案例。有学者认为这种黑垆土的形成可能掺杂有人为用火的因素,因此在黑垆土分布的地域应有相应的反映人类活动的遗址与遗物存在[2],但尚需进一步的考古发现证明这样的论断。

在末次冰川期的约 6 万年的时间里,因列岛的气候以寒冷、干燥为主,人类可从动植物获取的食物资源有限,总体来说不利于人类的生存发展。以约 1.5 万年前为界,日本列岛的气候开始变得温暖起来,降水量也显著增加,原来居于统治地位的松属亚寒带针叶林逐渐为落叶阔叶林所取代。这一时期也是更新世与完新世交替的阶段。而随着气候的温暖化,人类也迎来了从旧石器时代向新石器时代发展的外部环境条件。

## 二、旧石器时代研究的年代

除了空间环境,时间尺度也是历史学者考察、研究过去的核心指标。如果没有比较清晰的年代判定,考古学家发掘的大量史前遗址、遗物只能是杂乱无章、毫无头绪的。为了理解旧石器时代人类活动及其与周边环境关系,需要从时间维度对相关遗址、遗物的相对年代和绝对年代作出判断。

所谓相对年代,是根据类型学和地层学分析得到的年代早晚序列,其重要的原理是下伏地层沉积在先,所以早于上面覆盖的地层,地层的一套顺序提供了从最早(底部)到最晚(顶部)的相对年代序列,不论其测定的绝对年代有怎样的偏差,其年代早晚的序列不会错误逆转,因此具

---

[1] 杉山真二著「後牟田遺跡における植物珪酸体分析」、後牟田遺跡調査団(東京大学、別府大学)、川南町教育委員会编『宮崎県川南町後牟田遺跡における旧石器時代の研究』。转引自杉山真二著『更新世の植生と環境』、稲田孝司、佐藤宏之编『旧石器時代・上』(講座日本の考古学 1)、青木書店、2010 年、165 頁。
[2] 代表学者有佐瀬隆、加藤芳朗、細野卫、青木久美子、渡边真纪子等。

有一定的绝对性。而绝对年代是指根据碳十四[1]、热释光、光释光、铀系裂变、钾氩法等理化年代测定手段得到的测定数据,确定比较精确的年代段,但目前的自然科学年代测定手段尚达不到精确到某年的水平,通常存在着某年代数值的前后误差值,因此绝对年代具有一定的相对性。[2]对旧石器时代,考古学家可以任意选用"BP"或"年前"两个术语,因为大约50年的误差可以忽略不计。因日本列岛火山活动频繁,导致考古学界尤其重视根据火山灰层进行编年,并且形成了专门的火山灰编年学,其实质是利用地质学中有关地层学的科学知识判定年代的早晚。

早在大正时代,曾留学意大利的考古学家滨田耕作在对鹿儿岛县指宿市桥牟礼川遗址的调查发掘中,最先将火山灰层作为考古学地层关系的重要指标加以利用。滨田的这一创见,此后逐渐被日本考古学界接受。如昭和初期,由岩泽正作主导的对关东西北部地区古坟进行编年时,火山灰层被当成区分不同时代古坟地层的重要参考指标。1949年日本首次发现旧石器时代的岩宿遗址后,利用地形地质学中火山灰层的特性对石器时代考古遗存判定相对年代,成为日本考古学界的重要共识。20世纪60年代末,在对东京都调布市野川遗址的发掘中,考古学家通过细分火山灰层梳理该遗址的文化层,从而对旧石器时代晚期的文化变迁有了更加清晰的认识。在此基础上,将理化学的最新技术应用到对火山灰层中矿物质的测定以及放射性同位素的绝对年代测定,令同时代的年代测定精度大幅提升。

1970年代以来,以关东南部地区的火山灰层为基准,在日本列岛广

---

[1] 一般表述为"距今＊＊年前"(BP: Before Present),科学家将BP定义为"距1950年",即接近放射性断代方法被创立的1949年。当然放射性碳断代也有误差,因此一般用放射性碳年代的校正年代。

[2] 参考王巍总主编:《中国考古学大辞典》,上海辞书出版社,2014年第1版,第7页;科林·伦福儒、保罗·巴恩:《考古学:理论、方法与实践》(第六版),陈淳译,上海古籍出版社,2015年,第104页。

泛地区发现了处于相同时代的始良丹泽(AT)[①]火山灰层。这样的发现，有助于从整体上为列岛的旧石器时代进行编年。其基本原理是在相同火山灰层中，只要有个别位点的遗址绝对年代被测定，即能适用于其他处于相同地层的考古遗迹的年代判定。目前利用最新技术对始良丹泽(AT)火山灰层的碳十四年代的平均值为约 29.4ka cal BP。[②] 这一绝对年代的测定，可以为日本列岛其他旧石器时代遗址中存在相同火山灰层的层位提供时间参考。从具体的应用事例来看，如长野县野尻湖沉积物中的花粉遗存，可以始良丹泽(AT)火山灰层为界，在其下的层位中混生着松属、云杉、桧属等植物，而其上的层位中桧属植物明显比例提高。从不同属性植物的增减，可以判断当时气温的变化趋势。而始良丹泽(AT)火山灰层绝对年代的测定，为我们认识旧石器晚期环境气候变化的时间提供了直接证据。

## 三、更新世的人类化石

关于现代人类的起源，存在多区域进化说(多起源假说)与非洲单一起源说(夏娃假说)两种截然相反的理论假说。前者认为，人类的祖先直立人在走出非洲进入旧大陆后，在多个区域独自演化，通过与周边环境的适应最终平行地进化为今天的现代人。而夏娃假说则认为除非洲外，扩散到其他区域的直立人均已灭绝，现代人的共同祖先来自 15 万—30 万年前的一位非洲妇女。主张多起源假说的主要证据，是人类化石(特别是头骨化石)中显现出来的进化连续性；与之相对，夏娃假说的科学证

---

[①] 始良火山口位于鹿儿岛湾北部，根据对该火山口及周边的火山灰的年代测定，始良火山在距今约 2.9 万年前的数月内曾连续喷发。始良丹泽火山灰层根据日语发音，被简称为 AT 火山灰。

[②] Yokoyama，Y. and others，*Japan Sea oxygen isotope stratigraphy and global sea－level changes for the last 50000 years recorded in sediment cores from the Oki Ridge. Palaeogeography，Palaeodimatology，Palaeoecology*，vol. 247，2007. 考古学上的标记方式为约 29.4ka cal BP。其中，ka 是 kilo annum＝1000 年的简称；cal 是 calibrated radiocarbon age 碳十四校正年代的简称。

据来自现代分子生物学对人类线粒体 DNA 的研究。目前国际学术界对单一起源说的认可度更高,但也难以完全否定多起源说的可能性,争论的解决有待更多的科学证据和技术工具的出现。那么日本列岛的人类起源可以追溯到什么时期呢? 这必须要依靠考古发掘中有关人类化石的发现。日本列岛形成于约 500 万年前,从地质学年代来看是非常晚近的,而且在那以后的漫长时间内,随着地壳变动以及冰河期与间冰期交错,列岛的地貌不断被改变。列岛今天的地貌,定型于最后一次冰河期结束,即距今约 1.2 万年前。另外,由于人体骨骼的主要成分是磷酸钙和碳酸钙,日本列岛的土壤环境恰恰是对人体骨骼具有严重腐蚀性的酸性土壤,且列岛本身火山活动频繁,令人类化石很难保存。基于上述原因,目前在日本发现的更新世时期的人类化石年代都比较近,且数量极为有限。

1970 年,大山盛保在位于琉球群岛具志头村的采煤场中发掘出包含人头骨的几具人骨化石,后被学界定名为港川人(Minatogawa people)。同时被发现的还有鹿和猪的遗骨化石。经过考古专家的努力,至少有 4 具相对完整的人骨被整理出来,分别被命名为港川 1 号(熟年男性)、港川 2 号(熟年女性)、港川 3 号(壮年女性)、港川 4 号(熟年女性)。一般认为,港川人属于现代人,碳十四测年结果为 1.6 万—1.8 万年前。港川 1 号男性的身高在 153—155 厘米之间,脑容量为 1390 毫升;2—4 号女性的身高在 145—149 厘米之间,脑容量为 1090—1170 毫升。以保存最为完整的港川 1 号人骨化石为例,其面部低平、脸颊骨宽,眼窝上部眉额骨突出。从宽阔的颊骨判断,港川人有很强的咀嚼力,且牙齿磨损严重,说明经常食用较为坚硬的食物。这些特征都与日本的绳文人相似,但另一方面港川人不具备绳文人柱状大腿骨的特征。有学者主张港川人来自西南太平洋的岛屿,与绳文人并非相同的人类集团,但进一步的判定需要更多的人骨化石证据。目前,日本已发掘的更新世人骨化石绝大部分都出土自琉球,如荷田(カダ)原洞人、大山洞人、桃原洞人、山下町洞人、下地原洞人等。这些人骨大多在琉球群岛的洞穴中被发现,其中,山下町洞人被认为是已发现的最为古老的人骨化石,其年代经测定为距今约

3.2万年前。很遗憾的是，山下町洞人仅出土了处于幼儿时期人类的大腿骨和小腿骨，因此很难通过与其他人类化石的比对判定其特征及来源。且琉球群岛在史前及历史时期的大部分时间是独立发展的，很难用琉球的考古发掘来说明日本史前人类的发展情况。

1962年，别府大学教授贺川光夫在大分县佐伯市的一个钟乳石洞中发现了人类头骨的一部分，并且在同地层中出土了旧石器时代黑曜石制作的石器，这在日本尚属首次。该人骨化石被称为圣岳人，因被写进日本高中历史教科书而受到广泛关注。但1999年由人类学家组成的第二次调查小组对发掘实地及资料馆收藏的人骨进行再次鉴定后认为，所谓圣岳人骨并非旧石器时代遗存，而是有文字记录时期的人骨。① 目前，日本学界基本将圣岳人排除在旧石器人骨之外。

1960—1962年在静冈县浜北市根坚的煤炭开采场中发现了人类头骨、锁骨和上臂骨，根据发掘地点被命名为浜北人。根据仅有的遗骨，判断为身高143厘米的成年女性，年代为与港川人接近的1.8万年前。但有学者认为该遗骨并非旧石器时代的人类，而是绳文人的遗骨。关于浜北人的年代测定，因发掘数量过少，目前在学术界有很大争议。

1931年由古生物学者直良信夫在兵库县明石市西八木海岸发现的明石人也充满了争议。直良氏认为该人骨化石出土自中期更新世地层，并写成论文向人类学杂志投稿。但因为其民间考古学者的身份，该发现未能得到日本学界的认可。直良此后将发现的髋骨送到当时东京帝国大学松村瞭处进行鉴定，但仍未能得到确定的结论。遗憾的是，该人类遗骨的实物在美军空袭中烧毁，目前仅存松村当时根据实物制作的石膏模型和照片。1982年，东京大学教授远藤万里与独协医科大学的讲师马场悠男联合对明石人的石膏模型进行鉴定，通过与其他人类髋骨化石的

---

① 2000年8月对圣岳人骨进行的第二次调查报告发表后，《周刊文春》杂志公开指责贺川光夫有捏造考古遗物的行为。加之，当年日本考古学界最大丑闻藤村新一造假事件不断发酵，整个舆论对贺川教授造成巨大压力，最终导致其以自杀的极端方式抗议《周刊文春》的不实报道。

比对得出结论认为,明石人是完新世人类。但是因为人骨实物已经丢失,目前对明石人的论争很难有明确的结论了。

　　目前在日本列岛(包括琉球群岛)出土的更新世人类化石极为有限,由此要判定日本列岛人类的来源殊为不易。目前,学术界对日本列岛旧石器时代的人类来源主要有北方说和南方说两种。北方说的基本解释认为,在日本列岛与大陆完全分离之前,人类在追逐、捕食动物的过程中可以跨过间宫海峡①、库页岛以及宗谷海峡等通道进入日本列岛。而且目前在日本列岛已经发现了从中国大陆北部地区迁移到日本列岛的大型哺乳动物遗骨化石。北方说的赞成者认为旧石器时代及绳文时代的日本列岛人类都是从欧亚大陆北部迁移而来。与此相对,主张南方说的学者强调港川人与绳文人的相似性。此外,赞成南方说的学者还从当时的地理环境特征入手,指出更新世末期的南太平洋岛屿人种同样保持着蒙古人种的某些特征。在海平面下降阶段,人类可以从南方海岛进入日本,因此更新世时期日本列岛的人类恰恰是与南太平洋岛屿人类具有更近的亲缘关系。与此同时,分子生物学的进步为我们从线粒体基因的视角认识人类的迁移扩张提供了全新的工具。通过对阿伊努人、琉球人、日本本土人及东亚周边的朝鲜人、中国南北方人DNA遗传距离的测定,得出的结果认为经中亚至东西伯利亚及朝鲜半岛的北方系统的人类是日本绳文人的来源。② 这样的纯分子生物学工具的应用反过来又支持了人类起源的"夏娃理论"。换句话说,人类的共同祖先在走出非洲后,很早就抵达了西伯利亚地区,并通过中国东北部及朝鲜半岛最终进入日本列岛。在贝加尔湖附近发现的史前人类遗址与绳文时代人类遗址的某些相似性,比如竖井式住宅遗迹等也是此说的有力证明。

①　鞑靼海峡(英文:Strait of Tartary / Tatar Strait,日本称间宫海峡)将其东的库页岛同其西的亚洲大陆分开,北接鄂霍次克海,南通日本海。
②　Hammer MF, Karafet TM, Park H, Omoto K, Harihara S, Stoneking, Horai S. Dual, *Origins of the Japanese*: *common ground for hunter－gather and farmer Y chromosomes.* *Journal of Human Genetics*, 2006, 51(1).

尽管目前的证据更有利于日本列岛人类源自北方说,但因为日本列岛本身出土的更新世人类化石数量的不足,目前尚难以得出确定的结论。两种说法背后都有相当的证据存在,从另一个角度看也许实际的情况是旧石器时代晚期的人类是从北方和南方同时进入日本列岛的。此外,日本列岛旧石器时代原始人类与新石器时代的绳文人之间的关系、绳文人与弥生人及古坟人之间的关系、列岛人类与欧亚大陆及西南太平洋地区古代居民之间的关系等问题,目前依然是学者们非常关心的热点问题。这些问题的解决,都有待更多的考古学证据发现以及分析技术的提升。

## 第二节 日本列岛的旧石器文化

虽然史前人类活动的遗迹、遗物大量存在,但因为其中大部分都是人类日常生活的废弃物,所以往往毫不起眼。以狩猎采集为生的人类族群可能每个月、每个星期甚至每天都得"搬家"①,因此必须把生活必需品减到最少。而旧石器时代的人类遗物,受制于地层环境、温度、湿度以及后期人类活动的二次破坏等多因素制约,一般只有受到过考古学训练的专业人士才有可能发现。作为旧石器时代最重要的人工制品,石器②无疑是考古学家和历史学家首要关注的基础性资料。石器的发明,被认为是人类社会的第一次技术革命,而能否制作石器被认为是人类区别于其他动物的核心特征之一。打制石器尽管制作技法简单、粗糙,却是人类使用时间最长的工具。一般认为日本列岛旧石器时代的石器制作受到欧亚大陆北部人类的影响,同时又发展出具有日本特色的文化特性,如旧石器时代晚期的石叶石器群的大量存在等。本节将在简要介绍日本

---

① 旧石器时代的狩猎采集人群应该并没有现代意义上固定的居所——"家",此处指的是迁移。
② 以石块为原料制作的生产工具,是人类早期发展阶段的创造,直至青铜时代仍有使用。根据制作技术的变化,又分为打制石器和磨光石器两大类。考古学以石器打制和磨光技术为依据,将人类早期历史划分为旧石器时代和新石器时代两个发展阶段。见王巍总主编:《中国考古学大辞典》,上海辞书出版社,2014年第1版,第35页。

旧石器时代晚期石器制作技术及其功能基础上,分别考察日本本土四岛已发掘的旧石器时代遗存状况,并尝试解读其文化内涵。

一、石器的制作与用途

日本旧石器晚期的石器制作技术从空间上看,因各区域石材环境的不同而有一定差别,并且越到后期其地域性差异越明显;从时间上看,其制作手法也有相当程度的变化。日本近畿、中国和四国等地区主要利用的赞岐岩(sanukite),因其材质不适合纵向敲击,因此主要利用石面较宽的横长状石叶作为基本原料进行二次加工,这样的技法被称为濑户内技法。与之相对,盛产页岩石及黑曜石的地区则主要以剥离纵长形石叶为主。可以说,这两种完全不同的石器制作技法的出现,直接源于周边所产的石材材质差异。即使使用同一种石材,也可能出现制作技法上的微小区别。因为同一产地的相同石材,在石材不同的部分也可能有优劣之分。具体而言,如果某一石块的部分材质比较差,那么加工者不得不首先去掉材质差的部分,然后才能对符合要求的剩余部分进行加工,这很可能导致制作出的石器小型化或者不规则化。当然,如果当时的人类追求优质的石料来源,那么当某种惯用石材用尽之后,应该会到周边地区甚至更远的地方发掘新的产地。在此过程中,很可能引发旧石器时代人类居住和活动区域的变迁,也就是说除了对食物资源的追逐引发人类迁移,对工具原料的需求同样可能导致人类生活区域的变迁。

下面通过一个具体的案例,分析同一种石材因石料内部质地的差异所导致的制作工艺和处理技法上的不同。比如黎巴嫩地区发现的克萨拉基尔遗迹 23—20 层出土大量石片和石叶,包括许多细长的勒瓦娄哇(Levallois)尖状器,都是从单向汇聚剥片的石核上打下来的。该石器群与以色列的波克·塔吉特遗址 4 层(距今 4.7 万—4.6 万年前)的石器从样式学上看非常相似,因此被认为是同一系统的石器群。而克萨拉基尔遗迹晚期的 17—16(距今 4.5 万—4.3 万年前)层出土的石器以石叶和小石叶为特征,它们从线状和点状台面的管状两级石核上剥制下来,该石器群与南部黎巴嫩地区的阿佛马里安石器群从样式学上看也非常相似。这四个石器群从地理位置看距离很近,因此被推定为共享了同一系统的石器制作技法,但是因为所用石材在质地上有一定的差异,因此在技法上又有不同。如,克萨拉基尔遗迹 17—16 层石器群与阿佛马里安石器群因为石材大小不同,导致对石叶的剥离技术不同。两处石器的石材取自同一种燧石,但前者多为体积较小的史料,为了最充分的利用石材,选择了从两面同时敲打进行剥离的技术。与之相对,南部黎巴嫩地区盛产大型燧石石材,因此阿佛马里安石器群的技法是更加有效率,但是可能产生更多浪费的单面击打技术。[①] 但总体来说,此阶段日本列岛的石器制作与日本以外地区特别是欧亚大陆北部较接近,符合典型的石叶技法概念。

尽管从今人的视角看旧石器时代人类所用的工具,都显得笨拙而简单,但对当时的人类来说,这样的石器工具意义重大,而把握制造石器技术的个体对集体生活的旧石器时代人类来说必定有特殊的意义和重要性。因为旧石器时代没有文字性的记载,想要完全复原当时人类的生活是不可能的。不过,我们仍能够通过对人类遗迹、遗物,特别是相对容易留存下来的石器进行分析,推测旧石器时代人类的生活内容甚至精神层面的状况。除了石器,人类外围的气候、地形、动植物生存状况等都是影响人类生存、生活的重要因素。这些不同因素的综合作用,塑造了旧石器时代文化的基本特征。

## 二、列岛各地的旧石器遗存

### 1. 北海道
位于日本列岛最北端的北海道总面积 7.8 万多平方千米,由本岛及

---

① 奥法·巴尔·约瑟夫:《旧石器时代晚期革命》(刘吉颖、汪俊译),载《南方文物》2016 年第 1 期。另参考 Bergman, C. A., Ksar Akil, Lebanon: *A Technological and Typological Analysis of the Later Palaeolithic Levels of Ksar Akil*, BAR International Series 329, Oxford, 1987.

周边很多小岛构成,北侧隔宗谷海峡与库页岛相邻,南侧与本州岛隔着狭窄的津轻海峡。该岛除了毗邻本州岛的西南部分,中部有海拔较高的石狩山地等高山,周边则是地势较低的丘陵和平原区域。对北海道地区的旧石器时代研究起步很晚,开始于1953年发掘北见市丰田遗址。在此后的十年中,相继发现了白泷遗址群、置户安住遗址群、常吕川流域遗址群等,早期代表性的研究者主要有吉崎昌一、儿玉作左卫门、大场利夫等。在末次冰期阶段,水深较浅的间宫海峡、宗谷海峡成为陆地,从而将北海道与库页岛及东西伯利亚联结起来,而水深较深的津轻海峡则没有完全陆地化。因此,很容易推断在末次冰期阶段来自北部大陆地区的人类和其他动物能够比较便利的进入北海道地区,这一点已经被诸多动植物的遗留物所证明。

与之相对,北海道与本州岛的物种交流面临比较严峻的客观环境,但这并不意味着完全没有联系。北海道地区包含旧石器时代遗物的土层本就比较薄,此外周期性的冰河作用对土层中遗物的自然沉降顺序也有扰乱,这会干扰考古学家对已发掘的诸多旧石器遗址的年代及形成过程进行研究。如前所述,火山灰层是界定日本列岛史前遗迹编年的重要参照,而用于研究旧石器时代晚期北海道地区的参照层主要有分布于石狩低地至十胜平原的支笏第1火山灰层(40000—45000calBP)、惠庭a火山灰层(19000—21000calBP)、樽前d火山灰层(8000—9000yBP)等。学界一般认为,支笏第1火山灰层形成后不久就有了人类活动的痕迹,但对北海道最早出现的人类群体来源地,则有本州亲缘说和大陆来源说两种不同的认识。本州亲缘说的主要证据是支笏第1火山灰层和惠庭a火山灰层之间土层出土的台形石器及刀形石器与本州地区出土的石器有一定的关联性[1];而大陆来源说则主张北海道这一时期的石器制作技法明显与西伯利亚旧石器时代的石器制作技法有连续性[2]。本州亲缘说

---

[1] 佐藤宏之「北海道の後期旧石器時代前半期の様相——細石刃文化以前の石器群」、『古代文化』第55巻第4号、2003年。

[2] 木村英明「総論」、月刊『考古学ジャーナル』第540号、2006年。

有助于加强日本列岛之间史前人类发展的一致性,但对旧石器时代人类活动的观察不应受制于当代国家边界。从东北亚区域视角观察北海道旧石器人类起源的大陆视角似乎更有说服力,这在惠庭 a 火山灰层之上土层中出土的石器中也有体现。

到目前位置,已经在北海道发现了 700 余处旧石器时代的文化遗址,其中大部分是细石叶群遗址。惠庭 a 火山灰层被广泛应用于石器编年,以该火山灰层的上下为界判定出土遗物的年代准确性相对较高。总体来说,北海道地区旧石器时代的石器群类型以细石叶的比例差异作标准,区分为以细石叶石器为主的石器群和不以细石叶为主的石器群。以惠庭 a 火山灰层为分界,在其下层土层中出土的石器群中较少出土细石叶石器,而其上层土层出土的石器群多以细石叶石器为主体。1997 年因建设北海道千岁机场而在周边进行的保护性调查中,在紧邻惠庭 a 火山灰上部土层发现了大量的细石叶石器,利用碳十四测定的年代为距今 1.6 万—1.9 万年前。这个被称为柏台 1 遗迹的考古发现,证明了北海道地区使用细石叶石器的时间早于列岛其他地区,且该遗址发掘出的细石叶石器的器型与列岛其他地区出土的细石叶石器有一致性。

惠庭 a 火山灰层以下土层很少出土细石叶石器,那么柏台 1 遗迹的发现不得不让人产生疑问,即制作这些细石叶石器的人类集团是如何掌握这项新技术的。从逻辑上讲,只有外部引入和内部发明两种可能。目前北海道地区尚未出土能够证明细石叶石器在本地区独自产生、发展的过渡性考古遗存,且日本列岛其他地区使用的细石叶石器年代又晚于北海道。另一方面,西伯利亚大陆的人类集团在草原环境中为了长距离地追逐猎物,很早便发明了这一石器制作技术,考虑到古北海道半岛与西伯利亚大陆相连,因此来自西伯利亚大陆的新移民带来这项全新的石器制作技术的可能性更大。

北海道地区旧石器时代的石器工具,基本以白泷、置户、十胜三股、赤井川四地所产的黑曜石为石材。石材环境是旧石器时代人类活动范围的限制性因素之一,而细石叶石器技术的发明令工具的体积变小、重量变轻,这帮助史前人类扩大了活动半径。通过对白泷周边出土石器石材的鉴定，考古学家认为利用白泷产黑曜石制作工具的旧石器时代晚期人类集团的活动半径为 100 公里左右。当时人类的生活形式可能是单一群体开展远距离狩猎采集活动，也可能是不同的人类群体在以白泷为中心、半径 100公里内的区域交换石材或石器。[1] 如从东北亚的视野俯瞰旧石器时代的北海道，我们看到它在大部分时间是与亚洲大陆相连接的古半岛状态，且气候偏寒冷、干燥，但本地区能够提供的石材资源却异常丰富。这样的地理、气候及地质环境，塑造了北海道地区多样的旧石器文化。西伯利亚地区的猛犸象群等大型食草动物在寒冷末次冰期大量涌入古北海道半岛，而细石叶石器恰恰适应对大型动物的狩猎，因此迅速在北海道普及。

在旧石器时代晚期走向绳文时代即新石器时代的阶段，北海道地区的细石叶石器技术不断进步的同时，还出现了有舌尖头器、石斧等新的工具种类。十胜平原的大正 3 遗址中，除发现大量石器外还出土了属于绳文时代草创期的土器，碳十四测年结果为距今 14080—14770 年前。大正 3 遗址的发现，为绳文时代北来说提供了有力证据。因此，认识北海道地区旧石器时代向绳文时代的发展历程，对于理解整个日本列岛进入绳文时代的过程具有重要意义。

另外，要提及所谓新仙女木（YD）事件[2]的影响。YD 事件是最近 30年古气候研究的热点之一，是考察气候急剧变迁与地球动植物（包括人类）演化关系的重要课题。北海道大正 3 遗址、青森县长者久保遗址及长野县神子柴遗址等处于旧新石器过渡阶段的考古发现，都在 YD 事件以下的地层，考察该事件对北海道地区人类集团由旧石器时代晚期进入绳文时代产生怎样的影响，当然也是日本古生物学界、考古学界及自然地理学界的核心课题。但目前学界对 YD 事件的触发机制、气候效应乃

[1] 山原敏朗、寺崎康史「北海道」、稲田孝司、佐藤宏之编『旧石器時代・上』（講座日本の考古学1）、青木書店、2010 年、296—297 頁。
[2] 新仙女木事件（Younger Dryas，YD 事件），是末次冰期向全新世转换、急剧升温过程中最后一次非轨道性的急剧降温事件，距今 11000—10000cal BP。

至发生的时间都存在重大分歧,有待更多的考古发现及科学研究。[1]

2. 本州

本州东北地区的旧石器时代遗迹主要分布于邻日本海的秋田和山形两县,而临近太平洋的地区则相对较少。但2000年11月的藤村新一石器造假丑闻的爆发,令东北地区的旧石器时代研究的可信性严重下降。因此,下文将主要以关东地区和近畿地区为代表,对本州岛的旧石器时代遗存作概括性的介绍。

关东地区在行政上包括群马县、栃木县、埼玉县、神奈川县、东京都和千叶县,总体上可分为北部及西部的山地与东南部的平原地带。但自西北向东南的内陆部分除了面积较大的关东平原外还有低洼的盆地以及下总台地、房总丘陵等地形。1949年相泽忠洋在群马县发现的岩宿遗迹,揭开了日本旧石器时代研究的序幕。岩宿遗址发现的石器出土于比绳文时代土器更深的地层,且该遗址在三个不同的土层发现了形态各异的石器群,这为日本列岛旧石器时代的编年提供了实证研究的初步基础。到了20世纪70年代,随着日本经济进入稳定增长阶段,在关东地区各处开展的大规模调查发掘中,在多个土层中发现了旧石器时代的文化遗存。群马县的发现最为丰富,如1980年代初期发掘的房谷户遗址、后田遗址、堀下八幡遗址等,其中1983年在下触牛伏遗址中首次发现了环状石堆(環状ブロック)。90年代以来还相继在群马县发现了白仓下原遗址、天引狐崎遗址、大上遗址、白井西伊熊遗址等。

根据日本学者小菅将夫的研究,关东地区旧石器时代的石器根据器型及出土地层的区别,可分为五个阶段。[2] 以下触牛伏遗址、岩宿遗址为代表的第1期石器群,出土于姶良丹泽(AT)火山灰层下部的腐殖层(暗色带)及黄褐色土层。位于该土层的大型旧石器时代遗址中,往往会发现环状石堆,如下触牛伏遗址发现的环状石堆直径约50米,共由2054

---

[1] 丁晓东、郑立伟、高树基:《新仙女木事件研究进展》,载《地球科学进展》2014年第10期。
[2] 小菅将夫ほか『群馬の旧石器』、みやま文庫、2004年。

件石块构成。考古学界一般将环状石堆视作类似家族的人类集团的居住地。目前关东地区最大的环状石堆是在栃木县上林遗址发现的,南北长约80米、东西长约50米,由3540件石块围成。

以大上遗迹、后田遗迹为代表的第2期石器群,出土于腐殖层上部与姶良丹泽(AT)火山灰层之间的土壤层。该阶段石器群以逐渐小型化的刀形石器为中心,石材多利用信州地区的黑曜石,但未发现石器围成的环状石堆。

第3期石器群位于浅间火山灰沉降阶段,因这一时期浅间山的火山活动频繁,且经常引发泥石流等地质灾害,令史前人类的生存环境恶化,因此处于第3期的旧石器文化遗存数量相对较少。

紧贴浅间火山灰层上部的石器群被归为第4期,代表性的遗址有赤山遗址、八幡根东遗址、岩宿Ⅱ遗址等。第4期石器群初期虽仍以刀形石器为主体,但枪尖形尖头器开始逐渐占据中心地位。在群马县武井遗址先后出土了超过3万件尖头器,被认为很可能是当时集中制作枪尖形尖头石器的生产基地。

关东地区旧石器时代遗存的最后阶段,即第5期石器群已经进入了细石叶石器阶段。在关东北部地区出土的细石叶石器群呈现三种不同的形态,其中具有圆锥形石核的细石叶石器群与关东南部地区在器型上基本一致,但具有船底形石核的细石叶石器群则明显与关东南部地区不同,而且北部的细石叶石器群有发达的刮削器石器。学界一般认为关东北部的细石叶石器明显受到北方石器制作技术的影响,而关东南部细石叶石器群则带有明显的日本西南部细石叶石器文化的特征。关东地区的地理位置,让该地区旧石器时代文化在走向绳文时代的过渡阶段成为南北旧石器时代文化的汇合之所。换句话说,第5期石器群既是空间上南北人类群体交汇融合的产物,也是时间上从旧石器时代发展到新石器时代的代表性区域。

近畿地区位于本州岛中部,行政上包括大阪府、京都府、奈良县、兵库县、和歌山县和滋贺县,其地形总体上分成三个大的区域,即北部丹波山地、中部低洼的三角带以及南部的纪伊山地。本地区主要有淀川和大和川两大水系,前者幅及琵琶湖、京都盆地和伊贺盆地,后者主要分布在奈良盆地,这两大水系最终在大阪平原汇合后流入大阪湾。位于大阪平原东南边缘的二上山是赞岐岩的主产地,该石材是近畿地区旧石器时代人类用于制造石器工具的主要材料。1957 年在大阪府藤井寺市国府遗址中,首次在本地区出土了属于旧石器时代的石核、剥片及被称为国府刀形的石器。考古学者镰木义昌通过对该遗址出土的石器群进行分析,提出了"瀬户内技法"的石器制作技术概念。[①]

国府遗址石器实物的发现以及镰木等考古学家的学术创见为近畿地区旧石器文化的研究打开了局面。1984 年在兵库县篠山市发现的板井寺谷遗址及丹波市七日市遗址为近畿地区的旧石器时代断代提供了重要的考古证据。这两处遗址出土的石器,分别位于始良丹泽(AT)火山灰层的上部和下部,因此可以根据石器土层与特定火山灰层的先后关系对其进行断代编年。考古学界的最新研究一般将近畿地区的旧石器时代文化分为五个阶段,其中在始良丹泽(AT)火山灰层下部的有两个阶段,AT 火山灰层上部有三个阶段。[②] 这样的分期主要根据不同土层出土的石器在制作技术上的差异,但不同阶段之间通常是渐进变化,且各阶段之间使用的技术不可避免地有一定的重合,因此只是大致的分期。第一阶段的代表性遗址有长原 14 层遗址、七日市第Ⅰ·Ⅱ文化层,在这些遗址层中出土的石器多以燧石为材料,器型较小且一般加工不完整。第二阶段的代表性遗址有板井寺谷遗址、七日市第Ⅳ文化层等,以出土了刀形石器为最主要特征,但在石器体积上比国府遗迹发现的刀形石器要小。在 AT 火山灰层上部的石器群,如国府遗址等开始采用瀬户内技法,即对横长剥片进行敲

---

① 鎌木義昌「先縄文文化の変遷・打製石器にみる生活技術」、『図説世界文化史大系』第 20 卷、角川書店、1960 年。瀬户内技法是对横长剥片进行敲击加工的石器制作技法,与之相对的石刃技法是对纵长剥片进行二次加工。
② 佐藤良二、絹川一徳「近畿地方」、稲田孝司、佐藤宏之編『旧石器時代・上』(講座日本の考古学 1)、青木書店、2010 年、521 頁。

击加工,所采用的石材主要为赞岐岩。目前主要通过使用濑户内技法完成的石器比例来区分 AT 火山灰层上部三个阶段的石器群,但这样的断代方法在考古学界尚存争议,有待进一步的研究。

日本列岛各处在旧石器时代即将结束的阶段,都发现了以细石叶石器为主的文化层,而近畿中部三角带的大量遗址中尚未出土类似的细石叶石器群。但在近畿南部川市平池遗址中出土了大量以赞岐岩为原料的细石叶,因此可以推测近畿地区南部比中部的三角带更早地从刀形石器文化过渡到细石叶石器文化。对这一现象的原因,一般认为在末次冰期结束后,随着温度提高、海平面上升,近畿中部低洼的大阪平原多变成沼泽、湿地,这导致本区域的人口减少。也就是说在旧石器时代进入尾声时,原本在近畿中部平原、洼地生活的人群受环境变化的影响不得不向南部高地迁移,从而让南部率先进入细石叶石器文化阶段。

3. 九州

九州岛位于日本列岛西南,其中央的阿苏山东西长 18 公里,南北长 25 公里,是世界上最大的活火山。九州地区按其地理地貌可分为四个大的区域,在阿苏山地西北方向的长崎县、佐贺县和福冈县为西北九州,中部山地以东地区被称为东九州(主要包括大分县),火山地区及其西侧是中九州(主要包括熊本县),剩下的火山以南被称为南九州(主要包括鹿儿岛县和宫崎县)。本地区的旧石器时代遗迹主要集中在西北九州的松浦地区、东九州的大野川流域、中九州的阿苏市和南九州的宫崎平原。1960 年日本考古学协会成立专门的"西北九州综合调查特别委员会",对长崎县的福井洞穴等进行考古发掘,从而拉开了九州地区旧石器时代研究的序幕。

根据对半个世纪以来出土石器的石材、制作技术等进行分析研究,日本考古学界将九州地区旧石器时代晚期的文化遗存划分为五个时期。[1]

---

[1] 萩原博文「九州西北部の地域编年」、安斎正人ほか编集『旧石器时代の地域编年の研究』、同成社、2006 年。

　　本地区晚期旧石器时代的第 1 期石器群,出土于褐色土层上部与腐殖层下部,代表性遗址主要有石之本遗址群第 8 区、沈目遗迹等。本阶段出土有台形及刀形石器,其器形在初期并无特殊式样,但后来的制作技术有明显提升,锯齿状刮削器成为典型的石器。根据既有的调查,在第 1 期的石器群中发现使用石叶技法制作的石器数量不多,不过仍可以判定这一石器制作技术在本地区的最初阶段即被偶然使用。

　　晚期旧石器时代的第 2 期石器群位于腐殖层上部,以刀形石器为主,代表性的遗迹主要是松浦地区的堤西牟田遗迹Ⅰ及大野川流域的驹方遗址群。这一阶段的典型特征是石叶技法的广泛应用,不仅出土了利用石叶技法制作的刀形石叶石器,且发现了相当数量的刮削器类的石器。在位于第 2 期偏上部土层中出土的柳叶形石器,代表了一种新的石器制作技术,这说明在本阶段后半期出现了明显的技术进步。

　　九州地区旧石器时代第 3 期地层中出土了器形多样的石器,并且可以推断当时的石器制作技术也更加复杂。比如出土的剥片尖头石器就是一种全新的石器种类,日本学者木崎康宏认为剥片尖头石器的出现具有划时代的意义,并提出了"九州石枪文化说"。这种新型石器分布在九州全域的多个遗迹中,反映出当时人类集团的狩猎方式有显著的变化,因为利用剥片尖头石器制作石枪的技术可以弱化人们对石材数量的依赖,从而帮助旧石器时代的人类集团能够更加充分利用现地石材,这既可以扩大人类进行狩猎时的时长和行进距离,又能帮助人类在相对固定的区域生存。[①] 关于剥片尖头石器为何在此时突然出现,学界的一般解释是来自朝鲜半岛的人群向九州岛迁移的过程中带来了这种更加先进的技术,从而带动了本地区石器制作的整体性技术进步。九州地区旧石器时代文化第 4 期的突出特征是各个区域的石器群显现出越来越强的地域性,即在相对较小的面积单位发展出独特的石器样式。比如宗原遗

---

① 木崎康弘「ナイフ形石器文化における定住化と祭祀」、明治大学文学部考古学研究室编『地域と文化の考古学』Ⅰ、六一书房、2005 年。

址的角锥状石器、日之岳遗址和大户遗址的枝去木型台形石器、堤西牟田遗迹Ⅲ的百花台型台形石器等，都是在相对集中的地区被大量发现的。这反映出当时规模较小的人类集团开始在特定的区域建立了活动据点，甚至可能已经开始了定居生活。

第5期位于旧石器时代土层最上端，是旧石器时代与绳文时代的过渡阶段，在九州多地发掘出细石叶石器群。代表性的考古发现主要有在百花台遗址4出土的小型百花台型台形石器群及堤西牟田遗址Ⅳ出土的小型刀形石器群等。这些体积小型化、样式统一化的工具，在进入绳文时代之后并未迅速消失，而且与土器有相当长的共存阶段。

九州地区进入绳文时代草创期后，与土器共生阶段的本地区石器呈现西北九州与东九州石器的分立共存状态。具体而言，在西北九州地区出土的石器多以黑曜石为石材，器形以福井型为主，与之相对在东九州地区出土的石器则多以页岩为石材、器形以船野二型和船野三型为主。本地区出现细石叶石器群的东西对立结构，其基本背景是西北九州地区盛产优质的黑曜石，而东九州地区则有丰富的流纹岩及页岩资源。而居于东西九州之间的熊本、福冈地区的石器群在这一时期则在石材与器形方面表现出较为复杂的状态。但从整体来看，在旧石器时代向绳文时代发展的过程中的一大特征是残存大量用于狩猎的细石叶尖头石器。

# 第二章 绳文时代的日本

## 第一节 绳文时代的研究史与分期

地球的气候在旧石器时代接近尾声时发生巨变,总体来说寒冷的末次冰期结束,全球气温快速回升、进入温暖的完新世。在更新世与完新世交替阶段(1.6万—1.2万年前),海平面逐渐上升,古北海道半岛和古本州岛逐渐向今天日本列岛的样子演变。伴随着环境气候的变迁,列岛的人类文化也开始由旧石器时代向绳文时代过渡。本章在概述最新的考古学、历史学的研究成果基础上,考察绳文时代人类集团的生活方式、文化样态以及日本列岛与周边区域人类集团的关系等。

日本学界一般将土器(Pottery)[①]的有无作为区分旧石器时代与绳文时代的主要文化标志,将绳文文化定义为"作为区分日本列岛历史阶段的考古学年代,与弥生时代、古坟时代对照使用,是使用绳文土器的时代"[②]。但青森县大平山元Ⅰ遗址出土的无文土器使日本最古老的土器

---

① 土器,是指用粘土烧制而成的容器的总称,烧制温度在 700—900 摄氏度之间,基本与中文术语"陶器"相对应。
② 斉藤忠著『日本考古学用語辞典』(改訂新版)、学生社、2004 年、216 頁。

可被追溯到 1.6 万—1.5 万年前的更新世晚期阶段,换句话说,日本列岛的旧石器时代末期人类在某种程度上也使用土器。此外,日本列岛各处的绳文时代文化并非同步发展,目前日本考古和历史学界对绳文文化的定义、时空范围等问题在认识上都未取得共识,因此有必要首先回顾一下绳文时代的研究史。

## 一、研究史回顾

在江户中期以前,日本人对自身民族的起源基本以《古事记》和《日本书纪》的记载为蓝本,将高天原的诸神视作祖先,并对"记纪神话"笃信不疑。到了安永年间(1772—1781 年),爱好收集矿石、化石以及石器的木内石亭在其所著《云根志》《勾玉问答》等书中,将石器的使用者推测为虾夷人,这与记纪神话的记载不同,在某种程度上可认为是最早的日本起源虾夷说。

半个多世纪后,曾在日本长崎担任医生的德国人菲利普·弗朗兹·冯·西博尔德(Philipp Franz von Siebold)在广泛搜集关于日本历史、地理、语言及动植物的相关资料基础上出版了七卷本巨著《日本》(Nippon,1832—1851 年出版)。在该书中,西博尔德继承了木内著作的有关判断,主张阿依努人(即虾夷人)是日本石簇的使用者,他们在石器时代曾遍布日本列岛,但后来被神武天皇打败而不得不躲到北海道生活,换句话说阿伊努人就是日本列岛最原始的居民。明治初年,西博尔德的儿子海因里希·菲利普·冯·西博尔德(Heinrich Philipp von Siebold)来到日本,担任奥地利驻日领事馆的工作人员。他在亲赴北海道对阿依努人进行调查的基础上,于 1879 年出版 *Notes on Japanese Archaeology with Especial Reference to the Stone Age*(日译名『日本考古学觉书』),提出日本列岛的贝塚是石器时代的阿伊努人留下的,他们后来被使用金属工具的大陆人移民征服。西博尔德父子的主张,虽明显受记纪神话叙事的影响,但基本上完整地提出了日本原住民阿依努说。

与阿依努说相对,美国人爱德华·摩斯(Edward S. Morse)则在同一时期提出了前阿依努说（PreAinu）。明治十年（1877年）6月，摩斯受聘于刚成立的东京大学担任理学部教授。他在抵达日本三个月后，即在东京都品川区调查发掘了属于绳文时代的大森贝塚。此次考古发掘，不仅开启了日本利用现代考古学方法对上古时代文化遗存进行调查研究的序幕，而且是东京大学开展的首次学术性调查。在东京大学的全力支持下，摩斯与三位助手一起发掘出大量石斧、石簇、土器碎片、骨器等物品。两年后的1879年，以大森贝塚为基础完成的调查报告 Shell Mounds of Omori（日译名『大森介墟古物編』）作为东大理学部的第一册学术调查报告石印出版，并分送欧美各国的大学及博物馆。摩斯将大森贝塚遗址中出土的土器命名为 Cord Marked Pottery，其日文译名起先为矢田部良吉翻译的"索纹土器"，后来白井光太郎将其改译为"绳纹土器"，而"绳纹"二字被简化为"绳文"，在战后为日本考古和历史学界广泛使用。

大森贝塚的发现，让日本民族的起源问题成为考古学、人类学和历史学的热门课题。摩斯认为留下大森贝塚的并非阿伊努人，而是比阿伊努人更早生活在日本列岛的石器时代的原住民，他将其命名为"前阿伊努人"。他还主张前阿伊努人被阿伊努人打败而逐渐在日本列岛消失，后来阿伊努人又被现在日本人的祖先打败而逃到北海道。总体而言，幕末到明治时期有关日本人起源的争论主要是在欧美学者中展开的。

明治后期至大正时代，日本学者加入到有关日本人起源的论争中。曾留学德国的植物病理学家白井光太郎继承了西博尔德父子的阿依努说，但并未提出更进一步的论证。而坪井正五郎则在吸收摩斯的前阿依努说基础上，提出"矮人族说"（コロボックル说，Korobokgur）。所谓的"矮人族"，是阿依努传说中存在的一个人类族群，被认为身材极为矮小，可以站在蜂斗菜叶的下面躲雨。坪井认为三千年前的日本列岛全域生活着这种与阿伊努人完全不同的矮人族群，他们后来被阿伊努人驱逐到北方并最终消失，而后来阿伊努人也被现在日本人的祖先驱逐到北海道地区。大正时期的小金井良精及鸟居龙藏等学者通过对绳文土器与弥生土器进行比较研究,将阿伊努人判定为绳文土器的制作者,而弥生土器则是大和民族使用的土器,这两种文化并没有继承发展关系。绳文文化的遗物都是最早的原住民阿伊努人留下的,从而令阿依努说成为战前日本学界的通说。

战后初期,清野谦次和长谷部言人等学者通过对绳文人与弥生人遗骨的分析,提出绳文人向弥生人发展过渡说。他们认为,这两种文化阶段的生活形态变化是引起人体骨骼变化的主要原因,而人种差别只是次要原因。日本人从石器时代至今,一直是连续地在日本列岛生存繁衍的。尽管今天的人类学和考古学界一般不认同日本起源论中的阿依努说、前阿依努说及矮人族说等理论,但这场持续近一个世纪的论争在当时影响深远,甚至在今天仍有部分学者对其持肯定意见。如人类学者埴原和郎提出二重构造理论①,认为原本在日本列岛居住的绳文人与弥生时代渡海来日的大陆人混居混血后,形成了现代日本人,这种学说从某种意义上是对原有阿依努说的继承和发展。

1970 年代后,日本各地有关绳文时代的考古调查取得飞跃式的成绩,积累了大量考古学资料,这为全方位地开展绳文时代研究提供了契机。有关绳文人的饮食状况,山内清男在战后初期即提出了有名的"鲑科鱼·坚果论"(サケマス·ドングリ論),认为东日本地区绳文人的基本食物是鲑鱼、鳟鱼及橡子等坚果。② 山内此说的根据主要是史籍中记载了虾夷人以鲑鱼纳贡,以及北美太平洋沿岸的印第安人食用、储存鲑鱼的实例。可是从既有贝塚中发现的鲑鱼或鳟鱼的残骨遗物相当少,因此很多学者对山内的论断提出质疑。如渡边诚通过对绳文时代食物加工技术的研究,否定了绳文人对鲑鱼的利用。③ 但是,近年来在北海道千岁市的美美贝塚、上矶郡知内町汤之里Ⅰ遗址和东北地区八户市赤御堂

---

① 埴原和郎著「日本人集団の形成——二重構造モデル」、『日本人と日本文化の形成』、朝倉書店、1993 年。
② 山内清男著「日本先史時代概説」、山内清男編『縄文式土器』、講談社、1964 年。
③ 渡辺誠著『縄文時代の漁業』、雄山閣、1984 年。

贝塚等相继发现了鲑科鱼类的残骨,甚至在北海道红叶山49号遗址中发现了绳文人为捕捞逆流而上的鲑鱼、鳟鱼而设置在河道上的鱾的残留遗迹。① 这些新的考古发现,为山内有关东日本绳文人食用鲑科鱼类的学说提供了坚实的证据。

对绳文人食物来源的另一个热点课题是绳文人是否从事农业生产,即所谓"绳文农耕论"。通过对福井县鸟浜贝塚的调查,考古学家发现了葫芦、胡麻和绿豆等残渣,且认为这些是人工栽培的植物。② 因为这些植物都不是人类的主食,因此即使"存在人工栽培"这一判断准确,也很难断定在绳文人的食物来源中人类栽培的植物果实到底占有多大比重。目前日本学界一般认为,绳文时代的人类食物来源呈现出东日本及北日本地区相对于西日本更加依赖动物性食物的趋势。

与食物来源同样重要的课题是当时人类的居住状况问题。70年代以来,大量绳文时代的聚落遗址被发掘,形成了相当丰富的有关绳文人居住状况的考古数据资料。水野正好与丹羽佑一师徒主张,绳文人的居住集落由"两大群"构成。③ 尽管部分聚落确实从外观上明显地分为东西两个部分,但也有很多遗址是连成一体、呈现出环状构造的,因此除两大群构成说外还有很多学者有不同的看法。如山本晖久通过对岩手县西田遗址的研究,主张绳文人将住所及贮藏建筑配置在中心的墓葬区周围,有意识地形成了圆形。④

有关的研究范围不断扩大,其背后的重要推动力是学界对绳文时代的界定本身在不断变化。在岩宿遗址发现之前,绳文时代在某种程度上被等同于日本的石器时代,后被界定为以土器的使用为标志的新石器时代。不过,目前最古土器的年代已经被推进到更新世晚期的旧石器时代,下文将

① 石狩市教育委员会编『石狩紅葉山49号遺跡発掘調査報告書』、2005年。鱾(エリ),是一种捕鱼工具。将细竹片插入河道或者湖水中,设置成类似迷宫的水道,让鱼游入其中则不可出。
② 吉川昌伸、吉川純子ほか著「福井県鳥浜貝塚周辺における縄文時代草創期から前期の植生史と植物利用」、日本植生史学会編『植生史研究』第24巻第2号、2016年。
③ 丹羽佑一著「縄文集落の住居配置はなぜ円いのか」、『論苑考古学』、天山舎、1993年。
④ 山本晖久著「環状集落と墓域」、『古代史探叢』Ⅲ、早稲田大学出版部、1991年。

根据目前学界的最新认识对绳文时代的时间范围及分期进行考察。

## 二、时代的分期及特征

根据目前的考古学研究,一般认为日本绳文时代始于 1.5 万年前左右,终于公元前 4 世纪,时间跨度超过 1 万年。1960 年代,山内清男根据不同时期出土的土器器型差别划出相对年代,将绳文时代分为草创期、早期、前期、中期、后期和晚期。[1] 但是绳文文化在日本列岛不同地区并非均衡发展,利用相对年代对不同地区相同器型的土器进行时代判定的同时,不得不考虑其实际年代。近年来,碳十四、铀系裂变、钾氩法等理化年代测定技术的发展,为测定考古遗迹、遗物的绝对年代提供了比较可信的手段。比如小林谦一通过放射性碳十四测年方法对关东地区绳文时代各个阶段的绝对年代进行了如下划分。[2]

草创期:15700—11550 年前 cal BP(持续 4150 年)

早　期:11450—6950 年前 cal BP(持续 4500 年)

前　期:6950—5470 年前 cal BP(持续 1480 年)

中　期:5470—4420 年前 cal BP(持续 1050 年)

后　期:4420—3220 年前 cal BP(持续 1200 年)

晚　期:3220—2350 年前 cal BP(持续 870 年)

虽然小林的上述研究成果是经过矫正后得出的年代数值,但考虑到考古资料自身的局限性以及碳十四测年技术的精度问题,尚不能将其认定为最终数据,未来还需根据考古资料的积累及技术的进步对其进行补充、修正。目前日本学界有关绳文时代的内部分期存在多种学说,其中山内的"六阶段论"最为著名,使用也最为广泛,因此后文主要以山内的相对年代学说为基础,并参考小林的绝对年代数据对绳文时代各阶段作

---

[1] 山内清男、佐藤達夫著「縄文土器の古さ」,『科学読売』第 14 卷第 12 号、1962 年。

[2] 小林謙一著「縄文時代の暦年代」,小杉康、谷口康浩ほか編『歴史のものさし——縄文時代研究の編年体系』(縄文時代の考古学 2)、同成社、2008 年。

一 概述。

1. 草创期和早期——疑点重重

尽管"绳文时代"已经成为与弥生时代、古坟时代等历史时期相并列的专有名称,但是关于绳文文化的起源问题,目前还未有定论。"二战"前,山内清男根据土器器型及纹样的变化,将绳文时代划分为早、前、中、后、晚五期。1960年代,随着绳文早期土器的出土数量和纹样的增加,他在绳文早期之前又设定了"草创期",并将隆起线纹土器作为绳文时代的最古土器。山内主张日本的土器是大陆传来的,当时亚洲大陆东部沿海地区以鲑鱼为主要食物的人类集团随着鱼汛进入日本,并带来了制作土器的技术,此后在日本列岛不断发展、扩散。换言之,山内主张"日本土器外来说",并且认为日本列岛不同地区、不同时代的绳文土器样式都可以追溯到同一技术起源,因此通过分析土器器型、纹样的继承与变化,可以对数量巨大的绳文土器归类、断代。在此基础上,通过土器的制作技术、外部形态等,可以判断不同土器所处时间的先后顺序,草创期概念是这种相对年代分析框架的内在需要。但山内有关草创期的假说未必对应实际的历史发展状况。目前,日本大平山元Ⅰ遗址出土的无纹土器是已知的日本最古老的土器,放射性碳十四校正年代在1.6万年前。从食物制作角度看,如果绳文人将鲑鱼当作主要食物资源,那么很难将其与土器的出现联系起来。因为烹饪鱼类的最简单方法就是放在火上直接烤熟,没有必要专门发明作为炊煮器的土器。

针对山内对绳文文化起源的学说,芹泽长介提出了不同的主张。他认为在更新世向完新世过渡时期,全球气温回升,这导致日本列岛森林结构发生变化,并让坚果类植物成为人类的重要食物资源。坚果类植物以及部分其他可作食物的植物根茎需要经过加热处理才能食用,这促使人类开发出制作土器的技术以方便烹饪食物。[①] 芹泽的解释似乎更有合理性,不过如前文所述日本东部及北部地区绳文人的主要食物资源确实是鲑科鱼类,

---

① 芹沢長介著「日本の石器時代」、『科学』第39卷第1号、1969年。

而完新世早期该地区的坚果类植物的产量似乎难以作为人类的主食。

应该说,山内和芹泽对绳文时代起源的看法虽然不同,但其基本前提却并无差异,即将土器的出现视作绳文文化开始的根本性要素。最近的研究则扩大了分析框架,将狩猎工具的发展也作为考察绳文时代起源的重要参考。如稻田孝司倡导的"绳文变革论"认为,在末次冰期结束的大背景下同时出现了狩猎工具与烹饪工具两方面的变革。前者体现为从尖头石器逐渐发展为弓矢的过程,而后者则体现在石皿、磨石及土器等烹饪工具的涌现。稻田认为,狩猎与烹饪工具的变革作为绳文文化草创期的代表性事件,为真正的绳文土器时代的到来提供了必要条件。[1]

更有学者将探求绳文文化起源本身视作一个"伪问题",因为目前的研究并不能证明绳文土器是一元化起源的。[2] 关于土器(即中文学界的陶器)的起源问题,学术界原来多认为有不同的起源地区,主要涉及中国南方、日本和俄罗斯远东地区。[3] 但是,近几年以北京大学吴小红教授领衔的考古研究团队通过对中国江西省仙人洞遗址的发掘和研究,发现了绝对年代超过 20000BP 的陶片。[4] 此外,中国湖南省道县的玉蟾岩遗址也发现了测年超过 18000BP 的陶片。在中国南方地区新发现的陶片,均明显早于日本列岛和东西伯利亚地区的早期陶器,因此有学者从陶器制作的"独创性"特性以及日本列岛早期土器本身的非滥觞多样性等因素提出,最早的陶器起源于中国南方。通过在距今 1.7 万年左右的末次冰期最盛期,在中国大陆与古日本列岛上的狩猎采集者为食物而迁移互动中,将陶器传播到日本列岛。[5] 该观点与前述山内清男的"日本土器外来

---

① 稻田孝司著「縄文文化の形成」、近藤義郎ほか『変化と画期』(岩波講座日本考古学 6)、岩波書店、1986 年。

② 大塚達朗著「縄文時代の始まり」、泉拓良、今村啓爾編『縄文時代・上』(講座日本の考古学 3)、青木書店、2013 年、137 頁。

③ 严文明:《稻作、陶器和都市的起源》,文物出版社,2000 年。曹兵武:《中国早期陶器与陶器起源》,《中国文物报》,2001 年 12 月 7 日 007 版。

④ Wu, XH; Zhang, C; Goldberg, P et al, *Early pottery at 20000 years ago in Xianrendong Cave*, *China*, Science, 6089, pp. 1696—1700, 2012.

⑤ 陈宥成、曲彤丽:《中国早期陶器的起源及相关问题》,《考古》,2017 年第 6 期。

说"基本一致,但在证据链条上尚有一定的缺陷,即日本最早的土器发现于距离中国南方最远的列岛东北部地区,而与中国南方较近的九州、四国乃至本州西南部则未能发现更早的土器。总之,目前只能将绳文时代草创期视作相对年代的一个阶段,对于其试图解释的历史阶段尚存在诸多问题未能解决。

草创期之后,约 1.1 万年前开始进入绳文早期阶段。虽然早期已经进入了完新世,气温有所回升,但在绳文早期的前半段列岛的平均温度仍比现在要低 3 摄氏度左右,因此其周围的海平面比现在要低约 40 米。换言之,当时的气候朝向温暖化转变,但列岛的环境特征与现在的日本还是有相当的差异。到了绳文早期的后半阶段,气温出现快速上升,列岛的平均气温甚至比今天还略微高一些。气温的上升持续到 6000 年前达到顶峰,这直接导致了两个重要的环境变化。一是让日本除北海道以外的地区植被,从亚寒带针叶林为主转变为温带落叶阔叶林为主;二是让海平面快速上升,比今天列岛周围的海平面还要高 3—5 米,学界一般将这次海平面上升称为"绳文海进"。森林物种的变化,让植物果实的类型和生活于其间的动物种类都发生变化,从而推动人类采集狩猎的方式发生相应的改进。海平面的上升让日本列岛的海岸线大大地向陆地推进,客观上增加了大陆架和浅滩的面积,这为人类从海洋获取食物资源提供了更多便利条件。目前在日本各地都发现了属于绳文早期的贝塚,如北海道的东钏路贝塚、濑户内海周边的大桥贝塚及羽岛贝塚等。这些贝塚都分布在距离海岸线不远的地方,并且留下很多居住集落遗迹。在温暖的气候下,绳文人已经学会了如何从海洋中获取食物资源,可以说与海洋的紧密关系是绳文时代进入早期阶段后的最大特征。

2. 前期和中期——快速发展

在完新世温暖的气候条件下,人类生存的外部环境明显改善,日本列岛在进入绳文前期阶段后人口急速增加,技术和文化水平都有快速的提高。但是,目前已经发掘的属于绳文时代前期和中期的考古遗迹明显地呈现出东日本多、西日本少的特征。也就是说,这一时期人口的增加和文化的繁荣主要发生在东北、关东及本州中部地区。比如,千叶县的幸田贝塚作为关东平原地区环状集落的代表性遗址,发现了超过130多处住宅遗迹。其中央区域为墓葬区,周围是住所和储藏室。类似的遗址还有东京都北区的七神社前遗址、横滨市的南堀贝塚等大型环状集落。除了在上述河海沿岸发现的集落,在关东内陆的长野县也发现了阿久遗址等大规模环状集落。除了环状集落,在东北地区及关东北部地区还发现了属于绳文前期的长方形居住区,如秋田县的上之山遗址Ⅱ、岩手县新田Ⅱ遗址等。这些属于前期和中期的环状或长方形集落大多发现于东日本地区,位于西日本的凤毛麟角。

那么东、西日本的差异是如何产生的呢? 这需要综合考虑两地区在地形地貌、动植物资源等方面的区别。东日本地区受到冰河时期及间冰期河流的侵袭、冲击以及火山灰沉降等因素影响,形成了大量面积大、地势高的台地,如武藏野台地就是该地形的典型代表。这些相对平坦、宽阔,且又比较容易获取水源的台地除了利于施工,还有利于躲避洪水等自然灾害,因此就成了绳文人定居的绝佳选择。与之相对,西日本地区少有坡度缓和的丘陵或平坦的台地,而多险峻的山地和湍急的河流,因此适合绳文人定居的场地相当有限。同时,西日本从近畿到九州地区的土壤多为花岗岩风化而成的沙砾土壤,一旦沙砾土壤上的森林植被遭到破坏则很难自然恢复,因此也限制了要不断从森林攫取生产和生活资源的绳文人长期居住。

另外,东西日本在绳文前期以后的森林资源也有所不同。东日本地区纬度相对较高,以落叶阔叶林为主,而西日本地区纬度低,以常绿阔叶林为主。尽管有学者经过研究指出,无论是落叶阔叶林还是常绿阔叶林,其产出的可供人类食用的坚果类产量并无明显差异。[1] 该结论并无问题,却忽视了一个重要差别,即在落叶阔叶林地区生活的绳文人除了

---

[1] 西田正规著「縄文時代の環境」、近藤義郎ほか編集『岩波講座日本考古学 2—人間と環境』、岩波書店、1991 年。

可以采集坚果类外,还可在冬季树叶落尽的地表获得蕨类、蜂斗菜、野豆、薯类等作为食物,四季常绿的森林在冬季则鲜有能供人类食用的资源。因此,西日本常绿阔叶林的植被对主要从自然中获取食物的绳文人来说,并不具有吸引力。

通过对青森县三内丸山遗址的调查研究,我们得知绳文前期的居住者们会不断将长在台地上的山毛榉、橡树砍伐,扩大生活空间,而集落住宅周围则是栗子树和野桃树。据此可以推测,绳文前期的人们已经根据需要、有意识地对森林资源进行管理了。当然,其管理的核心目的,应该是最大限度地从森林中获取食物资源。由此,绳文前期和中期的人们已经开始人工培育、养植部分农作物作为食物。近年来,考古学家和古生物学家通过最新的植物硅酸分析技术,在部分处于低洼湿地的人类遗址中发现了绿豆、小豆、胡麻、瓜类甚至稻谷等作物的残留物。这些植物在野生状态下,分布零散且果实不均,一般不会成为人类的食物。而在人类遗址中集中发现这些植物果实残留物,客观上证明了早在绳文前期、中期,生活在日本列岛的人类已经开始人工栽种、培育植物。尽管这是一项突破性的发明,但也不可过分夸大人工栽种的实际作用。以稻谷为例,目前从绳文土器中筛查出的稻谷硅酸都属于旱稻,但日本列岛以酸性土壤为主,且普遍缺乏磷等矿物质元素,完全不适合旱稻的种植。如果与弥生时代的稻谷对比,就会发现后者才是真正意义上的水稻。[①] 因此,学界一般认为绳文时代人工培育的植物可能是同时将多种作物混杂种植,这与通过不断筛选、优化的农耕活动有本质的区别。应该说,在绳文前期和中期,尽管人类的饮食资源更加多样、富足,但其经济基础仍然是采集渔猎,人工培育的植物资源只是非常辅助性的存在。

食物资源的丰富,客观上为人口的增加提供了条件。但是,无论是采集植物果实、在林中狩猎或是在河海中捕捞,绳文人的主体食物还是

---

[①] 今村啓爾著「狩猟採集経済の日本的性格」、坪井清足、平野邦雄編集『新版「古代の日本」1 古代史総論』、角川書店、1993 年。

依赖周围环境的自然产出。而自然的承载力是有界限的,那么随着绳文中期人口的增加以及人类生产能力的提升,总会突破自然界的承载力。

### 3. 后期和晚期——僵化与变化

人类与自然的矛盾,是规定绳文社会发展进程的最终因素。从绳文中期向后期过渡阶段,日本列岛的气温逐渐降低,由此带来的环境变化导致人们的生产、生活方式也发生相应的变化。日本各地的土器在器形及制作方法上既独立发展又相互影响,在绳文后期形成了东西两大土器系统。总的来说,西日本的土器逐渐减少了器表的绳文装饰,进而形成了以无文土器为主的文化圈。与之相反,东日本则继续保持多样的绳文样式,对装饰性的追求有增无减。绳文后期,西日本的土器以粗制土器为主,更加追求器皿的实用性;以龟冈式为典型器形的东日本土器,制作非常精良,装饰复杂,并多与土偶、石剑等用于祭祀的土制品、石制品一起出现。

一般认为,之所以出现这样的地区差异,其背后反映了绳文后期至晚期东西日本生产方式的不同。精巧的龟冈式土器在某种程度上代表了东日本仍以狩猎采集为主要生产方式,因此允许一部分人在闲暇之余有充分的时间、精力去制作低实用性、高装饰性的祭祀器具。当然,非实用性的器具并非所有人都能够拥有。而绳文晚期,在九州北部地区开始出现比较成熟地种植水稻的迹象,西日本向农业社会转化的进程上要早于东日本。1978年,考古学家在北九州福冈县的板付遗址中首次发现了属于绳文晚期的水田,这些水田遗迹中有清晰的人为划分畦垄的痕迹,并有完整的导水渠、拦水坝等。这说明当时北九州绳文人已经掌握了成熟的水稻种植方法。此后,又在福冈县的曲田遗址、佐贺县的菜畑遗址中发现了时代更早的水田。近年来,在北九州以外的西日本各地相继发现了晚期绳文人种植水稻的间接证据,如香川县坊城遗址、高知县的居德遗址等出土了木制的锹、锄等农具。虽然目前在九州以外尚未发现水田遗迹,但是基本可以确定西日本很多地区在绳文晚期已经存在农耕活动。

在自然环境和生产方式发生变化的背景下,晚期绳文人的丧葬、居住以及祭祀活动也发生了明显的变化。绳文时代中期及以前的葬法为土葬,墓地外部一般没有设施或仅有小规模的环状石块。但到了绳文后期,日本关东地区开始盛行由大量的石块堆成环状单位并配合石棒等附属设施的"配石遗构"。如山梨县金生遗址,发现了属于绳文晚期后半段的五组方形或圆形的配石遗构。在这些石头组合中,出土了焚烧过的人骨片、耳饰、土偶、石剑等非实用性物品。因此,一般认为这种配石遗构是绳文人的墓地。[①] 另外,在部分配石遗构还发现了焚烧过的野猪下颚骨,可能用于祈祷狩猎成功的祭祀活动。在金生遗址的周围,发现了属于绳文中期的大规模集落群,但进入绳文后期以后这些集落群的数量和规模急剧减小。因此,绳文中期前单个集落围绕墓地生活的状况,可能被复数的集落共享一块更大规模墓地的方式所取代。

在东北及北海道地区,绳文后期开始出现大规模的环状列石,学界一般也将其视为"配石墓"的一种。最典型的秋田县的大汤环状列石,由东西并列的两个直径 1—2 米的石圈构成。这些环状列石并非短时间内堆成,而是贯穿绳文后期数百年时间逐渐形成的。考古学家认为,石圈内部的空间可能是绳文人的神圣之地,兼有墓地与祭祀场所的功能。在环状列石周围,建有竖穴建筑、立柱建筑、土坑及贮藏穴等,但没有大规模的集落存在。这些环状列石头及附属设施,可能与配石遗构一样,是由多个集落共同建设、管理和使用的。这反映出后期绳文人社会形态的变化,原来以单一集落为活动单位的社会逐渐向多集落合作生产、生活的社会形态发展。可能是因为自然环境的恶化,令单一集落难以独立生存,不得不寻求多集落的合作,而其合作的纽带可能就是充当上述祭祀功能的公共空间。

在西日本地区则很少发现大规模的配石墓,仍然以土坑墓为主,但

---

① 配石遗构(配石遗構)是绳文后期至弥生时代的一种墓葬方式,又称"配石墓"。由数量不等的石块组合成一个完整形状单位,一般认为除了墓葬功能外还可能用于祭祀。

墓葬区域也逐渐同居住区域分离,成为独立的功能区。如大阪府的向出
遗址,发现了超过450个墓穴,并且分成多个小墓葬群。从该墓葬区的
规模和排列方式看,可能是多个集落共同使用的墓地。据此可以推断西
日本地区的集落之间也构建起紧密的合作关系,绳文人社会也发生了重
大变化。到了绳文时代晚期,九州部分地区开始出现合口土器棺墓,这
应该是弥生时代瓮棺墓的前身。

　　在绳文后期至晚期阶段,西日本的人类社会发展水平逐渐超过东日
本地区,这明显体现在上述水稻种植、丧葬形式等方面。西日本,特别是
九州地区率先结束了绳文时代而进入弥生时代。①

## 第二节　绳文人的生产与生活

　　有关绳文时代的研究已超过一个世纪,但人们对绳文文化的认识一
直都很模糊。考古学者在很长时期内,把"土器"作为时代关键词、把使
用"绳文土器"的时间段笼统地概括为"绳文时代"。而近年来得益于大
量考古发现的积累和分析技术的进步,学界才真正对其文化细部和当时
人的日常生产、生活有了更为准确、全面的理解。绳文人的生产和生活
技能有了快速提升,其日常使用的工具除了石器和土器外,还有木器、漆
器等新的种类。技术的进步不仅改善了绳文人的物质生活状况,且为其
发展出丰富多彩的精神生活提供了条件。

### 一、工具与技术

　　以土器的出现为标志的绳文草创期,与旧石器文化末期以细石叶石
器为主要工具的状况有紧密的继承关系。草创期的石器群,在原有的各
种细石叶尖头器基础上,发展出石簇这一新的狩猎工具。石簇的出现意

---

① 虽然日本学界一般认为弥生时代开始于公元前5世纪,但日本国立历史民俗博物馆的研究
团队通过对九州地区某些附着于土器的碳化物的研究提出,北九州地区在公元前1000年左
右就进入了弥生时代,但此说尚未得到学界的普遍认可。

味着人们发明了弓矢这一具有划时代意义的新技术,其背景可能是人口膨胀促使人类必须通过改进狩猎技术以增加猎取的食物量。属于草创期的神子柴遗址中,出土了与旧石器时代类似的石斧,根据其使用的石材和破损状况判断,其砍伐树木的效率不会太高。而绳文早期以后,磨制石斧最先在北海道被广泛使用,且随着时间推移不断向东北地区、北陆地区扩散,并在整个绳文时代经历了数次技术革新。磨制石斧可以用来砍伐木材,并根据需要对木材进行修整、加工,而木材是绳文人建造住宅的最基本材料。石斧这一工具形式虽然继承自旧石器时代,但磨制石斧的使用效率及适用范围明显高于打制石斧,这是绳文人的一大技术进步。不过,打制石斧作为采集植物根茎的一般工具并无问题,且从制作工艺的消耗来说,打制石器的制作工艺更简单,所需时间也更少,因此在很长一段时间内,打制石斧和磨制石斧是同时为绳文人所使用的。绳文人所使用的挖掘工具,除了旧石器以来一直使用的打制石斧外,还发展出木制挖掘器。目前已经在日本列岛从北海道至九州岛的各处出土了类似锄的木制工具,时间跨度为绳文中期至晚期。考虑到日本存在大量柔软的土层地带,因此木制挖掘器完全适用于收货芋类植物,这与绳文中期以后人类开始初步的农耕生产应有密切联系。

最新的考古学研究表明,除了改进石器及土器外,绳文人还掌握了很多新技术,这让我们对绳文时代人类生产和生活实态的认知更加深入。具体而言,绳文时代作为高度发达的狩猎采集社会,已经开始了定居生活,掌握了较高的建筑技能;绳文人通过改进生产工具和配套设施,大大提升了从陆地和海洋获取动植物资源的能力;绳文人的日常生活工具也更加丰富、实用。近些年在日本各地发现了属于绳文时代的形式各异的人工水利设施,如在东北地区的青森县岩渡小谷遗址发现了利用木材拦截山坡的自然水道,形成固定地表水的"水箱"(水枡);在东京都下宅部遗址及埼玉县赤山阵屋遗址中发现了平缓河流内的木制水箱遗痕。除地表水外,绳文人还逐步开始利用地下水。如在佐贺县东名遗址中,考古学家发现了人工发掘土坑,并认为这些土坑是绳文人有意识地让浅层地下水渗到坑中并加以利用的采水设施；在栃木县的寺野东遗址中，发现了收集地下泉水的木制水箱遗痕。这些开发、利用地表及地下水的设施与人们的定居生活紧密联系，而且绳文人已经能够熟练地根据地形及生活需要对水资源进行各种形式的利用。绳文早期以后，形式多样的水利设施不断发展、进步，这些工程的发明反映出绳文人在技术革新领域的非凡才智。人工水利设施的出现，让绳文人在选择居住地点时所受到的水资源限制大大减少，从而增加了人类居住的自由度。在追逐自然水源的状态下，人类往往要根据季节或者降水情况不断变换生活场地，而有了控制自然水源的设施后，绳文人可以数百年甚至上千年定居在同一个地方。从另一个角度看，水利技术的进步让绳文人对自然生态的影响力也大大提高。

绳文人对燃料利用率的提高，是与定居生活相适应的另一重要进展。虽然房屋及水利设施的建设需要大量的木材，但人类对木材的最大消耗是在烹饪和取暖这两方面。考古学家通过模拟实验，测算了绳文中期普通绳文集落日程生活所需要的燃料情况。[1] 假定位于日本东北的这个绳文中期集落共有 20 栋竖穴建筑，每个竖穴建筑里的居住者为一个独立的饮食单位。那么，在使用土器每日两餐的情况下，室内坑火需要干木柴 4 千克、室内平地火需要干木柴 5 千克才能完成一次烹饪。那么在每日两餐全部使用室内坑火的情况下，每年每个饮食单位需要干木柴 3 吨左右，整个集落则需要 60 吨干木柴用于烹饪。而在北海道和北陆部分地区，每年冬季有超过 100 天时间的平均气温在零摄氏度以下。这种天气状况下，人们若要保持室内温度在 10—15 摄氏度的话，每天需要燃烧 20 千克干木柴，每栋竖穴建筑每年取暖所需干木柴约 20 吨，那么 20 栋规模的集落则需要 400 吨干木柴用于取暖。也就是说，处于北海道或北陆地区的普通集落，每年消耗的干木柴约 460 吨。通过对绳文集落遗

---

[1] 山田昌久著「『縄文時代』に人類は植物をどのように利用したか」、泉拓良、今村啓爾編『縄文時代・下』（講座日本の考古学 4）、青木書店、2014 年、196—198 頁。

址中炭灰的研究,发现绳文人使用的燃料主要是栗木、山毛榉和松木。考虑到栗木和松木在燃烧时灰烟很大,而山毛榉的灰烟相对较少,因此一般认为在竖穴建筑内部使用山毛榉,而在建筑物外多使用栗木和松木。

从绳文前期末叶开始,除了将木材用于大型水利设施和燃料外,绳文人还利用木材、藤条、叶子、果实等开发出日常生活所需的很多小型工具。木制生活器具有钵、碟盘、碗、勺子、壶以及穿刺器等饮食器,且很多木制器具的外部会涂抹植物漆。从漆树中采集的漆液,是一种优良的防腐、防锈的涂料,有不易氧化、耐酸、耐醇和耐高温的性能。除了对木制生活器具进行涂漆外,绳文人还对少数日常生活中用到的土器外表涂漆。有关绳文人采集、制作、保存和使用植物源漆的技术问题,是最近学界研究的热点问题之一。在佐贺县东名遗址等地还发现了利用薄木片、藤条及羊齿类植物制作的编织品遗物。这不仅反映了绳文时代人们工具种类的多样,而且说明绳文人已经掌握了将木材切割为薄片、软化硬藤等工艺。而在富山县樱町遗址和岩手县莇内遗址突出的木柱上发现的贯沟及贯孔,表明在没有金属工具的情况下,绳文人也初步掌握了榫卯工艺。

总体来说,贯穿整个绳文时代的工具发展史,人类对植物资源的利用效率极大提升。通过对多种类型的工具交叉、配合使用,绳文人得以实现了定居生活。换言之,工具和技术的进步帮助绳文人能在相对较小的空间范围内,过上更加富足、稳定的生活。

## 二、生活形态

在从旧石器时代向绳文时代过渡的时期,日本列岛的人类集团仍然处于不断迁移的游动状态,他们随着季节变化、动物的迁徙以及植物的生长周期不断追逐着食物。但随着外部环境的变化以及人类生存技能的提升,如果某地的食物来源变得更加丰富,原本处于游动状态的人类群体也可能长期落脚并逐渐形成永久性的聚落。在日本列岛这种水产丰富的海边和河边，绳文人逐渐建立起长期定居的村落。目前，日本考古学的主流意见认为，绳文人已经处于定居状态。[1] 绳文时代前期以后的考古遗址中出土的大量竖穴住居、大规模的集落空间以及长期使用的墓葬群、捕鱼场等，可以有力地证明这一判断。考虑到绳文人的定居生活与周围的自然环境、食物资源、生产技术以及社会关系等因素的联系紧密，在各种要素组合存在差异的情况下，日本列岛形成多样化的建筑样式和居住形态也是很好理解的。比如，从空间上看，绳文时代最为典型的环状集落仅分布于关东及本州中部地区，在西日本及北海道地区极少出现。从时间角度看，关东地区的环状集落在绳文时代的各个时期也存在兴盛与衰退交替的现象。为了维持定居生活，绳文人必须在相对固定的区域内获取生产和生活所需的全部或绝大部分资源。这些资源除食物外，还包括燃料、制作工具的材料等。如果将绳文人的集落视作初级阶段的村庄，那么村庄的形成本身就是人类集团与其周围的环境有机结合的产物。虽然人类自身生产技术和社会管理能力的提高，能够相应地增加对环境资源的利用效率，但总体而言绳文村落的规模、分布密度或居住形态，都要受到外在环境的制约。目前有关绳文人的居住形态，仍是学界研究的热点问题之一。

在完新世刚刚开始的绳文草创期末叶到绳文早期阶段，温暖的气候让列岛森林资源及海进带来的海洋资源极大地丰富起来，这为绳文人转向定居生活提供了良好的外部环境。与此同时，如上文所述从旧石器时代向绳文时代转换的过程中，人类自身的生产技术也取得了快速发展。外部环境的改善和人类自身生产能力的提升这两大有利条件，共同推进了绳文人在早期阶段进入安稳的定居时代。目前的考古发现中，最早期的定居遗址主要在九州南部地区，如鹿儿岛县的上野原遗址、定塚遗址、前原遗址等集落遗址。在这些遗址中，除了出土大量的土器、石器外，还

---

[1] 渡辺仁著「縄文時代の生態——住居の安定性とその生物学的民族史的意義」、『人類学雑誌』74 号、1966 年。

发现了房屋遗迹、附有烟道的炉洞等建筑遗构,可以判定在此生活的绳文人已经处于定居状态。尽管九州南部的定居略早于列岛其他地区,但总体而言在绳文早期以后日本各地的绳文人集团都呈现出定居化的倾向。到了绳文前期,在关东及本州中部地区以广场或集团墓地为中心的环状集落大量出现。关东平原的内东京湾沿岸和中部高地成为环状集落分布密集的区域,这反映出该地区人口的大量增加。①

在绳文前期,随温度上升出现的绳文海进为人类提供了取得稳定食物资源的渔场,那么关东地区的沿海地带能够供养的人口数量提升也是应有之义。除了沿海地带外,绳文前期关东内陆地区人口也有一定的增长,并形成少量环状集落,如栃木县的根古谷台遗址、群马县的中野谷松原遗址等。这些大规模环状集落表明,定居下来的绳文不仅能够更加有效地从较小地域内获得资源,而且开始有计划地设计日常生活的空间。

关东地区的典型环状集落,一般直径为 100—150 米,其中心位置多为集团共用的土坑墓葬群,周围则是密集的竖穴住居。当然,这一阶段除了环状集落外,在多摩丘陵地带及武藏野台地等内陆区域也存在规模较小的集落,这些小规模集落的密集度明显弱于环状集落,这与内陆地区的资源密度低有直接关系。

除了资源密集度外,居于沿海地区的人类集团在进行海洋渔猎活动时,为了获得更高的生产效率一般需要协作行动,这就要求人类生活单位的规模要更大,且内部的组织系统要更加严密。当人口规模和密度增加后,绳文人的人际关系及社会关系都发生相应的变化。绳文集落内部很可能出现以血缘关系远近为界限的居住单位,并且随着居住单位内人口的增加不断衍生出新的集落。绳文社会血缘关系的复杂化以及集落不断扩张、延伸,可能会让来自同一集落的人类集团之间产生族群的意识。因此,在规模较大的单一集落或相邻的多个有血缘关系的集落之

---

① 谷口康浩著「環状集落の比較生態論」、「考古学研究会五□周年記念論文集——文化の多様性と比較考古学」、考古学研究会。泉拓良、今村啓爾編「縄文時代・下」(講座日本の考古学3)、青木書店、2014 年、227 頁。

间,能够以此为纽带进行组织协作。而居于内陆地区的绳文人多以采集狩猎为生,一般不需要大规模的协作生产,因此其生活单位的规模较小,也比较分散。

另一方面,血缘意识甚至族群意识的认知在绳文人集团中成为某种不言自明的意识时,自然也相应地会出现与血亲、同族相对立的意识。具有相近血缘的绳文族群,与邻近的血缘关系较远的族群之间因为缺少"同族"的意识,很可能会在食物、水源等资源问题上出现彼此争夺的情况。而集落外他者的存在,也会进一步强化同一集落内部绳文人的认同感。如果从这个背景下思考环状集落中心的集体墓地的功能,我们很容易地就可以推断出其具备将共享墓地的不同居住单位乃至不同聚落的人群凝聚在一起的作用。在绳文人居住的集落中,看似最不具实用功能的墓地却被安排在生活的中心地带,这恰恰说明集团墓地作为统合绳文社会的核心象征物,具有超越实际生活需要的精神意义,这一点将在后文详述。绳文前期的环状集落基本都分布在沿海沿川地带,这表明处于该阶段的绳文人尽管已经实现了定居生活,但其生产技术的提升相对有限,因此只有在资源丰富且稳定的沿海沿川区域才能形成人口规模较大的集落。而关东内陆丘陵地带的分散性居住方式,也反映出绳文前期人类生产力相对落后,难以维系高密度人口的定居所需。

到了绳文中期,东日本地区的遗址数量和集落规模都出现极大的增加,绳文人以环状集落为代表的居住形态也发生变化。第一个变化趋势是,绳文集落群的密集度进一步提高,如关东西南部及大栗川流域约 42 平方千米的区域内,约 80%的环状集落集中于 4 个地方。[①] 在上述地区分布的 4 个大规模集落群之间,平均相隔距离约为 8 千米,并且通过考古发掘可见每个集落群都经过长期的反复利用,最终形成了复数时代遗构交差的遗址。如东京都下野谷遗址很少发现属于绳文前期的环状集

---

① 谷口康浩著「縄文時代中期における拠点集落の分布と領域モデル」、『考古学研究』第 49 号、2003 年。

落,但属于绳文中期的竖穴住居多达 320 余栋、土葬墓近 350 处。如此
规模庞大且密集度高的环状集落遗构的存在,说明关东内陆地区原本分
散的定居集落不断集中化、据点化,而绳文人的社会性也随之提高。除
集中化外,这一阶段的绳文人集落的另一明显变化是呈现出"分区构造"
(分節構造)的特点。所谓分区构造,是指环状集落内部区分出复数的区
域,分别形成居住群和墓葬群。一般而言,整个集落可以被区分为两个
大的生活群体,这两大群体分别使用不同的墓葬区和居住区,而且不同
群体的居住形式和火炉样式有别。这样的变化,可能暗示着绳文中期在
人类集团内部出现了某种意义的差别化,如人群地位的区别化。

神奈川县的三之丸遗址、东京都的多摩新城 No. 107 遗址以及岩手
县的西田遗址都呈现出明显的分区构造特征。定居集落群的高密度特
征,一方面反映出生产力的提升,这样才可能让人类在更小的地域空间
内聚集更多的人群;另一方面,也反映了绳文中期人类定居生活的成熟
度和社会协作能力都有快速发展。绳文中期分区构造的生活空间的出
现,其背后必然需要能够有效维持人类集团的社会秩序以及生活文化的
强力制度。有学者根据美国人类学家马歇尔·萨林斯(Marshall David
Sahlins)的文化理论[1],认为进入中期的绳文人集团已经存在具有类似
血统·宗族(lineage and clan)认同的集团划分,不同的分集团可能共享
可传承的名称或者图腾,祭祀共同的祖先,并且能够在代际之间继承土
地、房屋、资源等社会经济财产。[2]

尽管在绳文中期,日本列岛的人类集团已经进入了较为安定的定居
生活,但是完新世阶段不时出现的小冰期导致的环境变动,令绳文人对
自然资源的利用效率并非线性的提升。特别是从绳文中期向绳文后期
转换的阶段,出现了对绳文人影响深远的寒冷化时期(又称小海退)。根

---

[1] Marshall David Sahlins, *Evolution and Culture*, University of Michigan Press, Revised, 1960. 06.

[2] 谷口康浩著「集落と領域」、泉拓良、今村啓爾編『縄文時代・下』(講座日本の考古学 3)、青木書店、2014 年、239—240 頁。

据对东日本地区绳文中、后期的地层调查,发现气温降低及海退导致的环境地形的变化令这一地区的植被也发生了显著变化,具体而言就是原来的栗树减少而橡树增加。海岸线和森林植被的变化,让绳文人不得不调整食物资源以及生活场所。[①] 绳文中期呈现集中化的大型聚落在食物资源减少的背景下逐渐消失,取而代之的是沿着河流分散分布的类似村落的聚集区,且集落的规模也明显缩小。原来在集落内与居住区并存的墓葬及祭祀区域,被迁移到集落外部,出现了专门的进行祭祀的中心场地,如超大型石块或者木柱等。

在以居住和食物资源为中心考察绳文时代各个阶段的生活形态的基础上,可以通过统计和数据分析的方法对绳文时代的人体健康状况、人口总数及分布情况进行推算。就体型而言,绳文时代早期和前期的人比中期以后的人体要略小,特别是上半身要更为纤瘦,且头部也更加短小,牙齿的磨损情况也更为严重。绳文中期以后的人体,与此前阶段的人体相比,明显呈现出体型更为强壮,特别是上半身的肌肉更加发达。这跟各个阶段人类的营养状况息息相关,前者尚处于半定居、半迁徙的生活状况,而绳文中期以后列岛上的人类集团已经进入了较为安定的定居生活。

日本国立民族博物馆教授小山修三利用计算机对绳文时代不同时期的遗址数量、住居面积以及住居内每个人平均所需的必要生存空间等数据进行分析,推定了从绳文早期到弥生时代的不同阶段,日本列岛上的人口总数及人口密度(参见下表2-1)。根据小山氏的研究,日本列岛的总人口在绳文早期到绳文中期阶段,呈现稳步增加的态势,而此后一直到绳文时代结束,则转而出现总人口不断下降的状况。这与上文提到的绳文中期与后期之间出现的小冰期密切相关。此外,小山氏还发现,在整个绳文时代,东日本地区的人口都明显多于西日本地区,特别是到

---

[①] 国木田夫、吉田邦夫、辻誠一郎著「東北地方北部におけるトチノキ利用の変遷」、「環境文化研究」第 1 号、2008 年。

4500BP 绳文中期终结期,本州中部、关东、北陆及东北地区的人口合计达 25 万人,占到整个日本列岛总人口的 95% 左右。除了人口总数之外,对于绳文人的健康情况及平均寿命问题也是考古学界关心的重要议题,但因目前在列岛各地发现的绳文时代的人体遗骨数量稀少,对该问题的研究尚未取得足够的进展,一般多参考已故的小林和正教授在 1967 年的研究(参见下表 2 - 2[①])。

### 表 2 - 1 绳文时代至弥生时代日本总人口及人口密度[②]

|  | 绳文早期 | 绳文前期 | 绳文中期 | 绳文后期 | 绳文晚期 | 弥生时代 |
|---|---|---|---|---|---|---|
| 全国总人口 | 20100 | 105500 | 261300 | 160300 | 75800 | 594900 |
| 每平方公里人口密度 | 0.07 | 0.36 | 0.89 | 0.55 | 0,26 | 2.02 |

### 表 2 - 2 绳文时代人类死亡年龄统计表(15 岁以上)

| 年龄 | 人体数 | | | 百分比折算 | | |
|---|---|---|---|---|---|---|
|  | 总数 | 男性 | 女性 | 总数 | 男性 | 女性 |
| 总数 | 235 | 133 | 102 | 100.0 | 100.0 | 100.0 |
| 15—19 岁 | 24 | 13 | 11 | 10.2 | 9.8 | 10.8 |
| 20—24 岁 | 45 | 23 | 22 | 19.1 | 17.3 | 21.6 |
| 25—29 岁 | 50 | 29 | 21 | 21.3 | 21.8 | 20.6 |
| 30—34 岁 | 49 | 30 | 19 | 20.9 | 22.6 | 18.6 |
| 35—39 岁 | 23 | 14 | 9 | 9.8 | 10.5 | 8.8 |
| 40—44 岁 | 20 | 14 | 6 | 8.5 | 10.5 | 5.9 |
| 45—49 岁 | 13 | 6 | 7 | 5.5 | 4.5 | 6.9 |
| 50—59 岁 | 10 | 4 | 6 | 4.3 | 3.0 | 5.9 |
| 60 岁及以上 | 1 | 0 | 1 | 0.4 |  | 1.0 |

---

① 小林和正著「出土人骨による日本绳文时代人の寿命の推定」、国立社会保障・人口問題研究所編『人口問題研究』第 102 号、1967 年。

② 小山修三著『绳文時代——コンピュータ考古学による復元』、中公新書(733)、1984 年、28—30 頁。

根据小林氏的分析,绳文时代男性平均寿命为 31.1 岁,女性为 31.3 岁。考虑到小林氏选取的样本并不含有 15 岁以下的绳文人遗骨,因此实际的平均年龄还要低得多。单从人类的平均寿命指标,可管窥绳文时代的人类生存环境之恶劣。因为严酷的环境导致绳文人早亡、绳文人的寿命在 30 岁左右这样的判断在学界内外似乎已成通说,但最近有学者用最新的医学鉴定和统计方法对岩手县蝦岛贝塚、千叶县祇园原贝塚等 9 处绳文时代的遗址出土的 86 例人体遗骨进行研究,得出结论为年龄超过 65 岁者占 32.5％。[1] 这完全颠覆了小林和正教授以来的定说,在日本考古学、古病理学及人类学界引发了巨大争议。

此外,目前已经发现的绳文人遗骨中,有 10 例以上的样本发现了石斧、石簇等人造工具造成的伤痕。这些人造外伤的存在,表明当时除了恶劣的自然条件威胁之外,人类集团内部的争斗也是造成人员受伤甚至早亡的重要原因之一。限于已发掘的绳文人遗骨数量的不足,目前对绳文人实际的生命质量,如寿命、疾病、外伤乃至精神疾病等问题的研究尚处于起步阶段。

总体而言,尽管绳文时代已逐渐进入了定居状态,但与后来以农耕为主的弥生时代毕竟有根本性的区别。绳文人作为狩猎采集社会,其获取各种食物及生活资源的方式受到自然环境变迁的影响更为显著。[2]

## 三、精神世界

根据现有绳文时代遗址、遗物虽然难以完整还原绳文人的生产工具、生活形态,但利用现代考古证据和分析方法,至少能管窥其某个断面。然而,若要探析绳文人的精神世界,则殊为不易。因考古材料的有限性以及缺乏文献记载,研究者不得不综合利用现有的人类学、民族学、

---

[1] 長岡朋人著「縄文時代人骨の古人口学的研究」、『月刊考古学ジャーナル』(特集古人骨から縄文弥生時代を考える)、2010 年 10 月。

[2] 大津透編集『岩波講座日本歴史』第 1 巻原始・古代 1、岩波書店、2013 年、57—58 頁。

宗教学等现代社会科学的框架,对绳文时代的墓葬特征等非生产性建筑遗存以及遗物进行构建性解释,考察这些遗存与遗物所反映出的绳文人的思想状态。

在绳文时代的墓葬制度和墓葬观念方面,考古和人类学家三宅宗悦对绳文人骨形态的研究①代表了战前日本学界在这一领域的最高水平。三宅通过对当时为止日本全国发现的 61 处绳文遗址中人骨的埋葬方向、肢体形态以及墓地的棺椁、配石、坟丘等要素的排列分析,并借用民族学、人类学的分析方法,提出了绳文墓葬制度从"屈肢葬"向"直肢葬"变迁的历史趋势,并且还提出了绳文人"瓮葬"、"合葬"、"重葬"、"改葬"等现象,这为此后的研究提供了总体方向。战后最初十年,因考古发掘的新证据不多,学界对绳文葬制的研究并未突破三宅提出的框架,但通过对既有墓葬遗迹的进一步分析,发现了少数人骨上留有外伤痕迹以及有无陪葬品等新要素。有学者通过对绳文晚期瓮棺墓中陪葬人偶的研究,认为女性人偶的数量优势间接地反映了绳文时代具有母系社会形态。② 至 1960 年代,虽然绳文时代的考古发掘数量并未显著增加,但在分析框架上受到西方最新的人类学、民族学方法的影响,以西村正卫为代表的学者试图对绳文人的思想观念进行解析,并且认为绳文社会已经存在着诸如祖先崇拜、巫术观、超自然力、火崇拜等"超自然思想"。③

从旧石器时代向绳文时代转变的过程中,日本列岛上的人类集团尽管仍以渔猎采集为主要食物获取方式,但某种程度上已经有了初步的农耕活动,并最终实现了定居生活。随着生产、生活方式的转变,社会结构以及社会思想意识方面也必然产生变化。与世界各地的早期人类文明一样,绳文时代的人们也必然面临着如何对待"死亡"的问题。我们很难用抽象地概念去界定在绳文人的精神世界中死亡到底意味着什么。但从遗留下来的绳文人骨、墓葬及附属物品等,我们仍可发现当时对遗体

---

① 三宅宗悦著「日本石器時代の埋葬」、『人類学・先史学講座』第二卷、雄山閣、1938 年。
② 岡本勇著「埋葬」、『日本考古学講座』第三卷、河出書房、1956 年、334 頁。
③ 西村正衛著「埋葬」、『日本の考古学Ⅱ繩文時代』、河出書房新社、1965 年、348 頁。

的处理方式。由此,结合民族学和人类学的知识,今人可以推测绳文人对死亡以及死者可能怀有怎样的认知。

在逾万年的绳文时代,遗体处理方面最为复杂的方式当属"二次葬"(也称洗骨葬)。所谓二次葬,是相对单次葬而言的,具体来说就是对遗体的处理分成两个阶段。第一阶段是将遗体暂时埋葬或者搁置在某处一段时间,令死者的肌肉、内脏等腐化掉,然后在第二阶段将遗骨收拾、清洗,埋入墓穴。这种葬式盛行于绳文时代中期至晚期,并且在弥生时代前期仍有延续。二次葬不仅在日本列岛,而且在同一时期的欧亚大陆东部地区广泛被应用,如我国仰韶文化时期的半坡遗址、大汶口遗址等均存在。现代人类学和民族学一般将这种葬俗与绳文人的"灵魂观"联系起来。尽管难以确认,但绳文人将死者遗骨挖出洗净再次埋葬的原因,很可能是他们认为在人体当中,骨骼是灵魂所在,而相对于骨骼来说,血肉则因其容易腐化而被视作肮脏之物。另一方面,这样的葬俗也可能与绳文人的"祖先观"有密切关系。一般来说,在古人的观念中,祖先的灵魂应该对后代子嗣有保护的能力,但前提是要对祖先的遗体有敬畏和关怀。后人清洗祖先遗骨上的血肉遗留物,可能具有除污去祟的意涵,从而令祖先的灵魂得到净化和安慰。

在墓葬制方面,近年来除人类遗骨等地下出土遗物、遗迹外,考古学家还逐渐发现若干与地下遗迹相关的地面遗存。比较有代表性的如:北海道千岁市东北部的基乌斯(キウス阿依努语"水草丰盛之地")周堤墓和栃木县寺野东遗址的环状堆土遗构(環状盛土遺構)。前者属于距今约 3200 年的绳文时代后期的墓葬群。

如下图所示,其基本埋葬方式是将中央区域的土壤挖出,并将土壤堆积在周围形成环状墓堤,环状内侧为墓地,因此被称为"周堤墓"。该墓葬群共有 8 个环状墓,其中规模最大者直径达 75 米。[1] 如此大规模的

---

[1] https://jomon-japan.jp/jomon-sites/kiusu/,关于该周堤墓的详细信息,请参考网页"北海道·北东北の縄文遺跡群"。

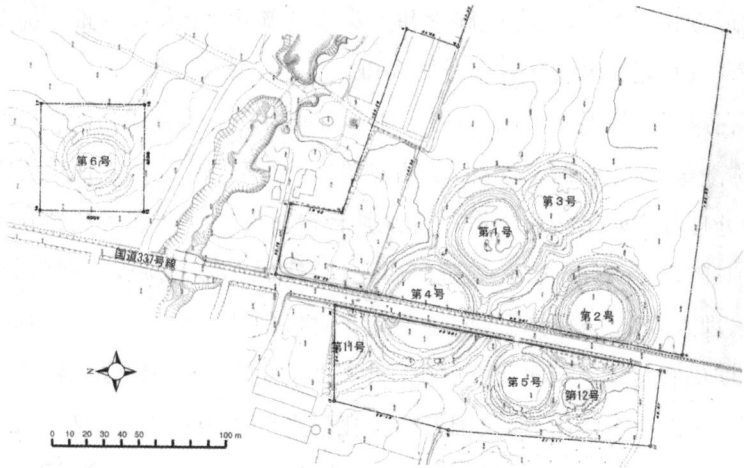

**周堤墓群地形图**

工程,除需要大量人力物力外,还需要一定程度的设计。现代考古学者一般将该墓葬群独具特色的墓堤视作一种具有象征和纪念功能的建筑物,并认为其与入葬仪式以及埋葬后的扫墓、祭祀活动有密切关系。

根据测算,1993 年在栃木县发现的环状堆土遗构原本直径超过 160 米,周围堆土最高达 30 米,规模远超北海道的周堤墓。有学者认为寺野东遗构属于绳文后期至晚期,是当时用于祭祀的巨大工程。[①] 如果此说成立,则这一工程可以被视作绳文人建造的一种大型纪念建筑,可能具有向不同时空——祖先与后世子孙传达某些信息的功能。当然,也有学者将其视为绳文后期到晚期关东地区普遍存在的居住地——环状集落的遗址。

---

① 勅使河原彰著「最近話題の縄文時代の大型遺構について」、『歴史手帳』第 23 卷第 7 号、1995 年。

# 第三章　考古学中的弥生时代像

## 第一节　弥生时代的研究史与分期

### 一、"二战"前的研究

根据现有记录，最早发现的弥生时代资料是铜铎。《扶桑略记》中记载天智天皇七年(668 年)，在近江建造崇福寺的过程中，出土了一口高五尺五寸的铜铎。此后，在元明天皇和铜六年(713 年)、嵯峨天皇弘仁十二年(821 年)也陆续出土类似的铜铎，在当时被认为是阿育王的宝铎。到了江户时代，随着天明四年(1784 年)在筑前国志贺岛村发现"汉委奴国王"金印，近世的日本学者如青柳种信、藤贞干等开始对这些出土资料进行详细记录并作了初步研究。但真正用近代考古学和历史学方法对弥生时代开展研究，则要等到明治维新后日本建立近代国家并积极从欧美吸收最新的科学方法。

明治十七年(1884 年)东京大学的坪井正五郎、白井光太郎、有坂鉊藏 3 人在东京市本乡区向之丘弥生町(现在的东京都文京区弥生町)贝冢遗址踏查时，发现了不同于绳文土器的红陶壶形土器。蒔田根据该型土器的发现地，将其命名为"弥生式土器"，从而开启了用近代考古学方

法对日本弥生时代的研究。日本学界最早正式使用弥生式土器（也称
"弥生土器"）这一名称的学者正是蒔田鎗次郎。蒔田利用考古学的器型
分析方法，指出了新发现的弥生土器与此前已知的绳文土器及古坟时代
土器的差异。[1] 但直到1904年3月组建弥生土器研究会为止，关于新发
现的这种土器的命名仍存在争议。进入大正时代，滨田耕作通过在单一
遗址上不同层位的发掘工作，对此前鸟居龙臧提出的绳文式土器＝阿伊
努民族、弥生式土器＝大和民族的观点提出批评。滨田通过分析相同土
层中石器、铜器与土器的伴生关系，提出弥生式土器的时代已经是金石
并用的时代。[2]

到了大正末期，山内清男等学者对伴随弥生式土器出土的碳化米以
及土器上残留的谷粒压痕进行的综合研究[3]，让学界普遍认识到稻作农
耕和青铜器的使用是弥生时代的重要文化特征。进入昭和前期（1926—
1945年），学界对弥生时代的研究从出土资料本身拓展至弥生人的活动，
开始探究当时的社会状况。在小林行雄和森本六尔等学者的主持下，从
1936年开始对奈良县唐古·键遗址进行发掘。该遗址的面积达1.2万
平米以上，出土了大量木制农具、石器以及碳化米等考古资料，从而为复
原弥生时代的水稻农耕集落的社会生活状态提供了较为充分的证据。
例如，遗址中出土的磨制石刀被认为是收获水稻的农具，而且很大可能
是从东亚大陆传入。此外，1934年从福冈县的立岩烧正遗址中还发现了
制作石刀的遗迹，有学者认为这反映了弥生时代已经产生了专门从事农
具生产的人群，出现了一定程度的农业社会分工。[4]

战前秉持历史唯物主义思想的学者一般认为，弥生时代可以被认为
是传统氏族社会逐渐崩溃，而以农业生产为基础的经济形态逐渐建立的

[1] 蒔田鎗次郎著「弥生式土器発見に付て」、『東京人類額雑誌』11—22、1896年。
[2] 浜田耕作「薩摩国出水郡出雲町尾崎貝塚発掘調査報告」、京都大学文学部考古学研究報告
六、1921年。
[3] 山内清男著「石器時代にも稲があり」、『人類学雑誌』40巻5号、1925年。
[4] 中山平次郎「飯塚市立岩焼の正の石包丁製造所址」、『福岡県史跡名勝天然記念物調査報
告』九、1934年。

过渡阶段。概言之，日本学界虽然早在 19 世纪末即认识到弥生土器的存在，但对于弥生时代特质的认知，或者说明确认识到绳文时代、弥生时代与古坟时代的差异性特质是 1930 年代的事。不过，自 1937 年 7 月卢沟桥事变爆发、日本发动全面侵华战争后，特别是 1938 年颁布《国家总动员法》之后，日本社会各个领域都被纳入战时体制。在历史学领域，皇国史观成为唯一正统思想，试图用其他理论或范式解释日本原始古代社会都会受到严厉的批判。因此在"二战"结束前的数年中，相关的历史学者和考古学者只能重新回归到对个别出土器物的实证研究，难以对整个时代全貌进行综合性的理论探讨。

## 二、"二战"后的研究

日本战败后，盟军对日本实施占领的同时开展了一系列的民主化改革。在学术研究领域，战时极端的历史观和方法论被批判，马克思主义史学作为"科学的历史学"逐渐成为学界的主流理论方法。在此背景下，日本史学界对原始古代的研究逐渐分化为历史唯物主义和纯实证主义两种方法论倾向。

1947 年对静冈市登吕遗址的调查发掘工作，吸引了当时日本考古界的关注。该遗迹原本是战时建设军工厂的过程中发现的一处农耕聚落遗迹。日本考古学会在 1948 年专门成立了登吕遗迹调查特别调查委员会，历时数年时间对该遗迹进行了考古发掘。这项发掘工作极大地促进了有关弥生时代的研究。不仅出土了与唐古·键遗址类似的大量木制农具和建筑构件，而且还发现了附带灌溉设施的大型水田遗迹以及立柱建筑等集落住所遗迹，从而为研究弥生时代的农耕集落提供了可视化材料，具有划时代的意义。[①] 此外，战后不久对福冈县石崎遗迹、佐贺县叶山尻遗迹、熊本县藤尾遗迹的发掘中，不仅发现了瓮棺墓，还发现了大量的支石墓，从而为弥生时代的葬制研究提供了新的视野。

---

① 日本考古学協会編『登呂』、毎日新聞社、1954 年。

随着日本各地考古发掘工作不断取得进展,除了弥生土器的样式论、弥生文化的地域性差异以及弥生时代编年等领域的研究不断推进外,还出版了利用最新的考古资料综合讨论弥生集落社会、墓葬与祭祀以及社会生产关系等宏大课题的专门著作。① 秉持唯物主义的和岛诚一指出:"弥生时代是原本处于停滞的采集狩猎经济阶段的绳文日本人,受到大陆农耕文化的积极影响而过渡到以水稻为中心的经济阶段,并且开启了日本人从此之后以米为主食的历史的时代。在思考该时代的成立与发展方式时,必须统合其所处的客观条件再进行理解。"②尽管是半个多世纪前的观点,但在今天仍然影响着日本学界对弥生时代的整体认知。近藤义郎在回顾战后二十年日本考古学发展时认为:"随着对登吕遗址研究的深入,开启了弥生时代农业论的活跃讨论,并逐渐成为许多考古学者的常识。但是今天看来,倒不如说这种议论有势头逐渐衰退的感觉,而且让人感觉学界对土器样式的细致分类、弥生时代与绳文时代的关系等问题的关注和兴趣跑到前面去了。"③也就是说,近藤认为学界仍有必要从宏观视角和理论化的角度对弥生时代作进一步的探讨,这在当时仍是尚未完成的课题。

战后日本经过十年左右的恢复期,经济发展进入快车道。进入 1970 年代以后,日本迈入发达国家行列,并继续保持了二十年的经济成长。在此期间,各地大量修建机场、高速公路,并且房地产行业也快速扩张,而这些因素也给日本考古学的发展带来巨大影响。有关弥生时代的研究也不会例外。随着日本全国各地大兴土木,保护性的考古发掘也大量开展,出土了庞大的考古资料。在这些新资料的支撑下,日本学界开始重新思考战后至 1970 年代对弥生时代的研究,尝试构建出全新的弥生

---

① 杉原荘介编『日本考古学讲座』四、弥生文化、河出书房、1955 年。
② 和岛诚一著「弥生时代社会の构造」、和岛诚一编『日本の考古学』Ⅲ、弥生时代、河出书房、1966 年。
③ 近藤义郎著「战後日本考古学の反省と课题」、考古学研究会十周年记念论文集编集委员会编『日本考古学の诸问题：考古学研究会十周年记念论文集』、出版地：冈山、1964 年。

时代像。如马克思主义史学家原岛礼二、都出比吕志、山尾幸久等学者在前述和岛和近藤的弥生时代论基础上，分别总结出家庭共同体、农业共同体、首长等社会性概念，并提出了弥生社会走向阶级社会的假说。[①]这一时期，除上述理论性和总括性探讨弥生时代史的成果外，更多的研究是各地基于自身掌握的庞大考古资料而进行的地域性探讨，或者说有关地域社会状况的探讨。其基本方法是从时空角度对某些地区已经发掘的遗址的分布、选址进行动态考察，以此为基础探讨某地区的政治、社会和经济背景。如寺泽熏将遗迹的时间动态看作"遗迹群"，并尝试将各群中抽样检出的考古学特征看作地区性农业共同体的政治性权力的酝酿和社会性特征。[②]这种地域社会论的发展，还相应的带动了对某些次级问题的研究，比如对弥生时期某些地区的自然环境的复原、地区之间的贸易与交流以及土器编年的精细化等等。此外，在对日本弥生时代进行地域性研究的过程中，日本学界还倾向于引进欧美的地域社会研究理论并在某种程度上将其视作范式或者模型。酒井龙一借助当时在欧美学界流行的聚落考古学理论（Settlement Archaeology），尝试将各地的考古资料体系化，并提出遗址群考古学的概念。[③]

　　这一时期另一影响日本弥生时代研究的重大事件是中日邦交正常化。1972 年 9 月，日本首相田中角荣闪电访问中国，并迅速完成了中日两国邦交正常化的外交谈判。这不仅带来了地缘政治的重大变动，也让日本学界的对外视野从关注欧美扩展到关注东亚，从而真正具有了全球性的研究视角。具体而言，1970 年代以后的日本弥生时代研究者开始从东亚区域视野出发关注弥生人的来源路径、水稻及农耕传播谱系、列岛环濠聚落及墓葬与东亚大陆的比较、青铜器与铁器的流入及制作技术等

---

① 原岛礼二著『日本古代社会の基礎構造』、未来社、1968 年；都出比吕志著「農業共同体と首長権」、『講座日本史』一、古代国家、東京大学出版会、1970 年；山尾幸久著「政治権力の発生」、『岩波講座日本歴史』一、原始及び古代、岩波書店、1975 年。

② 寺沢薫著「大阪湾沿岸地域における弥生時代遺跡群の展開とその社会」、『古代学研究』第72、73 号、1974 年。

③ 酒井龍一著「Settlement Archaeology：その考え方と手法」、『文化財学報』第二集、1983 年。

问题。而弥生时代的日本以乐浪郡为中转开展的对汉帝国的外交活动尤其受到史学界的关注。

进入平成时代(1989—2019 年)后，随着日本泡沫经济崩溃，大规模的土木工程失去了原动力，考古挖掘工作也大量减少，导致此前依靠不断新增的庞大出土资料进行的研究难以为继。不仅如此，2000 年藤村新一考古造假事件被媒体披露后也让史学界反思此前过于重视考古资料的研究方法。从另一个角度来说，考古发掘热潮的褪去反倒刺激了历史学界不断探讨新的研究视角、理论和方法。进入 21 世纪以后，从事弥生时代研究的学者相继从农业技术与生产力论、战争论、观念与意识形态等崭新的角度开展研究，拓展了对弥生时代的认知。

如第二章说述，九州岛北部地区已经发现了绳文时代晚期的水田遗迹和灌溉设施。现代考古学通过最新的自然科学技术对动植物遗体、花粉残留、植物硅酸体进行分析研究，认为在弥生时代以前已经出现了旱稻种植。不过，最新的研究也表明即使在弥生时代日本列岛的农业生产力仍然相当落后。通过对这一时期植物遗存的累计量以及水稻栽培技术的复原，可以推测出当时的稻米产量并不高，弥生人的日常饮食除稻米外还需要其他旱田作物作为补充。[1]

对农业技术和生产力水平的探讨，与如何认识弥生时代的政治形态密切相关。史学界一般将日本古代王权的形成追溯到弥生时期，因为进入农业社会是生产力水平提高的表现。水稻的种植不仅让人类改为定居生活，而且有可能出现粮食的剩余，进而在财富分化的背景下出现政治权力的分化。假如上述弥生农业生产力落后、水稻产量不足以保证基本粮食要求的论断成立，将对弥生政治史的通说产生巨大冲击。对此观点，很多学者提出批评。如小林借助最新理化学技术对已发现的水田遗址面积、稻米残留物、弥生人的烹饪方法等进行研究后，认为弥生时代的

---

[1] 浜田晋介著「鶴見川流域・弥生時代の食糧生産」、『神奈川考古』、38 号、2002 年。

农业技术和稻米产量已经很高,米饭已经是普遍化的食物了。[①] 应该说,通过最新的自然科学技术对弥生考古遗迹、遗物开展研究已成为重要的方法,但如何将其与既往的一些政治史、社会史概念及定说进行有效的勾连仍是未解决的问题。

　　除弥生农业技术和生产力论外,有关弥生时代的战争论也是目前学界的前沿课题之一。松木武彦、宇多川武久等学者,重新从军事角度对已出土的石簇等武器以及作为防御工事的环濠聚落和高地集落进行综合性分析,从而将其隐含的战争意义推广到整个学界。[②] 这些学者提出,从弥生时代开始战争这一人类憎恨的行为与国家形成阶段相重合,各个部族、地域共同体等人类集团之间的杀戮行为成了推进集团政治统合的重要力量。不过,目前的研究多基于已经出土的带伤人骨、遗址的战争痕迹推断当时的战争规模、战斗形式以及参战人员的构成等课题。对于这些战争行为到底是哪些人类集团之间为了什么目的,以及产生了何种后果等问题,尚有争议。特别是长期受到历史学界关注的"倭国之乱"的原因及结果——亦即邪马台国问题,仍有进一步讨论的空间。前述松木的著作提出的战争与早期国家形成相关的内部机制问题,为武力行为的产生提供了新的观察视角。

　　目前,学界在探讨弥生时代战争的产生原因时,主要有两种分析框架。第一种框架认为,在新的农耕经济系统形成后,为了争夺水源乃至人口,相邻人类集团之间的小规模冲突不断积累,最终发展为不同集团为了强化自身力量而采取联合作战的策略,最终形成地区性的统治与从属的政治权力关系。另一种框架则重视跨地域间贸易网络产生的影响,特别是弥生时代中期以后铁器的传入与普及过程中,不同地区的接受度存在差异,导致了不同人类集团实力差距的变化。换言之,更早引入铁器的集团将占据明显的优势,从而通过对外战争控制更大范围的地区。

---

① 小林正史著「コゲとススからみた弥生時代の米の料理方法」、『日本考古学』、13 号、2002 年。
② 松木武彦著『日本列島の戦争と初期国家形成』、東京大学出版会、2007 年。

从这种分析框架来看,倭国之乱也可以被看作九州北部势力与以近畿为中心的人类集团之间围绕铁资源的供给渠道产生了大规模的军事冲突。这两种分析框架,都是从经济性机制的视角观察弥生时代战争频繁爆发的内在原因。

有关弥生时代观念与意识形态的研究也是新近出现的重要课题。有关弥生时代的文字资料极为有限,因此这一领域以往多从属于神话学、人类学的研究范畴。但随着对考古遗存中有关农耕礼仪、祭祀以及墓葬等资料的分析和复原,有关弥生人的精神世界的研究越来越成为前沿。目前,最具代表性的研究者是金关恕、春成秀尔、光本顺等人。当然,资料的缺乏导致这类问题的研究多少会让学者的讨论陷入某种偏见乃至牵强附会之中,要取得令人信服的研究成果实属不易。对原始古代社会观念与意识形态的研究,某种意义是受认知考古学影响的产物。弥生时代研究中的认知范围主要包括弥生人的祖先认知、祭祀活动等信仰问题以及绘画、物品造型等艺术观问题。如光本顺通过对弥生时代表现人物的绘画、人俑中面部表情、肢体动作、衣装纹样等的分类和分析,将这些出土资料进行编年化排序,并尝试探讨编年与这些身体属性之间的关系,从而得出结论认为在弥生中期前半段重视行为和劳动,而在弥生中期后半段至古坟时代前期则更注重头部表现。[1] 当然,这样的研究虽然从观念变迁角度切入,但尚未就这种认知背后的动因、意义作出理论性的总结。而且结论过于简单,难以将其纳入到对弥生时代的政治和经济问题探讨之中。

三、弥生时代分期

以往的通说认为弥生时代开始于公元前500—300年左右,结束于公元后300年左右。大致可为早、中、晚三期:早期为公元前400—前100年;中期为公元前100—公元100年;晚期为公元100—300年。但近年

---

[1] 光本顺著『身体表現の考古学』、青木书店、2006年。

来通过自然科学的年代测定方法,有学者认为弥生时代的开始时间比通说至少提前 500 年。

　　关于时代分期问题,首先要明确地对弥生时代或者弥生文化的基本特质作出限定性的归纳。在昭和前期,小林行雄将弥生文化的特质规定为稻作农耕和金属器具的使用与制作,而战后历史学中的代表性学者佐原真则在小林学说的基础上补充了阶级形成、战争以及环濠集落等要素。① 这些要素构成了弥生文化的基本组成部分,其中水稻农耕要素是最为重要的文化特征。因此,通过追寻水稻农耕在日本的起源时间,可以追溯弥生时代开始的年代。长期以来,日本的历史学者多以考订被认为弥生时代土层中出土的中国制铜镜以及土器样式来判断土层所处的年代。因为很多中国铜镜上会铸刻表明中原王朝年号的铭文,而将弥生时代的开始时间认定为公元前 5 世纪或公元前 3 世纪的学说也主要是以此为论据。2001 年以来,日本国立历史民俗博物馆开始用 AMS—碳十四测年方法对九州北部发现的水稻田遗址出土的相关资料(主要是残留在土器中的碳化物)进行检测,得到的数值是 2620±40BP——即以公元 1950 年为起点的 2620 年前(误差为前后 40 年),而校正后的年代数值为公元前 900—前 750 年。② 这意味着这些水田最早可能起源于公元前10 世纪后半期,从而可能让弥生时代的开始年代比既往的通说提前了约 500 年。对于这种爆炸性的研究结果,大多数弥生时代的研究者并未明确表明态度。一方面,AMS—碳十四测年方法本身还存在很大问题,其一是它需要的标本量比较大,并不是所有的遗址都能提供这么多的标本,当然也不能用它来对某些需要测年的文物来进行测年。其二是它的精度还不够,年代越远的标本其误差也就越大,有时竟达到几百年。这

---

① 小林行雄著「弥生式文化」、『日本文化史大系』I、誠文堂新光社、1938 年。佐原真著「農業の開始と階級社会の形成」、『岩波講座・日本歴史』第 1 巻、岩波書店、1975 年;「弥生文化の比較考古学」、『古代を考える:稲・金属・戦争—弥生—』、吉川弘文館、2002 年。
② 藤尾慎一郎、今村峰雄、西本豊弘著「弥生時代の開始年代 — AMS—炭素 14 年代測定による高精度年代体系の構築—」、『総研大文化科学研究』創刊号、2005 年。

对于史前时代的研究尚无太大影响，但对于抵近文字历史时期的年代鉴别则难以为学者接受。

另一方面，AMS—碳十四测年方法毕竟是基于自然科学的一种鉴定技术，对于历史研究还是有很大的参考价值，因此很多学者认为应该对既往用于考订弥生开始年代的青铜器——主要是带铭文的铜镜、铜剑进行重新研究。将弥生时代开始年代提前至公元前 10 世纪后期的学说虽然尚未被历史学界完全接受，但因其采用的是最新的自然科学检测方法，因此目前已经得到博物馆以及普及性读物的认可。

此外，从绳文文化向弥生文化过渡的过程中，日本列岛各地并非保持一致的速度。九州北部地区虽然可能在公元前 10 世纪后期即进入水稻耕作时代，但根据目前的考古发掘材料，列岛其他地区出现水田的时间要晚得多。有学者将进入弥生时代后仍未产生水稻耕作的地区称为"弥生时代的绳文系文化"。[1] 这种时间分期与空间上不均衡之间的龃龉背后，是传统的文化分期方式往往先验地将日本列岛视作单一的文化区域，而忽视了统一国家形成之前的日本列岛实际上是一个分散的、各自保持独特性的多区域联合体。为了弥合这种时间与空间的龃龉，有学者对弥生时代的早、中、晚三阶段说进行修正，提出弥生早期和晚期可以分别被看作是与绳文时代和古坟时代的过渡时期。[2] 森冈有关弥生时代过渡期的设定，受到寺泽熏的批评。因为这种过渡期说本身，实际上是将弥生文化区分为真正的弥生文化与过渡性的弥生文化，而对于如何界定过渡期的边界则很难有客观的标准。不仅如此，弥生早期与弥生晚期如果被看作过渡期，实际上就是将其分别与绳文时代晚期和古坟时代早期看作处于相同的文化时期，这无论如何也难以让人接受。[3]

---

① 藤尾真一郎著「時代区分論と弥生文化の範囲」、『NEWSLETTER』Ⅲ、2005 年。
② 森岡秀人著「農耕社会の成立」、『日本史講座』Ⅰ、東京大学出版会、2004 年。
③ 寺沢薫著『弥生時代の年代と交流』、吉川弘文館、2014 年、11—12 頁。

## 第二节 生产与生活器具

### 一、弥生土器

土器是弥生文化重要的内容之一。弥生式土器烧成温度约 850℃，制作方法为泥条盘筑，经慢轮修整。器形大致可分壶形器、瓮形器、钵形器、圈足等，纹饰和彩陶不发达。随着弥生时代的相关考古发掘的不断丰富，学者逐渐认识到该时代除了磨制石器和土器外，已经存在青铜器甚至铁器的使用。1917 年，中山平次郎提出"金石器并用时代"的概念，并将弥生时代视作石器时代与金属器时代的中间时代。弥生时代普遍有了以种植水稻为主的农业；开始使用铜器和铁器；原始社会开始逐渐向阶级社会过渡；与中国、朝鲜半岛交往频繁，深受中国文化的影响。弥生时代的年代大约在公元前 400—前 300 年，反映在考古学文化上主要表现在：一种新的弥生式文化首先出现在北九州，并逐渐由西向东传播，又向北一直达到日本的东北地区，最后遍及整个日本列岛。

弥生时代土器与绳纹时代土器迥然不同，主要表现在：绳纹时代土器褐色多，纹饰发达，多为曲线纹，器类以筒形罐为主；弥生时代土器以灰褐陶和红褐陶为主，纹饰不发达，多为几何形纹饰。弥生时代土器轮制较多，烧制火候高，土器厚度均匀。有的形体较大，甚至高达 1 米多。土器的种类和形状与绳纹时代土器差别亦较大，甚至无法看出二者之间的承继关系。器类有敛口瓮、鼓腹罐、豆、壶、瓿、釜、圈足罐、杯、钵、器盖、支脚、纺轮和埙等。彩陶有少量发现，主要是红彩。

由于地域和时期的不同，弥生时代土器的形制变化亦有所不同。

九州地区是弥生文化的发祥地。最早的弥生土器出土于福冈市博多区板付字北崎遗址，因此亦称之为板付Ⅰ式。板付Ⅰ式土器的种类主要有筒形罐、鼓腹罐、壶、豆等。纹饰较简单，主要为篦划纹、刻划纹、复线山形纹和少量红彩。九州地区最早的弥生土器是板付Ⅰ式，接下来的板付Ⅱ式土器先传播到濑户内海沿岸，并通过濑户内海沿岸传播至近畿地区。山口县出土的土器与北部九州土器基本相同，但早期的壶腹部明显变长，壶口部呈盘状，颈部较长，肩部明显，纹饰盛行横向附加堆纹。广岛县出土的土器亦开始流行横向附加堆纹，横向刻划纹开始增多。土器以壶为主，肩部不明显。中期由于受到近畿地区的影响，土器流行刻划纹。在山阴地区有的土器发现有红彩。山口县出土的壶口部外敞较大，口沿处有按窝纹或有小圆饼装饰。束长颈，颈饰多条横向附加堆纹，腹部饰斜向刻划纹。

四国地区晚期以爱媛县高松市大空遗址出土的土器最具代表性。土器盛行壶、豆、器座、圈足钵和鼓腹罐。壶颈部较长，有的壶呈扁腹状。器座有较多圆形镂孔。土器纹饰盛行篦划纹和刻划纹。近畿地区早期土器以大阪府和泉市池上遗址出土土器为代表。土器种类有壶、长颈壶、鼓腹罐、敛口瓮、豆、圈足碗、圈足钵、杯和器盖等。壶的特点是颈部较长，腹最大颈偏下。土器纹饰盛行凹弦纹、回形纹、篦划纹和弧曲纹等。

中部地区主要包括伊势湾沿岸至伊豆半岛的东海沿岸地区；以长野县为中心的中部地区；北陆地区。东海西部地区从中期至晚期的土器非常有特点。土器种类主要为壶、豆、罐、圈足罐和提梁罐。壶多为敞口，少量为敛口或盘形口。短颈，腹部向外膨突，腹最大径略偏下。土器纹饰流行直线和波形刻划纹，直线纹和短斜线纹交互使用，颈部和下腹部涂有红彩。中部地区的千曲川下游和富士川流域，晚期土器具有鲜明的特点。土器种类有壶、罐、碗和器盖等。壶的颈部较短，肩部明显，腹最大径偏上。器身饰篦划纹、短线纹、波形纹、凹弦纹和半圆弧线纹。天龙川流域晚期土器种类主要有壶、罐、圈足罐、碗等。壶的口部外敞，口沿内敛。短束颈，大鼓腹。口沿饰小波形纹，颈部饰凹弦纹，上腹部饰大波形纹、短斜线纹。罐的纹饰主要饰在上腹部，主要饰大波形纹、短横线纹。中期土器主要出自墓葬的瓮棺。以陶壶为棺，壶有细长颈和短颈两种。小口，小平底。器身纹饰繁缛，见有篦划短线纹、波形纹、折线纹、菱形纹、圆点纹、弧曲纹、人面纹、凹弦纹等。晚期土器种类有壶、罐、圈足罐、豆、碗、钵等。壶的口部多呈盘状。土器纹饰有箆划纹、菱形纹、波形纹、对顶三角纹、书香附加堆纹、凹弦纹、圆圈纹、人面纹等。

　　东北地区呈狭长的南北两个区域。南部区域为福岛县、宫城县、山形县;北部区域为岩手县、秋田县、青森县。在南北两个区域中,以青森县出土的中期土器最具代表性。主要流行小口鼓腹罐、高颈大口罐、花边口沿罐、花边口沿豆。此外还见有器盖、瓮、短颈壶。土器纹饰有刻划纹、凹弦纹、波形纹、几何形纹、折线纹、长椭圆纹、圆圈纹等。

　　弥生时代的炊器主要有罐、甑、釜和支脚。以罐和支脚为主,甑和釜数量次之。罐的形态基本为鼓腹敞口,有的肩部明显。从发现的平底罐及数量中较多的支脚来看,支脚是与罐、釜配套使用的。关于支脚的用途,在福冈县宝台遗址也曾发现过三个一组的支脚,是用来支撑罐的。除平底罐外,还发现有较多的圈足罐。高圈足的作用实际上与三个支脚所起的支撑作用完全一样。平底罐和圈足罐素面的较多,有纹饰的多为刻划或拍印的几何纹,此外还见有附加堆纹和弦纹等。甑有罐形、钵形和碗形三种,有的在器身中部偏上处有斜向上翘的对称把手。甑多在底部有一圆孔,少量底部有多个圆孔。釜的形状为敞口球形腹,圜底。器身多有纹饰,釜应是与支脚配套使用的。支脚发现的数量较多,其形状大体可分为三种:第一种大底向上渐细,有一部分顶端向外突出,顶端有平面、斜面和突面几种。支脚中空,端面上有一圆孔。第二种底座大,顶端略小,中间偏上呈束腰状,中空。第三种底大,向上渐细且向一侧弯曲。三种支脚的表面绝大多数刻划或压印出各种几何纹饰。

　　绳纹时代炊器是以深腹筒形罐为主,另有一定数量的束腰形罐蒸器,甑和鬲的数量较少。大体来说,罐类炊器的使用方法应是将其置于炉灶内,或放置于室外,也可能是在罐的底部用石块支垫,在罐的周围放置柴草使其燃烧炊煮食物。至弥生时代,炊器的发展已有了较大的进步,新出现了陶支脚和釜。甑的数量增多,传统炊器深腹筒形罐的底部多加实圈足。从其实用性来看,将深腹筒形罐用陶支脚垫高,或在其底部附加有高的实圈足,这无疑增加了与火接触的面积,更为重要的是利于空气的流通,使柴草能充分燃烧,提高了炊煮或炊蒸的效率。炊器数量的增多、形式的改进以及新出现的炊器,这些都充分反映了炊器在发展和使用过程中不断地加以完善。从另一方面还可看出起支撑作用的支脚发现数量较多,但从其分布地域来看,主要集中于福冈和佐贺两县,亦即九州北部地区,而这一地区的农业在弥生时代又是比较发达的地区,此地发现了多处水田遗址,出土有炭化的稻米,这似乎暗示着较进步的炊器与农业的出现与发展有着密切的关系。

## 二、生产工具

石器的使用仍很普遍,与绳纹时代相比,打制石器显著减少,磨制石器大为增加。后者主要是刀、镰、凿、斧、锛等工具和农具。福冈县的今津、今山和立岩遗址发现有专门制作磨制石斧和石刀的加工场遗迹,其制品在九州北部乃至中部地区分布广泛,可见磨制石器的制作已专门化。到了晚期,由于铁器进一步普及,石器才迅速减少,乃至绝迹。收割工具主要是石刀,此外还发现有少量的石镰和蚌刀。石刀发现数量最多,主要有直背弧刃、弧背直刃、弧背弧刃、直背直刃几种。多数为双孔石刀。石刀的形状因地域而异,或者因时期不同而发生变化。早期流行的是直刃弧背的半月牙形石刀,这是九州地区残留的形制;背及刃都呈弯曲状以及刃是直线型的石刀,为近畿和其他地区弥生时代中期的代表。这类石器的共同特征是,即使形状不同,但均在背部中央部位穿孔,并且有两个穿绳孔。当时的石刀是将绳子套在指头上使用的,并不是像现在把镰片固定在木柄上使用。

根据弥生时代炭化了的米粒,可见许多稻穗还照原样保留了下来,亦可知用石刀并不是从稻子的根部收割,而是仅摘取穗部。安山岩原石的分布地带以濑户内海为中心,在这一区域内有用安山岩原石制成的打制石刀。因这种石头非常坚硬,穿孔相当困难,因此两端留出突起物做成绳挂的为多。磨制的石刀在宫崎县曾经发现过,也是没有孔的这种形式。砍伐工具主要为石斧。弥生时代的磨制石器最具特色的是大型蛤刃石斧。这种断面呈椭圆形的大型棒状石斧,其刃部是从两面磨制成圆弧刃,无论从正面还是从侧面看,都似贝类的腹缘形状。其形体较重,比起锐利的刃部来,似乎整体的重量更便于利用,是一种很好的切割、打击石斧。这种石斧的石质限于闪绿岩、斑砾岩等火山岩。而且它附带有与刃平行的长柄,石器上也留下了安柄的痕迹。

与水田作业有关的农具主要是木锄、木耙和木锹(耜)等。木锄有宽刃和窄刃两种,也发现两端有刃的木锄。木耙为多齿的,一种为器身窄长的一种为器身短宽的。北部九州地区的木锄、木耙大多数为窄刃,形体较长;而在近畿地区发现的木锄、木耙多为宽刃和多齿的,有的木耙有5个齿;木锹的形状多样,有长方形、三角形、菱形和梯形等。亦发现少量多齿的木锹。木杵、木槌、木臼是加工稻米的工具,发现数量较多。在静冈市有东第二遗址发现的实物臼,高51厘米,口径62厘米,四面垂直并作出棍状的把手,特别精致。杵长1—1.5米,直径7厘米。木杵的中间较细,便于把握。另外还发现有突出两头的竖杵。从铜铎的纹饰看,两人双手持杵状物,一个臼放在中央,两人交互进行舂米。弥生时代出土的农具主要为木制和石制,木制工具有锹、锄、多齿耙、田舟、田屐等。收割工具主要为磨制的双孔石刀、打制的两侧带缺口的石刀、石镰和贝刀等。作为碾米的工具主要是木制的臼、杵,有的为两头的竖杵,加工的方法在铜铎的纹饰上有所表现。以上这些工具均与水稻的种植、收割和加工有直接关系。绳纹时代除石器外,还有许多角骨器作为辅助用品。而弥生时代木制农具与石器同时存在,其中石斧类型较多且造型先进,比绳纹时代要进步得多。在弥生时代早期阶段,木器和石器仍是当时主要的生产工具。

自从中国传入铁器以后,铁制工具在当时的农业生产和日常生活中已开始逐步发展起来。作为铁器文化的先驱,九州北部地区虽然在弥生时代早期已有铁器发现,但直到中期以后铁制工具的数量才开始明显增多。铁器的种类包括掐刀、锸、镰等农具;斧、凿、刀、铇(刨子的一种,细长铁棒,前端为三角形,略弯曲,柄部夹上木片并用布包起来,用此物修整木材表面)等生产工具;剑、戈、矛、镞等武器;以及鱼镖、鱼钩之类的捕捞用具。早期的铁器是从大陆输入的,中期和后期则主要利用输入的铁料在日本本地加工制作。

与渔业有关的发现是骨鱼钩、铁鱼钩、骨鱼镖、铁鱼镖、陶网坠和石网坠等,此外,在距海较近的遗址中发现大量贝壳和鱼骨等。近海捕鱼所用的木舟亦有发现。在铜铎上也有表现两端上翘的木舟,舟上有多人挥桨划水的场面。弥生时代发现的鱼钩既有骨制的亦有铁制的。在西北九州地区,绳文时代流行的 F 类西北九州型骨鱼钩,在弥生时代分布范围已扩至山阴地区,如在鸟取县境外港的海底遗址和松江市西川津遗址均有出土。与此同时,在濑户内海沿岸亦有发现,只是鱼钩有的已开始变小,钩与轴的结合方式为榫卯结构。随着弥生时代晚期铁制鱼钩的出现,复合式鱼钩逐渐消失,但作为钓鱼用的鱼钩然是以骨角制为主。

在九州地区还发现有铁制鱼镖。而在爱知、三重县及琵琶湖沿岸出土的鱼镖,与绳文时代中期出土鱼镖非常相似,应是受到了绳文时代鱼镖的影响。所不同的是,弥生时代出土的鱼镖可见明显的铁刀修刮痕迹,整个镖身更加细长精致,最长者达 45 厘米,系用大型鲸骨制作而成。弥生时代发现的鱼镖虽承继了绳文时代的风格和制作工艺,但制作技术更加精细和实用。鱼镖的尾端除少量有铤外,多数为有銎式,更利于安柄。前端则多加工成深凹槽以镶嵌石镞。在弥生时代,燕型、惠山型、寺胁型几种是由绳文时代的同型鱼镖文展而来的。

燕型:以尾端分 2—3 个叉,状似燕尾而得名。整体形状不固定,长短不一,尾端多偏向一侧,多为 2 个叉,少量分 3 个叉。前端多呈对等三角形。横截面多呈圆形或椭圆形,有少量横截面呈菱形。有部分前端凿有深凹槽以镶嵌石镞或野猪牙镞。镖身中段修刮成一周浅凹槽,或在浅凹槽处有对钻圆孔。与南境型和沼津型鱼镖最大的区别在于,燕型鱼镖的尾端有銎以利于木柄插入,有的两翼有多个倒刺。在北海道南部地区亦发现有少量燕型鱼镖,其形状与绳文时代的燕型鱼镖大体相似,但罕见倒刺,有的鱼镖器身有刻划纹。

寺胁型:以福岛县いわき市寺胁贝塚遗址命名。整体呈圆锥状。前端横截面多呈圆形,罕见菱形。中部偏下修刮成一周浅凹槽,有的在浅凹槽处有对钻圆孔。尾端外撇呈四瓣瓦状凹缺,中有一銎以利安柄。分布区域主要在磐城海岸。

惠山型:以北海道尻岸内村惠山贝塚遗址命名。惠山型鱼镖是受到绳文时代一王寺型和燕型鱼镖的影响而产生的,其形状兼具两型鱼镖的特点。有的鱼镖两翼倒刺多而长,或前端安有石镞。器身中下部有对钻圆孔或一周浅凹槽。

在弥生时代晚期海岸边的一些遗址中发现了大量的石锤。这些石锤被认为是用来投掷出去砸击鱼的。这些发现表明大规模渔业的存在。渔业发达的标志之一是以能自由驾驭渔船为前提,当然也就能使更多的人共同参加捕鱼作业。弥生时代虽说是以农耕为主,但同时还兼营狩猎、渔业和采集等活动。这一时期狩猎对象以野猪和鹿为主,多数都是用弓箭射杀的。射杀的方式在铜铎上有所体现,还铸出了数头猎犬。狩猎用具中发现有木弓,数量较多,最大的约 2 米,小的约 0.6 米。石镞发现数量最多,新出现了铜镞,多带铤。其他作为杀伤性武器还有仿铜器的石剑、石戈、石矛和石翘首刀等。弥生时代的石镞形状以有茎及菱形为多,也发现有一定数量的凹尾形石镞。这是一个时代的变化,而且石镞有渐渐变大的倾向。铜镞可以分为有棱有铤及扁平无铤两类。铜镞多发现在山阴地区,而同种类型的磨制石镞在九州东部和中部地区出现,到了中期特别发达。铜镞分凹尾、燕尾、平尾、有铤三种。中部地区的磨制石镞,其特征之一是中央穿孔,而且同时期的铜镞也往往穿孔,大概是这一地区一种特殊的打制石镞方法。

这个时代除石镞、铜镞外,还发现了其他骨角制的镞。弥生时代晚期石镞开始锐减,铁镞数量大增。主要为分凹尾、燕尾、平尾、有铤三种。弥生时代弓箭的制作非常发达。从奈良县唐古遗址的考古发掘资料可知,除了用直径 2 厘米的树枝在两端削出弰这类简单的圆木弓外,还有一种弓箭,直径3厘米左右,里面刻出血槽、节的部位,用樱桦固定住,再涂上黑漆,非常精美。至迟在弥生时代早期已有少量的使用,是一种2米左右的长弓。与弓箭并存的是弥生时代早期流行的一种投掷工具。它是一种直径为2—3厘米的陶球,外形像橄榄球一样,两端较尖。球的形状虽有两种,但都较小。因是烧制而成,所以非常坚固。打制的石矛多出土于安山岩丰富的地方,早期形体较小,中期以后体加宽,中央有棱,这有可能是模仿金属器,或者认为它具有金属器的功能才这么制作的。

## 三、武器与装饰品

日本列岛不像其他旧大陆地区文明发生比较早的国家那样,在物质文化发展的道路上,沿着石器时代—青铜时代—铁器时代的道路一直发展下去,铁器和青铜器几乎是在同一时期之内从大陆到达日本列岛。所以,在日本并不存在青铜器早于铁器的问题,而是二者齐头并进,共同发展,均属于同一个社会发展阶段。弥生时代的青铜器由铜和锡的合金铸造而成。但是,这些金属矿究竟是怎样进行采掘的还不甚明了。关于青铜器,有学者认为当时是把大陆传来的制品熔化掉再铸,这恐怕是一种方法。但随着时代的推移,青铜器中锡的含量有所变化,渐渐地变少了。据此推测,当时的人们还没有掌握调节合金成分比率的知识,因此,青铜合金在反复熔炼过程中,锡的成分自然地就减少了。青铜器铸造一般都有范型,北九州发现的铜矛、铜戈范,都是用砂质岩的石料雕刻而成,分内外两枚,合范使用。

中国的青铜器和铁器从发明到普遍使用经历了一个漫长的过程,而日本的金属器是舶来品,当时直接享有海外人辛勤创造出来的成果。在日本发现的武器主要有剑、戈、矛等。其中可以明确又分出来舶来品与国产品、实用品与非实用品,并且分布的区域也不相同。剑、矛、戈在中国都是作为武器使用的(弓箭和镞主要为狩猎用具,但亦不排除有时是作为与战争有关的武器),先是传到朝鲜,再传入日本的九州地区。剑、矛、戈可分为两大类:一类是中国传入日本的,分别称为细形铜剑,狭锋铜矛、狭锋铜戈,这三种利器均制作精致,身狭形巧,刃经细心磨研,其锋锐利,是可以供实际使用的真正的铜利器;另一类是日本自产的仿制品,因为在北九州发展了铸模而得到证明。日本自产的为平型铜剑、广锋铜矛和广锋铜戈,均形体较大,铜质不良。宽锋的器身扁平,尖端很钝。刃在铸造后未经加工,根本无法切割,有的畸形不能用。有的剑扁平无刃,有的矛柄部实心而无孔。故推测应该是非实用品,可能是祭器。在岛根县荒神谷遗址一处即发现 358 件铜剑,此处应为祭祀场所,还发现 6 件铜铎和 16 件铜矛。除发现铜武器外,还发现铜戈范和铜矛范。剑、戈、矛的出土地点以九州为中心,向北波及至四国、中国、近畿等西日本地区。特别是实用的舶来品,绝大多数都分布在以福冈县为中心的地区。弥生时代人们用玉、角、贝,铜、木、陶、玛、琥珀和玻璃等材料制作出各种各样的装饰品来装扮自己。

腕轮是用芋贝和天狗螺这种大型卷贝制作而成。在福冈县立岩遗址的瓮棺中,发现了人骨架戴腕轮。它是以大小为顺序,由若干个腕轮排列而成,小的接近手腕,大的接近肘部。这说明当时已经注意到了佩戴装饰品的细小环节。立岩遗址发现的直径 6 厘米以下的小型腕轮,如果不是少年时期戴上的,长大以后将无法戴进去。当时的情况是男女都戴这种腕轮,左右两臂各戴 10 个以上,而且通常都戴在前肘。这些装束无疑不适合劳动。弥生时代的腕轮与绳文时代的腕轮,其形状和用途完全一样。此外还发现有贝镯和木镯。在神户县熊野河原遗址发现的一个有盖土器中,放有 35 个天狗螺制成的贝镯,这也许是有意取下放在罐中的。也发现有少量铜手镯和涂有红漆的木镯。项链由各种不同形状的珠饰组成,其质料有玉石、玛瑙、琥珀和玻璃等。装饰项链主要是勾玉和管玉,另外还发现一些小型玉饰和贝饰。管玉细长,多为绿色碧玉岩制成。勾玉是弯曲成“C”形的一种玉,器形较小,多为硬玉制成。还发现有玻璃制品。玻璃和硬玉都是从中国传入的。弥生时代遗址中多次出土仿勾玉的陶制品和陶铎,仿铜或仿玉的制品可能与缺少铜和玉有关。

其他还见有涂朱漆竖梳和巴形器等铜制品。巴形器的形状类似于当今的电扇叶片,有 4—7 个叶片。关于巴形器的起源,有海星、纽扣状装身具、象征太阳、产于南海的海贝等说法,后一说法占多数。总之这是一种仿制于南海的卷贝制作的,这种巴形器主要应是缝制在盾牌上。装饰品中还发现有数量颇多的铜钏,绝大多数是在不规则的铜环一侧有一尖状弯钩,主要佩戴在手腕处。在一些遗址中还出土有骨雕,用大型鹿角和兽角经简单修整,再施以简单的刻划纹。这种器物也许不是装饰品,而是一种咒物,经常戴在身上。福冈县须玖遗址和三云遗址的瓮棺墓出土的玻璃璧,形制、纹饰与中国的相同,是从中国输入的。弥生时代的服饰是随着纺织物的出现而发生变化的。但纺织物易腐烂,现在只能根据纺轮的存在,还有土器的底部以及其他物品有布纹压痕这一事实来推断。当时纺织物的纺织方法是最原始的平织法,一般线的密度在一平方寸经线 40—50 根、纬线 30 根左右。线的材料是苎麻等树皮草茎,其稀疏程度接近于麻布。当时用植物编织的工艺品较发达,已发现大小筐子和网,还有用藤条做成的铺垫物和帘等。

弥生时代虽说发现有较多的金属制品,但当时最主要的生活用品还是石器和木器。虽说木器易腐烂,难保存,但还是发现了大量木器。除前面所介绍的与农业有关的工具外,其他木器还有杯、钵、豆、勺、匙、匙头制品、槽、打纬具、卷布器、锹头等。在有的木器上往往施上红色的颜料,或者描绘出纹饰。

## 四、铜镜与铜铎

铜镜在日本出土较多,在九州地区,特别是在长崎县的对马、壹歧、佐贺县东部和以福冈县为中心的九州北部地区,墓葬中已出土了数百枚铜镜(截至 1990 年共出土舶来铜镜 300 余件,仿制镜 180 件)。铜镜是由中国传入的。这些铜镜多发现有铭文,如铸有“见日之光天下大明”或星座纹的汉武帝时代以前的汉镜;铸有“契清白而事君”等 70 字,或“日有喜月有富”等 34 字的汉武帝时代的铜镜。舶来铜镜的种类主要有内行花纹清白镜、重圈纹清白镜、重圈纹昭明镜、重圈纹日光镜、细线纹兽带镜、夔凤纹镜。仿制镜主要发现与西日本地区，截至 1990 年，共发现 180件仿制镜。仿制铜镜特点是尺寸较小，直径 7.5 厘米左右；铜质较差，制作拙劣，表明粗糙。种类主要有内行花纹日光镜、重圈纹日光镜、"S"形纹镜。铜铎出土数量非常多，以近畿为中心，向东分布于福井、岐阜、长野、静冈等县，西分布于岛根、广岛、香川、高知等县；九州、中国和四国地区也有分布。在兵库县樱丘遗址，最多的一处出土铜铎 14 件。迄今为止，已发现铜铎数百件。铜铎作扁圆形，铎的上顶部有半圆形的扁平悬组下为椭圆形喇叭状口。长轴两侧有叫作鳍的突起纹带。小的铜铎高度只有 5.5 厘米左右，一般的有 10 厘米左右。大的高达 150 厘米以上。

　　铜铎大体上有三种样式：第一种小而厚，呈黑色，在周围横带之间铸着种各样的花纹；第二种形状稍大，刻着流水纹或纵横花纹；第三种大而薄，呈青绿律是纵横花纹。这类铜铎的含锡量低于其他类型，似乎是为了便于制作而减少合金中锡的分量。铜铎上铸有各种花纹，大体有横带纹、流水纹、袈裟襷纹、突线纹等。横带纹铜铎较小，流水纹铜铎较大，袈裟襷纹铜铎更大，突线纹铜铎最大，大体表了年代早晚的顺序。钮的形制也随年代推移而演变。除上述各种几何形花纹以外，有的铜铎还有人物、动物、狩猎、纺线、房屋（仓库）、船只等纹样，反映了弥生时代的绘画艺术。而图纹的内容则为研究当时的社会生活提供了重要资料。兵库县樱丘 4、5 号所出铜铎较有代表性。铜上有人持木杵捣米，拉弓射鹿、鸟衔鱼、蜻蜓、鹿、乌龟等画面。

　　铜铎是日本本地产的铜器，也属祭器。铜铎除个别是在九州福冈县境内出土的以外，其余均分布在以畿内为中心的本州西部地区，东至福井、岐阜、长野、静冈等县，西至岛根、广岛、香川、高知等县，也包括四国东部的香川、德岛县和高知县东部，九州、中国和四国地区也有分布。这便是日本考古学上所谓的"铜铎文化圈"。但是，近年来在九州北部的佐贺、福冈县境内连续发现有铎的范，可见九州北部也铸造铜铎。

　　铜铎的出土地点多数在远离部落的小丘陵的斜坡上，聚落中仅有少量出土,一般是单独一个埋在地下,但也有七八个或十几个埋在一起的情况。显然这些铜铎都不是偶然埋藏的,面是人为埋下的。究竟为什么埋藏铜铎呢? 目前有一种解释似乎比较稳妥,即靠土地生活的农耕民为了保护共同社会的安全,出于迎神、祭神的意图,把用作祭器的铜铎埋入了土中。

关于铜铎的祖型,有学者认为是中国古代的编钟;有学者认为是朝鲜或越南古代的铜鼓。研究日本史的专家徐逸樵先生认为,中国古代各式铜铃应为铜铎的祖型。其理由是编钟无舌,而铜铎中有的见有舌垂下,有舌的小铜铎摇动时便发出声音。此外,铜铎与编钟在外形上也不完全相同。本书认为铜铎的祖型应是铜铃与编钟二者兼而有之。至于和铜鼓的关系实在是有些牵强。

关于铜铎的功能,有学者认为是作为乐器使用的,理由是小型铜铎内见有下垂的舌,摇动起来发出声响;也有学者认为是与举行祭祀活动有关,理由是较大的铜铎,特别是 1 米以上的铜铎,即使将其悬挂起来敲击,鸣音也特别沉闷,已经失去了实用性。所以说大型的铜铎应是具有祭器或礼器的性质。铜铎虽然是由中国传入的,但到后来全部是本国产品,是弥生人经过仿照和改进的结果。日本产铜所使用的原材料可能都是把舶来的青铜器回炉熔化后再制成铜铎。所以,在制作大量铜铎的背后,恐怕牺牲了大量的舶来铜器。

## 第三节　社会生活与农业活动

### 一、社会生活

弥生时代与绳文时代最大的区别在于,日本列岛由狩猎、捕捞、采集的自然经济转变为以水稻耕作为主的农业生产经济。当时的自然环境与绳文时代完全相同,但弥生人选择居址时,往往选择适合经营水田的地点。这些地点多为靠近河流、湖泊的平坦地区或是较低洼的地区,更多的则是沿海的地势低洼或平坦的地带。亦即是说弥生时代的聚落,因受到水稻耕作这一条件的影响,已从绳文时代的山丘上移到了低平的地带。弥生时代的聚落遗址,早期在海滨附近还留有小贝丘遗址,中期以后多位于低地。中期的聚落,已经形成了一个相当规模的集团住宅。东京都大田区久ケ原・岭一带的多摩河西的肥沃台地上,发现有许多遗址。遗址大小不等,而且保持着一定的方向,大约属于有着规定间隔距离的居住遗址。即使不是同时期营造的,它们的布局与排列也是非常合理的。晚期的聚落遗址无论是规模还是数量都有所增加。

在绳文时代晚期即已出现了小型的环壕聚落,而到了弥生时代环壕聚落由于农业的出现,水稻的大量种植和推广,与之相适应的环壕聚落亦随之形成和发展起来。

聚落的布局与绳文时代相比已发生了巨大的变化,主要是环壕聚落的大量出现。日本由于 20 世纪 30 年代首次发掘了规模较大的福冈市比惠环壕聚落遗址,发现了用环壕围绕的弥生时代聚落遗址。环壕聚落在九州地区发现数量最多,属弥生时代早期的已发现很多,中、晚期则数量愈来愈多。迄今为止,在日本各地已发现的环壕聚落达数百处之多。环壕聚落大小不一,结构亦不完全相同。小的只有几座房屋,在外部挖出一个方形的壕沟,使之成为一个相对独立的区域,这是一种较小的环壕聚落。较大的环壕聚落还分成内环壕和外环壕。在环壕内、外有居住址和贮藏穴,也有的贮藏穴均在环壕内,而不见居住址。即是说,这样的环壕是为贮藏专用的。用于贮藏的仓库有两种:一种是地下竖穴式贮藏仓,用于放置土器或粮食,上部应有简单的顶棚;另一种是建在地面之上的高床式贮藏仓,主要为放置粮食用,这种贮藏仓有时难以和居住的房屋相区分。到弥生时代中期,环壕聚落的内涵发生了很大的变化,环壕内以房屋为主,在房屋周围分布有一些贮藏穴,这种布局应是真正意义上的聚落。由于人们的居住区域和贮藏区域都集中在同一环壕内,构成了一个人类集团的完整区域。到了弥生时代后期,环壕聚落的内涵又有所变化,此时的贮藏设施多为高床仓库,环壕内为居住址,高床仓库建在环壕外。

环壕聚落规模宏大、遗存丰富的典型例子当首推九州地区的佐贺县吉野里遗址,这个聚落迄今为止被称为弥生时代最大的遗址。遗址位于吉野里丘陵上。在弥生时代的中期后段开始出现了环绕丘陵而设的大规模环壕。环壕南北长 1000 米,东西最宽处约 600 米,外环壕总长 2500 余米。环壕剖面呈"V"字形,深约 3.5 米。在中部偏南的丘陵顶部还设有内环壕。在聚落中心又挖掘了南北长约 150 米、东西宽 70—80 米的环壕,这样就形成了具有外壕和内壕的环壕聚落。外环壕内侧还有土墙和栅栏。外环壕有 5 个出入口,内环壕有 3 个出入口。有的出入口还发现有宽 7 米供出入的土桥。在内环壕内侧西北部还发现了被认为是宫殿类特殊建筑的遗迹。聚落外还发现有墓地。

吉野里遗址共发现土坑半地穴式房屋 290 座以上,观望楼 3 个,贮藏穴 150 个,干栏式建筑 100 座以上,瓮棺葬 2313 座以上,土圹墓和木棺墓 316 座以上,石棺墓 11 座,祭祀坑约 50 个,人工堆筑的坟丘墓 2 处。瓮棺墓地成人和儿童是有区别的,一般来说,器高 70 厘米以上、口径在 40 厘米以上的大型瓮棺为成人用;器高 50 厘米以上、口径 40 厘米以下的小型瓮棺为幼儿和儿童用。其中大型的成人瓮棺占 63% 以上,幼儿和儿童的小型瓮棺不足 37%。根据成人和幼儿、儿童的瓮棺葬的比例,可见幼儿和儿童的死亡率占成人的半数以上。瓮棺为倾斜放置,倾斜角为 30°—40°。

土坑半地穴式房屋有圆形、椭圆形、长方形、方形等,以圆形居多。面积大小不一,小则不足 10 平方米,大则数十平方米。贮藏穴有圆形、椭圆形、方形、长方形几种,以圆形居多。在有的贮藏穴内发现有炭化稻米。高床仓库主要发现于外环壕的南侧,以单间为主,也发现有多间的。面积在 10 平方米以下,大者达 20 余平方米。有的高床仓库内发现有炭化稻米。观望楼发现 3 处,位于内壕向外凸出处的内侧。其中有 2 座为双间建筑,1 座为单间建筑。吉野里 V 区 SB1138 观望楼的内部中央偏西南处有 2 个柱洞,推测应为立置木梯的柱洞。在南部台地上形成了包含前期环壕聚落在内的超过 20 公顷规模的环壕聚落。在其南边的山脊上垒有看上去像祭坛的大规模人工土丘。

此外,在环壕聚落内的南部设有铸造剑和矛的青铜器手工作坊,这表明当时除稻作以外手工业的生产也比较繁荣。在环壕聚落北方的山脊上筑有几处由许多瓮棺墓组成的大型墓地。墓地内的墓群周边存在着装有打破了的祭祀用土器(涂朱土器)的灰坑。在墓地中存在可以与一般区别开的地方,营造有被认为是埋葬历代首领的大型坟丘墓。只有这里才集中发现了铜剑和玻璃制圆管,说明已有明显的阶层分化和首领权的确立。在北坟丘墓东侧的大型灰坑里发掘出了大量祭祀用土器。再朝北,建有包围着前期、中期环壕遗址的更大规模的环壕,并发展为南北长约 1 千米、东西最宽处 0.6 千米、超过 0.4 平方千米的日本国内最大规模的环壕聚落。

到了后期后半段的所谓邪马台国时代,在聚落内部形成了职能不同的几个空间,北内郭为首领住宅以及祭祀的空间;南内郭为实际管理国家的高层人物(大人)的居住空间,还有储备空间,它不仅是吉野里环壕聚落,而且也是收藏全国物资的干栏式仓库。以环壕按功能来区分空间,俨然形成了一国之“都”的体制。特别是在北内郭内,在中期筑造的北坟丘墓的南北主轴的南延伸线上,有一个被看作是祭殿的 12.5 米见方的大型立柱式干栏建筑。从北内郭内部出土了许多中期以后的祭祀遗物。几乎与用环壕区分南北内郭同时,在中期建造的南部祭祀祭坛遗迹周围也挖有沟(环壕),这表明在后期的环壕聚落内已正式给祭祀空间留有位置。可以认为,在环壕聚落北端的坟丘墓和北内郭一带举行的祭祀,与在南端的祭坛举行的祭祀,其目的和内容都不一样。

福冈市板付遗址发现有外环壕和内环壕。内环壕平面呈椭圆形,直径 81—110 米,面积约 6700 平方米。外环壕平面呈不规则长方形,南北长 370 米,东西宽 170 米。内环壕剖面呈“V”字形,宽约 5 米,深约 2.5 米。在内环壕内测的西部有一条南北走向的条形壕沟,将整个内环壕的内侧区分为大、小两个不同的区块。在西区内发现有集中的贮藏穴群,贮藏穴内出土有弥生时代早期的土器。东区的大部分区块基本为空白地带,推测应为居住区,可能是由于破坏较严重,未发现居住遗址。环壕外发现有水田遗迹,水田内发现有人的足迹。在内环壕的南侧和外环壕北侧地带也发现有大量贮藏穴,内环壕的北侧和外环壕南侧的地带发现有儿童墓地,外环壕外侧的北部地带发现有贮藏穴和墓地。环壕聚落多以单环壕为主,罕见双重环壕。环壕内主要为居住区,发现有成片的居住址和贮藏穴。或有儿童墓地,成人墓地多位于环壕外。少数环壕内有专门的贮藏穴场所,如福冈县的葛川遗址环壕内的贮藏穴又被有意的分成若干群。这些被分成若干群的贮藏穴推测应与环壕外不同的居住人群有着密切联系。在环壕外有的还发现有水田遗址。

关于环壕的功能,多数学者都认为其主要功能是区划和防御,或者可以这样推测——早期环壕主要是为了防御野兽的侵袭,到了中、晚期,从墓葬中出土的青铜剑、镞等武器,以及建有高高的观望楼来看,当时已经有了战争,环壕由此应运而生。

弥生时代的房屋以土坑半地穴式建筑为主,也有一定数量的地面式建筑和干栏式建筑。形状以圆形居多,其次为长方形或方形,个别为多角形。典型的半地穴式房屋,一般的平面为方形、长方形和圆形。根据室内柱洞的有无,可知当时的长方形和方形房屋的屋顶有"人"字形结构和"山"字形结构两种。室内有柱洞的应为"山"字形房屋,室内没有柱洞的,应是在竖穴外的地表上埋两排相对倾斜埋入地下的木柱。这种房屋的屋顶应为"人"字形。圆形的屋顶应为攒尖式屋顶。房址大小不等,大的有数十平方米,小的仅有数平方米。以奈良县唐古遗址为例来分析一下这个时期屋顶的构造。屋顶是在直径为 3 厘米的椽子上密密铺上细枝条,并且用藤蔓等物把椽子与枝条缠住,再于上面盖一层厚厚的茸草。当然也有例外,东京都久原遗址的竖穴顶部用的是细竹作椽,屋顶的覆盖物是草和树皮等。唐古遗址在厚 12 厘米的草茸上还放置树皮,仅杉树皮就厚 15 厘米。土坑半地穴式房址内没有柱洞的,都在房址外的地表上发现有柱洞遗迹,可能采取的是在外部埋柱子的做法。而且这种柱洞遗迹往往只发现两排,推测这是一种"人"字形结构的屋顶。还有的房址内发现 4 个柱洞,推测为"山"字形结构的屋顶。其炉灶的位置,往往在两个柱洞的中央,其上部为出烟孔。据绘画资料,也可以证明弥生时代有高床建筑。曾在香川县出土的一个铜铎纹饰上就发现了这样的画面,一个 4 根柱子支撑起的"人"字形建筑,建筑物的地面在空中,由梯子才能上去。为了支撑梁,另外还有 2 根独立的柱子。这是一幅非常珍贵的高床建筑资料。

弥生时代除了高床建筑外,还发现有地窖式的贮藏仓。它是直径 1—2 米、深 40—50 厘米的小竖穴,平面为圆形。内部放数个乃至 10 个左右的土器,器内除残留有桃核外,还有束缚物品的绳圈等。一般这种贮藏仓的上部都有简单的屋顶。水井的发明是这个时期生产和经济生活中的一大成就,因为这一发明可以使人们开辟更多广阔的生存空间。在奈良县唐古聚落遗址中发现有水井,是将一个直径 80 厘米、长 150 厘米的粗树干挖空后埋入地下。此外还有两侧是在地下打数根木桩围成桶状,并用芦苇编织成井壁。井坑打通了黏土层达到沙土层,将地下水吸上来,这就是简易的水井。后两例水井属弥生时代晚期。使用水井最早可追溯到弥生时代的早期末段。弥生时代已开始使用水井,这是确信无疑的。

绳文时代盛行的拔牙风习,弥生时代仍在继续流行。名古屋市热田高藏贝丘遗址发现了一例拔牙的人骨;富山县冰见郡宇波村大境洞窟和千叶县安房郡神户村安房神社洞窟中也都发现了拔牙的人骨。其中热田和大境的人骨上颚和下颚的犬齿都被拔除。安房神社的人骨是上颚犬齿及第二门齿、下颚门齿全被拔除。金关大夫先生的调查表明,上颚犬齿和下颚的全门齿都被拔除的均为女性。这是从长崎县北松浦郡狮子村根狮子遗址发掘中获得的资料,可见拔牙的风气在弥生时代仍流行。还有一些这方面的资料,属于弥生文化分布的边缘区域。所以有些学者认为,弥生时代的拔牙风气受绳文时代的影响,是从南方传来的一种习俗。不过这方面的资料还不丰富,只能说在绳文时代传统文化较浓的地区,到了弥生时代,拔牙风俗还有某种程度的残留。

　　弥生时代的埋葬习俗与绳文时代相比较有很大不同。此时已经一改绳文时代较单一的土圹墓埋葬方式。除继续流行土圹墓、瓮棺墓外,石棺墓和木棺墓也很盛行。新出现了支石墓(亦称石棚墓)、方形围沟墓、方形台状墓等。

　　瓮棺墓和支石墓的分布范围主要集中在九州地区北部。石棺墓除主要集中在九州地区北部外,也见于本州西部的山口县一带。土圹墓和方形周沟墓分布在九州和本州各地,范围较广,有的墓中用木棺。各类墓中的尸体多为仰身直肢。大多数墓很少有或完全没有随葬品。但在九州地区北部的佐贺县宇木汲田、福冈县的三云、须玖等遗址中有少数墓却有数量甚多的珍贵随葬品,种类包括铜剑、铜矛、铜镜、各种珠饰和玻璃璧等。少量墓中有随葬野猪下颌骨的习俗。以上现象表明当时的社会已存在着少数占统治地位的人,他们拥有大量的财富。

　　土圹墓是最常见的一种埋葬方式。有长方形、椭圆形和圆形几种,以长方形居多。不见葬具,随葬品极少见。在福冈县中寺尾遗址和山口县中浜遗址发现的瓮棺墓和石棺墓,其年代要早于土圹墓。早期随葬品主要为小陶壶,其后开始随葬少量铁器。中期以后,在福冈县的标野桁遗址和龟甲等遗址发现有土圹石盖墓,即在土圹墓之上用数块大石板覆盖。瓮棺墓已开始形成较大的墓地。较大的瓮棺墓地多集中发现于福冈县西部、佐贺县东部和熊本县北部地区。瓮棺主要是以大型的土器作为盛殓尸体的葬具,以壶和罐最为常见。以石板或木板为盖的成为单棺;2个土器组合的为合口瓮棺;极少数为3个土器组合的。合口瓮棺的结合处有的用泥条封住。瓮棺的墓圹多为圆形或椭圆形,墓圹向一侧倾斜,瓮棺倾斜放置于墓圹内。合口棺的棺身形状往往是同样大的瓮形土器,也有的是用壶、器盖、豆、残破大陶片等作瓮棺盖。一般来说,棺身都较大,器高1米左右。成人用大型瓮棺,儿童则用小型瓮棺。单棺葬和合口棺葬,埋葬时往往与水平方向呈30度倾斜放置。

　　关于这种埋葬方式,有人认为是挖掘土圹时为了省力,或者是考虑填土的压力对瓮棺不利而这么放置;也有可能是先把死者的半身放入作为棺身的瓮中然后再盖上棺盖的瓮,所以斜埋的情况居多。亦见有个别人骨大头朝下的例子。葬式多为直肢葬,屈肢葬较少,有少量二次葬。瓮棺内有的涂朱,瓮棺中绝大多数不见随葬品,但也有一些瓮棺内随葬有镜、剑、矛、玉、璧等。可以推测这些用来表示特定个体的财力和权力,而这种权力正在逐渐产生,此时应当是贫富差别和阶级产生的萌芽阶段。弥生时代早期偏晚阶段开始流行瓮棺葬,中期时传播至熊本县北部地区,晚期时瓮棺的数量锐减。瓮棺的分布中心以福冈县西部和佐贺县东部地区最为密集。瓮棺中有的随葬品较丰富。福冈县三云遗址发现的瓮棺,出土有 35 枚前汉时期的铜镜和 2 件铜矛。须玖冈本遗址 D 地点出土有 20 余件前汉时期的铜镜、铜矛和铜剑。

石棺墓利用石板垒砌而成的石棺,盖为石板或木板。头部的石棺略宽,足端略窄。大型石棺长 1.5—2 米、宽 0.5—0.6 米;小型石棺长 0.6—1 米、宽 0.3—0.4 米。棺内埋个体多少不等,在山口县土井浜遗址发现有一棺埋 5 人的例子。棺内随葬品罕见,多为小土器,此外还有少量贝制品、青铜器和铁器。石棺墓顶多见有小的封土堆。棺内尸体多为蜷曲葬,既有成人,也有儿童。木棺的形式与石棺相同,唯材质不同,系用木板组合而成。考古发掘中所见的木棺多已朽烂,但在墓圹的底部大多遗留有木棺的朽痕,有的还发现有铁棺钉。墓圹多采用二段式坑壁,墓圹口较大,向下则依据木棺的大小挖掘出墓圹,墓地大多不铺木板。墓圹两端挖有沟槽,堵板立置于沟槽内,两侧及顶均用较大木板组合成木棺,随葬罕见。

在九州地区发现有 300 余座支石墓,多为二次葬。支石墓裸露于地面之上,是在地面上用稍小型基石支撑着的板状巨石,即利用数块条形板石立栽于地下一部分,条形板石之上盖一块巨大的石板。最大的条形盖石长约 4 米,多数长约 1.5 米、宽约 1.2 米。支石墓最先出现于西北九州地区,至弥生时代中期向南传播到熊本县,向东北传播至山口县。支石墓内置放木棺、箱式石棺。随葬品较少,仅见有少量土器和石器。在长崎县原山遗址发现的支石墓中,石棺很小,死者为二次葬,为火葬后的烧骨残骸。方形围沟墓是在墓葬的外侧挖有"V"字形或"U"字形的方形或圆形的围沟,中央为土圹墓和木棺葬。方形围沟边长 10 米—15 米,大者边长 20 多米。围沟内多发现有残破的土器,推测应是当时人们在墓前举行祭祀活动后将土器丢弃在围沟内。

在大阪府的瓜生堂遗址方形围沟墓葬之上有高于地面的堆土,一般来说,已发现的墓葬之上有堆土的现象主要发现于近畿地区。方形围沟墓在中国、四国和南关东地区发现数量最多,年代最早的是大阪府的池上遗址、四池遗址、东奈良遗址和安满遗址。年代大约相当于早期偏晚阶段。中期以后方形围沟墓已波及至东海、北陆地区,晚期时波及至更广袤地区。方形围沟墓大体上可分为三种:①以大阪府的瓜生堂遗址为代表,地面建有高 1.2 米的祭坛。祭坛之上发现有 6 座木棺墓、6 座瓮棺墓和 1 座土圹墓;②大阪府的安沟遗址,围沟内仅发现 1—2 座土圹墓。此类方形围沟墓在北陆地区和东海地区多有分布;③发现有极少量的大型方形围沟墓,如神奈川县的 3 座方形围沟墓。方形台状墓即是在平地或小丘陵之上人工修建成方形土台,上为平顶,四面为斜坡状,有的在近底部用石块层层垒砌,还有的四角向外突出。较大的高台墓边长 15—18 米,高 2 米,在高台之上有土圹墓、石棺墓和瓮棺墓葬等。方形台状墓主要发现于弥生时代中期。

冈山县四辻遗址发现的方形台状墓边长约 14 米。内设有多座土圹墓,北侧有 17 座土圹墓和 2 座瓮棺,南侧有 31 座土圹墓。岛根县仲仙寺遗址的 9 号方形台状四隅向外突出墓,边长 15—18 米,高 2 米。四隅向外突出,推测是用于建坟时运土的通道,或是利于祭祀。在方形台状墓的斜坡底部可能是为了防止坍塌而垒砌有护坡的石块。墓中央有 3 座木棺墓,仲仙寺遗址的 10 号方形台状四隅突出墓,其形状与结构与 9 号墓大体像似。

上述各类墓葬中,石棺墓、瓮棺墓和支石墓主要集中在九州地区,特别是在九州的北部地区发现较多。这三类墓葬在中国的北方地区,特别是东北地区发现较多。推测日本弥生时代的这三种墓葬形式应是从中国通过朝鲜半岛传入日本九州地区的。另一种墓葬即方形高台墓,无论从人工修建高台,还是在高台上修建墓葬来看,都与长江下游地区良渚文化发现的祭坛相似,但由于二者之间年代相距太远,是否有着渊源关系尚难下定论。再有,弥生时代虽然发现的方形高台墓不多,但应当是继弥生时代之后的古坟时代的大型古坟的祖型。

## 二、弥生人的农业活动

目前学术界对弥生时代以农耕生活为主已基本达成了共识,但也有少数学者认为水稻的栽培是从绳文时代晚期开始的。这主要是因为绳文时代和弥生时代的断代早晚存有异议。除在弥生时代发现有数量颇多的水田遗址外,与农耕有直接关系的证据是在土器中亦发现有大量炭化的稻穗、稻壳等实物。

1978年,日本考古学家在福冈市博多区板付遗迹弥生时代前期(板付Ⅰ式)的遗迹土层下方,发现了属于绳文时代晚期的水田遗迹。该水田遗迹的面积约400平方米,已经存在较为先进的排水设施,并出土了木制锹柄、木耙、石刀、石镰,以及碳化米约100粒。这些出土资料有力地证明了早在绳文时代晚期,在日本九州北部地区已经出现了水稻农业。与此同时,通过对残留花粉的技术分析,发现除了水稻花粉外还存在荞麦、甜瓜的花粉,从而说明当时除了水田外还存在旱田农业活动。换言之,在日本列岛北部进入农耕时代之处,即体现出水田技术与旱田种植同时展开的复合农耕特征。此后不久,日本列岛上陆续在佐贺县唐津市菜畑遗迹、福冈市野多目遗迹以及冈山市江道遗址发现水田遗迹。伴随这些考古发现,学界对弥生时代水田农业的相关研究也取得巨大进展。此前对弥生时代水稻生产过程中的栽培技术水平、水稻收获量等的确认工作极为困难。但随着大量考古资料的出现以及借助文献学、比较人类学以及自然科学技术等多种分析方法,学界对弥生时代农业活动的研究成果不断涌现。

首先是基于日本古代文献史料倒推弥生时代的水稻收获量。奈良平安时代的文献,如《弘仁主税式》《延喜主税式》《令义解》等都有关于各

等级水田的稻米产量。日本学者寺泽薰根据这些文献记载,整理出当时的水稻产量如下表:

**奈良平安时代每反糙米收获量**[1]

| | 束量 | 糙米量 | 糙米重量 |
|---|---|---|---|
| 上田 | 50 束 | 2.5 石 | 约 120kg |
| 中田 | 40 束 | 2.0 石 | 约 96kg |
| 下田 | 30 束 | 1.5 石 | 约 72kg |
| 下下田 | 15 束 | 0.75 石 | 约 36kg |

根据这一统计,奈良平安时代上田每反(每反约为 992 平方米)的产量约为 120 千克,而弥生时代的农业生产水平不可能超过奈良平安时代,因此弥生时代的上田每反的糙米产量不会超过 120 千克,而弥生时代的下下田产量也不会比奈良平安时代高,因此会比每反 36 千克的产量更低。另一种方法是引用 1980 年代人类学者对印度阿萨姆邦(Assam)、印度尼西亚的爪哇岛等地的实地调查资料,将这些当时与弥生社会发展阶段较为接近地区的水稻产量作为推测弥生时代稻米收获量的参考依据。最终得出结论认为,每反稻米收获量在 54 千克至 150 千克之间。[2] 第三种方法是将考古遗迹中发现的稻穗与现代栽培的稻穗进行比较,从而用比较生物学的方法推算其最可能的产量。目前,从奈良县唐古·键遗迹、福冈县横隅山遗迹、滋贺县湖南遗迹、鸟取县猫山遗迹中发现的稻穗长度均在 18—20 厘米之间,而日本现在所栽培的水稻成熟后的稻穗长度平均为 28 厘米,比弥生时代的稻穗长 10 厘米左右。再综合考虑弥生时代稻穗的生长状况与现代的差异,最终可以推算出当时每反水田的糙米产量约为 93 千克左右。[3]

---

[1] 寺沢薫著『弥生時代の年代と交流』、吉川弘文館、2014 年、74 頁。一反的面积约为 1000 平方米。
[2] 寺沢薫著『弥生時代の年代と交流』、吉川弘文館、2014 年、75 頁。
[3] 寺沢薫、寺沢知子著「弥生時代植物食料の基礎的研究」、『考古学論考』V、1981 年。

　　综合上述研究,我们看到弥生时代中期以后每反水田的糙米产量大约为 100 千克,而地形及水源条件较差地区的产量应该更低。这一数据折算为亩产量的话,约为每亩产糙米 67 千克。如果对比目前东亚地区的单季稻每亩 400 千克大米的产量①,那么可以想像出弥生时代的水田可能是杂草丛生、病虫害不断的状况吧。

　　关于弥生时代水田的研究,一直是弥生农耕论的重中之重,但近年来随着旱田遗址的陆续发现,对这种"水田中心史"的批判之声逐渐高涨。日本学者后藤直以新近出土的人工栽培种子为中心,从旱田农业的视角考察弥生时代的农业生产活动。据其统计,到 2004 年为止在日本列岛各地的弥生时代遗迹发掘中,有多达 456 处遗迹中出土了旱作植物的种子。② 这些种子除了可食用植物外,还包括大量不可使用的木科、草科种子。如果从人工栽培的视角来看,主要包括:旱稻、小米、黍、高粱、小麦、大麦、薏苡、穄子、荞麦、小豆、绿豆、豇豆、大豆、乌豆、豌豆、蚕豆、甜瓜、桃子、栗子、橡子、胡桃等。当然,水稻种子的出土比例占据压倒性多数,而旱作植物中栗子的出土案例是最多的。考虑到旱作植物的种子绝大部分与水稻种子伴生出土,可以看出弥生人在选择种植作物时有意识地同时栽培水稻和旱作植物。另外,在狭长的日本列岛内部,位置越靠南的地区旱作植物的伴生数量越少,在东日本地区伴生于水稻出土的旱作植物种类尤其多。可以推测,不同的自然和气候环境对当时人类选择何种种植结构具有很大的限制性影响。另一方面,因为日本列岛频繁出现火山、地震、台风等自然灾害,如果完全以水稻为中心从事农业生产,很可能因特殊气候和自然灾害导致严重歉收,而选择增加部分旱作植物的种植可以减少对水稻的过度依赖。从出土的旱作植物种子种类和构成来看,旱作植物已经是弥生农业生产不可或缺的部分。

---

① 根据网络信息,目前中国单季稻亩产在 550 至 600 千克,按 70% 出米率,亩产大米约 400 千克。

② 後藤直著「植物質食糧——弥生時代と無文土器時代農耕比較のために」、『東アジア先史時代における生業の地域間比較研究』、2004 年。

# 第四章　考古学中的古坟时代像

## 第一节　古坟时代研究史

### 一、战前的研究

在日本考古学上,弥生时代之后出现的年代被称为古坟时代。在这一时代,日本各地出现前方后圆或前方后方型的大型坟墓,在这些坟墓中会陪葬武器、马具、陶俑以及铜镜、铜铎等物品,从而被认为是在农业生产力提升后出现身份等级分化乃至政治权力集中的时代。一般认为古坟时代开始于公元 3 世纪中后期,结束于公元 6 世纪末或 7 世纪初。古坟拥有庞大的外观,或圆形,或方形,还有的系圆形和方形组合而成,形成高高的坟丘,这些古坟分别叫作圆坟、方坟、前方后圆坟。为了营建高大的坟丘,往往得分阶段施工。当时除了普通有封土的土冢外,还有在岩石较多的山地以积石形式筑起来的石冢。土冢一般在表面铺一层砾石,有的古坟约用石 220 万块。

古坟有三种基本的坟墓形制,以前方后圆形坟最为典型,变化也较大。出现于早期的古坟,是利用丘陵这种自然地形筑成的。丘陵隆起的圆形部分作为坟顶,又利用倾斜而又较狭窄的部分,把它削平、整形,使其略呈方形。后圆部分较高,前方部分较低。圆形坟顶上再筑一竖穴,以便纳棺于其中。因古坟的修筑往往是利用山丘顶部,因而它有着需仰视才可见的高度。即是说,利用丘陵筑成的大坟,外貌虽似高大,但却是名不副实的,因为它是凭借丘陵的高大而高大的。山丘上的古坟并不作出壕沟,只在山麓地带的古坟才作壕沟。中期的前方后圆坟,一般都以仁德陵为代表。这个时期的古坟,前方部分的宽度及高度都有所增加,前方部分的宽度已超过了后圆部分的直径,同时也具有与后圆部分几乎相等的高度。外形也有些变化,例如在前方部和后圆部连接的中间部分筑出一方坛。这是古坟时代中期前方后圆坟的一个特色。此外,古坟多建在台地或平原上,坟丘多为人工封土。采土地点往往就在其周围,坟丘建好之后,其周围的壕沟也就自然形成了,注入水将古坟包围起来。壕沟较多时甚至多到二三重。晚期时前方后圆坟的前方部分逐渐增大,仁贤陵前方部分的宽度甚至是后圆部分直径的 1.6 倍,而清宁陵竟达 2 倍多。不仅前方部分的高度已超过后圆部分,而且前方部分有越来越大的趋势,这是由于采用横穴式石室所致。总体来说,中期的仁德陵最大,以后的规模渐渐缩小,矮小的坟增多,有很多是群坟集中、一坟多尸。

早在江户时代,日本知识阶层中受到清代考据学以及日本国学思想影响的一部分人,逐渐对散落各地古坟及其出土物品表现出浓厚的兴趣,并在实地考察山陵的基础上编纂考察和考证的书籍。如元禄九年(1696 年)松下见林编写的《前王庙陵记》、元禄十二年(1699 年)细井知名与细井知慎合编的《诸陵周垣成就记》先后付梓,被认为是最早从事山陵古坟研究的“双璧”。同样在元禄年间(1688—1704 年)水户藩主德川光圀甚至对常陆国玉里村的车冢、下野国汤津上村的侍冢进行发掘,虽然未得到预想的墓志,但还是出土了一些随葬品。这可以看作前近代社会最初的学术性考古发掘工作。明治维新后,日本实行文明开化政策,全面向西方学习。

在考古学领域,有"石器时代的摩斯与古坟时代的格沃兰德"①之说。格沃兰德受明治政府之聘,担任大阪造币寮(今造币局)的冶金技师。他在日本政府工作之余,还用近代科学技术考察和测量各地的古坟,并主持发掘了大阪府芝山古坟,是将近代考古学引入古坟时代研究的先驱。但格沃兰德对日本古坟的研究成果都是其回国后在英国出版,因此对当时的古坟时代研究界影响有限。在明治时期,真正引领日本学界对古坟时代开展研究的是东京帝国大学人类学和考古学教授坪井正五郎。自1886年始,坪井先后主持了对栃木县足利公园古坟群、福冈县日冈古坟、东京都芝丸山古坟群的调查发掘工作,其中1888年完成的有关足利公园古坟群的考古发掘报告记载内容完整,用实证科学的方法细致考察了古坟遗址的遗构、遗物的样貌及制作技术等,此后被作为考古发掘报告的范本。不过,该报告在判断栃木足利公园古坟的年代时却以《记纪》(《古事记》《日本书纪》)为依据,采用垂仁②三十二年(公元元年)的埴轮起源说。这从某种程度上反映了日本经过明治初期全盘西化的尝试后,自明治十四年(1881年)开始强化以天皇为中心的国家主义教育的历史背景。即使坪井这位吸收了西方科学观和知识体系的帝国大学教授,也不得不在保持考古报告科学性的同时,兼顾当时中央政府大力宣传的神格化天皇及其史观。

明治末期到大正时期,有关古坟的时代问题成为日本学界的重要论争点之一。鸟居龙藏最早将"古坟"与"时代"结合,提出"古坟时代"这一学术概念,在给德岛人类学会撰写的鼓励文章中出现了"吉野川流域中的古坟时代遗迹"、"德岛的古坟时代人民"等说法。③ 但鸟居并未对"古坟时代"作出定义,更像是当时与研究者进行讨论时的口头表达。而最

---

① 威廉·格沃兰德(William Gowland,1842年12月16日—1922年6月9日),生于英国桑德兰,先后毕业于英国皇家化学学院和皇家矿山学院。1872年受雇于明治政府,担任造币寮外国技师,在日本工作16年。因其对日本古坟研究的卓越贡献,被称为"日本考古学之父"。
② 垂仁天皇:《古事记》和《日本书纪》中记载的日本第十一代天皇,和风谥号为活目入彦五十狭茅天皇,以缠向的珠城宫为都,在位99年(公元前29年—公元70年)。
③ 鳥居竜蔵著「敢て徳島人類学会にのぞむ」、『東京人類学雑誌』第8卷第80号、1892年。

先从学理上对"古坟时代"作出严格概念说明的是八木奘三郎,他在《史学杂志》上发表的题为《日本的古坟时代》文章开头即指出:"吾邦上古之时,人们筑造高大坟墓,以此慰藉死者之灵魂,为便宜计,予将那个时期称为日本的古坟时代。"八木以古坟的型造、内部设施、遗物种类以及有无埴轮等为线索,将古坟时代划分为三个时期,即:第一期从诺册二尊开国到神武天皇,第二期从神武天皇到推古天皇,第三期从推古天皇到奈良时期。① 根据《记纪》记载,神武天皇是日本第1代天皇,从日向出发东征,占领大和地区,公元前660年即位,以大和橿原宫为都,相传活到127岁。推古天皇为日本第33代天皇,生于公元554年,卒于公元628年。八木认为古坟时代起源自上古神代,终结于奈良时代,尽管在今天看来略显荒诞,但却是用近代学术语言将古坟时代进行体系化分析的第一步。考古学家喜田贞吉认为通过现存文献确定考古学意义上的古坟年代十分困难,实际上是对此前坪井和八木的古坟年代说提出了批评。他在大正二年(1913年)发表的《上古的陵墓》一文中提出了前后二期的古坟时代分期论。② 喜田认为前期古坟为瓢型坟(前方后圆坟),采竖穴式石棺并有埴轮,年代为箸墓③到安闲天皇;后期古坟是普通圆型或者少数方型坟,采横穴式石棺且没有埴轮,年代为从推古天皇到文武天皇。

　　箸墓被认为是日本第七代天皇孝灵天皇之女倭迹迹日百袭姬命之墓,而根据《记纪》记载安闲天皇是日本第27代天皇,在位时间为公元534—536年。文武天皇为日本第42代天皇,生于683年,卒于707年。喜田在此后的研究中还指出,前期古坟为日本固有的墓葬方式,而后期古坟是受到大陆墓葬方法的影响才出现改变的。尽管喜田试图通过古坟的型造、随葬物品的变化来确定古坟的绝对年代和分期,但从其结论

① 八木奘三郎著「日本の古墳時代」、『史学雑誌』、1896年第七編第11号、1897年第八編第1号。
② 喜田貞吉著「上古の陵墓——太古より奈良朝に至る」、『歴史地理』増刊号、1913年。
③ 箸墓古坟,位于奈良县樱井市箸中,墓主身份不明,日本宫内厅将之认定为第七代孝灵天皇皇女墓。建造年代有3世纪中后期说、4世纪中期说等。

来看仍然未能跳出对《记纪》关于上古记载的依赖。另一方面,在大正时期通过出土铜镜的铭文研究古坟时代年代成为一种重要方法。富冈谦臧、梅原末治等学者大大推进了中原汉王朝铜镜的研究,并基于铜镜的纪年铭文倒推古坟建造的年代下限,从而用考古资料和分析方法突破了之前主要依赖《记纪》作为古坟年代推定资料的局面。

富冈利用古坟中出土的大量三角缘神兽镜铭文,将其与中国史书《三国志·魏志》有关倭人记载的赐卑弥呼铜镜百面相连接,根据铜镜的制作年代倒推出出土这些铜镜的古坟年代不晚于中原王朝的三国时代。通过对出土铜镜地点分布的统计研究,富冈和梅原还指出考古学的证据支持邪马台国畿内说,从而将考古学的新发现与历史学的既有问题相连接。实际上,在明治时期邪马台九州说的影响力更大。对古坟及其出土物品的研究,还让当时的日本原始古代史研究出现了新的问题意识。例如,高桥健自首先提出了古坟与大和朝廷成立关系——即关于日本古代国家形成的课题。[1] 他认为古坟是伴随大和朝廷形成的产物,是自崇神天皇开始大和朝廷不断对外扩张过程中传播到列岛各地的。

进入昭和前期以后,前述喜田提出的前后二期的分期方法逐渐失去影响力,而以应神天皇和仁德天皇古坟为界的前中后三期分期法成为学界的通说。在《记纪》中,应神和仁德分别是日本第 15、16 代天皇,而且现在一般认为这两位天皇就分别是中国南朝史书记载的倭五王中的赞与弥。《晋书》和《宋书》中记载,倭五王在公元 5 世纪曾九次遣使南朝朝贡,而其主要目的是向大陆王朝请求在朝鲜半岛南部的统治权。1936 年后藤守一主持了对群马县白石古坟群的发掘,并在对古坟型造、埋葬设施、埴轮及陪葬品的综合研究基础上,提出前方部分比后圆部分宽度狭窄者为前期样式,前方部分的高度和宽度与后圆部分相当者为后期样式,在两者之间的为中期样式的三样式说。[2]

---

① 高橋健自著『古墳と上代文化』、雄山閣、1922 年。
② 後藤守一、相川龍雄著「多野郡平井村白石稲荷山古墳」、『群馬県史蹟名勝天然記念物調査報告』Ⅲ、1936 年。

对古坟时代的编年与分期作业，在这一时期也转向了通过式型学的方法进行。后藤认为以大和为中心的古坟文化开始于公元二三世纪，结束于大化改新先后。在同一时期，梅原末治对通过出土铜镜推定古坟年代的方法提出了修正性见解，认为很多古坟中的铜镜可能是铸造古坟时的传世物品或者日本的仿制品。其论述的证据是有些铜镜的铭文和钮孔磨损程度很高，因此可能是墓主人甚至古坟家族长期使用后才随葬入墓的。自汉镜传入日本后，因中日交流时断时续，而日本列岛各地对铜镜的需求不断加大，因此日本本土逐渐开始对中原王朝的铜镜进行仿制，在这一过程中很可能会将表示纪念的铭文保留，从而让铭文显示的时间与铜镜实际制作的时间不符。梅原认为，仅靠出土铜镜虽然能够判断古坟的年代上限，却难以准确推断古坟筑造的年代下限，因此需要综合考虑古坟式型、其他随葬品等中存留的时间信息。[1] 应该说，战前日本的古坟时代研究取得了一定的进展，但在资料整理、历史观、方法论等方面仍有很多未尽课题。1931 年"九一八"事变爆发后，日本加紧侵略中国大陆的同时，在国内也积极构建举国一致的总体战体制。很多历史学和考古学研究者也被卷入战时体制之中，对日本原始古代历史的研究也都在"皇国史观"理论的压迫下成为讴歌天皇体制和对外战争的工具。

最后需要指出的是，战前的马克思主义历史观也对古坟时代提出了自己的理论解释，并对战前日本学界的研究状况进行了批判。如祢津正志认为当时的研究"仅把特殊遗物的年代考订、样式、制作技术、装饰鉴赏等作为研究重点，完全没有考察这些遗物遗迹所反映出来的当时的生产力与生产关系以及社会组织"[2]，也就是说日本考古学还停留在器物层面，对很多重大问题缺乏关注。祢津还在战时及战后翻译了澳裔英籍考古学家戈登·柴尔德（Vere Gordon Childe，1892—1957 年）的《亚洲的古代文明》《文明的起源》等著作，对战后日本年轻一代研究者产生了巨大影响。

---

① 梅原末治著「上代古墳出土の古鏡に就いて」、考古学会编『鏡・剣及び玉の研究』、1940 年。
② 禰津正志著「原始日本の経済と社会」、『歴史学研究』四、1935 年。

## 二、战后的研究

1945 年 8 月日本战败投降,战前的国家体制崩溃。在以美国为主的占领军主导下制订的《日本国宪法》,明确了国民主权、象征天皇制以及保护基本人权的内容。在此之前,在皇国史观指导下的以"记纪神话"为信史的原始古代研究被否定,代之而起的是以客观反映国民历史为使命的科学历史学。而战后考古学也在对战前、战时的研究不断反思和反省的过程中,逐渐走向新的阶段。

1948 年,日本考古学协会成立,该协会以自由、民主、平等、互惠、公开为原则,以推动考古学发展和践行社会责任为宗旨,是战后日本在人文社科领域组建的第一个全国性学术组织,发行学术刊物《日本考古学年报》。经过 70 多年的发展,该协会会员从成立时的 170 人,增加到目前约 4200 人的规模。在《日本考古学年报》早期刊登的"研究趋势"栏目中曾指出"根据文部省颁布的《中学校历史教授要项》的规定,日本全国各地的学校展开了发掘贝冢、古坟、寺社遗址、城堡遗址的考古热潮(1950—1951 年最为盛行)"。对于专业考古研究者而言,这一方面增加了破坏历史遗迹、遗物的担忧,另一方面也确实提高了考古学在全社会的关注度。考古学协会内部设置了专门从事考古调查的特别委员会,并获得文部省的研究经费支持。在战后最初十年内,该委员会主持发掘的主要古坟包括福冈县—贵山铫子冢古坟、广岛县三城古坟、冈山县佐良山古坟群及金藏山古坟、和歌山县东国山古坟、奈良县栉山古坟及室宫山古坟、大阪府紫金山古坟、京都府椿井大冢山古坟、三重县石山古坟、福井县足羽山古坟群、富山县朝日长山古坟、东京都狛江龟冢古坟等,可以说囊括了日本各地、各时期的所有类型古坟。

随着大量最新古坟发掘报告的刊行,有关古坟的整体认识以及棺的形态、埋葬设施结构、附葬品的种类与构成相关认知均有巨大的提高。小林行雄在批判性继承后藤守一与梅原末治研究成果的基础上,于 1955

年发表了具有划时代意义的论文《古坟发生的历史意义》①，试图重建以
前期古坟为中心的时代像。以上述战后十年古坟调查发掘出土的东汉
中期铜镜与曹魏三角缘神兽镜的组合陪葬案例为对象，小林针对这种现
象提出了"传世镜论"与"同范镜论"的新学说。他认为作为共同体的宝
器而被各地长期使用的汉中期铜镜，在传世的过程中不断减少甚至消
失，为解决这一需求而出现了日本本土仿制的同范镜。小林将器解释为
反映了首长的世袭化和大和政权对这种世袭化的承认，并指出同范镜的
分配背后是大和政权与各地方首长之间产生了新的支配与从属的政治
关系。最终提出，汉中期铜镜在传世与陪葬过程中的消失、同范镜反映
的大和政权与地方首长的政治关系以及古坟的出现这三种现象，是显示
古坟时代成立的核心特征。

　　战后的历史学界从战前的政治压迫中获得解放，并在战后初期积极
探讨从理论性和体系性视角重新研究日本原始古代的历史。例如，
1949—1951 年日本历史学研究会召开的大会主题分别为"世界史的基本
法则：关于各社会结构的基本矛盾"、"国家权力的诸阶段"、"历史上的民
族问题"。可以说，历史研究在走向理论化的过程中，不断向政治接近。
而小林的上述新说，除了受到新出考古资料的启发外，也不可避免地受
到当时日本学界潮流的影响。尽管也有学者对小林的研究提出质疑，但
小林在研究方法上的开拓性贡献——将考古学从文献的辅助地位提升
到为历史学研究文献同等的地位——令其获得大多数学者的高度评价，
并对此后的古坟时代研究产生重大影响。到了 1960 年代，作为战后历
史学研究主流的马克思主义历史理论不断走向精细化，学界开始将"社
会构成论"、"共同体论"等次级学说应用到古代国家形成问题的研究
之中。

　　西嶋定生在小林研究的基础上，认为铜镜的分赐是伴随政治关系成
立的次生现象，而古坟是表现豪族与大和政权间政治关系的媒介物，这

---

① 小林行雄著「古墳の発生の歴史的意義」、『史林』第 38 巻第 1 号、1955 年。

意味着新的政治关系深入到原有的"包括以构成大和政权中核的氏族联合为中心而形成的具有拟制同族关系的全部地方氏族的秩序体制"。[①]尽管西嶋将氏姓秩序向大和政权的发展看作是线性发展的观点受到其他学者的怀疑，但将古坟视作大和政权的某种身份秩序表现物的观点已经成为某种通说。

　　1970年代以后，高速经济增长和国土开发热潮让考古发掘工作突飞猛进，相关的研究人员数量也急剧增加。1972年在奈良县发掘的高松冢古坟中发现了色彩艳丽、绘制精美的壁画[②]，现已被日本文部省认定为国宝。日本各种媒体争相报道，从而引发了日本国民对古坟时代历史的新一波热潮。高松冢古坟壁画中女子衣着妆容服饰均可觅得六朝的踪迹，妆容虽与唐初长乐公主墓中《群侍图》十分相近，眉毛细弯，边缘圆滑，却与其余唐初形象资料大不相同。唐初女子虽仍画长眉，但已初现桂叶之状，眉毛纹理清晰，并且《群侍图》中女子额上靠近发际线处横长的面饰也与前代更为相近。另外，高松冢古坟壁画与《群侍图》女子均着条纹裙，这种服饰是南北朝时开始出现，在唐初大为流行的一种服饰，根据日本学者对高松冢古坟壁画中人物服饰的研究，高松冢古坟壁画中服饰确实与高句丽古坟壁画极为相近，而这种上衣很有可能是在气候较为寒冷的鲜卑地方习俗。目前，奈良县在高松冢古坟的发掘位置附近建立了专门的高松冢壁画馆，陈列临摹的壁画、石棺以及刀具、海兽葡萄镜等随葬品的复制品模型。此后的二十年里，考古学对古坟时代的研究除了编年问题和出土资料的样式问题等之外，研究的重点已经变成对当时的生产与流通、礼仪与祭祀、家族与阶层、权力与集团关系等课题上了。

　　此外，近藤义郎的专著对古坟时代对于日本列岛古代国家形成的意义进行了全方位讨论，都出比吕志则提出"前方后圆体制"为初期国家的

---

① 西嶋定生著「古墳と大和政権」、『岡山史学』十、1961年。

② 末永雅雄編『高松塚壁画古墳：シンポジウム』、創元社、1972年。

观点。① 都出作为马克思主义史学者,从很早之前便主动对弥生时代到古坟时代的社会发展作理论性归纳。他在 1980 年代接触到克莱森和斯卡尼克(Claessen and Skalnik)等新进化主义人类学者提出的社会发展论后,即试图将其用于对日本古坟时代与早期国家形成关系的研究之中。都出不仅对新出考古资料进行全面梳理,而且还对文献史料中记载的律令制国家以前的社会变化进行重新检讨。最终,他认为日本古坟时代的社会已经形成了以中央政权为中心,在政治、社会、经济等领域具有稳定秩序的初期国家。

除此之外,这一时期日本与韩国学界就古坟时代的合作研究也日益频繁。随着韩国国内调查研究的进步,双方在人才、物资和信息方面不断增进交流,特别是韩国西南部的前方后圆古坟受到日本学界的关注。1991 年泡沫经济崩溃后,一方面考古发掘事业走向停滞,另一方面日本政府对考古和历史研究的经费支持大幅削减,从而导致新出资料和研究人员数量急剧减少。与此同时,日本社会对考古学和历史学研究存在的意义本身也产生疑问,经济的不景气使得不直接创造经济价值的人文社会学科的研究人员不得不重新思考其如何回应社会的质疑和担负社会责任。

## 第二节　生产与物品流通

### 一、农业、渔业与手工业

水稻种植是农业最重要的部分,此外还种植粟、大麦、小麦、大豆、小豆等农作物,以及各种瓜类和蔬菜等,同时普遍种植麻。古坟时代的农业较之弥生时代有了很大的进步。弥生时代的农具多为木制,而到了古坟时代木柄铁刃和全铁的农业工具特别发达。这些农具中绝大多数为

---

① 近藤義郎著『前方後円墳の時代』、岩波書店、1983 年;都出比呂志著『日本古代の国家形成論序説』、『歴史評論』551 号、1991 年。

水田农具,证实了稻作农业的存在,同时也发现了大量的水田遗址。在日本列岛各地相继发现了许多古坟时代的水田遗址。冈山县百间川遗址发现的水田每畦 10—100 平方米不等。大阪府发现的水田分为若干个畦。这些水田属于湿洼地,多次被洪水淹没过。大的每畦超过 100 平方米,最小的 12.7 平方米。与水田相关的是水渠的修建,现已发现许多水渠。为了灌溉水田,必须将河水的水位提高,通过水渠流到水田中,考古发现的拦水坝是将河水拦腰切断,将一部分水引流到水渠中。被埋在火山灰下的水田发现也较多。在群马县的西北部,浅间山和榛名山的火山大喷发期间,几次的火山灰都埋没了水田。群马县芦田贝户水田遗址发现有 1260 畦水田,每畦面积为 3.6—5 平方米,群马县同道遗址发现有 1300 畦水田,每畦面积大小不一。古坟时代也发现有旱田,旱田亦是当时农业生产的一部分。群马县芦田贝户遗址,在水田西侧水渠西部稍高的地面上,发现有约 450 平方米的旱田遗迹。还发现有宽 20、深 10—20 厘米的横纵排列的垄沟,沟与沟间的间隔为 90—100 厘米。

农耕生产工具中,石器已罕见,铁器已普遍应用于日常生活中,各种功能的器具都投入了使用。木制的锹、锄的前端大多镶有铁刃(锸),早期是用横长的矩形铁板曲折弯成,固定在木锹头部;晚期则多采用"U"字形铁刃,极大提高了使用效率。有一种大型的铁制三齿耙或四齿耙,最适用于开垦。至少在晚期已有铁犁,岛根县匹见町遗址的发现便是例证。铁镰的广泛使用,使收割的效率亦有很大的提高。木锹仍继续使用,形状与弥生时代基本相同。形状多样,有长方形、三角形、亚腰形和梯形等,有的在木锹的前端安有铁刃。木耙的形状与弥生时代大体相同,有宽刃和窄刃两种。木耙多齿,一种器身窄长,一种器身短宽。有的木耙有 6 个齿。

古坟时代的生活工具已开始发生了重大变化,主要表现在农具中木制的工具多用铁制的刃,其损害的程度显著减少,效率则显著提高。加工粮食的工具有铁杵和铁臼。铁铧的出现表明已开始有了犁耕(可能是用人力而不是牛马)。铁制的工具还是铇、斧、锯、刀、镐、锥、凿。古坟时代可以说是铁器大发展的时期,除了一些简单铁器为日本造外,相当数量是舶来品。绚烂的中国文化的输入,使日本文化取得了飞跃的发展,单从铁器的普及和大量发现便可窥见一斑。大阪府一座古坟出土铁刀120件。奈良一座古坟出土铁斧102件、铁镰139件、铁锹179件、铁链872件。铁器不仅仅埋葬在大大小小的坟墓中,还大量遗留在北九州和韩国之间的玄界滩上一个很小的岛上古木丛生的大危岩之下。根据考古学者镜山猛先生的统计,遗留在大危岩下的武器和其他主要器物有铁刀2410件、马具类116件、铁锹256件、镜42件、玻璃制品3000件、滑石制品1.5万多件。九州岛距朝鲜半岛最近,地理位置上是舶来品首先进入的门户。在该地发现如此之多的器物,推测这个小岛是一个舶来品的中转站,所遗留的物品因某种原因未能及时运出。另一种推测是此地系当时往来于日本和朝鲜半岛之间的日本人的祭坛。

捕捞渔具有很多是铁制的,种类主要有鱼镖、鱼叉、鱼钩等。早期使用的鱼叉长30—40厘米,端部有一个铁制钩头。铁鱼叉与当时的骨渔具相比,长两倍以上。如不考虑其他因素,精致纤细的铁制鱼钩和鱼叉应极大地提高了捕鱼的效率。与渔业相关的是造船业。当时已有能乘坐数十人的大船。根据明器及墓中壁画来看,古坟时代的船是两头上翘的。从平面来看,船首并不太尖,两舷有放桨的橹脐并立,外舷还有钩环。在河底发现一些船的实物,但晚期的遗物居多,不仅有用一根木头做成的独木舟,还有用木板拼合使舷侧加高的,或者用两根木头做成的大而长的船体,可见当时的造船技术已相当发达。

烧制土师器的陶窑非常简单,平窑是在平坦的地面向下修建的。在地面挖有圆形、椭圆形或不规则形的土坑,将陶器摆放在坑底后,其上放置木柴烧制陶器。平窑的规模较小,容积亦小,故常称之为小型平窑。烧制须惠器的陶窑大致可分为登窑和平窑两种形式。登窑利用山坡兴建,窑底和窑室依山坡的倾斜度而建。一般来说,登窑的容积要比平窑的容积大。由于火山口与排烟口有一定的高度差引起气流上升较快,窑室内的温度要远远高于平窑的温度。新型的登窑与日本固有的平窑、窑窑不同,是一种充分利用燃料的斜面坡窑。当时的登窑是在山脚的坡面挖一个长 10 米左右的沟,用加杂麻等物的黏土做成半圆筒形窑室,窑室的宽及窑壁的高均为 1 米左右。坡面的上部设置烟道,下部开焚火口。窑床沿坡面顺势做成。放置待烧的陶器依着一定的顺序排列,这样的陶窑一次烧制的量,恐怕要超过数十件。

古坟时代已发现有冶铁遗址,在福冈县大牟田七号坟下遗址和冈山县大藏池南遗址、绿山遗址均发现冶炼炉,年代约在 6 世纪。其中在冈山县大藏池南遗址发现 7 个炼炉,还发现有放置燃料和废渣的场所。在绿山遗址发现 1 个冶铁炉和 6 个烧炭窑。冶铁是在炉内放入木炭和铁矿石,如果温度达到铁的熔点(1530℃)以上,铁水与杂物可完全分离。但在初期冶炼时,温度达不到这么高,铁块中含有杂质,系呈多孔的海绵铁。这样的铁块不能制成铁器,需再加热后经反复锻打才能制成实用的铁器。

已发现用于锻打的工具有铁锤、铁砧、铁钳等,这些都是锻铁时不可缺少的工具。在列岛沿海,特别是濑户内海沿岸和小岛的地面上,随处可见薄胎的陶片。考古复原了一些陶器,有圜底和带圈足的罐,也多见尖底炮弹状大敞口器物。通过 1953 年对香川县喜兵卫岛遗址的发掘,弄清了这些出土陶器的功能是煮盐。尖底炮弹状大敞口器物主要是为了立置于地上。在岛上的海边发现 2—3 米铺石的炉,周围有成堆的灰烬和大块的陶片,并发现有制盐时残留在陶器内壁的碳酸钙。在能登岛亦发现有大量的尖底炮弹状大敞口陶器,陶器内壁亦残留有碳酸钙,这些陶器的功能应当是煮盐器。推测古代制盐大体需要三个工序:将海水浓缩;煎熬海水使其成为结晶盐;除去盐卤并制成散状盐。煮盐时,先将浓缩的海水放入煮盐陶器,入炉火中使容器内水分蒸发,再不断向容器内续海水,最后在容器内得到结晶盐。这种盐被称为粗盐,含杂质多、潮解性强,如果将这些结晶盐再放入容器内煮,就可得到精盐。

埴(黏土之意)轮是日本古坟时代一种特殊的陶制丧葬用品,排列在古坟坟丘上部及其周围。流行于 4—6 世纪,名称来自《日本书纪》(卷六

"垂仁天皇三十二年"条),主要为"土师部"的人所制作。埴轮最初出现于弥生时代晚期的吉备(冈山县和广岛县东部)地区,是在坟墓前供奉的特殊制作的陶壶和陶器座,进而演变为古坟时代的壶形埴轮和圆筒状埴轮。埴轮分圆筒形埴轮和形象埴轮两大类。圆筒形埴轮又可分为通体呈圆筒状和上部敞开呈牵牛花状两种。前者系模拟器座形陶器;后者系模拟敞口的壶形陶器。埴轮用黏土烧制而成,烧成温度约在500℃以上。埴轮的种类多种多样。形象埴轮可分房屋埴轮、器物埴轮、动物埴轮、人物埴轮4种。分别模拟房屋、大刀、盾、胄、鞘、盖、椅子、马、猴、犬、鹿、鸡、水鸟、华盖、短甲、船、箭袋、护腕、扇、盒、高脚杯、牛、鱼、正坐男子、弹琴男子、女子、鹰匠、人骑马、微笑男子、猪、正装男子、挂甲男子等。圆筒形埴轮开始出现于4世纪,5世纪大量流行。除房屋埴轮和一部分器物埴轮开始出现于4世纪后期外,其余各种形象埴轮均出现于5世纪。一般来说,器物埴轮以近畿地区最为流行;动物埴轮和人物埴轮以关东地区最为流行。在日本的西部,包括畿内地区在内,埴轮于6世纪中叶就开始衰落。但在日本东部地区,主要是关东和东北地区的南部,6世纪时埴轮仍大量流行。埴轮放置在古坟的哪个位置,是因地因时而异的。大体来说,如前后方圆坟,房屋形埴轮多放置在后圆部的顶上;华盖、箭、袋、盾等器物埴轮,原先也放置在房屋埴轮旁。前后方圆坟的前方部是进行埋葬仪式的场所,后来这部分也放置器物埴轮。同时还有人物埴轮和鸡、马等动物埴轮,这些种类几乎作为常设的装饰物摆在墓上。至于人物埴轮的出现,有一种推测是人们曾集中在墓旁祭祀,用陶土做成人俑也可以代表祭祀这层意思,所以就有了墓上放置人物埴轮的现象。中期以后,出现了周围有壕沟的前后方圆坟,这时也有的将人或马的埴轮放置在壕沟外堤上的例子,表示实际上这时人们的祭祀场所已经离开了壕沟。

晚期的横穴式石室墓圆坟周围也有埴轮继续使用。这个时期除了房屋形埴轮和华盖形埴轮放在坟丘的顶部外,在石室入口的中心左右还站立着人物埴轮。这是由于围绕古坟有一圈壕沟,人物埴轮还残留在坟丘上,祭祀物一度移至壕沟外堤上,但横穴式石室墓开始流行后,又转入石室内,在墓前祭祀。这时外部放置埴轮已失去了它原有的意义,渐渐衰落下去。由于要给死者供奉食物,所以代替埴轮的是灶形陶器,以及利用别的器具来盛放祭品,通常都在横穴式的入口处进行祭祀活动。围绕着坟丘放置几重圆筒埴轮,最早的意义是在埋葬之后又在坟丘外举行某种仪礼。学界认为这除了有固定土的作用外,还有强化古坟这种圣域的意义。学者们从在圆坟或者前方后圆坟的后圆坟顶上特意将圆筒形埴轮围成一个方形这一做法中得出了上述推测。各种埴轮开始出现的年代不同,其渊源亦各异。人物埴轮、动物埴轮的起源,或与中国古代墓前所立的石人、石兽等有关。古坟时代埴轮所发现的数量特别多,有的形体又特别大,最大者长 2.45 米。一般来说一座古坟往往需要 1000 个左右,而仁德陵古坟放置在坟边和坟顶上的有 2 万余个圆筒形埴轮,其数量之大令人称奇。

关于埴轮起源和功用的说法甚多,至今尚无定论。大体上有以下几种观点:(1)认为起源于坟墓装土用的圆筒形埴轮;(2)认为是模仿房屋及其他器物形状;(3)受中国陵墓上的石人、石马或者是坟墓中随葬陶俑风气的影响;(4)人、马俑是在中期以后的古坟中发现的,早期的只是圆筒形埴轮,其功能是为了固定土堆和划定墓界,也可以说是立在坟墓周围的栅栏。

至于由圆筒发展起来的象形埴轮如人物、动物、房屋和器具埴轮等,比较有力的说法是,墓上举行仪式是为拜谒祖灵的,所以房屋、器具等埴轮是作为常设的、装饰性的东西放在那里的;而人形埴轮是用来表示拜者的。

## 二、武器与马具

古坟时代的武具主要为甲胄,金属材料主要为铁。短甲主要发现于4—5 世纪,至 6 世纪时已基本消失。甲主要分为短甲和挂甲,短甲是自肩部至腰部;挂甲是从肩部至膝盖处。短甲和挂甲是用皮革将金属板连缀起来。千叶县木更津市大塚古坟出土的挂甲超过 800 余枚金属片,在《东大寺献物账》上曾记载一个挂甲竟有 1560 金属片。挂甲 5 世纪中叶开始出现,6—7 世纪盛行。由于铁的大量使用和国家体制的健全,古坟时代的武器得到了很大的发展。新式的甲胄及盾等防御武器已开始出现,并趋于完备。出土的甲胄基本上是铁制品。胄有两种形式:一种叫桃形胄,它是把铁板弯曲成"U"字形,前段借口呈钵形,平面似桃状;另一种叫帽缘胄,即将铁板弯曲成钵形并带有遮缘的胄。胄的背后往往在"U"字形的铁板下有缀饰,后期的桃形胄用小皮革作缀饰,即将铁板弯曲成钵形并带有遮缘的胄。这两种胄与铠甲的配用情形是这样的,桃形胄从中期到晚期是短甲、挂甲两者都通用的普通胄,而缘帽胄中期与桃形胄并行,虽属于挂甲体系,在日本这种胄却主要随短甲使用。另外还有一些小皮革附加在颊面两旁作护板。甲胄作为一种护身的防御装备,中期出现了铜制镀金的实物,相当华贵。短甲、挂甲都有这样的实物,而这类质地的帽缘胄却少见。仁德天皇陵①的前方部位相传发现金铜制的短甲和帽缘胄,算是地位较高的人使用甲胄的一个实例。在大阪府一座古坟中出土甲胄多达 40 具。

就铠甲而言,分为短甲和挂甲两种形式。短甲是用铁片将身体围住,铁片用皮革将其连缀起来。在甲的正中部分为两半,前胸的右半部为可以开合的构造。短甲的主要目的是保护胸部,为了完备功能,还有些附件,如颈的前后有颈铠,肩的上部有肩铠,腰的下部还伴有下垂的腿裙。有时在短甲上发现有皮草制的腿裙。挂甲由小铠甲以皮革或丝线连缀而成,护身部分和腿裙连在一起,从前身穿挂。有的还在颈、肩、膝部有覆盖物,这些也都是用小铠甲片连缀而成的。人物埴轮中披甲的几乎都是挂甲。挂甲是中期以后出现的,大量使用是在晚期。应当注意的是,中国汉代的壁画中,身披挂甲的人物都是

---

① 仁德天皇陵,又称大仙陵古坟,位于大阪府堺市大仙町。墓主实际身份不明,日本宫内厅将之认定为仁德天皇陵。

骑马形象，这恰是与各种马具传入日本的时间相符，挂甲也应是与马具同时传入的。

除发现的甲胄外，还发现有盾。奈良县石上神宫有作为神灵的宝物而相传下来的2件盾，一件高140厘米、宽80厘米，用带状铁板以圆钉铆缀而成；另一件皮革制的盾是在木框上蒙上皮革，然后用丝线刺绣，最后涂上漆。盾的纹饰中，三角形和菱形的组合是最普遍的构图。盾形的埴轮上也发现了相同的线刻纹饰，这是一种保护全身以防敌人大面积射杀的大型盾。进攻性的武器主要是带柄长刀、剑、弓箭、镞、矛等，绝大多数为铁制，形细长。古坟时代的带柄长刀、剑和矛等，已成为当时最具杀伤力的武器。铁剑呈扁薄细长形。七支刀发现的数量较多，刀的两侧有多个纵向弯钩、矛（枪）已广泛使用，矛的头部和镦部为铁制，用木或竹做成长柄。柄部易朽难保存，根据发掘痕迹判断，有全长达3.4米的，还发现有全长2米的铁柄矛，矛的断面为菱形或三角形，其下半部普遍有中空的銎，还有一种与剑相似，但无长柄。

古坟时代，武器除了本质上的演变外，在铁刀的装饰上还有许多变化。早期和中期属于日本固有的流行装饰是在刀柄端和柄跟用鹿角或木制品点缀，其上还雕刻有直弧线纹等，甚为精美。中期以后，随着与大陆的频繁交往，刀的装饰物也用金、银、铜之类制作了。

首先传入日本的是在柄头中心饰以动物纹环状饰的环首大刀。环状内有双龙环柄首、单龙环柄首、三累环柄首、鸡冠首、狮啮环柄首、圭柄首。除环首外，还见有蕨首刀、鸡冠首刀、头椎首刀、圭首刀、方首刀、圆首刀、环首刀。剑鞘和刀鞘是用两块中间挖空的木板合并而成，外面用布或革包裹，其上涂漆。从大陆传来的木质鞘裹有表面雕刻龙图案或纹饰的铜或银制金属皮。镞的形制有了较大的变化。铜镞以菱形横截面带有铤的为主，形体较弥生时代的镞大，前端较弧圆。铁镞体较瘦长。古坟时代弓箭发现较少，发现的箭尾为铜、银制。此外发现有箭的附属物，为多个穿孔的鹿角制鸣镝。

古坟时代新的工艺便是马具制作这种综合的技术。关于骑马风俗的起源,可以从古坟中得到一些信息。5世纪时马具传入日本,晚期开始普及,特别是在古坟中是主要的随葬品之一。古坟时代将马具作为随葬品,是中期末以后的事情,即5世纪以后,这也反映了日本马具使用的开始时间。所发现的古坟时代的马具,大多数都是从中国输入的。关于马具,包含了许多品种,其中木、布、革等质料的物品没有遗留下来,现在得以保存下来的均为金属制马具。马镫分为轮镫和壶镫两种。轮镫呈椭圆形环状,木质,外包裹有铁板,壶镫为日本独创,木质,外包裹有铁或铜板。鞍金具多为铁制鎏金铜,其骨架应为木质或布草,因已腐烂,原材质不明。马具还有辔、云珠、马铃、三环铃、马铎、十字形金具、装饰金具。杏叶种类多样,分为剑菱形、铃形、钟形、棘叶形、花形、心叶形等。在晚期阶段杏叶中见有龙纹、凤凰纹、唐草纹透雕等豪华装饰,或在杏叶之上装饰有3—5个铃。

　　与马具有关的还发现有蛇行状铁器和状似弓箭的铁器。前者下端较尖,上端有銎;后者在弓背处有一残断的凸出物。有学者推测是将蛇行状铁器插在状似弓箭的铁器上,而状似弓箭的铁器是绑缚在马鞍上的。蛇行状铁器上端应当插有旌旗。在韩国古坟的壁画中有类似的画面。马具构件的制作设计金制、铁制、青铜制及铁制鎏金铜等各种金属工艺技术。其中金鞍具、杏叶和马镳这些器物上都有非常精美的动物纹,是大陆的作品。体现铁制鎏金铜这种技术的多为日本产品。马铃随着马的走动发出声响,马铃及马镳、杏叶,这些能听到或看到的装饰品的出现,反映了古代人的一种审美取向。马镫在最初仅是给木心上卷上铁板装饰而成,然后才是全部用铁制成。马具有实用和装饰的作用。马及所配的华丽马具都是值得在众人面前显示的一种富有和尊贵,应有专门的手工业者从事马具生产。马具的制作除锻造铁外,还要给其鎏金。即便在金工中,也包含了各种技术和环节,还有木工、漆工、皮革工等。一套马具的制作,往往需要许多手工匠人联手才能完成。由于骑马战术的发展,马具的制作很发达。统治阶级将当时最新的工艺技术用于镳、鞍、镫等马具的制作,在铜、铁之上施鎏金花纹,甚为精美。

## 第三节　古坟的特征及随葬品

### 一、古坟种类与结构

　　古坟的种类主要有前方后圆坟、前方后方坟、圆坟、方坟、帆立贝式坟、双方中圆坟、双圆坟、双方坟、八角坟、上圆下方坟等。(1)前方后圆坟：近畿地区的古坟多属皇室或地方豪族，规模非常大，最大者当首推仁德陵(亦称之为大仙陵)，其他的大、中型前方后圆坟，长度多在 150 米以上。从形状来看，后圆部分大体相似，前方部分略有差异。奈良县天理市西殿冢古坟，长度近 250 米，后方部分分四段筑成。(2)前方后方坟：规模最大的是奈良县天理市西山古坟，坟丘长近 185 米，后方部分分两段筑成，底部为方形，其上为圆形坟丘。(3)圆坟：整体呈馒头状，坟丘顶部修成平顶。迄今最大规模的圆坟是埼玉县行田市丸墓山古坟和冈山市小盛山古坟，直径约为 100 米。(4)方坟：底部和顶部均呈方形，四面为斜坡式。较大规模的方坟四面坡可分为 2—3 段。最大的方坟为奈良县橿原市桝山古坟，边长约 90 米，高约 19 米，分三段式筑成。(5)帆立贝式坟：与前方后圆古坟的平面类似，只是前方部分特别短，平面状似扇贝，故被称为帆立贝式古坟。奈良县北葛城郡河合町乙女山古坟规模最大，总长 136 米。(6)双方中圆坟：方形坟丘位于两端，圆坟丘居中且向外突出，奈良县天理市栉山古坟，长 150 米。(7)双圆坟：大阪府河内郡河南町金山古坟，长 78 米。(8)双方坟：大阪府太子町二子冢古坟，长 60 米。(9)八角坟：截面整体呈八角锥形，出现年代较晚，约为公元 7 世纪中期—8 世纪初，为皇室古坟。如奈良县樱井市段塚古坟(现为舒明陵)，直径约 44 米。(10)上圆下方坟：在方形的基坛之上修建圆形坟丘，埼玉县川越市山王冢古坟，边长约 68 米。

　　目前最为著名古坟有仁德陵古坟和高松塚古坟。据《全堺详志》1757 年记载，在仁德陵北侧后圆部的顶部发现长 3 米的大型石棺。1872

年,在前方部位前面的中段发现有竖穴石室墓,内有石棺。一般来说,前方后圆的古坟是在后圆部分设竖穴石室或横穴石室墓,像仁德陵这样的大型古坟,在前、后部位设有竖穴石室墓,是极为罕见的例子。仁德陵是古坟时代在日本发现的最大古坟,位于大阪府堺市大阪湾边,年代为古坟时代中期,属前方后圆式古坟,其周围建有三重环濠。外环濠立置摆放有筒状埴轮。坟丘全长 486 米(另二说为 470 米、475 米),前方部宽300 米、高 27 米,后圆部直径 245 米、高 30 米。环濠外围南北长约 800米、宽约 630 米。仁德陵周围环绕着圆筒形、牵牛花形以及家屋、犬马、女子、水鸟等形状的埴轮和茸石。周围有 12 座陪葬墓,应是仁德陵主人的近臣和侍卫。1872 年,坟丘部分崩坏,露出了竖穴式石室。内有石棺,棺外有鎏金铜甲胄、刀、玻璃器等。此外,还出土了铜镜、环形大刀等器物。

至于坟墓外部设置的家屋、犬马、女子等埴轮究竟代表何意并不明确,比较有力的一种说法是古坟在当时也是祭祀场所,人们在这里举行仪式以谒拜祖灵。所以房屋、器具等埴轮是作为常设的装饰性物品放在那里,而人形埴轮则是用来表示参拜者;另外一种说法认为坟前摆放这些模拟家屋、器物和动物、人物形象的埴轮,其目的是炫耀死者生前的权威和享乐,并且力图把这一切全部从人世带到阴间。如此规模宏大的陵墓都是在平地上完全用人工筑成的。据土木工程学者高桥逸夫先生和考古学家梅原末治先生的推算,仁德陵所用的土方当不下 1405866 立方米。这么多土方,如以一人之力,从平均 200 米的地点搬运而来,当共需1406000 工次;以千人之力搬运而来,当共需 4 年;以载重 5 吨的卡车搬运而来,当共需 562347 车次。所有这些还只是就坟本身的筑造工程而言,如果加上那三重大壕沟和放在坟边、坟顶上 2 万件以上的各种陶埴轮所需的人力,则其数字当更加惊人。

高松塚古坟是古坟时代终末期的贵族墓葬,位于奈良县高市郡明日香村,年代在 7 世纪末或 8 世纪初。1972 年被发现后,同年,日本橿原考古研究所对古坟进行了发掘。该古坟是第二次世界大战后日本最重要的考古发现之一,对研究日本的考古、历史、文化和艺术都有重大的价值。发掘后经过修复,在原地保存,可供参观和研究。古坟的规模不大,坟丘呈圆馒头形,底径约 18 米、高约 5 米,夯土筑成。坟丘内的横穴式石室平面为长方形,南北长 2.65 米、东西宽 1.03 米、高 1.13 米。椁室的石壁上涂着一层厚约 5 毫米的灰泥,上面描绘着彩色的壁画。壁画的内容可以分为三方面:"四神"图、天象图及男女人像。东壁的中部画"青龙",西壁的中部画"白虎",北壁画"玄武";估计南壁本来画有"朱雀",但因南壁在墓室的入口处,在盗掘时被破坏了(也可能原来就没有"朱雀")。除了上述象征方位的"四神"图以外,椁室内还装饰着天象图。天象图包括太阳、月亮和星辰。太阳和月亮分别在东壁的"青龙"和西壁的"白虎"的上方,前者用金箔、后者用银箔装贴,都作圆形,直径约 7 厘米,似乎没有漆描"金乌"和"玉兔"(或蟾蜍)。椁室的顶盖上满布星辰。每颗星都用金箔装点,直径约 1 厘米,其间用红色线连接,构成各种星座,其中包括北斗七星。此外,在东、西两壁中部太阳和月亮的下端还画着云和山的图样。东壁和西壁的北部分别画着 4 个妇女像;东壁和西壁的南部分别画着 4 个男子像,共计 16 个男女人像。壁画的内容比较丰富,色彩相当富丽,绘描也颇精致。过去在日本九州北部的福冈、佐贺、熊本、大分县等地虽然也发现过有壁画的古坟,但壁画都比较粗简。像高松塚古坟这样的壁画,在日本古坟发掘工作中还是首次发现,有人认为可以与法隆寺金堂的壁画(佛画)媲美。人们将高松塚古坟的壁画看作是第二次世界大战后日本考古学界最大的发现。石室内有漆棺一具,但棺的遗迹和人骨都因盗掘而散乱不全。残存的随葬品除装饰佩刀柄、鞘的一些银质饰品及玻璃珠 942 枚、琥珀珠 2 枚(破片不计)外,还有铜质海兽葡萄镜 1 面,经研究,此镜与中国西安市东郊唐代独孤思贞墓出土的海兽葡萄镜属同范镜。独孤思贞墓的年代依墓志可定为武则天神功二年(公元 698 年),从而为高松冢古坟的断代提供了依据。棺在古坟中埋葬的方法各异,因地域不同和时代不同而有所变化。有的棺直接埋入土圹中,而有的是放在一个建好的石室内。墓室也因不同形制的棺而有所差异,大体来说,将棺直接埋入地下的方式是在墓室底部用黏土铺出一高台,有的是用砾石或木炭代替黏土铺垫在墓穴底部而形成椁。棺已朽,但在黏土台上会留下木管的凹痕和朽痕。有的是在棺与墓圹之间填塞石块,也发现有将棺直接埋入墓圹内,墓底不铺任何东西的情况。

石室墓的结构方面,一般来说墓圹较大,建造复杂。大体来说,墓室(石室)有两大类:一类是竖穴式石室,即在坟丘之上向下挖出竖向墓圹,四壁用大型石板或石块垒砌墓室,上部用大条石覆盖,其内置棺;另一类是横穴式石室,该墓室则是在坟丘的一侧向里挖出横向的墓道,在墓道的尽端修建墓室,以大型石板或石块垒砌墓室,其内置棺。

前方通向墓室的通道叫墓道,墓道呈窄长形。横穴式石室最先在大陆流行,日本在 5 世纪时十分盛行。横穴式石室的形状远比竖穴式石室要进步得多,墓室内设石台、石架和石枕等,有的放置 2 个石枕。

北九州地区有许多施以装饰的古坟,在墓室的石壁上用彩色颜料描出花纹和绘画,被日本学者称为"装饰古坟",这也可能是吸收了朝鲜半岛流行的做法。横穴式墓室主要流行于古坟时代的晚期。

晚期的横穴式石室中,也有不修坟丘,只在山麓或丘陵的一侧凿出墓穴的情况。其分布受到地质条件的限制,多直接利用山丘腹部凿出横穴来埋葬。横穴一般都凿在砂岩、凝灰岩等软质的山岩上,也有利用台地边缘的。一般来说,有墓室和墓道的与横穴式石室基本相同,只是墓道的长度比石室的长度短。也有掘凿出一个墓室,留出石棺和棺台,并像房屋结构那样作出天井的情况。竖穴式墓室一般是在置棺的底部铺一层黏土,形成置棺的棺床,棺床顶部置棺。在棺床、棺之外的墓室底部填充石块和黏土,其中心高度与棺平齐或略高于棺,边缘则较低,也有一些是只填充黏土。横穴式墓室最早出现于九州北部地区,时间约为古坟时代早期末叶。至中期以后在冈山县和近畿等地区有大量发现,并已成为整个列岛较为流行的埋葬方式。福冈市志司古坟 3 号石室墓是迄今为止年代最早的前方后圆坟,长 90 米,3 号石室墓位于后圆部。横穴式墓室自早期末叶在九州北部地区出现以后,至中期中叶已扩展到西日本各地和近畿地区。大型的前方后圆古坟建造横穴式墓室则主要是在晚期阶段。在晚期阶段横穴式墓室已波及至东日本，如群马县安中市簗濑二子塚古坟。从晚期中叶开始，横穴式墓室在九州至东北地区已成为最主要的埋葬设施。

　　古坟中敛尸所用的棺，由于材料的不同，其形制也有较大的区别，按其质料可分为木棺、石棺、陶棺和干漆棺几种，以石棺为大宗。割竹式木棺亦称为竹筒形木棺，即是将 6—7 米长、直径 0.6—1 米的圆木分成两半，将其内部挖空作为棺盖和棺身。因两端不挖空，故整体形状类似竹管切割开的形状，故称之为竹节式木棺。有很多割竹式木棺已朽烂，但在墓室中因使用黏土椁而遗留有清晰的割竹式木棺的痕迹。早期后段的大阪府和泉市黄金塚古坟中的墓椁长 8.5 米，而到了晚期墓椁的长度多在 2—3 米。割竹式舟形木棺的形状与割竹式木棺相似，不同之处是，前者两端较薄，内收似舟形，在两端棺盖和棺身处各有两个突出的把手，以便于抬棺。后者两端较厚。栃木县下都贺郡大平町七回镜塚古坟发现的舟形木棺较有代表性。箱式木棺是一种用木板组合而成，整体呈长方形，底及侧面为长方形，盖为一端大一端小的梯形木棺。拼接的方法已采用了榫卯技术，有的在箱式木棺的两端凿有闸门式凹槽，再将木板插入，有的系用铁钉固定。也有在木棺上涂漆的例子。奈良县大和高田市三仓堂发现的晚期箱式木棺大体上保存了下来，并进行了复原，棺盖横截面呈弧形。割竹式石棺形同劈开的竹筒式木棺，特点是棺身和棺盖呈圆筒形，两端多见向外突出的把手、割竹式舟形石棺盖的中央有棱，而棺底多较扁平，呈槽形。除两端有把手外，有的在两侧和棺身也有突出的把手。有的在棺盖上凿出 8 个圆圈纹，寓意可能为铜镜。割竹式舟形石棺在九州地区发现数量较多，多系利用熊本县阿苏火山的周边火山岩制成。而在九州地区以外，割竹式舟形石棺则主要是以本地的石材为主。在上述两类石棺的内部，雕出石枕的较多。箱式石棺形状与箱式木棺大体相同，系利用较大的石板组装而成，石板与石板结合处有的凿有浅凹槽。棺的盖石有的呈外拱形，两端有 1—2 个向外凸出的把手，两侧面也多见有 2 个向外凸出的把手。箱式石棺主要流行于古坟时代中期至晚期。近畿地区的箱式石棺有的棺内设有石枕,或在盖石上雕刻有方格状纹饰。

近畿以外地区的箱式石棺盖石多呈拱形。家形石棺是由中期的箱式石棺发展而来的,自晚期开始已成为主流的葬具。棺盖上部的中央部位平直,周围是向四方倾斜的斜面。其造型与房屋的屋脊特别相似,因而得名,应当是人们有意识地将其造成房屋的形状。棺身用一块石头制成,个别用数块石板组合而成。后者在棺身的一边设有石门的居多。这类房屋形石棺,系挂绳索的凸起把手只是附加在盖上,或在两侧面有 2 个向外凸出的把手。进入 7 世纪后,向外凸出的把手逐渐消失。盖上的凸起把手不是圆棒状的,而是很规整的矩形,且多是形式化的东西。少量在棺盖和棺身内雕刻有纹饰,也发现有施彩的石棺。家形石棺以近畿地区和九州地区发现的最具典型性。石棺多采用一类的软质岩石制成,也有部分石棺用片岩和黏板岩等坚硬的岩石制作而成。在早期阶段主要用木棺,早期偏晚阶段仿木棺的石棺开始出现,其后木棺和石棺并行使用。

陶棺分埴轮棺、龟甲形棺、家形棺和瓮棺四种。埴轮棺整体呈圆筒状,其上有凸起的三角纹和方格纹。有的埴轮棺由两个细长的筒状埴轮组成,两端盖上盖。这种埴轮棺应是模仿割竹式木棺做成的,其祖型应由弥生时代的陶器座发展而来。有的单个使用,有的两个对接使用。主要发现于古坟的周边或外堤上。早期时已有发现,中期时开始盛行。主要分布于四国、中国地区的东部至关东地区。龟甲形棺的棺身表面比较弧圆,棺盖呈圆拱形,棺身和棺盖有纵横凸带条纹的叫作龟甲形陶棺。家形棺身的平面为长方形,盖的形状像庑殿式屋脊的叫作庑殿式屋脊形棺;像悬山形的叫作悬山棺。有的家形棺整体近似于干栏式房屋,屋顶分四面坡式和"人"字形两种。一般棺身的底座有中空排成两列或三列的足。大型的棺盖和棺身是从中央部分纵切开烧制成的。陶棺是除埴轮棺以外特别制作的葬具,晚期时流行于近畿地区至中国地区,特别是在冈山县分布密集。陶棺的流行已到了晚期,其中龟甲形陶棺首先被采用。瓮棺是由绳纹时代和弥生时代的瓮棺习俗传承而来的。古坟时代的瓮棺是用较大型的罐、瓮、壶等陶器作为葬具,有单个瓮棺和组合式瓮棺两种。干漆棺正确叫法应是"夹苎棺",这种棺非常罕见,从 7 世纪开始出现,数量非常少。干漆棺是将布、植物纤维编织的篓状容器等涂漆固定而成的,也有直接在木棺上涂漆的。

## 二、随葬品

古坟的周边有的挖有环壕,特别是在近畿地区的大型古坟多见有环壕,常见的是在前方后圆古坟外围挖有环壕。环壕整体形状近似马蹄形,有单环壕、双重环壕和三重环壕几种。环壕内的土堤一般都较宽,最宽的达 40 米,高数米,为防坍塌在土堤的表明垒砌或铺有石块。积石塚古坟主要发现于长崎县的对马岛和长野、山梨县等地。如长野县大室古坟群,500 座古坟中有 330 座位积石塚古坟,其中有些积石古坟与朝鲜半岛南部的横穴式石室古坟相同,一般被认为与朝鲜半岛的百济等地的"渡来人"有着密切的关系。日本古坟周边挖有环壕,这种现象在中国和朝鲜半岛尚未发现,可以说是日本古坟的一大特色。在很多的古坟表明覆铺有石块,从外观看很似积石塚,也有的在坟丘上分不同阶段铺石块。铺石块的作用主要是为了防止坟丘坍塌。经考古发掘的兵库县神户市五色塚古坟,为前方后圆形。坟丘自下而上分为三段式铺石块,上、中段所用石块直径为 15—30 厘米,下段所用石块为 5—10 厘米。五色塚古坟所用石块的总量经计算约为 223 万块,总重量约为 2700 吨,在上段和中段铺石块的下方均立置有一周圆筒状埴轮,平均每 10 米埋有 18 个,总量约为 2200 个。大型古坟的被葬者是天皇。日本使用年号纪年,已是孝德天皇大化元年(公元 645 年)以后的事,在这以前是用天皇的谥号,以干支表示年号。

古坟时代并不是一墓限埋一人,横穴式石室中有安置两人的设施。如福冈县发现有在石棺内的一端雕刻出两个石枕的例子。在墓室设计时就有收容几个个体的准备，即使当初没有这个计划，但在横穴式石室内放置两个以上石棺的例子也常见。尽管横穴式石室的筑造一开始是为了某个死者，但绝不是个人所独占。如果他人也使用，对最早的死者也并不是一种非礼，但一个石室内所埋葬的人恐怕仅限于同一家族。在这种情况下，如果把墓看作是一个冥间的话，可以接二连三地把死者送进去。京都一座两个横穴石室的前方后圆坟，即为一坟两人合葬墓。滋贺县的一座古坟，后圆部分有三个竖穴室，前方部分有两个长方形箱式棺。合葬是古坟时代的一种特殊的葬制，一个石棺可见有 2—3 例个体的遗骸。

古坟的外形与内部设施各种各样，随着时代的推移，墓葬结构也发生了重大变化，随葬品也有所不同。具体说来，早期古坟中以随葬铜镜、装饰品、武器等为主；中期有许多的石制模仿品随葬；晚期古坟中铜镜的随葬开始减少，而出现了用马具、陶器随葬。马具与须惠器（渡来陶器）传入日本的时间是在古坟时代中期以后，晚期出现了大量的陶器随葬。古坟时代有着丰富多彩的随葬品，其数量之多，质量之优，品种之新，都远非弥生时代可比。按其出土遗物的种类、质料和功能大致可分为陶器、铜镜、装饰品、石制品、生活用具、武器、武具、马具、埴轮、石人和石马等。内部用积石筑成石室、外部用土堆成坟丘的晚期古坟，在上流社会遭到摈弃的原因，8 世纪初，随着佛教的兴盛，火葬习俗传入日本，这是文武天皇四年僧人道照带回来的葬俗。其后经过数年，皇室持统天皇的葬制采用火葬，贵族们也随之采用了火葬。古坟时代陶器分两大类：一类是日本制的陶器，日本称之为土师器；另一类为须惠器，是由中国传入的。

"土师"一词首见于平安时代（10 世纪前半叶）编纂的《倭名类聚钞》一书。1913 年，高桥健自先生在《考古学》①一书中将古坟时代发现的日本制的陶器称之为"土师器"。土师器的颜色主要为红褐色、褐色、黄褐

---

① 高橋健自『考古学』、聚精堂、1913 年。

色,烧成温度为 800℃ 左右。制法为泥条盘筑,慢轮修整。其各方面都与弥生式陶器相似,系弥生式陶器发展而来。但两者之间存在着器形和胎质上的若干差异。土师器多为圜底,陶器中薄胎者居多。器身多为素面,罕见纹饰。早期陶器主要有钵、圜底壶、罐;中期盛行壶、瓮、豆、甑;晚期则多模仿须惠器。

4 世纪—5 世纪前叶的土师器以埼玉县东松山市五领遗址为代表。器类主要有壶、罐、圈足罐、豆、釜、器座和支脚等。纹饰主要为刻划纹、凹弦纹、波形纹、镂孔和平行红彩条带纹。5 世纪中叶—6 世纪初的土师器以千叶县船桥市外原遗址为代表。器类有敞口短颈壶、罐、豆、碗、钵、甑等。在西日本地区以圜底器为主;在东日本地区以平底器为主。纹饰少见。6 世纪前叶—7 世纪初的土师器以东京都八王子市中田遗址为代表。器类有壶、罐、盆、钵、碗、豆、甑等。纹饰主要为篦划纹和刻划纹。7 世纪初—8 世纪初的土师器以埼玉县若宫台遗址为代表。器类有壶、罐、盆、盘、钵、豆、碗、甑等。以素面陶为主,见有少量的篦划纹。

须惠器大约在 5 世纪中叶开始从中国通过朝鲜半岛传入日本。所谓的须惠器是指陶器颜色呈灰色,利用陶窑的氧化还原焰烧制而成。主要由来自朝鲜半岛的"陶部"工人在相当集中的场所制作。采用快轮制法,在狭长而有倾斜度的"登窑"中烧制而成。烧成温度在 1000℃—1100℃ 以上。质地坚硬,呈青灰色,往往有自然釉附在表面。须惠器的器形富于变化,器类主要有壶、豆、罐、盘、甑、瓶、皿、杯、器座、钵、碗、器盖、子母高杯、皮囊形陶器、屋形陶器、角形陶器、提瓶等。器物造型特点是在一个陶器的上端近口部处,附加许多小型陶器的子母陶器,以及装饰有人及马、鸟、兽等动物形象的陶器。这种陶器往往有数十厘米高的器座,器座上有各种几何形镂孔。

铜镜发现数量较多,古坟中出土的铜镜绝大多数是中国汉代到三国、六朝时流行的式样,只有一部分是日本仿制的铜镜,这些铜镜都是用白铜或青铜制作的。舶来镜主要有内行花纹镜、方格规矩镜、神兽镜和画像镜等。铜镜可分为两大类,一类由中国传入,一类由日本仿制中国铜镜而制。中国传入的铜镜主要有内行花纹镜、兽形镜、画像镜、神兽镜、方格规矩镜、佛兽镜。日本制作的仿制铜镜中,主要有模仿中国的方格规矩镜、三角缘神兽镜、变体神兽镜、直弧纹镜,以及表示人们狩猎和舞蹈情景的狩猎纹镜。除此之外,还独创了一些新的铜镜,如周边带铃的铃镜;有房屋图案的家屋纹镜,在镜的内区有 4 栋建筑物,分别为干栏式建筑、地面建筑和半地穴式建筑。有的铜镜较大,直径 44 厘米。

镜的作用似乎已经超出了单纯的日常用具和装饰品的限度,而成了具有神奇魔力的物品。将其纳入坟墓中可能是为了驱邪,在京都一座古坟中曾发现有 36 面铜镜。铜镜在当时被视为珍贵而神奇的器物,一方面继续从中国输入,另一方面就地制造。古坟中随葬的铜镜,有许多是前代留传下来的,其中包括各种中国铜镜和大量的三角缘神兽铜镜。本地制造的铜镜种类很多,大体上系模仿中国铜镜而作。但有的铜镜如大阪府紫金山古坟出土的“勾玉纹镜”、奈良县新山古坟出土的“直弧纹镜”、群马县八幡原出土的“狩猎纹镜”、奈良县佐味田宝塚古坟出土的“家屋纹镜”等,花纹具有浓厚的民族风格。晚期流行的“铃镜”,花纹虽仿中国铜镜,但附有响铃,是日本特有的。除了已发现的各种服饰和装饰品外,最直观、最有参考价值的是陶埴轮,因为有相当数量的埴轮是以人体为形象做成的。据此,古坟时期的服装、装饰品佩戴的确切位置乃至发髻的形状,都可以得到详细的了解。

根据当时埴轮所表现的服饰,可知男女服装是有差别的,男子的服装是由衣和裙组成。衣为窄袖的长上衣,左衽,用纽扣联结。裙子较肥大,膝盖以上用纽束缚住;女子的服装由衣和裳组成,衣服与男子相似,裳为层层的裙装。此外还有一种类似袈裟的从右肩斜缠到左肋的服饰,或者在肩膀处系上带子。这种服装是女巫参加祭礼时穿的,并不是一般的日常生活服饰。制作这些服饰的材料,应属于麻布系统的织物。染料都是植物颜料,并且印有纹饰。这些都是根据埴轮的色彩推知的。出土物中也发现有丝绸的痕迹,但较少见。

依埴轮可知男女都束结长发,男子的头发是左右分开,在两耳处束成角发;武人往往是角发长至肩部,有的在耳边束成小结;而农夫则束成短结。女子是将一束头发在头顶上盘成髻。女子头发平常戴梳,但祭祀的时候将一些植物装饰在头上。梳是用细竹制成"U"字形的竖梳,或漆有黑色与红色,插在额头。男子则为各种帽子和冠饰等装饰物。与服饰有关的纺织工具见有陶纺轮、铁针和铁剪等。

古坟时代的装饰品种类繁多,除了继承和发展了弥生时代传统的装饰品外,在古坟时代由中国传入的金、银、鎏金等装饰品自中期以后被广泛使用。装饰品主要为金银和玉石两大类。金银饰品有指环和耳饰,前者是金质的;后者有金、有银,但大多为铜制鎏金。耳饰发现有耳坠饰和耳环。耳环上有种种饰物,为金制、银制的精巧饰物,亦发现有内芯为铁质的。这些饰物数量很少,一般都是用铜做成的,涂上薄薄的金箔或银箔的环状物。耳坠饰为金制,制作精美,在圆形耳环下有 1—3 个坠饰,末端为叶状。耳环呈圆形,较细者用金丝或银丝制成,出土数量较少。较粗者多为鎏金制成,粗耳环在古坟时代晚期比较流行。

从埴轮看农夫也有耳饰,女子的耳部有用数粒圆玉坠以线连缀的耳饰。古坟发掘中,在头部也发现了一些玻璃球,且经常有类似耳饰的玉类出土。发饰方面发现有梳和笄。玉石装饰品以腕饰与项链最为常见。腕饰由贝、铜、玉制成,种类有锹形石、车轮石、铜钏、贝轮、铃铜钏、带铃腕轮、车轮贝形青铜器和石钏。石钏多系碧玉制成,也有不少是滑石制的。锹形石是仿制弥生时代的贝轮而制成,其形状似锹而被称之为锹形石,有的锹形石刻有直线条纹饰。用横断面做成的叫石钏,石钏是仿制弥生时代贝轮而制成,是石制腕饰中最常见的一种装饰品。其整体呈圆形,制作规整,大圆孔,一部分石钏边缘向内倾斜,饰放射状纹。用两枚类似的仿贝制成的叫车轮石,器身多见有放射状纹饰。三者形状各异。溯其渊源,都系模仿前代的贝轮,但真正的贝轮和带铃腕饰在当时已很少见。项链珠饰由勾玉、管玉、枣状管玉、算珠状玉等组成。质料有硬玉、碧玉、玛瑙、水晶和玻璃等类,其中勾形珠最具特色,制作亦最精美。戒指是舶来品,发现数量不多,由金、银制成,整体呈圆筒状。金铜制装饰品主要有金铜鱼佩、金铜鞋、金铜冠、金制耳饰、金块、银块、金铜制饰品、带饰等。带金具缝缀在布或皮革上。带钩的形状呈方形或长方形，既有金制的，亦有金铜或银制的。带具有透雕的龙纹、凤凰纹和唐草纹（忍冬纹）等。另外带具下还垂有心叶形的金饰物或铃。

　　关于装饰品的材料，除日本本土外，也有许多是从大陆传入的。日本国产玉材是碧玉。用碧玉制作的管玉是早期和中期的一些腕饰。碧玉是不透明的，而透明发光且带有深绿色的硬玉勾玉，以及深青色的玻璃玉，应是从大陆输入而来的。中期以后的金铜带具饰物，晚期的细金工的耳饰等，都是直接输入进来的。在日本能享用这些金、银、铜饰物的仅限于贵族阶层。金工艺品和玻璃制品发源于埃及，而后传播到东西方。带金属制品最早出现在西伯利亚。可见输入到日本的这些文化，其来源不仅限于中国和朝鲜，更可扩展至其他国家和地区。出土较多精美的装饰品等物，反映出当时上层社会的豪华生活。滋贺县的一座古坟，有弧形房屋状的大石棺。随葬有黄金耳饰一对，玉类五十余个，金铜制冠二具，金铜制双鱼佩两个，金铜制鞋一双，金铜制环头形大刀一口，鹿角把的大刀两口，鹿角柄小刀八把，金铜制鞍具，铁镫等。用这些金光灿灿的装饰品装饰起来的墓主，大概是当地的一个土豪。

# 第五章　中文古籍中的倭与倭国

## 第一节　《山海经》

弥生时代作为近代考古学的概念，是很晚近才出现的。该时代大致对应于中国的春秋战国到三国时代，虽然两地相隔，但中国在政治上、文化上的影响力也直接或间接地波及弥生日本的形成之中，这种影响既有积极的一面，也有消极的一面。在中国大陆、朝鲜半岛文明输入的影响下，弥生时代的日本开始由以渔猎为主体的社会向农耕社会转变。在绳文文化基础上，受到中国和朝鲜半岛文化的影响而逐渐形成弥生文化。弥生文化首先出现于九州北部并逐渐向东发展，到了后期基本上遍及除北海道以外的日本全境。弥生时代普遍有了以种植水稻为主的农业，开始使用铜器铁器，原始社会开始逐渐向阶级社会过渡，形成了地区性早期奴隶制国家，外交上与中国、朝鲜半岛联系加深，逐渐与东汉王朝形成朝贡关系，成为册封体系的成员。

日本国内关于弥生时代的历史记载非常稀少，即使有也多是神话传说，充满神秘色彩，令人费解，难以成为历史研究的根据。如前所述，弥生时代中、后期的日本，与中国和朝鲜半岛交往频繁，日本列岛逐渐"脱离孤立状态,加入中国的册封体系,成为以中国为中心的东亚国际社会的一员"①。因此,中国古籍中关于弥生时代日本的记载也逐渐增多。在日本本土史料匮乏的情况下,我国古籍中的可见记载就具有了相当重要的参考价值。就日本弥生时代的社会和国家状况研究而言,日本国内的主要的参考资料以《日本书纪》和《古事记》为主,但是这两本官撰史书中有不少神话传说,对于历史学来说是不可忽视的缺陷,而中国的正史记载则很好地弥补了这一缺陷,对于我们更好地了解上古日本社会,具有不可替代的参考价值。

就弥生时代而言,有相关记载的中国古籍主要有《山海经》《汉书》《后汉书·东夷列传》和《三国志·魏志·东夷列传》,尤其是后两者对弥生日本的记载相对较多,也更为详细。虽然总体来说,这些史料记载都不甚详细,但是往往可以间接地反映出弥生时代日本列岛的国内状况、对外关系等诸多侧面,对于我们研究日本早期历史仍然具有非常宝贵的史料价值。另一方面,古籍记载虽然简略,但从文字内容的变化之中也可以看出其中所蕴含的古代中国对日本列岛风土人情的最初理解和动态的变化过程,反映了中国古人对于弥生日本认识的由浅入深,从最初的概括性了解到具体性认识的经过。最后从倭国与汉朝之间的往来关系来看,也反映了弥生日本与东亚关系的逐步深化。

古代中国对于日本的称呼也经历了长期的发展过程。据考证,"日本"一词最早出现在公元720年的《日本书纪》中,在此之前,"日本"一直采用 Yamato 这一地名作为国号,古人通常写为"倭"、"大倭"或"倭和"等汉字。中国古籍中一般称日本为"倭",有倭人、倭国、倭寇等相关词语。关于在"倭"之前有没有与日本列岛相关的称呼这一问题,也有学者进行研究。其中较有代表性的是中国远古传说中与太阳有关的神木"扶桑",有一些学者认为"扶桑"指的就是日本。这一争论起始于1761年法国汉学家德·金捏(J. De Guignes)提交给法国文史学院的《美洲海岸中国人

---

① 沈仁安:《日本史研究序说》,香港社会科学出版社,2001年,第19页。

航迹之寻究》的报告,报告依据的史料是《文献通考·四裔考》,是基于史书《梁书·东夷列传》而撰写的。金捏经过考证认为扶桑指的是今美洲的墨西哥。但另一派观点对此持反对意见,代表人物是德国东方学家克拉普罗(H. J. Klaproth),他认为扶桑指的是日本或萨哈林(库页岛)。此后两种基本观点历经争论,各种观点、分析层出不穷,直到今天,关于扶桑具体所指尚无定论。

在关于扶桑问题的讨论中,人们也开始对《山海经》的价值有所关注。《山海经》是中国先秦古籍,一般认为主要记述的是古代神话、地理、物产、巫术、宗教等内容,包括了一些海外的山川鸟兽。全书共 18 卷,记载了 100 多个邦国、550 座山、300 条水道以及各地山水的地理、风土物产等内容。《山海经》一般被认为是神话传说,怪诞传奇,书中记载的诸多历史事件很难加以考证,是半信史时代的著作,所以对于这些内容的认识和分析学界有许多分歧,但是国内外肯定其价值的学者也不在少数。美中两国不少学者对于山川地貌的考察有很多都与《山海经》中的记载相一致,所以有学者认为《山海经》是上古中国人根据实地经验或口述传说而编述的一部关于山川海陆及其地理人文、物产情况等的很有信实性的著作。

中国古籍中有关日本列岛的公认的称呼为"倭",而有关"倭"的记载最早就是出自《山海经》,见于该书第十三海内经:

> 海内东北陬以南者。巨燕在东北陬。盖国在巨燕南,倭北。倭属燕。朝鲜在列阳东,海北山南。列阳属燕。

另外,《山海经》"海内北经"还有如下记载:

> 黑齿国在其北,为人黑,食稻啖蛇。

也有不少学者认为,这里的黑齿国也是弥生日本。因为《后汉书》也载有古代居住在日本岛上的人有将牙齿染黑的习俗。① 不过这一说法并

---

① 详见《后汉书·东夷列传》。

未形成主流,研究者不多,此处不再赘述,主要考察《山海经》中关于"倭"的明确记载。《山海经》中关于"倭"的记载是研究"倭"这一称呼起源的重要参考资料,另外还可参考《论衡》《汉书》《三国志》等史料。日本学者对于"倭"起源的研究多以此为出发点,并结合人类学、地理学等其他领域,存在着诸多看法。概括来说,主要分歧在于"倭人"究竟是源于日本列岛,还是散落各地。概括来说,产生了诸如"云南倭乡说"①、"倭越起源说"②、"广义倭人说"③等多种论说。

　　日本学者鸟越宪三郎在其《古代朝鲜和倭族:神话解读和现地踏查》中指出,倭族起源可追溯到七千年前长江下游流域的河姆渡文化。河姆渡文化中的一部分先民迁徙到朝鲜半岛,在公元前 3 世纪到前 2 世纪之间,在朝鲜半岛建立政权国家,是为朝鲜半岛"倭"的起源。在其《古代中国与倭族》一书中写道,中国倭族"因多次战乱沦落为亡国之民,逃避到山岳地带的偏僻地区⋯⋯其中有的沿澜沧江或怒江南下,经印度支那半岛逃到印度尼西亚岛屿,有的沿红河逃到安南、越南,也有的利用水路迁徙到中国东南海岸,进而有的经由朝鲜半岛来到了日本"④。但鸟越的说法并未得到广泛接受。又如日本学者江上波夫提出"骑马民族国家"⑤论,即日本古代国家是东北亚"骑马国家"的后支。不过可以基本肯定的是,日本列岛的"倭"并非完全封闭的产生和发展的。由中国或朝鲜半岛

① 鳥越憲三郎『古代中国と倭族:黄河·長江文明を検証する』,中央公論新社、2000 年;鳥越憲三郎『古代朝鮮と倭族:神話解読と現地踏査』,中央公論社、1992 年。

② 朱俊明:《日本古倭人稻作文化滥觞于中国古吴越》,《贵州民族研究》,1994 年第 1 期;朱俊明:《日本倭文化源出中国东南》,《贵州社会科学》,1990 年第 12 期;应骥:《古越人与倭人——大和民族先民探源》,《西南民族学院学报(哲社版)》,1996 年第 4 期。

③ 沈仁安《日本史研究序说》,香港社会科学出版社,2001 年;江上波夫『倭人の国から大和朝廷へ』,東京:平凡社、1984 年;井上秀雄『中国文献のなかの朝鮮、韓、倭』、『任那政府と倭』,東出版、1973 年;国分直一編『倭と倭人の世界』,每日新聞社、1975 年;角林文雄『倭人伝考証』,佐伯有清編『邪馬台国基本論文集 3』,創元社、1982 年;井伊章『倭の人々』,金剛出版社、1973 年。

④ 鳥越憲三郎『古代中国と倭族:黄河·長江文明を検証する』,中央公論新社、2000 年、第 156 頁。

⑤ 江上波夫『倭人の国から大和朝廷へ』,平凡社、1986 年。

的先民迁徙而入是得到普遍认可的说法。

日本著名学者江上波夫、井上秀雄、国分直一以及角林文雄、井伊章等人,将倭人的所在范围扩大到朝鲜半岛南部以及中国东北、内蒙古和江南地区,沈仁安将此种解释扩大的倾向概括为"广义倭人论",并对此提出质疑,进行了辨析。按照沈仁安的论述,根据"广义倭人说"的主张,倭人不仅居住在日本列岛上,而且在朝鲜半岛的南部和中国的东北、内蒙古和江南地区,以及从中国台湾岛到日本南岛之间的岛屿世界,也存在着倭人。综合这些学者的主张来看,构建了一个以渤海、东海为中心的倭人世界。但沈仁安认为北方倭人论、南方倭人论以及朝鲜半岛南部倭人论并不能让人信服,这其中理解的差异源于对史料不同的解读,广义倭人论产生于对史料的不当解读。①

那么各位学者对于上述《山海经》中"倭"的相关记载是如何理解的呢?

日本学者井上秀雄认为,"巨燕"、"盖国"均指地方,"巨燕"在中国东北角,与"燕国"加以区分,"盖国"在巨燕和倭之间,"属"字表示远近,即倭离燕最近,从东北向西南按照巨燕、盖国、倭、燕的顺序排列,即中国东北和内蒙古东南部存在倭人。但沈仁安则认为"巨燕"并非地名,"巨"在这里是形容"燕"之用,含有"大"、"强"之意,指的就是燕国。"巨燕"是燕国强大时的称呼,"而不是与燕相隔有盖国和倭的古代另一国家或地区"。②这一说法现在已经得到基本认同,相关论文或著作都采用此种观点。但沈仁安指出,这里的"燕"指的是今我国东北部的广大地区而不是指战国七雄中的燕国。但是也有一些学者认为,"燕"指的就是战国七雄之一的燕国。如陆晓光在《古代中国对日本称名演变的历史考索》一文中指出:"巨燕是指战国七雄之一的燕国,称燕国为'巨燕',是因为它当时经济文化比较发达,且战国时它的统领范围曾从今河北北部、辽宁西

① 沈仁安:《日本史研究序说》,香港社会科学出版社,2001年,第37页。
② 同上书,第38页。

端扩张到包括辽东在内的东北地区。处于巨燕南面的盖国,是指朝鲜半岛上的国家;而它在倭国之北,那么这个倭国当是指日本。"①这里陆晓光不仅指出"巨燕"实指,同时也认为倭指的就是日本。另外,井上秀雄对"属"字的理解也存在很大争议。《说文解字》中对"属"的解释为:"属,连也。"《增修互注礼部韵略》中这样解"属":"隶也,系属也,官寮也。"一般认为,"属"字应理解为归属、隶属,而不是表示与燕距离近。而且沈仁安先生认为这里的"属"字并不一定代表着地缘政治上的直接或间接统治关系抑或是隶属关系,只是有所交往或交易,但是也有学者认为这里的"属"表明"倭"隶属于燕国,有着地缘政治上的含义。② 也有人认为两者都不是,"从现今的地理常识而论,无论两者接壤,还是毗邻,都甚为可笑……总之,将前后两句加以整合,可发现,因'巨燕'方位之确定,所以'盖国'的地望可以明确,而'倭'只是用以言清'盖国'地望而饰演的一位形象模糊的群众演员。"③可见争论之多,定论之难。不过综合各种研究来看,并没有足够的证据显示当时的"倭"已经在政治上隶属于"燕",可以肯定的只是其处于"燕"的影响之下。最后,井上秀雄提出的从东北向西南的排列顺序,也有所不妥,应当从北向南按照燕、盖国、倭的顺序排列。倭应该指的是日本列岛上的某一个地区,而不是指的北方。④ 综上来看,中国东北和内蒙古东南部存在倭人的说法是不能成立的。

日本学者江上波夫认为倭人来自于中国江南地区。其依据的史料是《论衡》中关于"倭"的记载:

> 成王之时,越常献雉,倭人贡畅。幽厉衰微,戎狄攻周,平王东走,以避其难。至汉,四夷朝贡。孝平元始元年,越常重译献白雉

① 陆晓光:《古代中国对日本称名演变的历史考索》,《华东师范大学学报(哲学社会科学版)》,2000 年第 1 期。
② 田以仁:《中日关系史中的"倭"》,李卓主编:《南开日本研究 2015》,天津人民出版社,2015 年。
③ 王升:《东汉以前"倭"涵义变迁略考——试析〈山海经〉〈论衡〉〈汉书〉对"倭"的不同理解》,《辽东学院学报(社会科学版)》,2013 年第 2 期。
④ 沈仁安:《日本研究史序说》,香港社会科学出版社,2001 年,第 39 页。

一,黑雉二。夫以成王之贤,辅以周公,越常献一,平帝得三。(《恢国篇》)

夫金之性,物也,用远方之贡为美,铸以为鼎,用象百物之奇,安能入山泽不逢恶物,辟除神奸乎?周时天下太平,越裳献白雉,倭人贡鬯草。食白雉,服鬯草,不能除凶,金鼎之器,安能辟邪?⋯⋯夫九鼎无能辟除,传言能辟神奸,是则书增其文也。(《儒增篇》)

秬鬯之所为到,白雉之所为来,三王乎?周公也?周公功德盛于三王,不加王号,岂天恶人妄称之哉?周衰,六国称王,齐、秦更为帝,当时天无禁怒之变。周公不以天子礼葬,天为雷雨以责成王。何天之好恶不纯一乎?(《感类篇》)

周家越常献白雉,方今匈奴、鄯善、哀牢贡献牛马。周时仅治五千里内,汉氏廓土,牧荒服之外。牛马珍于白雉,近属不若远物。⋯⋯夫实德化则周不能过汉,论符瑞则汉盛于周,度土境则周狭于汉,汉何以不如周?(《宣汉篇》)

江上波夫认为,鬯草产于南方,从而此处的"倭人"位于中国江南地区。沈仁安先生认为并不是这样,他将上述《论衡》中有关"倭"的条目进行比较分析,认为这里的"倭人"指的是日本列岛的"倭人"。王充"是以远在日本列岛上的倭人贡鬯草为代表,说明东方的种族纷纷向周王进献。⋯⋯'倭'的名称是王充添加上去的。在王充的时代,'倭'作为一个特指居住在日本列岛上的人的专用名词,早已约定俗成。王充不过是按照当时的习惯称呼,对日本列岛上的人曾经向周王贡献鬯草的事实,加上了'倭'的名称而已"[1]。而《中日关系史中的"倭"》一文则从进献物"鬯草"之产地分析,认为"贡畅之'倭',并未特指'日本'"[2]。

班固《汉书》中关于"倭人"的记载成为有关学者"朝鲜半岛南部倭人说"的根据,代表学者为日本学者角林文雄。《汉书》中相关内容为:"乐

---

[1] 沈仁安:《日本史研究序说》,香港社会科学出版社,2001年,第44页。

[2] 田以仁:《中日关系史中的"倭"》,李卓主编:《南开日本研究 2015》。

浪海中有倭人,分为百余国,以岁时来献见云。"角林文雄把"海中"理解为"边境地域",由此推断倭人指的是朝鲜半岛中南部的倭人。但是沈仁安指出,"海中"一词的意思应该按照"在海里"来理解,乐浪海中的倭人指的就是日本列岛的倭人,朝鲜半岛南部存在倭人的说法也不能让人信服。

　　以上是对于"广义倭人说"中的几个重要观点,"广义"与"狭义"之分并非完全对立,也有学者试图将二者统一、辩证看待的。日本学者国分直一提出了区分对待"倭"与"倭人"的看法,即如果单说一个"倭"字指的就是中国和朝鲜半岛的倭人,而如果出现"倭人"二字则是指日本列岛上的倭人。井伊章则认为"倭人"的含义存在着从广义到狭义的转变,即最初的倭人范围中包含了朝鲜半岛南部等多个地区,而后分离出韩人,仅指日本列岛的倭人。沈仁安则认为这些观点将原本简单的问题复杂化了,"倭与倭人不过是同一概念在不同场合的具体运用,其区别仅在于前者指日本列岛这个地方,后者指居住在日本列岛上的人"①。

　　虽然以上关于"倭""倭人"众说纷纭,诸多学者从史料出发,各自考证,没有被普遍认同的观点,但是可以肯定的是,《山海经》之后的古籍中,"倭"、"倭人"一贯是指古代日本及日本人。

　　那为什么会将日本列岛称为"倭"呢? 在我国现存古籍中,并没有明确记载我国史学家将日本列岛称为"倭",将岛上生活的人称为"倭人"的原因。中日学界的学者对于"倭"的具体含义也有多种解释。一说之所以称日本为倭,是由于当时的日本使者相对汉人矮小,中国对周边少数民族有爱用蔑视性称呼的习惯,以此显示天朝的权威。一说《论语》中认为倭乃九夷之一,汉代以来专指日本列岛的人,本无贬义。还有学者认为倭是取柔顺之义,与轻蔑与否无关。② 从词源上看,《说文解字》中对"倭"的解释如下:"倭,顺耳。从人,委声。"《说文解字》段玉裁注:"倭与

---

① 沈仁安:《日本史研究序说》,香港社会科学出版社,2001年,第45页。
② 同上书,第47页。

魏义略同。委,随也;随,从也。"张舜徽曾考证:"倭乃委之增偏旁体。"
《汉书·地理志》中有"东夷天性柔顺,异于三方之外"这样的记载。另
外,古代中国向来称呼周边民族为夷,且不平等待之,这样的高低之见常
常体现在称呼上,如南蛮从虫、北狄从犬、西羌从羊等。综上来看,中国
古时候对日本的印象是很好的,正如沈仁安所说,称呼日本列岛及其住
民为"倭"、"倭人",这是古代中国人在对古代日本人习性的了解、认识的
基础上而产生的,语词本身并不包含贬义或轻蔑之态度。

　　《山海经》中已经有关于"倭"的记载,那么应该可以推断,在成书之
前,我国古人已经与"倭"有所接触,产生了一定的认识,但是是否有政治
上的从属关系依然是无法断言的。

　　"二战"结束后,在民主思潮的推动下,日本整个社会为了解日本古
代社会和天皇来源的真正情况,对史前文物的考古调查研究表现出极大
的热心。静冈县登吕遗迹的考古挖掘继续进行,不久在该遗迹又发现了
有如今云南地区居民的干栏式建筑,以及 17.4 英亩之大规模的水稻田
遗迹。① 从年代调查确认,该遗迹确为弥生时代遗迹。登吕由此不仅成
了日本研究弥生社会的根基,也成了日本战后考古学的出发点。1952 年
日本政府制定登吕为国家特别史迹,将其保护起来。以后,经过对以登
吕为首的弥生时代遗迹的考古调查研究,得知日本的弥生文化的起源,
是直接在中国文明的输入推进下产生的。具体地说,是在中国大陆传到
日本的水稻耕作技术与相关金属器物(铜戈、铜剑、铜铎、铁斧、铁锹等)
的影响下产生的,其中部分出土的金属物被断定是从朝鲜半岛传到日本
的。1973 年在中国浙江余姚发现的河姆渡遗址,在距今约 6950—6970
年的第四层中,不仅出土了与弥生时代日本稻种为同一型的碳化米,还
有大面积的水稻田遗址,这为弥生时代登吕遗迹等处出土的干栏式建筑
的来源,不但从文献上,更从实物上找到了祖型。就是在三国时代的浙

---

① William Wayne Farris, *Sacred Texts and Buried Treasures*: *Issues in the Historical Archaeology of Ancient Japan* University of Hawaii Press,1998, p. 32.

南一带,还有不少干栏式的民居。如三国东吴时人沈莹在其《临海水土志》一书中提到浙南一带"安家之民……悉依深山,架立屋舍于栈格上,似楼状。"据周新平介绍,浙江南部一带的山区,至今仍有此种干栏式民居。① 对出土稻种的年代测量发现,河姆渡遗址还不算最早的种稻遗迹。在长江中游澧县八十垱遗址以及黄淮流域的舞阳贾湖遗址也都有稻谷出土,距今约 8000 年前。②

　　"二战"后登吕考古挖掘研究开始期间,日本考古学者于 1946—1949 年,对今北九州福冈市板付字北崎,属于绳文晚期时代和早期弥生时代的历史遗迹,也进行了考古挖掘调查。在这个板付遗迹中不仅发现了碳化米,还出土了割稻用的石刀、厚状蛤刃石斧、柱状片刃石斧以及扁平片刃斧等。通过对这些出土文物的考证,得知这些石斧都是从大陆来的舶来品。从该遗迹的出土文物中,还有属于绳文时代终端期的夜臼式陶器以及属于弥生时代初期称做板付I式的陶器。这些考古出土物证实了日本稻耕农业的产生不晚于弥生时代初期。此外,在该遗迹中还发现了竖穴式住宅建筑群、水井、周沟和瓮棺等,证实了当时人们因稻耕农业而得以开始定居的状况。③

　　1980 年代,是 20 世纪日本经济发展的最高峰年代。各地大兴土木建设,多处古代遗迹被发现。通过多处的考古挖掘调查与分析,日本学界得知弥生文化在公元前 3 世纪左右首先起源于九州岛北部(也称北九州),随后逐渐扩散到本州岛西部和中部的畿内地区,尤其是称之为大阪平原、奈良盆地等畿内地区因"平原广泽",更适宜开垦稻田,稻耕从此逐

---

① 周新平称,前些年中国邮电部发行的一套《中国民居》普通邮票中,有一枚"浙江民居",所选用的图案,就是今日在浙江南部一带山区仍保留着古干栏式房屋。见周新平:《稻米部族》,浙江文艺出版社,2002 年,第 53—54 页。

② 魏女:《环境与河姆渡文化》,《考古与文物》,总 131 期,2002 年,第 3 期,第 57—60 页。

③ 坪井清足监修『図説発掘が語る日本史第六巻、九州、沖縄編』,新人物往来社,1986 年,102 页。另李永先:《徐福东渡启航港及航线考辩》,第 63 页,指出在日本出土的弥生时代的半月形双孔石刀以及扁平石铲等,在山东地区的考古中也多有发现该类石器工具。

渐向日本列岛扩散。① 弥生初期，大陆的青铜器，古代大陆稻耕所用的石制、木制工具与稻耕技术同时传日，到了中、后期，铁、铁器和其他生活用具（如织布用的织锤机、木梭等）也被引进。

弥生初期的农具多为木造和石造，到了公元 2—3 世纪，通过汉、魏在今汉城一带所设的带方郡，铁农具、铁器、铁兵器传到了日本；随后，大陆和朝鲜半岛的工匠和铁也到了日本，开始在当地加工铁器。铁器的普及，无疑加速了稻耕文化的扩散。而稻耕定居生活的普及、生产力的提高、人口的增加、金属器的使用、战斗力的增强，又使得定居集落加大，对土地的需求也加大。进而出现兼并战争及较大部落的首领，也是这一社会进程的自然产物。只是日本群岛因受地壳变动影响，峻山多而平原少，河流虽多但多为水浅湍急者，不利舟行水运，陆上交通非常困难，造成各地区成半孤立状态，若要进行大规模的兼并战争，非得等到能克服这一自然困难的时代来临才有可能，如发展航海业并借用指南针在海上交通，建造陆地公路并以牲畜代步等。

中国殷周时代青铜器文化发达，随着铸铁炼铁技术之提高、规模之加大，战争与国家的规模也变大，春秋战国时代各国长年大规模的战争也是在此基础上才得以进行的。公元前 334 年亚历山大能率大军从欧洲东征亚洲，同样地也是受惠于金属文明之产生。在东亚地区，公元前 900—前 800 年左右中国人发明了浇铸和铸造铁②，铁器的大生产地首见

① 藤田富士夫「洪水によって流されたムラ——登呂遺跡を中心とした弥生文化普及のルート」（《被洪水冲走的村落》）。该文收录于泉森皎、石附喜三男等著『総説・日本古代史と遺跡の謎』，278—279 頁。另外，对于有关稻子出现在日本诸问题，有人撰文称：1982 年从位于九州西部的佐贺县唐津市菜畑遗址第 8 层出土的碳化稻米为稻米短型，即粳稻品种。对该层上下部碳十四测定，得出该上下部年代分别应在公元前 1010±90 和公元前 1280±100 之间。转引自李永先：《徐福东渡启航港及航线考辨》，收于吴廷璆、李永先等：《徐福东渡钩沉》，第 81 页。
② William Wayne Farris, *Sacred Texts and Buried Treasures*: *Issues in the Historical Archaeology of Ancient Japan* University of Hawaii Press, 1998, p. 70.

于春秋时代的江南地区——吴国,大约在公元前 600—前 500 年左右。[①]
"公元前 500 年中国已使用特大火炉子以及高技术、多人力铸铁"。[②]

　　用铁做的工具不仅用于农业生产,还用于战争。东周时期,铁器同
铸铁技术一起,在东周各国广泛传播开来。[③] 西汉时政府为增强经济与
国力而倡农,并在郡、国产铁处增设铁官,不出铁的郡则设小铁官,共 50
人,以行政力量管理铁的生产和市场流通。[④] 铁不仅在全国被广泛使用,
还被传播到当时汉朝在朝鲜半岛南部设郡的地区,如今日的汉城一带,
并从朝鲜半岛再传入日本九州及本州西南部地区。[⑤] 从"二战"后日本进
行的绳文时代和弥生时代遗迹考古调查还可知,由于从中国传入日本的
青铜器和铁器时间间隔很短,日本社会基本是从新石器时代极短暂地经
过青铜器时代而跃入铁器使用时代的。从弥生时代开始到古坟时代,青
铜器在日本如同中国的商、周时代一样,常被用于祭祀,用以表示地方政
权至高无上的权力。从当时日本社会的构造、所使用的青铜器造型(无
论是进口还是日本后来自行制作的)以及作为最高权力象征的用途来

---

① Gian Barnes 认为中国铁器的生产在公元前 500 年(见 Gian Barnes,China,Korea,and Japan:
　 *The Rise of Civilization in East Asia*,Lodon:Thames&Hudson,1993,第 149—152 页);而
　 已故的原哈佛大学张光直教授认为在公元前 600—前 500 年(见 K. C. Chang,*Art,Myth,and*
　 *Ritual: The Path to Political Authority in Ancient China* Cambridge, MA: Harvard
　 University Press,1983,第 8 页)。

② Farris,*Sacred Texts and Buried Treasures*,p. 70.

③ 如 2003 年在湖北省浠水县发现了长江流域第一个铸铁作坊遗址,初步估计该遗址年代为东
　 周到秦之间。遗址位于浠水县巴驿镇钱塘村窑家湾,距长江北岸 2 公里,总面积约 1000 平方
　 米,文化层厚度在 150—250 厘米之间。见《湖北发现长江流域罕见的东周铸铁作坊遗址》,
　 新华网(www. xinhua. org),2003 年 4 月 17 日。

④ 查《汉书》卷 28《地理志》,数出在全国各地(郡、国)共有 50 处铁官;有的郡、国中还不止一处
　 铁官。《汉书》卷二四"食货志"还有"郡不出铁者,置小铁官,使属在所县"之记录。另需一提
　 的是,铁官制度起于秦朝。此外,成书于世纪初之前的《山海经》中所具体提到的 34 个铁矿,
　 也可佐证《汉书》的记录。

⑤ 从考古实物上看,九州地区是日本最早出现铁的地方。其中,九州福冈丝岛郡前町前原遣沟
　 遗址最早发现铁。此外,就有鹿儿岛县高桥遗址出土的铁器遗迹九州熊本县斋藤山出土的
　 斧状小铁器,也是日本最早的铁器。窪田藏郎『鉄の考古学』,雄山閣,1981 年、46 頁。这也
　 是因为,九州是最先实行稻耕,开始了弥生时代的地方,大陆移民将稻耕技术带去的同时,也
　 带去了重要的既可用于生产开拓,也可用于战争或防御的铁器。不过,当时携去的铁器在数
　 量上是相当有限的。

看,青铜器被弥生时代的地方首领们用于礼仪祭祀和陪葬用,也是在中国的影响下产生的。① 此外,今日日本宫廷祭祀仪式的田神诸祭,如春天播种时举行的祈年祭,以及秋天的新尝祭,也都可从《周礼》中找到源头,不过尚不清楚是弥生时代引进之遗留,还是 7 世纪为宣传并加强皇室正统、无人可代之权力而在当时制定的。

因此,弥生文化就是在中国大陆文化的强烈影响下,以朝鲜半岛南部为主要中继站,经大批移民的传播而产生的。产生的动力和主因,是移民的流动。从至今不息的人类历史上所出现的历次移民浪潮可知,移民之所以离乡背井,原因多为社会政治和经济所驱。公元前 3 世纪大陆移民的外迁,是战国末期中原兼并战争炽烈、民不聊生之时。燕丧齐亡楚灭,不但该地的平民百姓,那些亡国的贵族们也会外逃以避。由于日本同大陆因地理造成的不即不离的交通状况,又因其本身的地理及历史文化发展等诸原因,最后终于造成了在大量吸收大陆文化的同时,又建立了有别于其他东亚国家的政治体系。

---

① 这方面的相关研究文献有很多。仅举例为:(中国方面)张光直写道:"青铜容器(在古代中国,如商朝)是王室的象征"(K. C. Chang, *Art, Myth, and Ritual*: *The Path to Political Authority in Ancient China* Cambridge, MA: Harvard University Press, 1983, 第 100 页),"在一个 1976 年被挖掘的商代的墓中,发现了 468 件青铜器物,可能共有 1,625 公斤重"(Chang,同前,第 103 页);(日本方面)梅原末治著『銅鐸の研究』、木耳社、1985 年;井手将雪著『日本国家の起源と銅剣・銅矛・銅戈・銅鐸の謎』、日本图书刊行会、1997 年;以及收录于樱井清彦、坂诘秀一编『論争・学説日本の考古学:第 4 卷』、雄山阁出版社、1986 年中的松井和幸论文『青銅製品の鋳造』和西谷正、宫井善朗论文『銅鐸の年代と性格』。青铜器中,铜铎是典型的祭器,其祖型是周代的编钟。日本的铜铎形状与编钟一样,也是上圆下扁,表面铸有人物、鸟兽、房屋、流水等各种图案。在日本流行的年代,上限为公元前 3 世纪,下限为公元 4 世纪,主要出现在畿内地区。从原料成分上看,据《朝日新闻》1986 年 3 月 25 日报道:日本科学家根据分析出土的铜铎内所含同位素的方法,测出后期铜铎与西汉铜的原料同值,但不同于东汉的青铜制品,从而认为当时铸造铜铎所用的原料一定是从中国输入的。原料输入后,必定还需技工铸铜造器物,程式复杂,因此大陆不少工匠也必定到了日本。由于《日本书纪》中所记录的历代服务于王室的高级官僚氏族"忌部",其族人专司祭神遗迹制造祭器,其先祖应与大陆移民有直接关联。此外,1977 年在宇佐市还发现了小铜铎(11.8 厘米高),日本学界以此展开了对作为祭器用的日本铜铎的起源考查,并以这些小铜铎为物证证实了燕国、辽东地区、朝鲜半岛当时所扮演的文化中转角色。关于在朝鲜半岛出土的小铜铎,1970 年代当时就已从 11 处遗迹中发现了 35 个,它们分布在现今平壤及庆州一带。贺川光夫编『宇佐　大陸文化と日本古代史』、吉川弘文館、1978 年、187—231 頁。

如前所述，目前的证据显示当时大陆文明的输入有直接从大陆，也有间接经由朝鲜半岛进入的。之所以如此说，是因为无论从大陆与日本岛之间的海流流向、当时中国的航海技术（特别是吴越国）、考古出土的实物，还是中日两地人体形态和遗传基因的对比分析结果，都能作强有力的证据。对有关介于大陆与日本之间的海流方便两地来往的研究，20世纪50年代出版的《日中文化交流史》作者木宫泰彦是这么说的："日本海因有向左流动的环流，所以如果乘坐像曾在越前国阪井郡发现的，流水纹式铜铎上所刻那样的，备有预防倾覆措施的船只，从古时的辰韩（朝鲜半岛南部辰韩诸国）出发，将会非常容易地到达日本的山阴、北陆地区。但是，如果从山阴、北陆地区前往辰韩，那就要在这个环流中逆行，恐怕是不可能的。……正因为日本海环流路是自然航路，所以很早就通航了，大陆上的民族经由这条航路三三两两地移到了日本。与此同时，中国的文化也经由这条航路很早就传到了日本。"①1834年由纪州藩藩主德川赖宣下令建造的徐福表彰碑还录道："熊野位于日本的最南端，伸入大海。吴越的船只遭到暴风雨袭击时，必定到此避风。迄今为止，被救的船只不计其数，可见海上航海船只之多。"②

可能是限于有限的考古实证，木宫氏当时似乎对战国及秦朝时期中国的造船业和航海技术并未有较详细的了解；尽管如此，即使仅从木宫泰彦指出的海流流向也可以推测，在生产工具低下的当时，大陆与日本岛屿的往来，从大陆去日本容易，从日本回大陆难。对当时日本列岛上还处在狩猎采集、以20—30人为群居共同体生活的绳文人来说，是不可能做到有些学者所称的当时的交通往来属于双向文化交流这一点的。当时那些生活物质充实到可能脱出手来从事副业，有包括金属器具在内的多种工具，并掌握有先进造大船与航海技术的大陆人。因此，对于弥生文化的突然出现，那些强调是以日本岛上绳文居民为主所进行的同大

---

① 木宫泰彦：《日中文化交流史》，胡锡年译，商务印书馆，1980年，第2—3页。
② 表彰碑在日本新宫市。碑文转引自羽田武荣：《徐福东渡考证与传说》，吴廷璆、李永先等：《徐福东渡钩沉》，第326页。

陆文明交流之结果说法，无论点根基，不值一驳。

从实物上看，日本本州岛最南部的下关市绫罗木乡台弥生前期竖穴遗迹中出土的中国殷代乐器陶"埙"，也是以上论证的有力证据之一。从建筑方面的联系上看，7000 年前江浙一带（如河姆渡遗址）的干栏式建筑物在日本弥生时代的遗迹中也多有发现，且造型样式如出一辙。日本登吕等地出土的弥生时期干栏式建筑就是其中较典型的例子。

## 第二节　《汉书》与《后汉书》

《山海经》之前，中国古籍中没有明确关于弥生日本的记载，且从《山海经》关于"倭"的记载来看，无法判断当时日本已经与中国古代王朝产生政治上的联系。《山海经》之后，时隔数百年，直到班固所著《汉书》中才有了对"倭"的记载，《汉书》也是迄今为止发现的最早记载有关日本列岛的人文情况及其与汉王朝关系的正史。《汉书》约成书于公元 1 世纪，相对应于日本列岛的弥生时代中后期，书中介绍的有关日本列岛的内容较以往古籍有所丰富，也更有深度，是反映弥生时代中期日本社会状况的重要参考史料。

《汉书》中并没有专门记述"倭"或"倭人"之条目，相关记载出现在《汉书·地理志》第八下燕地条记事的最后。燕地条的主要内容是对燕地的领域、历史、风土人情等的介绍，另外还包含有朝鲜设置乐浪郡后朝鲜社会的相关变化，在本条文末写道：

> 东夷天性柔顺，异于三方之外，故孔子悼道不行，设桴于海，欲居九夷，有以也夫。乐浪海中有倭人，分为百余国，以岁时来献见云。

相较于《山海经》中模糊抽象的记载，《汉书》所记内容有所进步，涉及国情、外交关系等内容。公元前 108 年，汉武帝平定卫氏朝鲜，在今朝鲜半岛设置乐浪、真番、临屯、玄菟四郡，进行管辖。"乐浪海"应为黄海及东海一带，乐浪郡管辖范围大致为现今朝鲜北部和中部，对周边诸部落有很大的影响力,东汉、西晋时辖境有所变化。铃木靖民在《东亚各民族的国家形成和大和王权》中认为,正是以此事为契机,中国人赋予了在人种特征上区别于韩等"东夷",但拥有共通文化的特性的集团以"倭人"之称谓。他们在日本列岛、朝鲜半岛南部以及近海(乐浪海中)范围内生活,具有一定的移动性。反之,朝鲜半岛的韩人也前往日本列岛居住,这一范围内存在着多样的流动形式。

上述史料记载虽然文字并不多,却依然有诸多争论。首先是对"分为百余国"五字所反映的当时日本国内政治形式的分析。

现在比较主流的观点是认为,当时的日本列岛已经形成了诸多部落或者部落联盟。根据乐浪郡的设置时间为公元前 1 世纪时期,其时日本正处于弥生时代,是原始社会开始解体而转向奴隶社会的时期,因此"百余国"应为林立部落或部落联盟。日本学者比如吉田晶认为公元 6 世纪以前都是部落联盟时期。[①] 王金林也持此种观点,他认为,"在残留着以血缘关系为纽带结成的氏族关系的基础上,地域联络日渐发展。大约在公元前 1 世纪,日本列岛出现了许多部落小国。"[②]

关于弥生日本的社会形态,还有很多其他不同的观点。日本学者寺泽薰认为当时的日本实态是地域性的大共同体,并非部落小国林立的局面。且从弥生时代的墓葬规模以及随葬品来看,都存在着或大或小的差异,由此可以推断弥生时代并不是平等的社会,已经发展为具有一定等级性的社会。考古学者穴泽和光将东亚地区文明分为核心区、次核心区、边界区和边缘区,弥生时代中后期的日本属于边界区,存在许多酋长国。[③] 岩永省三认为,在中国、朝鲜半岛的影响下,弥生日本从部族社会向首长制社会转变。而中国东汉末年的社会动荡,三国时代的分裂,也

---

① 吉田晶「古代国家の形成」、『岩波講座・日本歴史　第 2 巻』、岩波書店、1975 年。
② 王金林:《简明日本古代史》,天津人民出版社,1984 年。
③ 穴沢咊光「世界史のなかの日本古墳文化」、古代オリエント博物館編『文明学原論』、山川出版社、1995 年。

对日本列岛内的政体产生了影响，造成日本社会二次首长制的形成。[①]
藤家礼之助认为《汉书》中记载的这则史料可以反映出公元前 1 世纪后
半叶古倭国小国分立的政治状态。[②]

　　公元 1—2 世纪，即日本列岛的弥生文化后期，北九州地区开始出现
威望和财力都处于最高等级的首长式人物，考古方面的发现也佐证了弥
生时期日本的社会实态。在日本的墓葬考古中，有许多墓葬陪葬品都含
有中国的镜、玉等，比如在北九州地区，发现的弥生时期的遗迹中，有很
多瓮棺墓中出土了东汉的镜、铜剑铜铧及王莽时代的货泉等，可见，他们
确实被囊括进中华文明之中。[③] 这些来自于中国的陪葬品显示了墓主人
的身份地位之高，也反映了弥生日本与中国汉朝之间存在往来关系。中
国舶来品在日本古代社会被视为"威信"的象征，社会统治者或领导者往
往以垄断这些"财富"来显示自己的统治地位。可以确定的是，弥生时代
中后期，日本列岛出现了数目众多的部落集团，社会中出现统治阶级，且
社会是有等级划分的不平等社会，与中国汉王朝也已经发生了一定的
联系。

　　上述《汉书·地理志》这则史料还写道："以岁时来献见云。"可见弥
生日本与汉朝有着密切的关联，正如前文所述，弥生日本已经打破此前
的孤立状态，加入了以中国为中心的册封体系。但是这种进献是否是定
期的呢？ 日本列岛内的众多小国是以怎样的形式向汉朝进献呢？ 由于
史料的缺乏，学者们解读不一。王金林认为："这些部落小国每年独自与
汉朝定期友好交往。"[④]沈仁安从句子结构上分析，因为这句话的主语是
"倭人"而不是"百余国"，认为进献汉朝的不过是百余国中的某些国，并

① 岩永省三「東アジアにおける弥生文化」、『岩波講座·日本歴史　第 1 巻』、岩波書店、2013
　年、108 頁。
② 藤家礼之助：《日中交流二千年》，卞立强译，北京大学出版社，1982 年，第 2—3 页。
③ 原秀三郎「日本列島の未開と文明」、歴史学研究会·日本史研究会編『講座日本歴史 1』、東
　京大学出版会、1984 年、9 頁。
④ 王金林：《简明日本古代史》，天津人民出版社，1984 年，第 29 页。

不是所有国都定期来进献。① 以《后汉书》中史料为证,乐浪郡设置一百年后,倭人通于汉朝的才达到三十余国,可见并非百余国全部进献汉朝。班固所著《汉书》的史实性有很多都被考古研究证实,但是,《汉书》以及《三国志》中记载当时的日本有"数百国"还是遭到一些学者的质疑,认为这是夸大其词了,不少学者认为这只是猜测的数字。

围绕"岁时"的争论主要是与进献频率相关,很大一部分学者认为"岁时"并不是每年定期之意,而只是对进献行为频繁的表达。如王升认为倭人是有时来贡献朝见,"岁时"在这里用作虚词。② 但是王金林、沈仁安都持不同观点,王金林认为当时日本列岛上的部落小国与汉王朝保持着每年、独自、定期地往来。沈仁安也认为每年定期进献的可能性也是存在的。但是也有学者认为这些记载存在着夸张的嫌疑,没有可靠的佐证资料。由于这条史料记载于燕地条朝鲜部分之后,又内容简略,并没有很多可以发掘研究的内容,此处不再赘述。总之,弥生中后期的日本存在众多部落小国,其中部分与汉朝有着朝贡关系是可以基本确定的。

他们进献的目的何在呢？ 关于进献的目的,诸说大同小异。在下文《汉书》和《后汉书》的相关史料中可以看出,弥生中后期的日本并不和平安定。在大陆文明的强烈影响之下,日本列岛生产力得到提高,经济发展,开始出现规模较大的部落,在这样的背景下,日本出现地方性政权集合体。在众多部落间经常发生战争,开始有了合并的趋向,出于在战争中获取优势地位、维护统治等需要,与当时强大的汉王朝建立外交关系是符合统治集团利益的。王金林指出:"这种积极与汉朝沟通友谊的动机之一,是为了提高自己在其他部落小国中的地位。"③吕玉新认同这样的判断,但是他基于对弥生日本社会状况的分析,结合地理因素,认为这种进献的主要目的并不是出于部落内的战争,"通过朝贡之名他们得以

---

① 沈仁安:《日本史研究序说》,香港社会科学出版社,2001年。第53页。

② 王升:《东汉以前"倭"涵义变迁略考——试析〈山海经〉〈论衡〉〈汉书〉对"倭"的不同理解》,《辽东学院学报(社会科学版)》,2013年第2期。

③ 王金林:《简明日本古代史》,天津人民出版社,1984年,第29页。

穿越朝鲜半岛的一些地区,获得所需的大陆物质和文化。从政治角度看,对汉朝的朝贡,与当时整个东亚地区政治环境以及当时日本岛内的各小国间争斗有密切关系。虽然如此,由于日本岛屿当时社会生产力还低,岛屿上的部落间争斗主要在九州岛北部地区,向汉朝进贡,因同大陆隔海的地理因素,与中国周边民族的政治企图及紧迫性相比,当有区别。当时的日本新起势力与中国保持一定程度的联系,以吸取先进的大陆文化,应是主要目的。"①实际上,中国大陆文明的输入对日本的确产生了非常重要的影响。因为日本海这一自然因素的存在,中国政治、文化进程对日本列岛的影响相比于朝鲜半岛具有间接性的特点,虽然如此,二者仍然有很多联系。东亚国际环境变化所带来的人、物流动,社会进步等,给日本列岛的社会变化产生了复杂的作用。"概括来说,虽然有'促进的作用',但是视具体情况也有抑制作用。"②积极方面比如对日本社会发展的促进作用,消极方面如下文提到的东汉末开始的社会动乱对日本列岛的波及等等,因而应该辩证看待古代中日之间的交流。

不过,从上述史料来看,对于弥生日本,当时的汉王朝并没有深入了解和系统认识,只是将其作为册封体系中的一员在燕地条中一笔带过,没有专门为其设立条目。但是,从下文《后汉书》中的记载来看,这一状况发生了改变。弥生日本与汉王朝之间的朝贡关系发展得更加成熟,弥生日本更紧密地融合到东亚国际秩序中。中国对于弥生日本有了更多的了解,对于列岛上统治集团的朝贡也给予了很大重视。

相比于《汉书》有关弥生日本史料的稀少、简略,《后汉书》的相关记载开始丰富起来,且更为详细。《后汉书》专门设立"东夷列传",反映出当时日本与中国之间关系更加紧密,中国古人对弥生日本的认识也更加深入。以下选取其中重要史料,就相关争论进行简要分析。首先是对倭国地理方位、国内实态、朝贡情况的简要记载:

① 吕玉新:《古代东亚政治环境中天皇与日本国的产生》,中文大学出版社,2006年,第80页。
② 岩永省三「東アジアにおける弥生文化」,『岩波講座・日本歴史　第1巻』,岩波書店、2013年、103頁。

　　　　倭在韩东南大海中,依山岛为居,凡百余国。自武帝灭朝鲜,使
　　驿(译)通于汉者三十许国。

　　这里记录了"倭"的地理方位以及和汉朝的关系。这一则记载与上
文提到的《汉书·地理志》中有关"倭"的记载有承接关系,但是相较之下
更为翔实。《汉书·地理志》中仅记载了"分百余国",而《后汉书》的这则
记载也有"凡百余国",在承接《汉书》内容的基础上,更为详细地提到"使
驿通于汉者三十许国"。从字面理解来看,"其时期大体在西汉末年即公
元前后……乐浪郡设置约一百年后,倭人通于汉者已达三十多国"①。另
外为众多学者关注的是,《三国志》中也有与此相似的记事:"今使驿所通
三十国",与《后汉书》记载之间的差异显而易见。对此,日本学者津田左
右吉、木宫泰彦认为这是范晔对《三国志》史料的误解,将"今"错认为"汉
代"。但是沈仁安不以为然,一则范晔治学严谨,二则除了《三国志》,范
晔还参考了很多其他史料,出现这样的错误是不合常理的,因此《后汉
书》中的变动是对《三国志》的补正。

　　王金林在《简明日本古代史》一书中指出,弥生日本在部落国家林立
的历史时期并不和平,各小国之间因为领土、财富或劳动力的争夺经常
发生冲突或战争,长时间之后,就会产生领土的兼并,因此,与东汉有所
往来的"百余国"便减少到三十余国,且都是部落国家或者部落联盟。②
根据书中内容,其援引的史料为《后汉书·东夷列传》"旧百余国,汉时有
朝见者。今使译所通三十国",但是这一条史料出自《三国志》,而非《后
汉书·东夷列传》。而沈仁安的分析,"百余国"并不能认为是向汉朝进
献的部落国数量,而"三十国"是进献国数量,并不能认为是日本列岛当
时存在的部落国数量。但是,日本学者田中琢指出,"三十"这一数字与
《魏志·倭人传》记载的从朝鲜半岛渡海前往汉王朝的国家数量是一致

────────────

① 沈仁安:《日本史研究序说》,香港社会科学出版社,2001年,第54页。
② 王金林:《简明日本古代史》,天津人民出版社,1984年,第30页。

的。① 虽然争论仍在，但是我们仍然可以对当时日本列岛的政治形态进行一些推断。从总体发展趋势上来看，魏时邪马台国已经统一了日本部分地区，部落集团的数量呈现减少的趋势，日本列岛是向着统一的方向发展的，这也符合考古学界发现的一些情况。

从考古学的成果来看，首先，不断出土的弥生日本的墓葬中，多有武器陪葬品，武器在当时可能是威望或权力的象征，反映出部落之间并不和平，存在征伐。其次，考古出土的人骨有很多是被诸如石剑、石戈这样的武器刺伤甚至斩首，由此，可以推断为战争牺牲者，反映出弥生时代战争的频发和残酷。② 再者，在很多地区都考古发现了壕沟、石制武器，如香川县丰郡托间町紫云山山顶住宅遗址，就出土了 321 个石镞。日本九州及本州近畿地区出土的西汉铜镜、剑、矛等物品，可能就是通过向中原王朝朝贡而获得的赏赐，与中原王朝的往来以及这些赏赐让他们在与其他小国对抗时具有优势，具有更高的政治地位。可见，开始步入农耕时代的弥生日本，随着生产力的提高，农耕技术的进步，从而带来人口的增加，便产生增加耕地的需求，众多部落集团难免会在扩大耕地的过程中产生摩擦和冲突，引发战争。在《后汉书·东夷列传》中也有相关记载印证弥生中后期日本列岛的战乱局面：

> 桓、灵间，倭国大乱，更相攻伐，历年无主。

如上文所述，弥生时期的日本列岛已经加入以中国为核心的册封体系，并定期向汉朝朝贡。在《后汉书》中，关于进献朝贡的记载有多条可查，首先是光武帝时期的记事：

> 建武中元二年，倭奴国奉贡朝贺，使人自称大夫，倭国之极南界也。光武赐以印绶。

---

① 田中琢「倭奴国から女王国へ」、『岩波講座・日本歴史　第 2 卷」、岩波書店、1993 年、146 頁。

② 王海燕：《日本古代史》，昆仑出版社，2012 年，第 27 页。

弥生日本与汉王朝的外交关系有了新的发展。汉武帝在朝鲜半岛设置四郡后,日本列岛和中国大陆开始了具有官方性质的交往,但是正如沈仁安先生所说,这里的交往并非直接交流,只是通过乐浪郡为中介,进献方物,没有直接向汉朝进贡。因此沈仁安先生对《汉书》史料中的记载有如下理解:"然而史料甲未记国名,亦无贡品与回品,并附记于燕地条朝鲜部分之后,说明献见的对象是乐浪郡,而不是汉都。"①而到了《后汉书·东夷列传》光武帝时期关于倭国的记载中可以看出,倭国已经开始派遣使臣直接到汉朝进贡。虽然《后汉书》的进贡记载较《汉书》为多,但是仍然很少,可见倭国与汉朝的朝贡关系尚处于起步阶段。

考古学界的发现也印证了这一史料的真实性。1784 年福冈县志贺岛一农民在整修水沟时,发现了"汉倭奴国王"印。公元 36 年光武帝统一中国,建立东汉王朝,为了安定东亚秩序,他向高句丽国王等周边地区统治者赐予官爵或称号,以此缔结君臣关系。公元 57 年,对于前来朝贡的倭奴国王,赐予金印紫绶。但"汉倭奴国王"印自发现后,一直存在着真伪之争。不过,1956 年云南省晋宁县发现的"滇王之印",以及 1981 年江苏省扬州市发现的"广陵王玺"证实了"汉倭奴国王"之印的真实性。从金印形制、铸造工艺以及金印所涉及的时代背景比较三印,"汉倭奴国王"印并不是伪造的观点基本得到了公认。

向奴国王赐予金印和紫绶,意味着汉朝册封奴国王为外藩王,形成君臣关系,即政治上的支配从属关系。此印的赐予,显示了当时的汉朝统治者对于倭国的进贡是非常重视的。汉代印章有鲜明的等级划分,东汉朝廷向臣属国赐予印绶的情况较为少见,光武帝授予倭奴国王"金印紫绶",从而使倭奴国王"取得了王爵的封号,打破汉封四夷的先例"②。而且这次朝贡与此前记载的不同之处还在于,古倭国直接到中原王朝进行朝贡,不再经过乐浪郡的中介,中日两国关系进入了新的发展阶段。

---

① 沈仁安:《日本史研究序说》,香港社会科学出版社,2001 年,第 53 页。
② 李季:《二千年中日关系发展史》,柳州:学用社,1940 年,第 253 页。

除了可以认识到弥生日本与汉朝的紧密联系之外,也可以从这些史料发现关于弥生日本的诸问题。围绕上述史料和金印一直争论不断,很多问题至今尚无定论。

在上述史料中,出现了"倭奴国"和"倭国"两个政权。对于前者"倭奴",存在着"倭的奴国"和"倭奴国"两种不同的解释。日本史学界认为是"倭人奴国(倭の奴の国)"之意,即"倭奴国"是"倭国"手下的一个部落,位于"倭国"南部。日本学者中,龟井南冥认为"倭奴国"是"yamatonokuni";藤贞干从音韵学的角度辨析"倭奴国"并不指代日本,而是指代伊都国;三宅米吉在《汉倭奴国王印考》一文中提出三段读法,认为"倭奴国"指的是《日本书纪》中出现的"儺县"。中国学者也对此有很多考证之文,王金林直接使用"倭奴国王",没有涉及这一词语的辨析,而王海燕《日本古代史》中虽然指出这一争论至今仍不能确定,但是在后续论述中分别使用"倭国"和"奴国"。沈仁安指出,现在一般以上述三宅米吉的说法为定论。[1]

中国学者也对"倭奴"一词的语义语源也有很多考证之文,如郑张尚芳从历史音韵学的角度考证"倭奴"一词,在其文章中指出,根据旧时词典,日语中"女人"的发音为"wonna",与"倭奴"相符合,倭奴的先秦音、汉代音是以古日语音"wonna"为原语的。[2] 结合史料"桓、灵间,倭国大乱,更相攻伐,历年无主,有一女子名曰卑弥呼,年长不嫁,事鬼神道,能以妖惑众,于是共立为王。侍婢千人,少有见者,唯有男子一人给饮食,传辞语"来看,此说也有一定道理。但是,也有学者对此表示质疑。其从历史音韵学角度进行了考证,指出 wonna 的语音出现时间不会早于"倭奴"的先秦音、汉代音,"倭奴当对 wonna"一说不能成立。[3]

对于上文提及的"汉倭奴国王"印,也有学者研究金印的功用,并出现了坟墓说、隐匿说、磐坐说等不同的解读。其中,坟墓说认为金印是权

---

① 沈仁安:《日本史研究序说》,香港社会科学出版社,2001年,第56页。
② 郑张尚芳:《古译名勘原辨讹五例》,《中国语文》,2006年第6期。
③ 黄文博:《质疑"倭奴当对 wonna"之说》,《唐山学院学报》,2009年第1期。

威的象征，一旦政治权力转移他人或转移到其他地区，那么金印的权力象征便消失并成为附葬品。隐匿说认为金印是作为放光的宝器而被秘密收藏。磐坐说认为金印作为信仰对象而被供奉。沈仁安比较同意日本学者直木孝次郎的观点："先是以志贺岛为根据地的族长取代国王的地位，后来玄界滩的统治中心由奴国转移到伊都国或末卢国，金印丧失机能，成为信仰对象，而被埋入地下，如同铜剑、铜铎成为宗教品而埋入地下一样。"[①]

　　如上所述，《后汉书》史料中有多条倭国、倭奴国向汉王朝朝贡的记载，而关于进献主体性质学者的看法也不一致，也就是对当时日本国内政治局面的看法产生了分歧。日本学者井依章认为，倭奴国王代表奴国联盟，具体包括北九州、日本海沿岸、朝鲜半岛南部沿海的倭国。[②] 但是沈仁安以证据不足，对此表示质疑，认为出土资料和文献记载都不足以说明倭奴国的是联合朝贡的代表。具体来看，公元 44 年，也就是倭奴国派遣使者的前十三年，汉朝已经授予了东夷韩国人"汉廉斯邑君"的称号，因此他们没有必要由倭奴国代表，另外当时的北九州地区还有伊都国等实力也很强大的部落国，并不能肯定倭奴国就是盟主地位。倭奴国的朝贡正是为了在这样的竞争关系中取得优势地位，因而加入朝贡体系以增强自己的实力。

　　光武帝对前来朝贡的倭奴国非常重视，赐予其"金印紫绶"，东汉重视倭奴国朝贡的原因何在？ 王金林认为："东汉王朝所以重视奴国，大概是出于自己的外交战略。东汉的战略目的在于与奴国结成同盟关系，来制压朝鲜半岛（特别是乐浪郡以南地区）反对汉朝的独立势力，形成对它们腹背夹击之势。"[③]日本学者井上光贞也有同样的观点。[④] 沈仁安先生认为这样的理解并不妥当。首先，作为远交近攻战略的对象赐予金印待

---

① 直木孝次郎『日本の歴史 1　倭国の誕生』、小学館、1973 年。
② 井依章『倭の人々』、金剛出版、1973 年。
③ 王金林『古代の日本・邪馬台国を中心として』、六興出版、1986 年、89 頁。
④ 井上光貞『日本の歴史 1　神話から歴史へ』、中央公論社、1964 年。

遇似乎太高,不符合常理,金印紫绶是授予诸侯王的一种最高荣誉。其次,公元30年光武帝已经恢复对乐浪郡的统治,早于倭奴国进贡之前,不存在制衡需要。最后,联合日本制衡朝鲜的战略也无从考证,历史上似乎没有出现过这样的政策思想。种种争论,一般以沈仁安推断为定论,即倭奴国当时存在着加入中国册封体系,提到自己政治地位的需要,东汉也希望周边各国前来朝贡,从而扩大势力范围,宣扬国威。

奴国王是日本列岛各国王之中首次被中国皇帝承认的统治者,成为东汉印绶制度的赐予对象。换言之,奴国王被纳入了以中国皇帝为根本的身份秩序以及政治秩序体系中,以封国之国王的身份,被赋予了从属的地位。以中国为中心的东亚国际政治世界中倭人首长首次出现。但是这一"汉倭奴国王"的称号并不是代表倭人全体与中国交往的绝对、唯一的君主"倭王"(倭国王)。

此后很长时间,史书中再无倭奴国到汉朝朝贡或进献的记载,但有学者认为,东汉章帝、和帝时期,古倭国仍然保持着与中原王朝的朝贡关系,也没有停止朝贡,只是史书失载而已。[①] 而到了东汉安帝永初元年(107年),古倭国再次遣使前来进献:

> 安帝永初元年,倭国王帅升等献生口百六十人,愿请见。
> 永初元年冬十月,倭国遣使奉献。

"安帝永初元年,倭国王帅升等献生口百六十人,愿请见。"此时前来觐见的是"倭国"而非上一条史料中的"奴国",除了《后汉书》之外,还有其他史料也可以见到相似的记事,且"倭国"两字写作"倭面土地"或者"倭面土国",如《汉苑》的平安时代抄本上有"《后汉书》曰:安帝永初元年,有倭面上国王帅升至"的记载,因此有学者认为《后汉书》的"倭国"是"倭面土国"的讹误。而这些学者意见又分为两派,分别支持"倭的面土国","面土"二字读为"ito"或"madura(末卢)"和"倭面土国","倭面土"读

---

① 孙久龙、安茹静:《简析古代日本对两汉王朝的朝贡》,《辽宁大学学报(哲学社会科学版)》,2010年第3期。

为"yamato"。① 另外支持"倭国"为正的日本学者寺泽薰认为倭国是当时北部九州地区部落性国家联合体。② 原秀三郎认为："面土国就是伊都国（福冈县丝岛郡深江附近），与奴国相近。"③王金林认为："从其在位的时间分析，就是卑弥呼女王以前的邪马台国的男王。"④沈仁安曾在其著作《日本史研究序说》中将这些一并整理并加以比较，认为讹误之说并不能使人信服，治史学者不可能犯这种错误。他同意日本学者内藤湖南、桥本增吉对史料的考证解读，认为《后汉书》原文是"倭面土国王师升等"，"面土国"简称"面国"，误作"面上国"或"面土地"，元代以后才简化成"倭国"。⑤

"倭面土国"是否在历史上真实存在也有不同观点。日本学界普遍的看法是，"面土国"是"使驿所通三十国"之一，主要根据是日本宫内厅书陵部所藏北宋刊本的《通典》卷一八五"边防·东夷·倭"中的记载："安帝永初元年，倭面土国王师升等献生口。"日本学者西嶋定生有《倭面土国出典考》等一系列论文，对"倭面土国"相关问题点有非常翔实的考证，但是他并没有明确"倭面土国"是否存在。西嶋认为，"倭面"两字的初见是《汉书·地理志》的如淳注。王仲殊进一步认为《汉书·地理志》的如淳注是"倭面"的由来，同时也是"倭面土国"这一名称产生的源头。而王仲殊在《论所谓"倭面土国"之存在与否》一文中经过考证，认为"倭面土国"是"倭面上国"的讹误，"倭面上国"实际上指的是"倭面之上国"；"上国"为"大国"之意，另一方面，"倭面"一词是误解了《汉书·地理志》如淳注，"所谓'倭面上国'或'倭面土国'在历史上都是不存在的。汉安

① 白石太一郎编『日本の時代史·倭国誕生』，吉川弘文館，2002年、66頁。
② 寺沢薫『日本の歴史02』，講談社、2000年、220－221頁。
③ 原秀三郎「日本列島の未開と文明」，歴史学研究会·日本史研究会編『講座日本歴史1』，東京大学出版会，1984年、11頁。
④ 王金林：《简明日本古代史》，天津人民出版社，1984年，第46页。
⑤ 沈仁安：《日本史研究序说》，香港社会科学出版社，2001年，第62页。

帝永初元年遣使奉献的是'倭国王',不是'倭面上国王'或'倭面土国王'。"①

对《后汉书》"安帝永初元年,倭国王帅升等献生口百六十人,愿请见"这一条中的"帅升等"的解读,也是各家自有说法,难有定论。考其各刊本可以发现,宋代以来各个刊本的《后汉书》都作"帅升等"。但是张楚金《翰苑》的抄本残卷中却是"师升"或"师升等",《通典》各刊本也写作"师升等"。另外结合《册府元龟》《玉海》等有相关条目的古籍来看,"师升等"与"帅升等"在数量上并没有明显的多少差别,从年代上也无法明确二者何为本原。

首先来看日本学者的研究状况。日本学界一般认为,"师升"或"帅升"(以下都作"帅升")是国王之名,"等"字表示复数,帅升"代表了北九州小国统合体而前往东汉"②。以日本学者三木太郎为代表的观点认为这里的"帅升"是使节名。沈仁安先生认为这种解释也说不通,"帅升"只能理解为国王名。"中国古籍中最初记载的倭人国名是中元二年的奴国,'帅升'则是中国古籍中最初记载的倭人人名。我认为,中国正史中最初记载的倭人人名只能是国王名,而不应该是使节名。使节来朝当然要通报自己的姓名,但使节代表本国国王,更应通报本国国王之名。后汉王朝也绝无重视、记录朝贡使节之名,而不重视、不记录朝贡国国王名之理。因此,无论从哪方面看,'师升'解为国王名是最合理的解释。"③

王金林则认为"等"是一种外交策略,是倭国王帅升"为了尽快取得后汉王朝的信任,毅然以原各国王联合之名,向后汉朝贡"④,是一种被制造出来的联合的假象。但是沈仁安认为这种推断是不成立的,因为如果按照王金林先生这样的说法,那么倭国王帅升的联合对象就是"邪马台

---

① 王仲殊:《论所谓"倭面土国"之存在与否》,《北京大学学报(哲学社会科学版)》,1994 年第 4 期。

② 鈴木靖民「東アジア諸民族の国家形成と大和王権」、歴史学研究会・日本史研究会編『講座日本歴史 1』、東京大学出版会、1984 年、196 頁。

③ 沈仁安:《日本史研究序说》,香港社会科学出版社有限公司,2001 年,第 65—66 页。

④ 王金林「古代の日本・邪馬台国を中心として」、六興出版、1986 年。

国第一代男王"与"前大和国"王的联合朝贡,这是不可能的。而且仅凭一个"等"字也表现不足,如果真是"邪马台国第一任男王"的策略,那么按照常理应该写明联合朝贡的其他国王名字。"王金林的外交策略说,过高估计了登上国际舞台不久的倭人的外交能力,而过低估计了对周围种族有着丰富外交经验的后汉王朝处理外交事务的能力,因而不能令人信服。"①

王仲殊在《古代的日中关系——从志贺岛的金印到高松塚的海兽葡萄镜》一文中提出了"帅升等"三个字为国王之名的观点。② 总结其理由有以下几点:其一,明确倭国王名字为"师升"的《翰苑》为日本平安时代的抄本,其中有很多误字、漏字,不能排除原文漏掉"等"字的可能性。其二,倭国王遣使奉献,并没有亲自前来。其三,倭国王不是亲自来觐见,只是遣使来,如果将"等"字按照复数理解,解释不通。

中国学界也大多认为"帅升"为国王名,"等"字表示复数,反映一种联合。虽然也有一些新观点被提出,但是未能成为主流。这一表述反映了当时弥生日本的实际政治状态。值得注意的是,《后汉书》的记载中并没有列举其他联合对象,可以推断,当时日本所形成的联合是很松散的,其中心是面土国,而其他实力稍显弱小的国家还保持着一定的独立性。此次朝贡性质也有所变化,由多个小国向联合国家发展,与《汉书》中的记载明显不同,不过其目的仍然是为了获得东汉王朝在政治上的支持。

这时候倭奴国对汉朝的朝贡动因有内外两个方面。这时日本列岛的部落集团对于中国社会、政治、文化等各方面都有了一定的了解,往来使者也通晓中国语言文字。作为政治集团,其对外行为首先考虑的就是自己的利益,因此,倭国的朝贡也不例外,其目的首先就是为自己所处的集团争取最大的益处。"这是因为,对外,见汉朝已控朝鲜半岛,影响已达东瀛;而东瀛本州西部、九州岛新政权倭奴国及其他部落政权,为政权

---

① 沈仁安:《日本史研究序说》,香港社会科学出版社,2001 年,第 67 页。
② 王仲殊:《古代的中日关系——从志贺岛的金印到高松塚的海兽葡萄镜》,《考古》,1989 年 05 期。

和经济的发展,一方面可借帝国威势,撑汉王朝大旗来保卫自身政权并威吓周边有敌意的他国。"①反映出倭人部族在战争频发的社会状况下,向外部谋求权威的策略。"从倭奴国与汉朝在地理上的位置也可看出,它与其他同中国汉朝直接有边境接壤的国家以及部落不同,它同汉朝没有领土、财富以至人口方面的直接纠葛。倭奴国向汉朝上贡,有的学者则认为倭奴国此举是出自于对其周边政权强烈的竞争意识。"②另一方面,与汉朝建立朝贡关系不仅能够给倭国带来政治的威势效应,与汉朝的朝贡也意味着能够接触并输入汉朝的文化,获得中国的物质财富,从而促进自身社会的发展。

　　以上是关于《后汉书·东夷列传》中所记载内容的有关争论和分析,多是关于弥生时代日本列岛的政治局面和对汉关系。除此之外,这些史料也反映了弥生日本社会阶级分化的特点。比如其前来贡献时是携"生口","生口"在这里指的是奴隶。在其他古籍中也有记载,如《北史·房谟传》:"前后赐其奴婢,率多免放,神武后赐其生口,多黥面为房字而付之。"金元好问在《大司农丞康君墓表》写道:"大父讳成,尝与昆弟分财。他田宅定无所问,止取南中生口十余人,纵为民而已。"元张翥《城南》诗:"尽驱丁男作生口,鬼妾鬼马充其家"等等。可见当时弥生日本社会奴隶的存在,不仅反映了其奴隶社会的阶段特征,也折射出社会阶级分化的特点。

　　结合前后史料记载的不同,可以认为,倭人在阶级分化、政治组织的成熟都有所发展,社会趋向统一,各方面都迅速进步。"可能也正是基于这样的原因,后汉王朝对于面土国王师升等的朝贡采取慎重态度,不赐予印绶,静观倭人内部事态的发展。"③不管怎样,奴国王的朝贡都具有重大意义,奴国王通过亲自前来朝贡,接受中国王朝的册封,成为以中国为

---

① 吕玉新:《古代东亚政治环境中天皇与日本国的产生》,香港中文大学出版社,2006 年,第 85 页。
② 同上书。
③ 沈仁安:《日本史研究序说》,香港社会科学出版社,2001 年,第 68—69 页。

核心的国际体系的一员,开启了后世日本对外关系的基本局面,成为基本政策之一。日本正式成为东亚世界的一部分,东亚与日本的联系更加紧密了。

2世纪中叶之后,东汉王朝渐趋衰落。东汉王朝的衰退必然影响到以其为核心的朝贡体系,处于朝贡体系中的弥生日本也不例外,东汉衰退的冲击、与日本列岛内部的社会矛盾相呼应,成为倭国争乱的诱因之一。220年东汉灭亡,中国进入魏蜀吴三国鼎立时代。256年,晋实现统一,317年晋退守江南,五胡十六国时代开始登上历史舞台。此后,东亚诸民族的国家也在不断发展。2—3世纪,以统一为首要目标的弥生日本诸小国群体与中国王朝间的外交关系,实际上有着相当强烈的对内意义。如《后汉书·东夷列传》所示:

> 桓、灵间,倭国大乱,更相攻伐,历年无主。有一女子曰卑弥呼,年长不嫁,事鬼神道能以妖言惑众,于是共立为王。

2世纪末至3世纪初,日本列岛上的邪马台国在经历了长时间的战乱之后,出现了被倭各地首长们共立的卑弥呼女王。239年,卑弥呼从魏朝获得"亲魏倭王"的称号,日本列岛获得了暂时的安定。日本列岛上各部落集团之间相互关系也发生了变化,进入了新的历史发展阶段。

# 第六章　中日文献记载的古坟时代

## 第一节　中国史籍

### 一、《三国志·倭人传》中的女王国

公元7世纪大化改新以前的日本历史时期,沈仁安称之为"阙史时代"①,即没有遗留下当时本国历史文献记述的历史时期,古坟时代亦包括其中。因而考察这一段历史,需要尤其注意史料的发掘与批判,本章主要从中国当时编纂的史籍与日本在8世纪才完成的史书出发,爬梳当时的历史。

成书于公元3世纪后期,由陈寿(233—297年)编撰的《三国志》是对日本古坟时代有所涉及的第一史料。首先从体例上,《三国志》记载公元220年到公元280年时三分天下的魏蜀吴三国的史事,分别为魏书、蜀书、吴书;由以人物为中心的本纪与列传两部分组成,本纪记述作为王朝正统的帝王天子,列传则是天子之下的重要历史人物。对日本在内的中国周边的少数民族政权,是放在作为中心正统的魏书的最后一卷即第三

① 沈仁安:《日本史研究序说》,香港社会科学出版社,2001年,第1页。

十卷,属列传,这样从篇章结构上就可以看出,当时中国史官以中国为中心的华夷秩序思想。

《三国志·魏书》第三十卷将外夷大体分为三个部分,即乌丸、鲜卑、东夷,东夷这一条下又依次细分为夫余、高句丽、东沃沮、挹娄、濊、马韩、辰韩、弁辰、倭人。可见,当时日本虽纳入到华夷体系中,但处于较为边缘的地位。尽管如此,在详述东夷各政权前,陈寿写道:

> 虽夷狄之邦,而俎豆之象存。中国失礼,求之四夷,犹信。故撰次其国,列其同异,以接前史之所未备焉。①

这句话既是他对自己撰述东夷宗旨的阐发,同时表达了他对汉末纷乱以降华夷之间微妙关系的看法,即在"礼失求诸野"的视角下来重新审视周边四夷,甚至可以学习东夷中保存下来的华夏礼仪。也正是在这一考量下,日本才被纳入到陈寿的视野之中,也间接表明从较早开始东夷就已经受到华夏文明的影响,因此才会有"俎豆之象存"。②

在内容上,不少内容被《后汉书·东夷传》引用。开头简略介绍其位于"带方东南大海之中","依山岛为国居",国数从旧时的百余国变为如今"使译所通"的三十国。然后以从曹魏政权所设置的带方郡(今位于朝韩边境以北的朝鲜境内)出发前往倭人之地的海路交通展开记述,依次介绍了沿途所需经过的对马国、一大(支)国③、末卢国,涉及这三个小国的官制、地理环境、生产贸易等,如对对马国的记述:

> 始度一海,千余里至对马国。其大官曰卑狗,副曰卑奴母离。所居绝岛,方可四百余里,土地山险,多深林,道路如禽鹿径。有千余户,无良田,食海物自活,乘船南北市籴。④

---

① 《三国志·魏书》卷三〇"乌丸等传"。
② 俎豆,俎和豆都是古代祭祀用的器具。《史记·孔子世家》:"常设俎豆,设礼容。"引申为祭祀、崇奉之意。参见《辞海》(缩印本),上海辞书出版社,1979年,第323页。
③ 《梁书·诸夷传》作"一支国"。
④ 《三国志·魏书》卷三〇"乌丸等传"。

从末卢国出发"东南陆行五百里",到达"郡使往来常所驻"的伊都国,可见这里为当时日本列岛对外交流的中心。接下来介绍伊都国东南方向的奴国、不弥国、投马国、邪马台国,提及行路里程与所需时间、各国官制。据考古发现,奴国推断为汉光武帝所赐"汉倭奴国王"金印所指,在今福冈县福冈市、春日市附近,中心在春日市须玖冈本遗址群;与奴国相邻的伊都国,则以福冈县前原市的三云·井原遗址群为中心①,可见隔对马海峡与朝鲜半岛相望的北九州地区,自古便是与大陆文化交流的窗口。此后列举斯马国、已百支奴国、伊邪国等二十一个国名,并指出是"女王境界所尽",可见当时的卑弥呼女王治下已有一定规模。不过在这之后就提及"南有狗奴国","不属女王"。

总结起来,至此的前半部分主要介绍的是前往日本列岛的交通及列岛的地理国势,而从中间部分开始就较为详细地介绍了当时日本列岛上人们的纹饰、服装、生活、生产、建筑、饮食、丧葬、物产、占卜、礼仪、婚姻等社会风俗与经济生产等状况,这对研究当时日本社会的构造有着较高的史料价值。风俗方面,在纹饰上,男子不论年龄大小"皆黥面文身",尽管各地文身在身体部位、大小上不同,但"尊卑有差",而且人们也"以朱丹徐其身体";在丧葬上,葬式为"有棺无椁,封土作冢",葬仪式从死亡之后"停丧十余日","不食肉,丧主哭泣,他人就歌舞饮酒",葬送完毕之后"举家诣水中澡浴,以如练沐";在社会风气上,"不盗窃,少诤讼",而且"宗族尊卑,备有差序,足相臣服"。并且其中两次强调了"不淫",一是男子服装"皆露纷,以木棉招头",二是"妇人不淫,不妒忌"。可见在叙述中,陈寿带有较为明显的春秋笔法,以重视礼仪教化的眼光来看待书写对象。这种礼教意识,在下述的统治者与被统治者之间的面见礼仪上也可以看出,这其实就正好印证了陈寿提出的"中国失礼,求之四夷"一句。

下户与大人相逢道路,逡巡入草;传辞说事,或蹲或跪,两手据

①王海燕:《古代日本的都城空间与礼仪》,浙江大学出版社,2006年,第10页。

地,为之恭敬。对应声曰噫,比如然诺。①

在生产上,当时的日本列岛"种禾稻、纻麻、蚕桑、缉绩,出细纻、缣绵",也"好沉没捕鱼蛤",可见种植农业与渔获捕猎已经有了分工,而且酿酒业也有了一定发展,以致"父子男女无别,人性嗜酒";在交易上,每个国都有市场,以相互"交易有无",并且有"大倭监之";在物产上,出产珍珠、青玉,此外"其山有丹,其木有枏、杼、豫樟、杼枥、櫄、乌号、枫香,其竹筱簳、桃支","有姜、桔、椒、蘘荷","有猕猴、黑雉"等。而上述生产活动与本地物产就正好成为当时列岛敬献给曹魏政权的贡品备选,如在正始元年(240)上献的倭锦、绛青缣、绵衣、帛布、丹木等,以及新女王壹与上台后遣使奉上的白珠、青大句珠、异纹杂锦等,这些从侧面就反映出当时日本列岛的经济生产水平。

在介绍完社会经济状况后,陈寿在最后一部分对卑弥呼治下的"女王国"政治及与中国等的交往进行了交代。卑弥呼是在倭国争乱七八十年后"共立"为王的,"事鬼道,能惑众",由弟弟辅助治国,有千人女婢侍奉她,但仅有一名男子能给她递送饮食、"传辞出入",其他人"少有见者"。根据这一记述,有看法认为卑弥呼是利用宗教权威来进行统治,她和她后来的继承人壹与都"既是国王,又是和神直接联系的人","王权通过宗教发生作用"。② 在政权架构上,有设置在女王国北部的"大率","合如刺史",作用是"检察诸国",以使"诸国畏惮之";倭国也"收赋税",上文提到的"大倭"便兼具此职能,这一官职被认为是主管财政经济部门的长官③;在后面提到的对外交往上,使节名号为"大夫",包括难升米、伊生耆、掖邪狗,因而这被认为是一种外交官衔④;也有宫城建筑,并已经有士兵,"城栅严设,常有人持兵守卫"。这样从文献来看,可以说至少在中央一级,倭国建立起了包括监察、财政、外交的比较基本的政权形式,也拥

① 《三国志·魏书》卷三○"乌丸等传"。
② 王金林:《简明日本古代史》,天津人民出版社,1984 年,第 40 页。
③ 沈仁安:《日本起源考》,昆仑出版社,2004 年,第 117 页。
④ 王金林:《简明日本古代史》,天津人民出版社,1984 年,第 33 页。

有了士兵军队等暴力机关。

行文最后介绍了倭与曹魏的外交关系，不过需要注意到当时的日本列岛除与曹魏都城有外交关系之外，海域带方郡以及"诸韩国"有所往来。倭与曹魏的关系，始于景初二年（238 年）六月卑弥呼派遣大夫难升米、次使牛利来华，为答谢女王的"忠孝"和使节前来的"牛利涉远，道路勤劳"，对他们进行了赐封与赏赐。封卑弥呼为"亲魏倭王"，给予"金印紫绶"，封难升米为"率善中郎将"，封牛利为"率善将尉"，赏赐物品包括绀地句文绵、细班华罽、白绢、金、五尺刀、铜镜、珍珠、铅丹等。卑弥呼治时，在曹魏正始年间，双方又有四次交往，各有封赐。在卑弥呼死后，"大作冢，径百余步，殉葬者奴婢百余人"，这直接就反映出 3 世纪后半期古坟的建造。但同时，围绕继承人问题，倭国又陷入了争乱，最终年仅 13 岁的卑弥呼宗女壹与成了国王，"国中遂定"，并派遣掖邪狗等 20 人送返曹魏使节张政，并献上生口、珍珠等贡品。

在上述交往过程中，值得关注的首先有卑弥呼在景初二年被封"亲魏倭王"，但是封贡国中大月氏在太和三年（229 年）也获得相似的"亲魏大月氏王"称号，但这与朝鲜半岛上的"辰王"、"不耐濊王"不同，被认为是所封国在华夷秩序中地位不同所造成的。上述外交中还包括了与内政相关的事务，即倭国与狗奴国因不和发生战争，曹魏派遣了上述提到的张政等人前往，并赐给檄和黄幢，这被认为具有军事使团的性质，在当时的东亚国际环境下，中原王朝的目标是镇定东夷、平息倭人之间的争乱。[1]

可以说，由地理交通、社会风土、政治外交三部分构成的倭人传，对了解古坟时代前期的日本列岛是很好的参考，尤其是其中被反复强调的"女王国"以及大规模的古坟建造，让我们能瞥见到列岛上统一国家形成过程中的雏形。尽管在今天看来，仅两千余字的魏书倭人传或许简略，但这一史料里面包含的丰富内容，不仅引发了包括诸如邪马台国位置争

---

[1] 沈仁安：《日本起源考》，昆仑出版社，2004 年，第 130、142 页。

论等学术问题,而且之后的《晋书》《梁书》中的日本相关的记述不少就取自这里,可见它还对古代中国人的日本观产生了较为深远的影响。

## 二、南朝史书中的倭与倭五王

三国之后,中国大陆历经西晋(266—316 年)、东晋(317—420 年)两朝,但这一时期的正史编纂却较晚,一直到南北朝结束后,历经隋朝,才在唐代由房玄龄等 21 人合著完成。唐太宗下诏编修《晋书》已是公元 7世纪的 646 年,去两晋已两百余年,中间经历了数次动荡分裂,史料散失严重,因而对部分史料不详之处想必也只能参照相近时代的资料了。《晋书》因是盛世修史,纪、传、志、表体例完善,其中涉及日本的内容,集中于列传第六十七的《四夷传》,这一卷开头写有"唐太宗文皇帝御撰"的字样。在《四夷传》内,按照东夷、西戎、南蛮、北狄的顺序依次介绍了周边的政权,相较《三国志》而言,其框架自然更为全面,同时也反映出盛世中华俯瞰四方的气概。

不过尽管有盛世修史的便利条件,但对远离华夏的日本列岛的史料却难以寻觅,也正是在这种情况下,其内容几乎都参考、因袭前代史书《三国志》的内容。比如在开篇对日本的地理的介绍便是"倭人在带方东南大海中,依山岛为国,地多山林,无良田,食海物"。紧接介绍其国势"旧有百余小国相接"、"户有七万",与中国的交往状况"至魏时,有三十国通好"。之后主要是对其社会风俗的介绍,包括文身、装束、生产、建筑、饮食、丧葬、占卜、时节、寿命、风纪等。最后一句简要提及倭人国度近期的政治变化,即"汉末,倭人乱,攻伐不定,乃立女子为王,名曰卑弥呼"。①

内容上,如上所述,大多因袭《三国志》,但仔细比对,也能发现两条新增的内容。一条是论及倭人文身习俗与中国上古会稽"继发文身以避蛟龙之害"相似时,明确提到倭人"自谓太伯之后"。太伯,乃泰伯,据传

①《晋书》卷九七《四夷传》。

是商代时勾吴国的第一代君主,这样就将中日交流史推到了公元前1000年之前的历史。另一条是"人多寿百年,或八九十",讲倭人多长寿能达到一百岁,或者八九十岁。尽管现在日本人均寿命为世界第一,但在生产力水平、生活水平较低的公元三四世纪,这多少让人有些惊愕,难以信服。

短暂的统一王朝西晋灭亡后,中国大陆便陷入纷乱。在经过东晋后,在中国南方先后出现宋(420—479年)、齐(479—502年)、梁(502—557年)、陈(557—589年)四个王朝。这四个朝代的正史中,除陈朝以外,均有涉及日本。而同时期的北朝的正史中,没有日本相关内容,原因在于当时的东亚国际关系中,倭国与北朝历代王朝没有外交往来,甚至可以说倭国是与当时的北朝处于对立状态的。在5世纪时,倭国与朝鲜半岛上的百济等国交好,而百济与当时位于半岛北部企图向南扩张的高句丽处于对立状态,间接地倭国与北朝是不处于同一条战线上的。① 因而在这种国际局势中,倭国不与北朝结交,北朝历史未载倭国,也在情理之中。在编纂年代上,宋、齐正史均为其继起王朝所撰,时代更近,资料较详,因而内容也是直接反映的5世纪日本。但梁朝正史则与《晋书》一样是由唐代编纂,推断应是短命的陈朝无暇编纂之故。如下对上述三个朝代正史《宋书》《南齐书》《梁书》中的日本相关内容进行介绍。

《宋书》是在南齐永明五年(487年)开始,由南朝著名史学家、文学家、声律学家沈约(441—513年)奉诏所著。由于易宋为齐,乃是通过和平的禅让方式,前朝历史得以较好保存遗留,这就为沈约编撰宋朝正史提供了丰富的史料,加上他个人以文字称世,使得这部史书兼具历史价值与文学价值。全书体例,有纪、传、志,但无表,与日本相关内容集中在第九十七卷的列传第五十七夷蛮传中,高句丽国、百济国、倭国并列于东夷条目下。

内容上,《宋书》倭国传主要记载的是宋倭交往,即倭五王赞、珍、济、

① 鈴木靖民『倭国と東アジア』、吉川弘文館、2002年、24頁。

兴、武先后来宋进贡之事。在开篇同样先对日本位置进行介绍,"在高骊东南大海之中",与前述相比这里也发生了变化,即从魏书、晋书中的"带方"郡改为高骊,这反映出到5世纪时中原王朝的郡县统治已经从朝鲜半岛退出的事实。介绍地理位置之后,又记"世修贡职",这大概即指上文提到的,在3世纪20年代到40年代卑弥呼治下的女王国与曹魏的外交往来,同时这也为其下文展开宋倭关系做好铺垫。①

倭国第一次向宋国派遣使节,是在宋高祖永初二年(421年),鉴于倭王赞不远万里前来修贡,宋高祖下诏说到"远诚宜甄,可赐除授",但实际上并没有赐予任何封号。在隔四年后的元嘉二年(425年),倭王赞再次派遣司马曹达来献上方物,依旧没有获得刘宋王朝的除授。赞死后,其弟珍继承倭王,再次"遣使贡献",并且自称"使持节、都督倭百济新罗任那秦韩慕韩六国诸军事、安东大将军、倭国王",上表请求刘宋皇帝予以认可"除正",但仅追认了其"安东将军、倭国王"的封号。之后珍又再次请求,但宋刘宋皇帝仍未认可其余封号,直到元嘉二十年(443年)下一任倭王济前来朝贡时,仍然只给予"安东将军、倭国王"的封号。这种情况一直到元嘉二十八年(451年),刘宋王朝才在安东将军之外,新赐予倭王"使持节、都督倭百济新罗任那秦韩慕韩六国诸军事"。但济死后,在大明六年(462年),新即位的倭王兴遣使来宋,当时的宋世祖下诏赞扬倭王世代忠诚,虽然"作藩外海",但仓廪丰实,教化众民,境内安宁,秉持恭诚之意前来朝贡,鉴于其新立王位,因此授予其爵号缩减为最初的"安东将军、倭国王"。

在兴死后,其弟弟武成为倭王。他再次自称"使持节、都督倭百济新罗任那加罗秦韩慕韩七国诸军事、安东大将军、倭国王",在宋顺帝升明二年(478年),遣使朝贡。但与以往不同,为表达希望获得刘宋王朝认可的赤诚,遣使的同时还献上了如下长达二百五十余字的上表文。

　　封国偏远,作藩于外,自昔祖祢,躬擐甲胄,跋涉山川,不遑宁

①《宋书》卷九七"列传第五七·蛮夷"。

处。东征毛人五十五国,西服众夷六十六国,渡平海北九十五国,王道融泰,廓土遐畿,累叶朝宗,不愆于岁。臣虽下愚,忝胤先绪,驱率所统,归崇天极,道遥百济,装治船舫,而句骊无道,图欲见吞,掠抄边隶,虔刘不已,每致稽滞,以失良风。虽曰进路,或通或不。臣亡考济实忿寇仇,壅塞天路,控弦百万,义声感激,方欲大举,奄丧父兄,使垂成之功,不获一篑。居在谅暗,不动兵甲,是以偃息未捷。至今欲练甲治兵,申父兄之志,义士虎贲,文武效功,白刃交前,亦所不顾。若以帝德覆载,摧此强敌,克靖方难,无替前功。窃自假开府仪同三司,其余咸各假授,以劝忠节。①

这一段文字中,首先记述了自先祖以来不断开拓疆土的事迹,这与《日本书纪》当中神武天皇的征战统一相吻合,暗示了当时日本列岛的军事统一征战。其中"毛人"不仅指虾夷人,还泛指日本本州岛东部地区的人民,"西服众夷"指的是本州岛西部、四国岛、九州岛地区,"海北"即朝鲜半岛,与高句丽好太王碑上记载的"倭人满其国(编者注:新罗)境,溃破城池,以奴客为民"(399 年)、"倭不轨,侵入带方界"②(404 年)相合。

进而倭王表达了自己希望与刘宋王朝交往,"归崇天极",路中须经过百济,本已装船待发,但高句丽却"无道"地攻略百济,造成了阻碍,使得朝贡之路"或通或不"。苦于这一问题的倭国,自武的父亲济开始就希望出兵征讨高句丽,以解决朝贡不畅的问题,但还在谋划之时,武的父兄相继突然死去,计划不得不终止。巍峨继承父兄遗志,倭王武欲征讨高句丽,向刘宋皇帝求援,"以帝德覆载,摧此强敌,克靖方难,无替前功"。或许是被这一上表所感动,宋顺帝下诏赐予了倭王武要求的四个爵号,但是在"都督诸军事"中不包括百济,仅为倭、新罗、任那、加罗、秦韩、慕韩六国。不过至此,历经四十余年,倭王终于又获得了自己渴求已久的爵号,实现了外交上的一大收获;倭国在华夷秩序中的地位也从此前的

---

① 《宋书》卷九七"列传第五七·蛮夷"。
② 耿铁华、李乐营:《好太王碑拓本研究》,吉林大学出版社,2017 年,第 11—13 页。

"安东将军"一升为"安东大将军",从册封体制的边缘位置靠近中心。

针对宋倭之间的这一段外交往来,可以看到爵号"除授"成了倭国对宋外交的中心。那么自卑弥呼以后百余年历史不详的日本列岛,为何突然又向大陆政权靠近、请求册封,对此吕玉新认为有四个原因:第一,通过获得封号,倭王可以对内压制国内其他竞争对手,并吞其他小部落;第二,获得封号后,对外可便于经朝鲜半岛进入中国,获取所需,以扩展自己在国内的军事及经济力量;第三,通过获得封号还可以防止朝鲜半岛势力向东侵略扩张;第四,不仅如此,甚至还可能凭借封号获得在朝鲜半岛发展扩张的机会。① 另有日本学者主要从当时的东亚国际形势出发,认为倭国的这些外交认识是建立在它与百济、高句丽、新罗、加罗诸国,和朝鲜诸国与刘宋、北魏的双层关系中形成的。面对高句丽压迫的百济,在472年其国王余庆(盖卤王)就向北魏孝文帝奉上表文,诉说了高句丽的南侵,请求军事援助;但由于高句丽对北魏、刘宋保持着双面朝贡的关系,北魏并没有答应百济的要求。而与百济保持着良好往来关系的倭国,在百济的拉拢下,意欲参加到对高句丽的战争也不是不可能的;再加上朝鲜半岛南部还有与倭国关系密切的加罗诸国,这里是倭国获取铁矿资源的重要来源,为防止高句丽的南下侵略,主动的军事行动也就成为一项紧急课题。②

要而言之,《宋书》中记载的日本与刘宋的交往,是处于当时东亚地区纷乱的国际形势当中的。不过其中也有日本自身发展的因素,即希望从对宋交往中获得先进的技术。在5世纪,中国中原地区战乱频仍,朝鲜半岛也陷入日无安宁的混战,大量来自大陆与朝鲜半岛的移民渡海前往日本,为日本列岛带去了锻造铁器、筑造巨大古坟、马具骑术等新技术,也将儒家思想、汉字文化等传播过去,为日本社会的组织化、制度化与社会转型奠定了基础,为日本古代国家的形成积累着力量。这些移民被称为渡来

---

① 吕玉新:《古代东亚政治环境中天皇与日本国的产生》,香港中文大学出版社,2006年,第97页。

② 铃木靖民「倭国と東アジア」,吉川弘文館、2002年、32—34頁。

人,其中也有精于汉字文书之人,像倭王武的上表文字优美,就被认为是出自朝鲜系渡来人之手,因为这封表文与上面提到的472年百济向北魏的上表文有诸多相似的表达。① 但另一方面,作为文本的史书,也难免会受到作为文本书写者沈约的影响,再联系到沈约本人的文笔水平,加上史官的固定政治表达用语,对上表出自渡来人之手也可留存疑问。

　　另外,上述提到的赞、珍、济、兴、武这五名倭国国王,一般被统称为"倭五王"。根据《宋书》上的中国纪年来看,他们是位于421—478年间的日本列岛统治者,其中赞与珍是兄弟,赞为长兄,珍为小弟;济是兴与武的父亲,兴是武的长兄;但济与赞、珍的关系并不明确。特别是在与日本史书《古事记》《日本书纪》(下文合称"记纪")相对照时,要找出其在日本天皇世系中相对应的人物就陷入了争议。一般在日本学界中,济与子兴、武被认为对应的是"记纪"中的允恭天皇与其儿子安康天皇、雄略天皇,这一点基本没有争议。② 而且从日本埼玉县的稻荷山古坟出土的辛亥铭铁剑的铭文来看,上面刻有的"獲加多支鹵大王"字样,其读音与"记纪"中的"ワカタケル"天皇也就是雄略天皇相同,即与倭王武为同一人物,通过考古资料来看其对应关系也基本得以确证。但围绕赞的真实身份还有争议,或认为是应神天皇,或认为是仁德天皇,或认为是履中天皇,尚无定论;关于珍也有对应仁德天皇与反正天皇的两种学说。③ 尽管这样,大体参照来看,《宋书》作为距离5世纪时间最近完成的史书,其史料价值远在其他之上,为我们了解当时的宋倭外交及东亚国际关系提供了重要资料。

---

① 鈴木靖民『倭国と東アジア』,吉川弘文館,2002年、32頁。
② 王海燕:《日本古代史》,昆仑出版社,2012年,第58页。
③ 佐藤信・五味文彦・高埜利彦・鳥海靖編『詳説日本史研究(改訂版)』,山川出版社、2008年、36頁。

相较于记载较详的《宋书》,之后的《南齐书》则略显简约,"倭国"一条仅 67 字。《南齐书》是由萧梁王朝萧子显(489—537 年)所撰,是现存关于南齐最早的纪传体断代史,所以史料价值也相对较高。体例上,"倭国"一条置于列传第三十九《蛮、东南夷传》。内容上,首先描述其位置,"在带方东南大海岛之中",相比《宋书》,其对当时的地理形式认识有了倒退,仍用晋朝时的带方郡来指示倭国方位。其次介绍其国内政治,"汉末以来,立女王",可见这是继承《后汉书》《三国志·魏书》的内容而来。关于风土民俗,没有再重复以前史书的内容,直接以"土俗已见前史"一笔带过。最后一句,应是用当时史料所撰,讲建元元年(479 年),赐予倭国国王"使持节、都督倭·新罗·任那·加罗·秦韩·慕韩六国诸军事、安东大将军"的封号,并且封倭王武号"镇东大将军"。① 这一次赐封,一般认为是南齐朝刚刚建立,沿袭前朝旧例,主动给予倭国的,这也符合册封体制下的华夷秩序。但这一次册封,也是南北朝时期所见的最后一次。

另外,《南齐书》中值得注意的一点是,在"倭国"条之前,是"加罗国",亦即日本史书中所写的任那日本府,抑或韩国史书中的加耶国、金官国。条目中写到加罗国国王荷知"款关海外,奉贽东遐",一般便认为这里的"东"即指当时的日本,某种程度上印证了四五世纪是日本在朝鲜半岛南部拥有一定势力范围的说法。

和《晋书》一样,《梁书》到唐代才编撰完成。不过也有不同,《梁书》的编纂者之一、历史学家姚察(533—606 年)早在陈朝时就开始着手编写,但未成,一直等到其子姚思廉(557—637 年)才编写完成。尽管姚察、姚思廉父子倾尽心血来著作,但限于梁朝不到半个世纪的历史,而且可能这一时期确实日本与中国官方往来较少,因此在书中对日本的记述并没有超过前人史书之处。从体例上,《梁书》也比较完备,与日本部分放在《诸夷传》中,包括海南诸国、东夷、西北诸戎三大部分,"倭"列于东夷之中。

内容上,"倭"条目共计六百余字,但没有出现什么新史料,主要是将

---

① 《南齐书》卷五八"列传第三十九·蛮、东南夷"。

《三国志·魏书》与《宋书》中对日本地理、风俗、外交的情况综合起来。但与前史相比,也有两处不同。一处是在介绍物产时,提到一种野兽,外形如牛,名叫山鼠,又有一种大蛇能够吞食山鼠;这种大蛇的蛇皮"坚不可斫",上面有时而开时而闭的孔,有时还会发光,射中蛇皮上的孔,蛇便会死去。另一处是在记述前朝南齐建元年间,赐予倭国封号问题上,《梁书》记载的是封倭王武为"持节督倭、新罗、任那、伽罗、秦韩、慕韩六国诸军事、镇东大将军",陈朝高祖即位后赐予武"征东大将军"之号。尽管封号前后次序和《南齐书》颠倒的,但总的名目上还是一致的。[1]

## 第二节　日本史籍

### 一、《古事记》

作为日本本国历史典籍的《古事记》与《日本书纪》,形成时间晚于中国史书,直到 8 世纪初期才成书;不过一般认为其中的"帝纪"(大王的御名、皇居、治天下、后妃、皇子皇女、升遐、年寿、陵墓等)、"旧辞"(由朝廷所流传下来的神话、传说、民间故事)在 6 世纪就已经写成,这与当时渡来人中的"史部"传来汉字以及百济送来的五经博士相关。[2] 而且这两本史书中含有较多创世神话、日本开国神话等,所记内容的历史真实性有待考证。甚至在战前,历史学家津田左右吉就写作了《神代史研究》(1924 年)、《古事记及日本书纪研究》(1924 年)、《日本上古史研究》(1930 年)、《上古日本社会及其思想》(1933 年),认为"记纪"中神话内容较多,应作为"探讨古代贵族观念产生"的材料来看待,而非视为史实[3];即使作为史实,从神代史到仲哀天皇的前半部分也"完全都不是历史事

---

① 《梁书》卷五四 "列传第四十八,诸夷"。
② 佐藤信·五味文彦·高埜利彦·鸟海靖编『詳説日本史研究(改訂版)』山川出版社、2008 年、37 頁。
③ 永原庆二:《20 世纪日本历史学》,王新生等译,北京大学出版社,2014 年,第 105—107 页。

实的记录"。①经过历史学者的不断考订印证，"记纪"中可信部分一般被认为是应神天皇之后的历史时期，②这也与津田左右吉的观点相合。其中涉及历史的部分，也是以天皇为中心的，涉及内治、外交、民俗等内容，如下便依次介绍这两本著作。

《古事记》成书于和铜五年(712 年)，是在元明天皇诏命之下，由稗田阿礼口述，安万侣用变体汉文撰录编集而成。根据安万侣所著序言，元明天皇以为"帝纪及本辞(编者注：旧辞)，既违正实，多加虚伪"，若任由这样下去，"未经几年，其旨欲灭"。由于这些乃是"邦家之经纬，王化之鸿基"，因此亟需命人"撰录帝纪，讨覆旧辞，削伪定实，欲流后叶"。③ 可见，此书本意旨在厘清当时大和王权之世系与历史，但正如上文所述，其中也包含了大量的神话传说，真实性待考，以致周作人认为《古事记》的价值，不在作为一部史书上，它的真价乃是作为文学来看"④。著书立意与今人看法之间的这一差异，某种程度上折射出的其实是历史观的不同，联系津田左右吉的看法，在一个民族初次编纂自身历史时，所包含的内容大体亦是其精神世界的反映吧。

从体例来看，《古事记》按时间顺序，记事为主，以天皇为中心；不过需要注意，一般认为真正的"天皇"是从天武天皇(673—686 年)时才开始的，之前称为"王"或"大王"。一共分为三个部分——上卷、中卷、下卷，上卷为开天辟地的神话、天皇的起源传说等，中卷从第一任天皇神武天皇到应神天皇，下卷从仁德天皇到推古天皇。根据上述对"记纪"实证性的考察结果，这里仅就涉及古坟时代的应神天皇以降的内容加以介绍。

虽说应神天皇⑤以下的内容可信度较高，但在《古事记》中这一部分，除了"帝纪"内容较为正式外，其他多记述了帝王及其他贵族的爱恋故

---

① 陈嘉兴：《浅析津田左右吉的学术思想》，《知识文库》2016 年第 9 期。
② 王海燕：《日本古代史》，昆仑出版社，2012 年，第 57 页。
③『新訂増補国史大系第七卷　古事記』，吉川弘文館，1966 年、上卷並序、3 頁。
④ 安万侣：《古事记》，周作人译，上海人民出版社，2015 年，引言第Ⅷ页。
⑤ 目前日本史学界的通说，"天皇"号的使用始于 7 世纪末，至早在 7 世纪后半叶，此处为读者理解上的方便，泛用此用语，下同。

事,也收录了相当篇幅的诗歌。对于各个天皇条目,内容详略不一,除应神天皇、仁德天皇、履中天皇、允恭天皇、安康天皇、雄略天皇、清宁天皇、显宗天皇外,其他天皇则仅百余字简单带过。尽管其中没有正面对政治制度、时代状况的记述,但从侧面仍能提取出些许关键信息,包括部民制、渡来人、武器制造、民俗巫术等。

首先在对百姓的支配上,当时倭王权采取部民制。根据个人的技术特长和贵族的生活需要,社会底层的劳动者被分别编组到"部"中,如从事手工业的品部、从事农业的田部,以及负责仓储、财政、出纳的藏部。他们被认为是"当时社会生产的最基层组织"[1]。在应神天皇条目中,就提到"此之御世,定赐海部、山部、守部、伊势部也"[2]。也记载到天皇会将一些部民赐封给贵族,如在仁德天皇时:

> 定太后石之日卖命为葛城部之御名代,亦定太子伊耶本和气命为壬生部之御名代,亦定水齿别命为蝮部之御名代,亦定大日下王位大日下部之名代,定若日下部王为若日下部之御名代。[3]

通过这种赏封的手段,将部民变为"名代"名义下的私有品,处于忠于天皇的王室及贵族控制之下,既加强了对百姓的支配,也可增强以天皇为中心的统治集团的凝聚力。

为增强统治能力与国力,天皇建立了与朝鲜半岛和中国大陆的关系,还从朝鲜半岛等地招揽有技术的渡来人。与中国王朝的关系,在上一节已经提到。倭国与朝鲜半岛,尤其是百济国保持着较为密切的关系,从《古事记》中能够看出。如在应神天皇时,百济国王照古王,就向倭王献贡了牡马、牝马,这与江上波夫提出的"骑马民族征服说"相似。虽然并非征服的过程,但从这一条目可大致推断日本马匹确实可能来自朝鲜半岛。

---

① 王金林:《简明日本古代史》,天津人民出版社,1984 年,第 50 页。
② 『新訂増補国史大系第七卷　古事記』,吉川弘文館,1966 年、中卷、105 页。
③ 『新訂増補国史大系第七卷　古事記 』,吉川弘文館,1966 年、下卷、113—114 页。

除了物以外，倭王也重视技术人才的引进。应神天皇就向百济国提出过"若有贤人者，贡上"的要求。而且倭国如愿，得到了名叫和谜吉师的人才，即《日本书纪》中提到的王仁。王仁赴日时，还带去了《论语》十卷、《千字文》一卷，将儒家思想传播到了日本列岛。另外百济又进献了技术精湛的二人，分别是名叫卓素的韩锻、名叫西素的吴服。① 韩锻指的是来自古时称为诸韩的朝鲜半岛的铁匠，吴服则是指来自中国江南地区吴的纺织、制衣工匠，之后还有擅长酿酒的工匠也到了日本。这种技术的传播，除了日本的主动引进以外，还存在当时东亚大陆混乱局势下主动逃至日本的百姓，如在雄略天皇是就有中国江南的吴人渡来，他们被安置的地方也因此称为"吴原"。② 他们都通称为渡来人，为还处在较低生产力水平的日本列岛带去了先进技术与文化。

除了东亚国际形势给日本带来的"天佑"之外，当时的日本统治者自身也注意到休养民力，发展生产。如仁德天皇一次登上高山，俯瞰四方，发现"国中烟不发"，炊烟几无，认为"国皆贫穷"。为了改变国家贫穷、百姓贫乏的现状，仁德天皇下诏"自今至三年，悉除人民之课役"，三年之内概不课以赋税、征发徭役。期间，宫殿即使漏雨，都全不修理，而只是"以械受其漏雨，迁避于不漏处"，即用容器来接漏下的雨水，自己则躲避到屋内不漏的地方，以此节省民力。之后再次视察时，仁德天皇就看到"于国满烟，故为人民富"，这才重新恢复课役。仁德天皇"以百姓之荣，不苦役使"的统治方式，使得百姓称他的治世为"圣帝世"。③ 可以推测，仁德天皇减免赋税、徭役也是紧密地与当时社会背景联系在一起的。一方面，为显示贵族的财富与力量，巨大古坟的修建需要相当的民力；另一方面，当时每值天皇易代基本都会重新修建宫殿，再加诸其他工程，百姓承担的赋税之重也能够想象。

在经济之外，军事上也有发展，如上所述马匹的传入，对增强作战能

---

①『新訂増補国史大系第七卷　古事記』，吉川弘文館、1966 年、中卷、104 頁。
②『新訂増補国史大系第七卷　古事記』，吉川弘文館、1966 年、下卷、132 頁。
③『新訂増補国史大系第七卷　古事記』，吉川弘文館、1966 年、下卷、114 頁。

力、促进统一征战等能起到一定的作用。在武器的制作上,似乎也有进步。如在安康天皇即位前,还是穴穗御子的他就做了一种新式的箭,以他的名字命名为"穴穗箭",代替了原来带有铜镞的轻箭。这一武器制造技术上的进步,实际上也是国王继承权斗争的结果。在允恭天皇去世后,原本作为继承人的轻太子因与胞妹通奸而失去众臣拥戴,支持穴穗御子的呼声更高,为此轻太子开始铸造囤积轻箭。与此相对,穴穗御子则制造穴穗箭,并在之后的权力争夺中胜出,成为安康天皇。[①] 这一故事,反映出统一王权最初的不稳定性,这些权力斗争、政治斗争伴随着日本古代国家的形成过程。此外,地方对中央的反抗也时有发生,如在继体天皇时,还出现了位于北九州的筑紫国造石井"不从天皇之命"、"多无礼"的事情。天皇因此派遣物部荒甲之大连、大伴之金村连两人去除掉石井。[②]

在社会风俗上,《古事记》记载了宗教信仰上的一些咒术风俗,比如被除污秽的褉、逃离灾异的祓、烧炙鹿骨以占卜吉凶的太占之法,还有在审判时,将手深入热水之中,以手是否烫伤为标准来判断真伪的盟神探汤。[③] 关于盟神探汤,允恭天皇曾"愁天下氏氏名名"相互混乱,甚至有"忤逆",因此在大和国味白梼的言八十祸津日神社前,立"玖诃瓮"以"定赐天下之八十友绪氏姓也"。[④] 此外,当时在新房落成时会举行庆典宴会,一边喝酒一边歌舞,如在清宁天皇时,在针间国,有一名叫志自牟的百姓,新室落成,"于是盛乐"、"酒酣以次第皆舞",甚至还把烧火的两人也拉来一起庆祝,而不料这两人却是王子,得知实情后针间国之宰小楯连"闻惊而自床堕",并立刻给王子修建了临时宫殿。[⑤] 这个故事诙谐幽默的同时,也间接折射出当时列岛居民喜好歌舞的民俗。在《古事记》中

---

① 『新訂增補国史大系第七卷　古事記』、吉川弘文館、1966年、下卷、126頁。

② 『新訂增補国史大系第七卷　古事記』、吉川弘文館、1966年、下卷、146頁。

③ 佐藤信・五味文彦・高埜利彦・鳥海靖編『詳説日本史研究(改訂版)』、山川出版社、2008年、43頁。

④ 『新訂增補国史大系第七卷　古事記』、吉川弘文館、1966年、下卷、125頁。

⑤ 『新訂增補国史大系第七卷　古事記』、吉川弘文館、1966年、下卷、140頁。

记载的众多吟歌、对唱、歌垣中也能看到这一点，也正是如此，这一著作的民俗文学价值得到重视，这也提醒我们需要用史料批判的眼光来认真审视其文本。

## 二、《日本书纪》

相对于内容简略的《古事记》，晚八年（养老四年，公元720年）成书的《日本书纪》全书三十卷，内容更加丰富，对历史的描写更为细微，让今人能够了解到当时史实的更多细节，被认为是"一部成熟得多的史书"①。而且在文字使用上，除歌谣辞章为万叶假名表达外，其余均为汉字，且不少内容还直接参考抄用了《后汉书》《三国志》《隋书》等中国史书。这种文字运用的技能，离不开被视为"和魂汉才"的编撰者舍人亲王等人，他们拥有较为卓越的汉籍造诣，灵活地"把日本土著的文化内容融入了华夏文化的框架结构"，但也需要写作者对华丽辞藻、细致描写的过度粉饰、虚构。② 尽管"记纪"两书存在差异，但从修史目的来看，两书又是共通的，即"建立以天皇为中心的国家史"和"由朝廷来确定秩序的氏族谱系"③，以确立朝廷的政治权威，构建起中国大陆式的古代集权国家。

内容上，全书可分为神代史部分、人皇纪部分及128首歌谣三个部分。从史料价值来看，第一部分神话、传说较多，"代表着农耕社会的集团意识"，第二部分中自安闲天皇之后的部分可信度较高，第三部分中的独立歌谣"反映出了上古时代日本民族的风土人情、生活习俗方面的重要特征"。④

渡来人，如上所述是促进当时日本列岛社会发展的重要力量。由于东汉末年之后中国大陆的动乱以及朝鲜半岛诸国争斗带来的不稳局势，

---

① 韩昇："日本古代修史与《古事记》、《日本书纪》"，《史林》2011年第6期。
② 姚继中：《论〈日本书纪〉的产生及其文史价值》，《东方丛刊》1996年第1辑。
③ 韩昇：《日本古代修史与〈古事记〉、〈日本书纪〉》，《史林》2011年第6期。
④ 姚继中：《论〈日本书纪〉的产生及其文史价值》，《东方丛刊》1996年第1辑。

先后有三次大的移民浪潮：第一次是 4 世纪末到 5 世纪初，起因源于高句丽广开土王向朝鲜半岛南部的疆土开拓；第二次是 5 世纪后半叶，尤其是公元 475 年百济受到高句丽攻击，首都被攻陷，国王被杀，在新国王文周王的带领下迁都至朝鲜半岛南方的熊津；第三次是 7 世纪中叶，新罗与中国唐朝结成联合，先后灭掉百济、高句丽，一统朝鲜半岛。① 此外，朝鲜半岛上诸国也会主动向大和政权进献"工女"、"才伎"，而且大和政权也会视自身需要派遣使节到朝鲜半岛或中国南方吴地，请求发送拥有技术专长的移民。他们不仅给日本列岛带来了先进的生产技术和新的生活方式，还带来汉字、儒家经典、佛教思想等其他地区所孕育出的人类文化成果，这在《日本书纪》中就能看到许多例子。

　　第一种因大陆、半岛局势混乱而主动迁移到日本列岛的，在应神天皇时，就记录到弓月君"自百济来归"，并带领着"己国之人夫百廿"，尽管遭到新罗的阻挠，不过也最终成行。② 这些人被认为是在雄略天皇时提到的"秦酒公"所率领的分散在列岛各地的一百八十种"胜"(部)的先祖，同为"秦氏"，为朝廷献上了丰盛的调与庸，并传播了养蚕、机织等新技术。③ 钦明天皇曾召集秦人、汉人等，将其"安置国郡，编贯户籍，秦人户数总七千五十三户"。④ 从秦氏的人口规模可见当时渡来人的规模与影响力，这是不可小觑的，像秦氏他们后来还为营造都城、宫殿、佛寺、财政管理等贡献了力量。渡来人带来的发展，从一个例子也可以看出，在敏达天皇时，高句丽曾遣使来朝，但当时倭政权的统治集团中却无人能读解其中的某份文书，以致援请一位名叫王辰尔的人，才得以了解大意，从名字便可知此人为渡来人；因此事，王辰尔被留在宫中，"从今始，近

---

① 王海燕：《日本古代史》，昆仑出版社，2012 年，第 69 页。
② 『新訂増補国史大系第一卷上　日本書紀』，吉川弘文館，1966 年、卷十、276—277 頁。
③ 『新訂増補国史大系第一卷上　日本書紀』，吉川弘文館，1966 年、卷十四、385—386 頁。
④ 『新訂増補国史大系第一卷下　日本書紀』，吉川弘文館，1966 年、卷十九、51 頁。

侍殿中"。①

　　另外为寻求政治上的支持、军事上的帮助,朝鲜半岛的诸国在公元五六世纪也常向倭政权遣使献贡。如在允恭天皇去世时,新罗国王听闻之后,悲痛之余,还上供"调船八十艘,及种种乐人八十"。② 但主要向倭政权遣使献贡的是百济国,两国间长期保持了类似同盟的友好关系。如在继体天皇时,百济国派遣贡送给倭国"五经博士段杨尔"③;在钦明天皇时,甚至在国内铸造"丈六佛像",并刻有铭文"今敬造,以此功德,愿天皇获胜善之德"④;在敏达天皇时,还"献经论若干卷,并律师、禅师、比丘尼、咒禁师、造寺工六人",将佛教传播到日本。⑤

　　另一方面,为了获得新的技术及文化,倭政权也积极地派出使节到中国大陆、朝鲜半岛。如在应神天皇时,倭王权派遣使节赴中国南方吴地,"令求缝工女",并成功得到吴王应许,获赐"工女兄媛、弟媛、吴织、穴织四妇女",得到了发展机织的基础。⑥ 允恭天皇时,还"遣使求良医于新罗",以为天皇医治疾病。⑦ 在钦明天皇时,派出使节到百济,请求"医博士、历博士等"及"卜书、历本、种种药物"。⑧ 崇峻天皇时,苏我马子等日本贵族对佛教产生兴趣,提出"出家之途以戒为本,愿向百济学受戒法"⑨,并且在后来付诸行动。

①『新訂増補国史大系第一卷下　日本書紀』,吉川弘文館,1966年、卷廿、102頁。
②『新訂増補国史大系第一卷上　日本書紀』,吉川弘文館,1966年、卷十三、349頁。
③『新訂増補国史大系第一卷下　日本書紀』,吉川弘文館,1966年、卷十七、19頁。
④『新訂増補国史大系第一卷下　日本書紀』,吉川弘文館,1966年、卷十九、71頁。
⑤『新訂増補国史大系第一卷下　日本書紀』,吉川弘文館,1966年、卷廿、107頁。
⑥『新訂増補国史大系第一卷上　日本書紀』,吉川弘文館,1966年、卷十、282頁。
⑦『新訂増補国史大系第一卷上　日本書紀』,吉川弘文館,1966年、卷十三、339頁。
⑧『新訂増補国史大系第一卷下　日本書紀』,吉川弘文館,1966年、卷十九、79頁。
⑨『新訂増補国史大系第一卷下　日本書紀』,吉川弘文館,1966年、卷廿一、125頁。

可以看到在古坟时代后期,大陆、半岛传入的佛教文化对日本产生了一定的吸引力,但实际上却有饱含波折。例如在钦明天皇十三年十月时,百济第一次向日本"献释迦佛金铜像一躯,幡盖若干,经论若干",还附表说明佛法之"最为殊胜","此法能生无边福德果报","祈愿依情无所乏";听到这些消息的天皇"欢喜踊跃",虽心向往之,但仍先"历问群臣"。苏我稻目表示支持,认为"西蕃诸国,一皆礼之,丰秋日本岂独背也";而物部尾于、中臣镰子持反对意见,上奏说"我国家之王天下者,恒以天地社稷百八十神,春夏秋冬拜祭为事,方今改拜蕃神,恐致国神之怒"。① 在礼佛争论的背后,实际上是苏我氏与物部氏两大贵族的权力争斗,虽有反复,最终以苏我氏的胜利,而使佛教逐渐在日本列岛播下种子。敏达天皇时,苏我马子、池边冰田、司马达等"深信佛法,修行不懈",成为日本礼"佛法之初"②;其后的用明天皇,在臣下争论的背景下,也最终"信佛法,尊神道"③。这为佛教传入日本后神佛合习的形态奠定了基础,代表着文化传播与文化接受的一种方式;同时也说明古代日本"无条件地全面接受技术性文化与有选择性地接受思想制度性文化"④的特点。

尽管看似当时日本列岛与朝鲜半岛、中国大陆间交流较为频繁,但实际上要达成交往,是需要克服交通上的种种困难的。如应神天皇派人前往吴地时,到达高句丽后,使节一行"更无知道路",于是"乞知道者于高丽",高句丽国派出"久礼波、久礼志二人为指导者",才最终顺利到达目的地。⑤ 这一记载虽然真实性尚待考证,但其相对《古事记》更为细致的叙述,让我们能够间接地看到当时东亚地区海上交通往来的不易。路途的生疏,可以通过经验积累,但是大海的凶险对古人而言却是时刻潜藏的危难。百济在一次朝贺时,就向倭政权陈诉"夫朝贡使者恒避岛曲,

<hr />

① 『新訂増補国史大系第一卷下　日本書紀』,吉川弘文館,1966年,卷十九、76—78頁。
② 『新訂増補国史大系第一卷下　日本書紀』,吉川弘文館,1966年,卷廿、113頁。
③ 『新訂増補国史大系第一卷下　日本書紀』,吉川弘文館,1966年,卷廿一、119頁。
④ 王新生:《日本简史》,北京大学出版社,2005年,13頁。
⑤ 『新訂増補国史大系第一卷上　日本書紀』,吉川弘文館,1966年,卷十、282頁。

每苦风波,因兹湿所赍,全坏无色",故请求变更朝贡海路,"以加罗多沙津为臣朝贡津路"。① 高句丽也曾一度与日本保持交往,其使节抵达的是日本海一侧的"越海之岸",但"破船溺死者众"②,可见当时海上交通之艰难。

倭政权的对外交往,除了友好的一面,也有对外侵略、扩张的方面,特别是本州岛东部的虾夷征战与朝鲜半岛上的任那问题。尽管在应神天皇三年时,东虾夷前来朝贺,还被役使修建厩坂道,③在钦明天皇元年,还有虾夷、隼人"率众归附"④;但倭政权与虾夷间也经常发生战争,如在仁德天皇五十五年,虾夷叛变,并击败了倭王派往阻击的军队。⑤ 倭王权对虾夷的征战,一直持续到中世,以至武家政权时期的实际最高权力者名义上即"征夷大将军"。另外,在列岛之外,倭王权为保障对大陆文化的摄取、对铁矿资源的获得,在朝鲜半岛上有较多涉及,在《日本书纪》中就有内容涉及与百济、新罗、高句丽的关系,其中争论较大的便是所谓的"任那日本府"问题。任那,指的是中国史书中记载的弁辰旧地,在 4 世纪后为加罗、安罗等诸小国所在,大体位于今天韩国南部的庆尚南道。这里是《日本书纪》中 6 世纪日本列岛与朝鲜半岛关系的中心,记载写到这一地区受到日本的支配,在近代日本还形成了以此为基础、服务于对外侵略的"任那"史观,但在战后遭到了批评,但并未否定倭国、倭人在半岛南部的活动。⑥

在反映日本列岛当时的经济、政治、社会方面,《日本书纪》更是提供了丰富的材料。在经济上,水稻自传入后,便成为日本列岛的主要农作物。由于日本也处于季风气候区,为保证水稻生产,除了自然地适合水田稻作的少数"天水田"之外,大多地方都需要兴修水利。如仁德天皇

---

① 『新訂増補国史大系第一卷下　日本書紀』,吉川弘文館、1966 年、卷十七、26 頁。
② 『新訂増補国史大系第一卷下　日本書紀』,吉川弘文館、1966 年、卷廿、103 頁。
③ 『新訂増補国史大系第一卷上　日本書紀』,吉川弘文館、1966 年、卷十、271 頁。
④ 『新訂増補国史大系第一卷下　日本書紀』,吉川弘文館、1966 年、卷十九、51 頁。
⑤ 『新訂増補国史大系第一卷上　日本書紀』,吉川弘文館、1966 年、卷十一、312 頁。
⑥ 加藤謙吉・佐藤信・倉本一宏編『日本古代の地域と交流』,臨川書店、2016 年、147 頁。

时，"掘大沟于山背栗隈县以润田，是以其百姓每年丰之"，还"掘大沟于感玖，乃引石河水而润上铃鹿、下铃鹿、上丰浦、下丰浦"，开垦出"四万余顷之田"，此外也筑造储水的溜池"和珥池"、防治水害的河堤"横野堤"等。① 在这些努力下，丰年也增加，安闲天皇时达到"业业黔首免于饥馑，仁风畅乎宇宙，美声塞乎乾坤"，同时新建了大量屯仓，以储纳粮食，仅在记载中的有一年便增设二十六个屯仓，这也间接反映了生产力水平的发展。② 除农业生产外，在应神天皇时，伊豆国制造了"长十丈"、"轻泛疾行如驰"的"枯野"号官船；年久腐朽后"取其船材为薪而烧盐"，得到"五百笼盐，则施之周赐诸国"，下令造船，"诸国一时贡上五百船"，反映出当时的造船业、盐业已经发展到一定水平。③

在政治上，就作为君主的天皇而言，既有施行仁政的，也有诸如武烈天皇一样的暴厉者。前者的代表有上一节《古事记》中提到的，因望天下无炊烟而减免赋税的仁德天皇；此外还有继体天皇时，"帝王躬耕而劝农业，后妃亲蚕而勉桑序"④。与此相对，"国内居人，咸皆震怖"的武烈天皇，甚至做出"刳孕妇之腹而观其胎"、"解人之家使掘暑预"，可见一斑；其取乐方式也非常残酷，如"拔人头发使升树巅，斩倒树木，落死升者为快"、"使人伏于塘棫，流出于外，持三刃矛刺杀为快"⑤，最终史书对他的评价如下：

> 衣温而忘百姓之寒，食美而忘谈下之饥。大进侏儒倡优，为烂漫之乐，设奇伟之戏，纵靡靡之声。日夜常与宫人沉湎于酒，以锦绣为席，衣以绫纨者众。⑥

天皇之下，对政治发挥重要影响的还有官任大连、大臣的氏姓贵族，

① 『新訂増補国史大系第一巻上 日本書紀』，吉川弘文館，1966 年、巻十一、300 頁。
② 『新訂増補国史大系第一巻下 日本書紀』，吉川弘文館，1966 年、巻十八、42〜43 頁。
③ 『新訂増補国史大系第一巻上 日本書紀』，吉川弘文館，1966 年、巻十、272、281 頁。
④ 『新訂増補国史大系第一巻下 日本書紀』，吉川弘文館，1966 年、巻十七、15 頁。
⑤ 『新訂増補国史大系第一巻下 日本書紀』，吉川弘文館，1966 年、巻十六、1〜6 頁。
⑥ 『新訂増補国史大系第一巻下 日本書紀』，吉川弘文館，1966 年、巻十六、7 頁。

如倭王权早期的葛城氏、平群氏、三轮氏等，还有后来的物部氏、苏我氏等。一般而言，他们拥有世袭的职务，如大伴氏与物部氏执掌军事，平定磐井之乱便是大连物部麁鹿火之攻，中臣氏与忌部氏专责祭祀，苏我氏掌管财政。在这些贵族之间，存在相互的权力斗争，如上述佛教论争实际上便是物部氏与苏我氏在政治经济利益上相互斗争的表象。在天皇与贵族的统治下，普通部民负有服从统治、完纳赋役的义务，如若有所违就会受到惩处。惩处的方式，包括处以墨刑、劳役、迁徙等多种形式，书中多次提到被处以墨刑的"黥人"，负责饲养马匹的饲部就多为"琼人"。具体的惩处，可以从熊略天皇的一次事件来看。在雄略天皇十一年冬十月，鸟官养的禽鸟被菟田人的狗咬死了，天皇嗔怒，将菟田人"黥面而为鸟养部"。当夜有两名守卫负责晚上执勤，私下议论"我国积鸟之高同于小墓，旦暮而食，尚有其余。今天皇由一鸟之故而黥人面，太无道理，恶行之主也"。这话正好被天皇听到了，天皇便命令他们堆积鸟到小坟墓那么高，但这两人并不能仓促完成，于是天皇也下诏将这两人贬到鸟养部中，可见当时统治之严苛。①

在社会上，各种民俗也都在书中得到了反映。在《日本书纪》中多次记载到天皇前往吉野山、淡路岛等地游猎，仁德天皇还得到臣下敬献的百济"俱知"鸟。这种鸟就是老鹰，"得驯而能从人，亦捷飞之掠诸鸟"；天皇去百舌鸟野游猎时，便带上这只"异鸟"同往，"乃放鹰令捕，忽获数十只（雌雉）"②，天皇于是专门设置鹰甘部负责养鹰，这或许可以视作日本狩鹰传统的较早起源。这种狩猎传统，其实在各民族的政权初期都是较为普遍的，反映出人类从原始狩猎、采集社会中进化出来的残留。当时列岛人民的信仰惯习，亦是遇到异象便占卜。例如允恭天皇一次在淡路岛游猎时，分明"迷路猿猪莫莫纷纷，盈于山谷，焱如蝇散"，但却"终日以不获一兽"，于是天皇便派人占卜，测出原因乃是岛神在作祟。也是允恭

①『新訂増補国史大系第一卷上　日本書紀』，吉川弘文館，1966 年、卷十四、380 頁。
②『新訂増補国史大系第一卷上　日本書紀』，吉川弘文館，1966 年、卷十一、310—311 頁。

天皇时,夏天六月"御膳羹汁凝以作冰",便"异之,卜其所"。[①] 上节《古事记》中述及的盟神探汤也是与此类似的信仰活动,都带有较强的萨满教色彩。在上述文献之外,另有朝鲜半岛于 10 世纪左右编纂完成的《三国史记》等史书,其中也涉及了古坟时代日本列岛的状况。与我国史书相同,也多集中与外交、军事方面,不过为我们了解当时东亚国际形势提供了多样的视角与可资对比的史料。

---

① 『新訂増補国史大系第一巻上　　日本書紀 』、吉川弘文館、1966 年、巻十三、346、348 頁。

# 第七章　3—5世纪的内政与外交

## 第一节　倭王权的发展

公元3世纪末,在以大和(即今奈良、京都)为中心的畿内地区,兴起了一个大国,史称大和国。4世纪末至5世纪初,在诸地域国家的政治、经济发展的基础上,大和国逐渐统一了日本列岛,形成了以大和国为核心的统一的王权,中国史籍上称之为"倭王权"。至倭五王时代(413—502年),随着国土的逐步统一和国势的日渐强大,倭王权一方面向中国大陆政权频繁朝贡,另一方面加紧向朝鲜半岛南部扩展其势力。可以说,倭王权是日本列岛作为一个整体走向东亚的开始。

4世纪末至5世纪初,随着国土的逐步统一和国势的日渐强大,倭王权逐渐形成了自己较为广阔的"天下"和"天下观"。与此同时,随着大量涌入日本的中国大陆和朝鲜半岛移民带去更多先进的生产工具、技术和生产方式,使倭王权的统治体制进一步完善,确立了部民制和氏姓制。

### 一、"天下观"

不同的国家、地区有各自不同的"天下",由此形成不同的"天下观"。

中国自殷商以来就以自我为中心建立起广阔的"天下",形成了天子受天命而统治"天下"的"天下观"。但在以中国为中心的天下之外,其实另存在着以各自为中心的天下,如日本在古坟时代建立的倭王权便以自我为中心来构建自己的"天下"与"天下观"。站在中国的角度去看日本倭王权的"天下观",那不是真正的"天下观",顶多是一个"区域"观。但是,在倭王眼中,那就是他们自己的"天下观"。可以说,理解日本古坟时代的"天下观",对于理解当时的内政与外交具有重要意义,因此将其放在最前面叙述。

弥生时代的日本尚处于部落国家林立状态,尚未萌生对"天下观"的认识,但在向中国朝贡与受封的过程中,中国的"天下观"无疑给日本留下了深刻的印象。

在公元4世纪左右,日本由崛起于近畿地区的大和国逐渐统一了九州北部至中部的广大地区,基本上结束了地区国家分裂状态,形成了自己较为广阔的"天下"。进入5世纪后,大和国的最高统治者先后由赞、珍、济、兴、武担任,史学界习惯将这一时期称为"倭五王时代"。从日本考古发掘出土的极少的史料中就能发现关于日本倭五王时代"天下"一词的记载。如江田船山古坟铁剑铭记载:"治天下获[加多支]卤大王世",崎玉稻荷山古坟铁剑铭记载:"在斯鬼宫(矶城宫)时,吾左(佐)治天下,令作此百练利刀,记吾奉事根原也。"由以上两段金石文史料可知,日本列岛上的统治者将其统治地域用"天下"的概念的方式表现出来。西岛定生认为,日本的这一"天下"思想是从中国摄取的,日本通过大和政权所支配的领土这一小世界来置换中国广大无边的大世界,将原来意味着全世界的"天下"的范围缩小了。对于中国来说,似乎"天下"是中国为中心的世界,但是对于倭国来说,倭国也是"天下"。①

随着大王政权的统一与"天下"一词的出现,倭五王已成为拥有较为强大的政治和军事力量的君主,开始出现了最初作为君王号使用的称号

---

① 西嶋定生『日本歴史の国際環境』、東京大学出版会、1985年、78頁。

"天子"一词,并且这种君主的支配意识形态的正统性是由天来保障的。[①]即日本在倭五王时代既形成了以日本自己为中心的"天下",又有了统治这个天下的"天子"。这样,日本也就形成了"天子"受命于"天",对"天下"实施统治这一"天下观"。据中国吉林省集安市的高句丽好太王(广开土)碑记载,4世纪末到5世纪初日本进入朝鲜,并且倭王权曾控制朝鲜半岛的南部地区,同北部高句丽交战过。在中国史籍中,有倭五王要求取得对朝鲜的统治权记载。也就是说,当时倭王权眼中的"天下"是包括了朝鲜半岛南部地区小国的"天下"。

中国的"天下"一般有广义与狭义之分。狭义的"天下"指中国实际统治的范围,广义的"天下"则指以中国为核心,包容其他国家的世界体系和政治秩序。在南北朝时期,虽然不像秦汉、隋唐那样大一统,维持着南北分裂的局面,但南北朝在大部分时间里分别处于统一政权的统治之下。特别是南方先后建立的东晋、宋、齐、梁、陈等王朝拥有的政治正统性和文化优势,依然对周边国家产生了不同程度的影响和吸引。因此,在南北朝时代,虽然狭义的"天下"范围缩小了,但是广义的"天下"范围是不变的。在思想上,无论南朝还是北朝,都以中国的主宰自居,仍存在广义"天下"中的朝贡体系与华夷秩序下的统一于"天子"的"天下观"。通过与古代中国的"天下观"比较可以发现,日本倭五王时代"天下观"的特点主要有以下几点。

首先,倭五王时代的"天下观"的形成深受中国"天下观"的影响。"东亚,当秦汉帝国建立起来的时候,朝鲜半岛和日本尚处于部落、国家林立的状态,需要从秦汉输入文化和技术以提升自我。"[②]日本列岛在其提升自我时,其价值基准是中国的,因而也形成了带有"华夷秩序"思想的"天下观",即将倭王权视为"中华",将列岛中未服教化者称为"夷狄"的思想。其表现之一从倭王武上奏表文中的"东征毛人五十五国,西服

① 河内春人「日本古代における『天子』」、『歴史学研究』1745号、2001年1月。

② 韩升:《中国古代的外交实践及其基本原则》,《学术研究》2008年第8期。

众夷六十六国"(《宋书·倭国传》)中我们可以看出。正如堀敏一指出的那样:"全世界只有一个皇帝,这是理所当然的想法,但是,在现实中,中国的周边国家的诸民族形成了自己的国家,并试着成立王权。而这些建立王权的国家,大王又只有以中华的世界的国家、君权为模型。"①因此,在中国"天下观"的笼罩下,日本的"天下观"必然无法摆脱中国化因素,带有很深的中国的印记。

其次,倭五王的"天下观"是以承认中国的"天下观"为前提的。即日本承认天下可以有王中王,或者说是不像中国的"天下观"是"天无二日,土无二王,家无二主,尊无二上"(《礼记·坊记》),而是允许比自己更高的王的存在,认为自己"封国偏远,作藩于外"(《宋书·倭国传》),承认以中国为中心的"天下",并且希望从更高的王中获得某种称号。日本倭五王时代向中国派遣使节的一个共同目的就是请求授予爵号。坂本太郎认为"日本之所以需要这个称号,是想通过这个称号,说明中国承认其统治半岛各国的正当性,然可借中国的权威君临各国"②。也就是说,日本只有首先加入中国的"天下"体系,才能成为中国"天下"的一员,才能获得权力的正当性。总之,倭五王的"天下观"所要统治的"天下"并不是他们所知的全世界,而是包含于中国的"天下"之中。日本的"天下"与中国的"天下"并不是两个独立的世界,中国的"天下"包含了日本的"天下"。

再次,倭五王的"天下观"尚未形成自己的一套体系。以中国为中心的"天下观",发端于先秦时期,至南北朝时已逐渐成熟,已经有朝贡体制及华夷秩序这样的体系保证。而日本的"天下观"此时才刚刚形成,不存在一种体系与秩序。但倭五王"天下观"中的"天下"中也同中国"天下观"中的"天下"一样,具有狭义与广义的区别,并且采取不同的策略来实现对该"天下"的统治。狭义上的"天下"主要是指由大和民,以及"毛人"、"众夷"等少数民族人民组成的日本实际统治"天下";广义上的"天

① 堀敏一『中国と古代東アジア世界』、岩波書店、1993 年、160 頁。
② 坂本太郎:《日本史概说》,汪向荣、武寅、韩铁英译,商务印书馆,1992 年,第 36 页。

下"则包括了朝鲜半岛南部小国的想象中的"天下"。对于狭义"天下"中的部落或边缘民族,如"毛人"、"众夷"等,如不臣服,则主要以武力征服;对广义上的"天下"中的朝鲜半岛上的高句丽、百济、新罗等政权,则希望通过中国的册封获得合法占有权。

最后,倭五王政权所谋求建立的以大和为中心的"天下"及其"天下观"的实现途径,主要是在经济实力的增长和国内王权的强大的基础上,通过积极、主动地向中国朝贡去实现的。这与此后从要求与中国平起平坐到极力希望打破中国的"天下观"的思想不同。这种方式是符合当时日本社会及其东亚社会发展特点的,对当时日本列岛的整体发展有着重要的影响。

历史上的日本对华朝贡呈现间断性、功利性、叛逆性。[①] 而倭五王时代对华朝贡的主要特点则是功利性的,还不具有叛逆性。在制度、法律、文化和技术甚至连军事也不占优的情况下,倭五王时代的"天下观"通过向中国朝贡去实现些许的功利,而不是通过武力和强权,这是符合日本历史发展规律和当时日本自身发展特点及其实际情况的。倭五王时代无疑是日本历史上一个十分重要的时代,正是在这个时代,在这样一种"天下观"的影响之下,中国文化不断流入日本,使日本的文明化向前迈进了一大步。[②]

## 二、部民制

随着国家的统一和不断输入中国大陆、朝鲜半岛先进的生产技术和文化,大和国迅速提高了农业和手工业的生产力。适应生产力的发展水平而建立起来的生产关系就是部民制。部民制最早渊源于大和国的"伴"("伴"与"部"的古训均为"とも")制度。随着中国大陆和朝鲜半岛

---

① 付百臣:《略论日本在东亚朝贡体系中的角色与作用》,《社会科学战线》2006年第2期。
② 原秀三郎「日本列岛の未開と文明」,『講座日本歴史』1 原始・古代1、東京大学出版会、1983年、16頁。

的移民迁徙至日本,百济的部司制也传入日本。由于百济的部司制与日本固有的伴制颇有相似之处,因此,大和国将百济的部司制和原有的伴制相结合,构成了部民制。部民是大和国的主要生产者,其根据所属关系,大致可以分为国家占有的"公有部民"和豪强贵族占有的"私有部民"。如果根据部民所从事的生产领域区分,大致又可以分为三大类:(1)专门从事粮食等农产品生产的田部;(2)从事除粮食以外的各种手工业、渔业、林业等生产的品部;(3)负责官僚机构某项事务和从事王宫贵族侍奉、守护的杂部。

当时大和国的统治者之所以积极地推行部民制,主要是由于它具有相对的优越性。首先,"部"这种组织形式,便于吸收大陆的先进技术和安置身有技艺的大陆移民;其次,部民按专业组编,既便于控制,又能使生产者在专一的生产中,不断创造出统治者需要的物质财富;最后,部民组织不打破居民中残留的氏族关系,不改变各豪强的私有土地和私有民,减少了豪强势力对中央的抗拒,有利于国家政局的稳定。①

田部是耕种土地,生产以粮食为主的农产品的部。当时存在着两种土地所制,一是土地公有制;二是土地私有制。公有土地包括直辖政府的屯仓、屯田;私有土地包括王族私有的子代、名代和地方豪强私有的田庄等。

所谓"屯仓",就是国家的仓库,多设在农业较为发达的地区或交通要冲、军事重地,用以储藏稻谷和海产品等物资,以预防不测之事。屯田则是由国家和各级官僚机构掌握的公田。屯仓和屯田的主要来源,有的是朝廷把中国大陆和朝鲜半岛的移民和调来的被征服者编成田部,役使他们开垦和耕种的;有的是朝廷凭恃自己的权威,命令国造、县主割让私有的一部分肥沃土地,献给国家设立新的;有的是违法的地方官吏和豪族为赎罪而奉献的;有的则是地方官吏和豪强主动奉献的。耕种屯仓、屯田的部民,既有被贬的罪犯,也有中国大陆和朝鲜半岛的移民,但主要

---

① 王金林:《日本古代部民的性质》,《历史研究》,1981 年第 3 期。

的还是住在乡间的原居住民。田部民大多是独自成户,称为"田户"。田户们的行动受到严格限制。田户与所属的田部这一集体和土地紧紧地束缚在一起,没有朝廷的指令,田户是绝对不允许任意迁徙的。一旦允许迁徙,也是遵奉朝廷的命令,集体地迁徙到指令的地区。

从 5 世纪初至大化改新(645 年)为止,每一代大王都建立了个人私有的子代、名代。子代、名代的土地,主要是通过四种方式获得,即(1)由大王或大王的使者圈地为界,组织垦殖;(2)大王强令国造和地方豪族,割让所领范围内的一部分土地和部民而建立;(3)地方豪族献媚于上,自动将私有土地和部民,奉献给王公贵族;(4)豪族因犯法,为赎罪而献的私屯仓和部民。子代、名代一般都委托各地国造、地方豪族管理。王公贵族所需物品和劳役,均由管理者定期纳贡。

地方豪强私有的田庄是其凭恃自己的职权和势力,垦殖的土地。私有田庄一般可以分为三种不同的类型:第一种是役使劳动奴隶耕种的田庄。大寺院和中央贵族在畿内地区的一些田庄驱使大批劳动奴隶耕种。第二种是役使家内奴隶耕种的田庄。有些地方豪族的田庄使用家内奴隶耕作。第三种是地方豪族或中央贵族亲自经营的田庄。这些田庄主要用于买卖或租赁。①

品部民是从事某种专业的王公贵族私有民,种类繁多,日本史学界常称为"职业部"。根据太田亮的研究,品部民达 160 多种,大致可以分为祭祀、政治杂掌、学问艺术、军事、工业、农业、渔业、狩猎、林业、畜牧、交通以及其他等共计 12 个种类。② 其中如山部主要生产树果、猪、鹿等贡纳品;海部主要贡纳海产物;土师部主要生产土师器、垣轮及王室的食器等贡纳品;忌部主要生产用于神事的棉布、麻布、木材等贡纳品;锻冶部主要生产铜、铁器等;马饲部主要饲养和训练马。

品部民主要由三种人构成:一是因犯法而被贬者、或战争中的俘虏;

① 井上光貞「部民の研究」、『井上光貞著作集』第四巻、岩波書店、1985 年、30—31 頁。
② 太田亮『日本上代における社会組織の研究』、磯部甲陽堂、1929 年、168—172 頁。

二是从大陆迁徙来的汉人和韩人手工业者；三是分布在广大乡间的原居住民。这三种品部民在社会上的地位不尽相同。地位最高的是大陆移民手工业者，最低的是被贬的罪犯。原居住民则介于二者之间，比被贬罪犯自由些，但不得随意迁徙，一切听命于朝廷和领主的指令。从大陆迁徙来的汉人和韩人手工业者以及分布在广大乡间的原居住民，具有以下共同特点：一是他们是被允许彼此婚姻，且建立家庭的；二是品部民大多集体地居住在乡间；三是他们都必须定期或根据需要，向朝廷、领主贡纳产品和服劳役。

杂部是一种较为特殊的部。既包括藏部、史部等颇具影响的世家望族，也有舍人、采女等拥有官职的家族，同时还有隼人、虾夷等身份最为低贱的少数族部民。

与部民制相辅的是奴婢制度。奴婢与部民不同。首先，奴婢可以买卖，部民则不能买卖。部民有随土地转移主人的，却没有被买卖的。其次，主人对奴婢有生杀予夺之权，部民则不能任意杀害。最后，奴婢无家室，被强制地居住在主人家中，而部民一般都有家庭。奴婢在人格上只不过是主人的财物和会说话的工具。①

关于部民的阶级属性，学界目前尚无定论。日本学界的主要观点包括农奴说、奴隶说和农奴与奴隶二者并存说三种。② 我国学者王金林认为，部民呈多样性，即奴隶型、隶农型和农奴型三种类型部民并存，在数量上以隶农型部民占大多数。③

## 三、氏姓制

与部民制这种经济基础相对应的统治体制是氏姓制。在古坟时代，氏姓制是日本的社会基础，政治、经济和文化都是以氏族为中心而得以

① 吴廷璆：《日本史》，南开大学出版社，1994年，第36页。
② 直木孝次郎「部民制の一考察」，『日本古代国家の構造』，青木書店、1974年、7頁。
③ 王金林：《简明日本古代史》，天津人民出版社，1984年，第53—54页。

运转。"氏"不论大小均由家庭组成,少则数十户或几户,多则数百户。户数较少的氏往往称为"小氏",户数较多的氏则被称为"大氏"。"氏"的首领称为"氏上",主要负责管理血缘亲属"氏人"和无血缘关系的成员部民和奴婢等。"氏上"在氏族内部主持祭祀,裁断诉讼,管理生产、生活,并负责与外部交涉,率领"氏人"仕奉朝廷等。

一个"氏"往往是一个官职世袭的贵族世家。他们根据该氏族在朝廷中所担任的官职、社会地位或该氏族所居住、管辖的地方而命名。例如,"忌部氏"是源自掌管祭祀的氏族;"大伴氏"和"物部氏"是源于掌管军事的氏族;"近江氏"是指统治近江地方的氏族;"出云氏"主要指居住于出云国氏族。事实上,古坟时代大和朝廷中有着最高权力的倭王家,正是当时最强大的氏族。

正如我国存在公孙、夏侯、诸葛、令狐、西门等多种复姓一样,古坟时代的日本也存在多种"复氏"。太田亮总结为以下一些类型:地名加地名(如纪河濑、上毛野坂本、苏我田口等)、地名加部名(如久米物部、肩野物部、平群壬生等)、地名加特殊名(如阿倍志斐、巨势楲田等)、部名加地名(如物部飞鸟、物部伊势、汤坐菊多等)、部名加部名(如海犬养、海语、物部海、蝮壬部等)、部名加事由(如膳大伴等)、事由加地名(如大伴安积、大伴攞津等)、事由加部名(如大伴大田等)以及事由加事由等九大类。此外,根据"复氏"前半部与后半部所产生的先后时间,又可以分为三类:即前半部早于后半部、前半部晚于后半部、前半部与后半部同时产生三类。[1]

由于古代日本在很长一段时间内不分父系、母系,由双系构成同族集团,因此氏名既有来自父系的,也有来自母系的,很不稳定。其中也有一些由父系和母系氏名复合构成,如"物部弓削守屋大连",该氏中就包含有父系的氏名"物部"和母系的氏名"弓削","这一方面反映了当时的

---

① 太田亮『日本上代における社会組織の研究』、磯部甲陽堂、1929 年、306—307 頁。

婚姻形态,同时亦反映了一种社会的多重从属关系。"①

姓最早是弥生时代表示豪族身份的称号。如对马彦的"彦"最初表示统治对马岛豪族的称号;不弥玉的"玉"最初表示统治不弥国的豪族的称号。这些称号不是由中央朝廷制定,而是由他们自己决定,象征着当时的地域小国。随着大和国势力的发展,倭王为了建立有效的统治秩序,逐渐掌握了赐予或剥夺姓的权力。在吸收新罗按血缘关系固定人的身份、官阶的骨品制的基础上,倭王开始按照与自己的亲疏关系、血缘的远近,以及其势力与功劳的大小,对隶属于朝廷的许多氏族以及各地的旧贵族分别赐予"姓",形成了以"姓"为标志划分等级的制度。"姓"实际上成为表示"氏上"地位和职务的称号,类似于世袭的爵位。

在古坟时代,大和朝廷制定和赐予豪族的姓主要有"臣"、"连"、"君"、"造"、"直"、"首"、"史"、"村主"等。这些姓排序严格,等级分明,大致可分为四等。第一等是"臣"、"连"、"君"。多赐给朝廷中有势力的大豪族(如葛城臣、平群臣、苏我臣、大伴连、物部连、中臣连等)和地方上历史悠久的大豪族(吉备臣、出云臣、筑紫君、毛野君等),是最有势力的"姓"。其中臣姓和连姓豪族集团又产生"大臣"和"大连"。"大臣"、"大连"辅佐大王,总揽国政,是豪族中最高的称号和官职。第二等是"造"、"直"。多赐给地方小豪族和部民的统率者。如水取造、酒部造、倭直、伊势直、河内直等。造姓、直姓地方豪族比臣姓、君姓地方豪族对大王政权的从属性更强。第三等是"首"。赐予国造以下地方官和屯仓管理人,如宿见屯仓首等。第四等是"史"、"村主"、"吉土"、"日佐"等。皆为大陆移民氏族的姓,有些大陆移民也被赐予"造"、"直"、"首"等姓,如秦造、东汉直等。

古代日本"氏"与"姓"相结合的统治体制为大和国统一日本列岛奠定了基础。在氏姓制度形成过程中,由于大和集团在对其他氏族集团进行武力征服的时候,对表示臣服的氏族集团,既不破坏其氏族组织,又承

① 王秀文:《日本姓氏制度的演变及其特征》,《日本学刊》,1993年第4期。

认氏族首领在本氏族的统治地位,这就减缓了被征服者的反抗。大和集团因此得以迅速扩强,完成向国家的过渡。① "姓"是根据出身世系,由天皇下赐,既象征特殊荣誉,又能给贵族带来莫大实惠。因此,氏姓制度对于扩大统治基础,维护朝廷的利益也起到一定作用。② 氏姓制度作为一种身份等级制度,与以后推古朝的"冠位十二阶"和天武朝的"八色姓"相比,还很不完备,其位阶的设定和授予标准等都未定型。尽管如此,以抽象的姓表示尊卑的氏姓身份制,取代了古坟营造这种通过具体物象体现的身份制,这一事实表明大王政权已开始跨入当时东亚世界发达国家的行列。③

综上所述,倭王权的政治体制是相当严密、实用的,随着国土的统一,倭王的权力也在逐步强化。如果没有这个政治基础和土壤,我们很难想像倭王权能在当时的东亚世界中扮演重要角色。

## 第二节  倭与大陆政权

在中国两晋时期,中国史籍几乎没有关于与日本交往的记载。而这一时期的日本,正是邪马台国逐渐衰落、大和国逐渐统一列岛的时期。到了中国南北朝时期,日本列岛形成统一的倭王权,中断已久的中日交往重新得到恢复。

### 一、倭五王的世系及其对应天皇的推定

自西晋泰始二年(266年)女王壹与遣使朝贡西晋至东晋义熙九年(413年)倭国向中国王朝派遣使者,中国史书上中断了近150年的中日交往记载重新开始,出现了中国史书上所谓的"倭五王时代"。据《宋书·倭国传》载:

① 王顺利:《古代日本氏姓制度浅析》,《东北师大学报》,1992年第4期。
② 李卓:《氏姓制度与日本社会》,《史学月刊》,1985年第5期。
③ 沈仁安:《日本起源考》,昆仑出版社,2004年,第259页。

倭国,在高骊东南大海中,世修贡职。高祖永初二年,诏曰:"倭赞(或作倭赞——引者注)万里修贡,远诚宜甄,可赐除授。"太祖元嘉二年,赞又遣司马曹达奉表献方物。赞死,弟珍立,遣使贡献,自称使持节都督倭、百济、新罗、任那、秦韩、慕韩六国诸军事、安东大将军、倭国王。表求除正。诏除安东将军、倭国王。珍又求除正倭隋等十三人平西、征虏、冠军、辅国将军号,诏并听。二十年,倭国王济遣使奉献,复以为安东将军、倭国王。二十八年,加使持节、都督倭、新罗、任那、加罗、秦韩、慕韩六国诸军事,安东将军如故,并除所上二十三人军、郡。济死,世子兴遣使贡献。世祖大明六年,诏曰:"倭王世子兴,奕世载忠,作藩外海,禀化宁境,恭修贡职。新嗣边业,宜授爵号,可安东将军、倭国王。"兴死,弟武立,自称使持节、都督倭、百济、新罗、任那、加罗、秦韩、慕韩七国诸军事、安东大将军、倭国王。①

从引文着重号字可以看出,倭国先后有赞、珍、济、兴、武5位王遣使朝贡刘宋王朝。其中赞与珍为兄弟关系,赞为兄,珍为弟;兴与武为兄弟关系,兴为兄,武为弟;但关于珍与济的关系,《宋书·倭国传》没有言及。据《梁书·倭传》记载:"晋安帝时,有倭王赞。赞死,立弟弥。弥死,立子济。济死,立子兴。兴死,立弟武。"②《册府元龟》也采纳了这一说法:"晋安帝时,倭王赞死,弟弥立。弥死,子济立。宋元嘉二十年,济死,世子兴立。兴死,弟武立。"③也就是说,在《梁书》与《册府元龟》两书中赞之后的倭王均为弥,且均认为弥与济为父子关系。

中国史料中记载的不统一性,为关于倭五王世系的争论埋下了伏笔。那么,弥与珍究竟为两个人呢,还是同一人呢?王仲殊先生提出"珍"和"弥"可能是两个人。在升明二年倭王武向宋顺帝的上表文中有

① 汪向荣、夏应元编:《中日关系史资料汇编》,中华书局,1984年,第31页。
② 同上书,第41页。
③ 同上书,第48—49页。

"自昔祖祢,躬擐甲胄,跋涉山川,不遑宁处"的记载。一般认为,"祖祢"
只是祖先、祖宗之意。但王仲殊先生认为:"根据《梁书》编撰者的理解,
表文中'祖祢'实为'祖弥',专指倭王武的祖父,'弥'是其名。这便是《梁
书·倭传》以'弥'为倭五王之一的原因。"因此,"倭王的名单应按照《宋
书·倭国传》(连同武的表文)并参考《梁书·倭传》所记,包含弥、赞、珍、
济、兴、武六王。"①但大部分学者认为"珍"字在书写中也写作"珎",将王
字旁写的潦草一点就会被误为"弥",所以"珍"与弥"应当是一个人。

根据后者的观点,倭五王的世系如下:

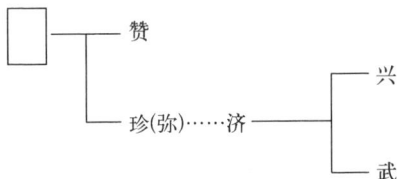

值得注意的是,赞、珍(弥)、济、兴、武都是中国式的名字,在《日本书
纪》等文献史料中并未出现。因此,倭五王相当于《日本书纪》中所记载的
哪几位"天皇"呢? 关于这个问题,备受日本学者的关注,研究成果也很多。

首先,我们看看这一时期日本天皇的系谱。

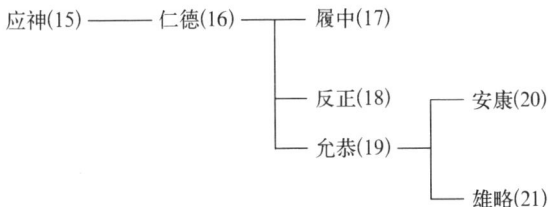

一般认为,最容易推定的是将"武"视为雄略天皇。因为雄略天皇讳
"大泊濑幼武",所以认为"武"可能取自讳中的"武"。容易推定的是将
"兴"视为安康天皇。因为安康天皇与兴的谱系相符,而且他的讳是"穴
穗",所以认为"兴"就是"穗"的转讹。如果"武"是雄略,"兴"是安康的

---

① 王仲殊:《东晋南北朝时代中国与海东诸国的关系》,《考古》,1989年第11期。

话,因为"济"是"兴"、"武"兄弟的父亲,那么,安康天皇和雄略天皇之父允恭天皇自然就确定为"济"。也就是说,倭五王中济、兴、武分别对应允恭天皇、安康天皇、雄略天皇这一点在学界基本上是统一的。但是,关于"赞"和"珍(弥)"所对应的天皇,存在履中天皇或仁德天皇,甚至应神天皇等多种见解,没有定论。

关于"赞",最普遍的观点是把其推定为仁德天皇。吉田东伍、菅政友、那珂通世、岩井大慧、池田宏等许多学者都主张这一观点。第二种观点把"赞"推定为履中天皇。松下见林、新井白石、白鸟清、藤间生大等人主张这一观点。另外,前田直典等少数人主张"赞"为应神天皇。关于"珍(弥)",推定为反正天皇的观点最多。其理由是反正天皇的讳"瑞齿别"中的"瑞"与"珍"相似,而且两者的意思也相近。也有学者把"珍(弥)"推定为仁德天皇,如前田直典。[1]

上述推定看似有一定道理,实则较为牵强。理由之一是《日本书纪》本身的原因。过去,《日本书纪》上记载的事情被视为无可怀疑的事实。"二战"结束后,日本学者重新检讨皇国史观问题,《日本书纪》的权威扫地,其史料价值几乎被视为零。当然,笼统地对《日本书纪》的可信性下断语是不科学的,"其史料价值因情况而有所不同"[2]。但可以确定的是,应神天皇、仁德天皇、履中天皇、反正天皇、允恭天皇、安康天皇以及雄略天皇,都是7—8世纪在编撰《日本书纪》的过程中精心炮制出来的人物。例如,据《日本书纪》记载,应神天皇活到111岁,仁德天皇活到143岁。即使在今天,人类也不可能有这么长的寿命。只要稍有常识的人,恐怕不难明白其中的虚构成分。

理由之二是倭五王与所推定天皇所生活的年代并不相符。中国南朝的刘宋王朝建立于420年,亡于479年。根据《日本书纪》和《宋书·倭国传》记载可知:

---

① 藤家礼之助『日中交流二千年』、東海大学出版会、1988年、57頁。
② 坂本太郎:《日本的修史与史学》,沈仁安、林铁森译,北京大学出版社,1991年,第18页。

应神天皇死于310年,仁德天皇死于399年,履中天皇死于405年。倭王赞是在元嘉二年(425年)以后死亡的。因此,无论是应神天皇,还是仁德天皇,抑或履中天皇,都不可能是赞。

反正天皇死于410年。倭王珍(弥)曾在元嘉二年(425年)以后向宋王朝进行过朝贡。因此,仁德天皇和反正天皇都不可能是珍(弥)。

允恭天皇死于453年。倭王济在元嘉二十八(451年)以后死亡,所以目前尚无法断定允恭天皇与济是否是同一人物。

安康天皇死于456年。倭王兴在大明六年(462年)以后死亡,所以安康天皇与兴可能是同一人物。

雄略天皇死于479年。倭王武在502年还从梁武帝获得征东将军称号,所以两人不可能是同一人物。

总之,迄今为止日本学者还拿不出可以证实《日本书纪》中的天皇确实存在的可靠史料,同时倭五王与推定的几位天皇所生存的年代也是完全不符的。

那么,《日本书纪》为什么不参考中国史料,按照中国的史料来推定所对应的天皇呢?首先,《日本书纪》鲜明地打出日本的国名,详细记载了同大陆以及朝鲜半岛诸国的交涉,与本国相对的外国意识很强,反映了牢固的国家观念。其次,日本天皇意识到要使天皇的威望永存,中央集权政治体制得到巩固和延续,仅仅依靠政治制度的保障还不够,尚需要借助祖先神的宗教权威,来增强其君临天下的正统性。为此,《日本书纪》鼓吹天皇氏族从公元前660年的第1代神武天皇起就万世一系地统治着日本。"倭五王的历史是有史料为依据的,而公元5世纪时的所谓天皇都是虚构的人物,不可同日而语。如果《记·纪》(即《古事记》和《日本书纪》——引者注)收录了有关倭五王的历史事实,无疑只能搬起石头砸自己的脚,难以自圆其说。"①

---

① 山中顺雅:《法律家眼中的日本古代一千五百年史》,曹章祺译,中国社会科学出版社,1994年,第140页。

## 二、倭王赞时期宋倭交往的开展

根据中国史书的记载,自西晋泰始二年(266 年)以后,倭国再次向中国王朝派遣使者是东晋义熙九年(413 年)。但是这并不等于说其间两国没有往来,其中的原因可能是"由于从晋惠帝时期开始的内乱,及以后接踵而至的长达一个半世纪的战争,晋朝档案或失散或毁于兵燹,后人编纂晋史者难以详载而已"。① 根据中国史料记载,武帝咸宁四年(278年),"东夷六国来献";太康元年(280 年),"东夷二十国朝献";太康二年(281 年),"东夷五国朝献";太康四年(289 年),"东夷绝远三十余国,西南夷二十余国来献";太熙元年(290 年),"东夷七国朝贡";孝武帝太元七年(382 年),"东夷五国,遣使来贡方物"。上文中的"东夷"一词,主要指朝鲜半岛和日本群岛上的古代国家,在个别场合也包括中国东北边区一带的少数民族。据此,王金林先生估计,上述记载中的"东夷"各国中,"也应包括倭国在内"。②

据《晋书·安帝纪》义熙九年(413 年)条载:"是岁,高句丽、倭国及西南铜头大师并献方物。"③另《南史·倭国传》载:"晋安帝时,有倭王赞遣使朝贡。及宋武帝永初二年诏曰:'倭赞远诚宜甄,可赐除授'。"④据此可以推测,义熙九年献方物者为赞。此外,据《义熙起居注》载:"倭国献貂皮、人参等,诏赐细笙、麝香。"

关于上述记载,过去日本学者一般认为,这次的倭国使节是从附于高句丽使节前往东晋的,而当时高句丽与倭国的关系是军事敌对性的,因此出现在东晋王朝的倭国使节并不是倭王派出的,而是高句丽把在战场上俘虏的倭人作为倭国使节,一同带至东晋。⑤ 尤其是从"倭国献貂皮

---

① 张声振、郭洪茂:《中日关系史》第一卷,社会科学文献出版社,2006 年,第 72 页。
② 王金林:《汉唐文化与日本古代文化》,天津人民出版社,1996 年,第 73 页。
③ 汪向荣、夏应元编:《中日关系史资料汇编》,中华书局,1984 年,第 29 页。
④ 同上书,第 56 页。
⑤ 坂元義種『倭の五王—空白の五世紀』、教育社、1981 年。

人参"这些朝鲜半岛的特产来看,上述分析有一定道理。但是,最近十年来,日本学者开始修正上述观点。如石井正敏认为,《义熙起居注》载"倭国献貂皮、人参等,诏赐细笙、麝香"中的"倭国"是"高句丽"的误记。① 田中史生认为,《晋书》的记载只能说明了倭国同高句丽是同一年遣使来到东晋,因此倭国也有单独地正式派遣使者的可能性。②

《宋书·倭国传》载:"倭国,在高骊东南大海中,世修贡职。高祖永初二年,诏曰:'倭赞万里修贡,远诚宜甄,可赐除授。'太祖元嘉二年,赞又遣司马曹达奉表方物。"关于上述这段记载,学界有许多疑问。

第一,有学者对上述史料的真实性问题提出质疑。一般认为,正史记载中"本纪"记载的准确性相对"列传"高。如果一次外交往来能够得到同本史籍中"本纪"与"列传"的共同支持,则为最佳。然而,上述史料没有获得这样的文献支持,因而其真实性遭到质疑。

第二,《南史·倭国传》称"倭王赞",为何《宋书·倭国传》称"倭赞",而非"倭王赞"呢? 究其原因,可能是由于赞虽然开始了倭国的统一事业,但并未完成,对其是否具备"倭国王"的资格,仍然摇摆不定。

第三,"可赐除授"的具体官职是什么并没有明确交代。堀敏一先生经过考证将其复原为"安东将军、倭国王"。③ 如其属实,"对于有志于逐鹿朝鲜半岛的倭赞来说并不是一个理想的官职"④。但从太祖二年倭王赞马上又派使者司马曹达来"奉表献方物"的举动看,赞应该还是高兴地接受了刘宋的册封。

第四,关于司马曹达的身份问题。在倭五王历次所派遣使节中,唯独司马曹达一人留名史册,这说明他在倭王政权中的举足轻重地位。一

---

① 石井正敏「5 世纪の日韓関係―倭の五王と高句麗・百済」、『日韓歴史共同研究委員会報告書 第一期第一分科古代＞』、2005 年。
② 田中史生「倭の五王の列島支配」、『岩波講座 日本歴史 第 1 卷』原始・古代 1、岩波書店、2013 年。
③ 堀敏一『中国と古代アジア東世界』、講談社、1993 年、157 頁。
④ 房奕:《东亚国际秩序瓦解过程中的中古各国关系》,复旦大学博士学位论文,2007 年,第 127 页。

般认为,司马曹达是一位汉族移民,因为其具有熟悉中国事务的优势(包括语言、军事和风俗习惯上的),因而被日本朝廷任命为使节派往南朝。

第五,是否存在刘裕向倭赞遥授虚封的可能性? 有观点认为,永初二年宋晋更替刚刚完成,刘裕回忆起安帝时倭王赞的朝贡,出于政治宣传的目的或者外交的需要,故而"远诚宜甄,可赐除授",事实上只是宋王朝单方面向倭国授爵。① 日本学者坂元义种也认为永初二年倭赞仅除授而未遣使。根据我国学者沈仁安的解释,"万里修贡"不是指义熙九年,而应是指永初二年倭赞向刘宋皇帝的初次遣使。这从"又遣"的表述中可以得到佐证。从情理分析,永初元年(420 年)刚刚取代东晋的刘宋王朝,是不会去表彰前代的功绩的。而面临统一任务,曾迫不及待地向衰亡的东晋遣使的倭王赞,按惯例,在刘宋王朝新建时,绝无不派使之理。根据以上这些理解,应该说,事实正与坂元义种的看法相反,永初二年,倭王赞派使祝贺刘宋王朝的建立,但并未获得刘宋皇帝的除授。②

第六,元嘉二年遣使的原因是什么? 日本学者坂元义种认为,因为永初二年刘宋授予倭王赞的爵位低于高句丽和百济王,倭王赞对此不满,才派遣司马(府官次席),而非长史(府官首席)为使节,以表示对刘宋的太慢态度。我国学者沈仁安则认为,元嘉元年刘宋高祖亡故,太祖即位,为此倭王赞遣使吊死贺新。③ 或许元嘉二年的遣使包括了上述两种原因。

据《宋书·文帝纪》载:元嘉七年(430 年)正月,"倭国王遣使献方物"④。关于这次遣使的主体是谁,学界有不同看法。一种见解认为,元嘉七年遣使并没有说明王位已经发生更替,而此后遣使的时候却又说明发生更替,因而主体是赞;另一种见解则认为,元嘉七年遣使的主体是"倭国王",而赞并未除授"倭国王"称号,因而主体为珍。还有一种观点

---

① 王贞平:《汉唐中日关系论》,文津出版社,1997 年,第 112—113 页。
② 参见沈仁安:《日本起源考》,昆仑出版社,2004 年,第 293—294 页。
③ 同上书,第 294 页。
④ 汪向荣、夏应元编:《中日关系史资料汇编》,中华书局,1984 年,第 33 页。

通过对比倭五王和《日本书纪》中天皇的世系后认为,赞即仁德天皇,珍即反正天皇,中间缺了履中天皇的记载,因而主体是一位既非赞又非珍的倭王,即履中天皇所对应的一位王。

### 三、从倭王的爵号看倭国在东亚的地位

倭五王时代,倭王与大陆政权交往的主旋律是倭国不断要求获得授爵。中国史料中没有明确记载倭赞是否要求授爵,首次明确记载提出授爵请求的是倭王珍(弥)。据《宋书·倭国传》载:

> 赞死,弟珍立,遣使贡献。自称使持节都督倭、百济、新罗、任那、秦韩、慕韩六国诸军事、安东大将军、倭国王。表求除正。诏除安东将军、倭国王。珍又求除正倭隋等十三人平西、征房、冠军、辅国将军号,诏并听。[1]

永初元年(420年)宋武帝在册封倭王赞的同时,还册封百济为镇东大将军,爵位在倭王之上。"外国君主接受中国官号的动机绝不仅仅是出于认同中的世界秩序,而主要是基于对自身政治利益的考虑。"[2]从倭王珍"自称使持节都督倭、百济、新罗、任那、秦韩、慕韩六国诸军事、安东大将军、倭国王"来看,倭王珍即位后,倭国的经济和军事力量都得到了发展,因此不满足倭王赞时低于百济王的爵号,希望借助刘宋的册封来提升其在东亚各国关系中的地位。换句话说,实际上是要中国承认倭国在朝鲜半岛的权力。然而,刘宋王朝没有许可,不仅不给予都督百济等六国军事的称号,甚至也不承认其"大将军"这一称呼。仅仅授予珍安东将军、倭国王,以及按照惯例除授倭国使节隋等13人以平西、征房、冠军、辅国等将军称号。也就是说,倭王珍在东亚想要获得的地位与刘宋王朝实际认可的地位存在很大的差距。

---

[1] 这段文字没有明确的年代。据《宋书·文帝纪》载:"元嘉十五年,是岁,武都王、河南国、高丽国、倭国、扶南国、林邑国并遣使献方物。"可见多半就是元嘉十五年(438年)。

[2] 王贞平:《汉唐中日关系论》,文津出版社,1997年,第103页。

倭王珍在表求除正自己的同时,还上表要求除正自己假署的"倭隋等十三人平西、征虏、冠军、辅国将军号",刘宋政府对倭王珍的这一要求"诏并听",完全认可。倭王珍自称的安东大将军是二品军号,但刘宋政府授予的是比安东大将军低一品的安东将军(三品)。而授予倭王珍假署的倭隋等十三人的平西将军、征虏将军、冠军将军、辅国将军,均是三品将军号。也就是说,刘宋政府在承认倭王珍为倭国王的同时,授予的将军号与倭隋等十三人是平级的。此外,从倭隋等被授予平西将军号来看,他们很可能是位于日本列岛西部的部族势力。[①] 这从一个侧面告诉我们,倭国虽然已经形成了倭赞、倭珍,以及此后的倭济、倭兴、倭武这样的兄弟或父子相继的世袭王权,但地方部族的势力依然非常强大。在倭这个统一名号之下,既存在着赞、珍(弥)、济、兴、武这样的军事指挥者、对外交往的主宰者,也存在着像倭隋那样的强有力的地方部族。倭王需要向结集在他周围的地方部族们显示,只有他能够为众人请求中国王朝的将军号,并以此来进一步抬高自己的威望。因此可以说,这一时期的倭王权,部族联合体的色彩依然非常浓厚。[②]

关于此后济、兴、武的册封情况,根据《宋书·倭国传》记载整理如下:

(元嘉)二十年(443年),倭国王济遣使奉献,复以为安东将军、倭国王。

(元嘉)二十八年(451年),(倭王济)加使持节、都督倭、新罗、任那、加罗、秦韩、慕韩六国诸军事、安东将军如故。

世祖大明六年(462年),诏曰:"倭王世子兴,奕世载忠,作藩海外,禀化宁境,恭修贡职。新嗣边业,宜授爵号,可安东将军、倭国王。"

① 佐伯有清『日本の古代国家と東アジア』,雄山閣,1986年、50頁。
② 张学锋:《四至五世纪东亚世界的形成与东晋南朝》,李凭:《魏晋南北朝史研究》,湖北教育出版社,2009年,第272页。

（年代不详），兴死，弟武立，自称使持节、都督倭、百济、新罗、任那、加罗、秦韩、慕韩七国诸军事、安东大将军、倭国王。

顺帝升明二年（478年），遣使上表，曰："封国偏远，作藩于外。自昔祖祢，躬擐甲胄，跋涉山川，不遑宁处。东征毛人五十五国，西服众夷六十六国，渡平海北九十五国，王道融泰，廓土遐畿，累叶朝宗，不衍于岁。臣虽下愚，忝胤先绪，驱率所统，归崇天极，道径百济，装治船舫。而句丽无道，欲图见吞，掠抄边隶，虔刘不已，每致稽滞，以失良风。虽曰进路，或通或不。臣亡考济，实忿寇雠，壅塞天路，控弦百万，义声感激，方欲大举，奄丧父兄，使垂成之功，不获一篑。居在谅闇，不动兵甲，以是偃息未捷。至今欲练甲治兵，申父兄之志，义士虎贲，文武效功，白刃交前，亦所不顾。若以帝德覆载，摧此强敌，克靖方难，无替前功。窃自假开府仪同三司，其余咸〔各〕假授，以劝忠节。"诏除武使持节、都督倭、新罗、任那、加罗、秦韩、慕韩六国诸军事、安东大将军、倭国王。"①

由此可以看出，济继承了珍的爵号"安东将军、倭国王"。并且在八年后，即元嘉二十年（451年），又加"使节持、都督倭、新罗、任那、加罗、秦韩、慕韩六国诸军事"，并进号"安东大将军"。倭王济之所以能获得倭王珍想获而没获得的爵号，主要是由于当时刘宋和北魏正处于战争激烈时期，双方军事进展互有胜负，而宋的损失重一些。因此，宋文帝对倭王使节的到来极为高兴。② 然而，到了倭王兴时，刘宋王朝又以"新嗣边业"为由，将爵号重新变回"安东将军、倭国王"，撤销了此前授予的其他爵号。到倭王武时，宋顺帝除了削去自称爵号中的百济，将七国改为六国之外，其余均按倭王武的意愿册封。因此，日本学者一般认为这是倭王武外交方面的成功。③ 武的上表文，不仅叙述百济与高句丽之间的对立关系，指

① 汪向荣、夏应元编：《中日关系史资料汇编》，中华书局，1984年，第31—33页。
② 张声振、郭洪茂：《中日关系史》第一卷，社会科学文献出版社，2006年，第75页。
③ 直木孝次郎『日本古代国家の成立』、社会思想社、1987年、98頁。

责高句丽"无道",而且还回顾倭王济时,曾欲讨伐高句丽,只因济、珍相继急丧而偃息中止,进而表示"欲练甲治兵,申父兄之志",以及借助刘宋皇帝的权威,摧毁高句丽这个强敌的意志。因而可以说,倭王武通过朝贡刘宋王朝进而获得爵号的主要意图是,强调其对抗高句丽及军事介入朝鲜半岛的正当性。[①]

倭五王的爵号事实上可以分为三个层次。一是倭国王;二是将军号;三是使持节、都督诸军事。倭国王和将军号是自倭王珍以后历代倭王共同的爵号,同时也是倭国王具有实质意义的基本称号。其中倭国王称号代表国内的地位,将军号代表国际的地位。使持节是六朝宋国守边军政官名。该称号的意思是倭王乃是作为宋国的使持节,掌有倭及其他诸国军事权,负有稳定宋国东部任务的大将军。都督诸军事是将军兼任的一个重要官爵,意味着一定区域的统治权。但事实上刘宋授予倭的统辖区域,除倭外,并不是倭王实际统辖的地方;同时,仅济和武两代倭王除授该爵号,并无连续性。使持节和都督诸军事都只有象征意义。[②]

值得注意的是,倭王珍和武请求刘宋皇帝赐封的爵号中,没有要求"都督高句丽",同时刘宋皇帝在册封倭王珍和武时,从其自称的爵号中剔除百济而包括了新罗。造成这种情况的原因很可能,一是倭王自知实力还无法将高句丽纳入自己的势力范围;二是新罗与刘宋没有联系,而百济于420年与刘宋通好。但最根本的原因则是刘宋王朝出于同北朝对峙的需要,与陆地接壤的朝鲜半岛在战略地位上比倭国更为重要。对于南朝的宋、齐、梁、陈各王朝来说,为了遏制北方的北魏王朝,有必要与位于北魏东方的高句丽和百济建立睦邻友好关系。因此南朝曾向高句丽和百济派遣过外交使节,而从来没有向倭五王的倭国派遣过外交使节。[③] 对于南朝来说,倭国朝贡当然是好事。由于倭国始终不与北朝勾

① 王海燕:《日本古代史》,昆仑出版社,2012年,第61页。
② 沈仁安:《日本起源考》,昆仑出版社,2004年,第299页。
③ 山中顺雅:《法律家眼中的日本古代一千五百年史》,曹章祺译,中国社会科学出版社,1994年,第135页。

结,其朝贡更值得欢迎。但是,倭国地理位置遥远,国力又不很强大,不能在军事上牵制北朝。特别是倭国致力于向朝鲜半岛扩张,谋求控制新罗、百济,又坚持与高句丽抗争,这不能不引起宋朝的顾虑。宋朝欢迎倭国朝贡,但不能给它以过多的支持,以免招致高句丽和百济的不满。①

关于这点,可以从中国方面的资料来验证。中国南北朝时,战争频繁,因此在军事上设置的将军名号也多。一般身任要职的官吏大多带有将军的称号。武职的高低顺序为:大将军→将军;同一职称中的顺序又为:骠骑、车骑、卫、伏波、抚军、都护、四征、四镇、四安、四平等。刘宋王朝授予高句丽和百济王的将军称号,均比倭五王的将军称号要高。如当倭王珍被授予安东将军时,高句丽王已有征东大将军的称号,百济王已有镇东大将军的称号。倭王武也是同样的情况。他在478年被授予安东大将军,479年晋升镇东大将军,502年晋升征东大将军。而高句丽王在502年已被授予车骑大将军,百济王已是征东大将军,官职都要比倭王要高。② 也就是说,虽然倭提出将百济置于倭的势力之下,但并未得到宋的认可。

日本学者认为:"今天看来,向中国朝廷上表,接受中国封号,可能认为是国耻。但在当时,日本文化程度很低,因此起草外交文书或派出使节大多是由带方、乐浪等地前来的移民后裔,所以才把中国看作上国,采取卑下的态度,日本朝廷当然是不知情的。"③应当说,日本当时之所以向中国朝廷上表,接受中国封号,是因为古代中国在政治制度、经济、军事、文化等方面对日本所具有的巨大优势,以及包括倭王权在内的日本列岛各民族对中华文化的主动认同。因此,正如我国学者指出的:"认为倭人朝廷当然不知情,认为是'卑下'的态度,并把它归罪于对日本古代社会

---

① 王仲殊:《东晋南北朝时代中国与海东诸国的关系》,《考古》1989年第11期。
② 山中顺雅:《法律家眼中的日本古代一千五百年史》,曹章祺译,中国社会科学出版社,1994年,第135页。
③ 木宫泰彦:《日中文化交流史》,胡锡年译,商务印书馆,1980年,第30页。

发展起很大作用的汉族移民,是非常不公允的。"①

## 四、倭五王向南朝朝贡及中断的原因

倭五王向中国大陆政权朝贡时,有一个问题值得注意。当时的中国正处于南北朝对立的时代。在南方,存在着东晋王朝之后的南朝(宋、齐、梁、陈);在北方,则出现了平定五胡十六国的混乱、基本上实现稳定的统一政权——北魏、东魏、西魏、北齐与北周等王朝。倭五王对南朝多次遣使贡献,而对北朝,又是采取什么样的态度呢?

学者们翻遍与北朝有关的史材《魏书》《北齐书》和《周书》等,均未找到表明日本同北朝交流的史料。虽然史书上没有记录,并不等于双方就未曾有过交涉。可是,当时和日本同样纳入南朝的册封体制的百济和高句丽,也向北朝派遣了使者,而且记录在《魏书》《北齐书》和《周书》等史书之中。由此看来,没有记载还是由于事实上没有邦交。

百济一方面同日本一样,与南朝保持密切关系,同时又与北朝通交。特别是到南朝命运衰败的陈王朝时,甚至还从北齐王朝接受了"使持节、侍中、车骑大将军、带方郡公、百济王"等爵号。高句丽同样一方面向南朝频繁地派遣使节,得到了"使持节、散骑常侍、都督营平二州诸军事、征东大将军、高句骊王、乐浪公"的官号,成为南朝册封体制中的一员,同时又与北朝建立了密切的联系,进入北朝的册封体制之中。百济与高句丽同时对南北朝通好,对中国采取了十分灵活的、现实的态度。与此相反,"倭五王"的外交方针是坚持同南朝通交,完全无视北朝。

特别是从倭五王的使者们行走的路线来看,当时仍然是远远地绕道朝鲜半岛,沿大陆的海岸南下。也就是说,从交通的便利来说,与北朝鲜方面通交反而更为容易,可是日本却跨越万里,始终只是同南朝通交。这样做也绝不是偶然的,恐怕应当考虑到其中包含着某种意图。也就是说,应当认为倭五王是出于某些"政治性判断"而选择了南朝。

① 张声振、郭洪茂:《中日关系史》第一卷,社会科学文献出版社,2006年,第77页。

所谓"政治性判断",大概是认为南朝是继承晋王朝的正统,而且是与魏王朝、汉王朝一脉相承、代表中国的唯一的正统王朝。① 八王之乱时期,黄河流域人民所受战争灾难特别沉重。此后,与汉族混居的匈奴、羯、鲜卑、氐、羌等少数民族,相继爆发反对沉重压迫和剥削的战争。长江以南的经济文化没有遭受战争的破坏,相反,由于江北人民和士族大姓南迁而日渐发展。加之,北方兴替政权的统治者都是少数民族,因此,中国周围的国家特别是东亚各国,习惯于把东晋政权看作是传统的汉族政权,而与之建立朝贡关系。即使在刘裕取代东晋建立南宋后,日本列岛的倭国和朝鲜半岛的百济、新罗等国,仍继续与之保持以往的朝贡关系。②

在倭王武向宋顺帝上表要求封号以后不久的479年4月,萧道成灭宋建立齐朝,年号建元。据《南齐书·倭国传》记载,"齐建元中,除武持节、都督倭、新罗、任那、加罗、秦韩、慕韩六国诸军事、镇东大将军"。接着萧衍灭齐建立梁朝。又《梁书·倭传》记载,梁建国初期,将倭王武的镇东大将军称号晋升为征东大将军。对于这两条史料,学界存在多种解读,有的学者认为,无论是南齐还是梁,其对倭国王的册封只是为了庆贺新王朝成立的形式性册封,倭国实际上并没有向南齐或梁派遣使节;有的学者认为,由于梁册封倭王武爵号时,倭王武已经故去,所以梁的册封可能只是原封不动地继承着南齐的对外关系,但南齐建朝时,倭国还向南齐派遣了使者。③

暂且不论倭国是否向齐、梁两朝派遣使节,可以确定的是,到南朝陈王朝时,倭国与大陆的关系就彻底断了。此后,直至隋朝,倭国与中国王朝之间的交往再次出现了长达130年的空白期。倭国为什么在齐、梁、陈三代就突然中止朝贡呢? 其原因或许是多方面的。一是南朝刘宋政权比较稳定,社会安定,经济比较繁荣,军事实力有了进一步加强,对朝

① 藤家礼之助『日中交流二千年』、東海大学出版会、1988年、67頁。
② 张声振、郭洪茂:《中日关系史》第一卷,社会科学文献出版社,2006年,第68—69页。
③ 王海燕:《日本古代史》,昆仑出版社,2012年,第62页。

鲜半岛的高句丽、百济、新罗有一定的威慑力,大和国寄希望于刘宋王朝,想借助其对朝鲜半岛的威慑力来实现其在朝鲜半岛扩张的野心。因此,刘宋王朝时,倭王频繁向宋朝朝贡。而齐、梁时期,经济相对于刘宋来说相差很多,同时各种矛盾激化,社会动荡,军事实力下降,对朝鲜半岛的威慑力与刘宋相比不可同日而语。二是刘宋王朝时期,大和国实现统一不久,军事实力正处在强盛期,迫切需要通过对外扩张来扩大领土和掠夺财富,所以频繁向刘宋王朝朝贡,而齐、梁时期,大和国在朝鲜半岛势力的衰退,丧失了以往的扩张实力,迫切需要保持现有在朝鲜半岛的既得利益,无心也无力再加强对朝鲜半岛的扩张和军事影响,所以没有必要向齐、梁、陈遣使朝贡。最后,也可能是日本列岛内部出现了内乱,或者出现了所谓的"骑马民族"的征服。[1]

## 第三节　倭国与朝鲜半岛

倭王权的涉足朝鲜半岛与遣使中国南朝是同步进行的。公元 4 世纪中叶以后,不仅中国大陆处于混乱之中,朝鲜半岛也处于群雄争霸的局势中。朝鲜半岛上,南部的许多小国,如三韩诸国等在战争中逐渐消失,最终出现了高句丽、百济和新罗三国为主的局面。随着乐浪郡和带方郡的陷落,中国在朝鲜半岛的势力丧失。因此,倭国获得了在朝鲜半岛扩张势力的有利契机,开始与百济、新罗乃至高句丽展开角逐。

### 一、倭与百济

百济是公元前 1 世纪由马韩百济部在朝鲜半岛西南部地区建立起来的国家。奈良县天理市石上神宫所藏的七支刀铭文是有关 4 世纪倭与百济关系的重要金石文。七支刀是一把全长约 75 厘米的铁制双刃剑,但因其左右各有三个小分支,故名七支刀。七支刀的中央主干部分

---

[1] 江上波夫『騎馬民族国家』、中央公論新社、1967 年。

的正反两面有铭文,其大致内容如下:

> 表:泰和四年五月十六日丙午正阳,造百练铗七支刀,生辟百兵宜复供侯王,□□□□作。

> 里:先世以来未有此刀,百济王世子奇生圣音,故为倭王旨造,传示后□。

由于难以读懂的文字较多,关于铭文的解释,学者们异说纷纭。首先,关于泰和四年,多数观点认为指的东晋的太和四年(369年),少数观点认为指的是北魏的泰和四年(480年)。其次,关于七支刀的来历,多数观点认为是百济王与其世子为倭王所造,一些观点则认为不是百济所赠,而是东晋通过百济授予倭王;还有观点认为是由百济王下赐给日本。

暂且不论七支刀的争议,可以肯定的是,4世纪后半叶,随着高句丽的南下政策,百济与日本列岛的联系进一步加强了。特别是在百济和高句丽的对抗中,倭不仅站在百济一方,而且还介入到这场激烈的对抗中。

自4世纪中叶,百济与高句丽进行了长期的军事对抗。从《三国史记·百济本纪》阿莘王条中可知,在丙申年(396年)的五月,百济派王子腆支为质子赴倭国,开始与倭国结盟。日本学者一般认为,百济由于处在险恶的国际环境下,因而主动要求与倭人建立外交关系,以加强自己的政治和军事力量。[1] 我国学者则认为,迫切要求建立关系并采取主动的不是百济,而是倭人。其原因包括三个方面:第一,首先向对方派遣使节的是倭人,而不是百济;第二,两国关系是对等的通好关系,而不是不平等的朝贡关系;第三,比较而言,倭人对两国外交关系的建立比百济更加重视。[2]

不过,由于高句丽在好太王死后进攻矛头指向西方,一度缓和了对百济的进攻,高句丽与百济战线平静无事,同时倭国的注意力转向国内

[1] 鈴木靖民「東アジア諸民族の国家形成と大和王権」、『講座日本歴史』1原始・古代1、東京大学出版会、1983年、200頁。
[2] 沈仁安:《日本起源考》,昆仑出版社,2004年,第274—276页。

统一战争,因而倭济同盟实际上并未发挥作用。但是,两国间的交往却并没有减少,尤其是在结盟的初期。根据《三国史记》和《日本书纪》记载,从402年到428年间,两国互派使节共九次,其中倭使百济5次,百济使倭4次。倭人赠送百济的物品是大珠和夜明珠。百济则不仅赠送倭人以白锦、良马等,而且还派遣了纺织技工和博士等传授先进技术和文化。倭济同盟的建立,实际受惠者是倭人。[①]

5世纪中后期,在高句丽再度南下的形势下,百济一方面开始与新罗结成联盟共同对抗高句丽,另一方面对倭国也恢复了通交。根据《日本书纪·雄略纪》引《百济新撰》记载,雄略天皇五年(461年),"盖卤王(遣王)遣弟琨支君,向大倭侍天皇,以修先王之好也"[②]。与此同时,472年,百济盖卤王派信使到北魏说明由于高句丽的频频阻挠使得百济无法与北魏来往,并提议双方一起攻打高句丽。不过,最终在高句丽的干扰下未能实现。

475年,长寿王率3万高句丽军从陆海两路全面大规模攻打百济,新罗应百济请求,出兵一万相助。但援军未到,汉城陷落,盖卤王被杀,百济被迫迁都到熊津。然而,同样作为盟友的倭人,却没有派遣一兵一卒助战。只是在高句丽与百济战争告一段落、百济局势基本稳定的479年,才派遣筑紫国军士500人,护送东城王回国即位。由此看来,倭与百济同盟并没有发挥实效。

说到倭与百济的关系,值得一提的是百济对倭的文化的影响。王仁是居住于百济的汉人。应神天皇十六年(285年),五经博士王仁从百济到日本,献郑玄注的《论语》10卷和《千字文》1卷。王仁到达日本之后,应神天皇的太子菟道稚郎子拜他为师,学习中国典籍。继王仁之后,百济的五经博士纷纷来到日本。如继体天皇七年(513年)段杨尔从百济到日本;继体天皇十年(516年)高安茂从百济到日本,代替段杨尔。钦明天

---

① 沈仁安:《日本起源考》,昆仑出版社,2004年,287页。
② 黑板勝美国史大系编修会编辑『新訂增補国史大系·日本書紀』卷14,吉川弘文館,1983年、368頁。

皇十五年(554 年)王柳贵从百济到日本,代替高安茂。随王柳贵一起到
日本的还有易博士施德王道良、历博士固德王保孙、医博士奈率王有悛
陀、采药师施德潘量丰等人,并献医、卜、历、算等书。《日本书纪》钦明天
皇十三年(552)538 条记载,这一年百济的圣明王派人到日本,奉献金铜
像一尊、幡盖及经论若干,并上表赞扬佛的功德,佛教自此传入日本。

## 二、倭与新罗

据《三国史记》记载,新罗于公元前 57 年由朴赫居世居西干在金城
(今韩国庆州)所创建。倭与新罗在地理上虽然非常接近,但从新罗建国
至 6 世纪,由于双方之间长期存在争端,从而使互相往来及各方面的交
涉收到很大限制,其主流关系可以说是敌对关系。

在《三国史记》和《三国遗事》中有许多地方记载了倭人侵扰新罗的
事情。据统计,公元 1 世纪倭人侵入新罗 2 次;公元 2 世纪倭人侵入新罗
1 次;公元 3 世纪倭人侵入新罗 9 次;公元 4 世纪倭人侵入新罗 3 次;而
公元 5 世纪倭人侵入新罗达 18 次。[1] 也就是说,5 世纪倭人侵入新罗的
次数超过了此前四百年倭人侵入次数的总和。[2] 倭人最初主要在沿海岛
屿和边境地区进行骚扰活动。如《三国史记》常用这样的记载:"侵木出
岛"、"猝至风岛"、"寇边"、"犯境"、"掠海边民户"、"抄掠边户"等。[3] 进入
5 世纪后,深入陆地进围城池的事例增多,如"围金城"、"围明活城"、"进
围月城"、"袭破活开城"、"侵歃良城"、"来围梁州城"、"攻陷长峰镇"等。
444 年,"倭兵围金城十日,粮尽乃归"。这是围困金城时间最长的一次。
不过,倭人没有稳定而持久的后勤供应基地,不善于长期的攻坚战,同时
新罗也掌握了倭人的行兵规律,采取避其锐气的战术,因而在大多数情
况下,新罗都顽强而有效地击退了倭人的入侵。

---

[1] 田村圓澄『東アジアのなかの日本古代史』,吉川弘文館,2006 年、35 頁。
[2] 5 世纪时统治新罗的是奈勿王、实圣王、纳祇王、慈悲王和照知王五位王。
[3] 有观点认为,此处的"倭人"主要是倭国的海盗,而不是倭国的朝廷。

从应神纪三十一年到武烈纪八年,有关倭和新罗关系的记事共 8 次。其中,除应神三十一年新罗"贡船匠"和允恭三年倭人"向新罗求良医"外,其他 6 次皆谈到新罗"不朝贡"(仁德十七、五十三年)、"不事中国(指倭国)"(雄略七年)、"新罗国背诞,苞苴不入,于今八年"(雄略八年)。尤其是雄略九年,天皇对纪小弓宿弥敕曰:

> 新罗自居西土,累叶称臣,朝聘无违,贡职允济。逮乎朕之王天下,投身对马之外,窜迹匝罗之表。阻高丽之贡,吞百济之城。况复朝聘既阙,贡职莫脩。狼子野心,饱飞饥附。以汝四卿,拜为大将。宜以王师薄伐天罚龚行。[1]

从上述敕书中可以看到,新罗日益强盛,对倭人的态度越来越强硬,抵抗越来越坚决,以致使得倭人加紧对新罗的入侵,也就是雄略天皇所说的"天罚"。我国学者沈仁安通过分析《日本书纪》记载的罗倭间的三次战争(仁德五十三年、雄略七年和雄略九年),认为 5 世纪时倭人已经失去了昔日那种主动进击的勇气,而处于被动应付的地位。正是在这种总趋势下,倭人为了扭转不利局面,才性急地对新罗发动了更加频繁的进攻、骚扰。[2]

事实上,倭人加紧对新罗的入侵,还有一个很重要的原因就是对朝鲜半岛的铁资源的争夺。在古代,铁是制造农具和武器不可或缺的材料,因而冶铁技术的发明应用对社会的进步发展具有至关重要的作用。但铁器传入倭国,"首先是应用,以后才是制造,二者间相隔很久"[3]。也就是说日本古代曾有一段铁器完全依赖进口的历史,很显然这种进口在当时只能通过朝鲜半岛。与此同时,即使倭国掌握了一定的铸造技术,但所需要原料依然需要依赖国外输入,而当时朝鲜半岛南部的新罗以及

---

① 黑板胜美国史大系编修会编辑『新訂增補国史大系・日本书纪』卷 14、吉川弘文馆、1983 年、375 页。

② 沈仁安:《日本起源考》,昆仑出版社,2004 年,305 页。

③ 汪向荣:《弥生中后期近畿地区生产力发展状况和邪马台国的地理位置》,《中国社会科学》1982 年第 3 期。

加罗等国就出产铁。换句话说,新罗对倭国具有十分重要的战略价值。

## 三、倭与高句丽

一般认为,高句丽由濊貊人和部分迁移到这一地区的扶余人于公元前1世纪中期建立。从公元3世纪开始,倭国与朝鲜半岛南端的加耶地区始终保持着密切的关系。与此同时,东北的高句丽南下占领了乐浪、带方两郡后,也将疆域拓展到朝鲜半岛北部地区,开始了与半岛南部的百济与新罗的军事对峙。4世纪后半叶,随着倭的逐步统一和高句丽的南下,二者为了在朝鲜半岛确立主导地位,因此展开了诸多角逐,甚至军事战争。其中,位于中国吉林省集安市的好太王碑文[1]记述的倭与高句丽之间的军事冲突,是了解4—5世纪倭和高句丽关系的重要金石文史料之一。

好太王(391—412年)是高句丽历史上极有建树的国王,他即位后开始了在朝鲜半岛上的争霸战争。好太王在位期间的战争大体可以划分为前、后两个阶段。第一阶段主要是在高句丽和百济之间进行的对抗。"在这一时期的丽济战争中,未曾出现倭人或倭兵。"[2]倭人的主要侵攻对象仍然是新罗。到了第二阶段,以好太王十年(400年)的庚子之役为界,高句丽和倭开始了直接的军事对抗。好太王碑对高句丽与倭之间的军事冲突有以下描述:[3]

(1)九年己亥,百残违誓,与倭和通。王巡下平穰。而新罗遣使白王云:"倭人满其国境,溃破城池,以奴客为民,归王请命。"太王恩慈,称其忠诚,特遣使还,告以密计。

(2)十年庚子,教遣步骑五万往救新罗。从南居城至新罗城,倭满其中。官军方至,倭贼退。自倭背急追至任那加罗从拔城,城即

---

① 好太王碑位于中国吉林省集安市,414年高句丽长寿王为歌颂其父好太王的功绩而建,碑高6.39米,碑文共1775字。

② 孙炜冉:《五世纪的丽倭战争述论》,《东北史地》,2014年第3期。

③ 王健群:《好太王碑研究》,吉林人民出版社,1984年,第214—221页。

归服,安罗人戍兵。

（3）十四年甲辰,而倭不轨,侵入带方界,和通残兵□石城,□连船□□□,王躬率往讨,从平穰□□□锋相遇,王幢要截荡刺,倭寇溃败,斩煞无数。

（4）十七年丁未,教遣步骑五万,□□□□□□□。王师四方合战,斩煞荡尽。所获铠钾一万余领,军资器械,不可胜数。还破沙沟城、娄城、牛由城、□城、□□□□□城。

在高句丽与倭的对抗局势中,高句丽不仅动用了大量的兵力,而且好太王还亲自率兵讨伐倭国,这说明对高句丽来说,倭军的存在是不可轻视的敌人。从倭国的角度来看,倭军在与高句丽的军事对抗中,总是以失败而告终,但是却还能不断地续投兵力介入朝鲜半岛,反映出当时国内的军事指挥权掌握在倭王之手,能够比较有效地征调各地兵力,组织军队。[1]

《日本书纪》也记述了倭与高句丽之间的战争。雄略天皇八年,"新罗王夜闻高丽军四面歌舞,知贼尽入新罗地,乃使人于任那王曰:'高丽王征伐我国,当此之时若缀旒,然国之危殆过于累卵,命之修短大所不计。伏请救于日本府行军元帅等。'由是任那王劝膳臣斑鸠、吉备臣小梨、难波吉士赤目子,往救新罗。膳臣等未至营止。高丽诸将未与膳臣等相战皆怖。膳臣等乃自力劳军,令军中促为攻具急进攻之。与高丽相守十余日,乃夜凿险为地道,悉过辎车设奇兵。会明高丽谓:'膳臣等为遁也。'悉军来追,乃纵奇兵,步骑夹攻,大破之。"[2]此外,雄略天皇二十三年,"百济调赋,益于常例,筑紫安致臣、马饲臣等,率船师以及高丽。"[3]

关于上述两条史料的记载,我国学者沈仁安提出了自己的看法。首

[1] 王海燕:《日本古代史》,昆仑出版社,2012年,第53页。
[2] 黒板勝美国史大系編修会編輯『新訂増補国史大系・日本書紀』巻14、吉川弘文館、1983年、373—374頁。
[3] 黒板勝美国史大系編修会編輯『新訂増補国史大系・日本書紀』巻14、吉川弘文館、1983年、389頁。

先,雄略八年的记事不是事实。因为,第一,在整个5世纪,新罗与倭国始终处于战争状态。倭人对新罗恨之入骨,必欲置之死地而后快。很难设想,在朋友危难时,尚且没有拔刀相助的倭人,居然会对自己的敌人伸出救援之手。第二,膳臣斑鸠等援罗是雄略天皇八年二月以后的事。然而,相隔不到一年,雄略九年三月,天皇又计划亲征新罗,对其实行"天罚"。倭人对新罗的态度反复无常,有些不近情理。第三,所谓"日本府行军元帅"既未见于前史,也未载于后史,因而纯系编造。《三国史记》记载,481年高句丽进军新罗的弥秩夫城,"我军(新罗)与百济、加耶援兵,分道御之"。膳臣斑鸠等援罗记事,恐怕是《日本书纪》的编者捕风捉影,将加耶援罗的史实,与任那日本府生拉硬扯在一起,而编造和插入雄略纪的,因而前后矛盾,令人费解。其次,雄略二十三年的记事可能是事实。但从"率船师,击高丽"看,这不是对高句丽城池的攻坚,也不是与高句丽军对峙的阵地战,而是一次沿海岸的骚扰性行动。其目的是配合护送东城王回国,而对高句丽采取佯攻或牵制行动,以转移高句丽对百济的视线。从军事上说,这次出击没有什么大意义,因此也无战果可言。①

据《日本书纪》记载,4—5世纪时倭国与高句丽之间除了战争之外,也曾数次互派使节。应神天皇三十七年(306年),"遣阿知使主,都加使主于吴,令求缝工女。爰阿知使主等,渡高丽国欲达于吴。则至高丽,更不知道路。乞知道者于高丽。高丽王乃副久礼波、久礼志二人为导者。等欲达吴"。仁德天皇十二年(324年),"高丽国贡铁盾、铁的。"仁德天皇五十八年(370年),"吴国、高丽国,并朝贡。"仁贤天皇六年(493年),"遣日鹰吉士使高丽,召巧手者。"②当然,这些都是日本单方面的记载,找不到其他旁证,其可信度值得推敲。虽然高句丽和倭的紧张关系有所缓解,但双方仍处于对峙状态,高句丽向倭派出使者的可能性极小。尤其是《日本书纪》把两国关系写成朝贡关系,更不符合当时两国间的力量

---

① 沈仁安:《日本起源考》,昆仑出版社,2004年,第308页。
② 黑板胜美国史大系编修会编辑「新订增补国史大系·日本书纪」、吉川弘文馆、1983年、282、299、313、415页。

对比。

《日本书纪》应神天皇二十八年条有"高丽王教日本国"的记载。这里"教"字的含义，既可作告知解释，亦可作训示解释，高句丽俨然有以上国君王自居之嫌，为此太子菟道稚郎子"读其表，怒之责高丽使。以表状无礼，则破其表"①。从此事可以看出，高句丽并未向日本称臣，甚至也没有把日本放在高于自己的位置上。半岛三国与倭人间皆有文化交流，新罗人赠绢和乐人，百济赠工匠和画师，唯独高句丽赠铁盾和铁的。这恐怕也是显示实力的一种方式。②

## 四、倭与任那

公元 3 世纪，在百济、新罗逐渐统一马韩、辰韩各部之际，以洛东江流域为中心，位于新罗和百济中间位置的诸国统称为加罗或伽耶，而日本方面则以"任那"来命名这块广阔流域。任那在日本史料中最早见于《日本书纪》崇神天皇六十五年（公元前 33 年），即"任那国遣苏那曷叱知令朝贡也。任那者，去筑紫国二千余里，北阻海以在鸡林之西南"③。但是，这段记载的真实性值得怀疑。一般认为，从较为可信的记载来看，"任那"一词最早出自"好太王碑"，在碑文中以"任那加罗"的形式出现，即"自倭背急追至任那加罗从拔城，城即归服"。也有学者认为，在这段碑文之前的一段记载，即"百残、新罗，旧是属民，由来朝贡；而倭以辛卯年来，渡海破百残，□□新罗，以为臣民。"中的"□□"二字即为"任那"。④ 此外，在我国的史书《宋书》和《南齐书》上也有"任那"的相关记载。据此，日本学者认为在公元 4 世纪中叶至公元 6 世纪中叶期间，在任那存在所谓的"任那日本府"。

关于"任那日本府"问题，历来众说纷纭，没有定论。日本、朝鲜、韩

---

① 黑板胜美国史大系编修会编辑『新訂増補国史大系・日本書紀』卷 10、吉川弘文館、1983 年、281 頁。

② 沈仁安：《日本起源考》，昆仑出版社，2004 年，第 307 页。

③ 黑板胜美国史大系编修会编辑『新訂増補国史大系・日本書紀』卷 5、吉川弘文館、1983 年、171 頁。

④ 佐伯有清『日本の古代国家と東アジア』、雄山閣、1986 年、131 頁。

国和中国的学者对此有着不同甚至是相反的看法。日本学者最初认为
"任那日本府"为日本派驻在朝鲜半岛南部并对任那进行殖民统治的机
构。① 从 20 世纪 60 年代开始,朝鲜学者对此观点进行了批驳,由此学界
展开了广泛的讨论,出现了众多学说。日本学界就此产生了诸多观点。
井上秀雄认为,"任那日本府"并不隶属倭王权,而是由任那诸国的在地
豪族构成的合议体;奥田尚认为,"任那日本府"是加罗各国为对倭外交
而设置的机构;大山城一认为,"任那日本府"是倭王权的代表与加罗各
国的首长层的合议体。② 朝鲜学者金锡亨认为所谓"任那日本府"是朝鲜
半岛在日本列岛各地所建立"分国"的管理机构。③ 韩国学者金铉球则主
张"任那日本府"是百济为统治加罗诸国而设置的机构。④ 我国学者大多
也对"任那日本府"为日本的"殖民统治机构"的观点持反对意见。⑤

　　暂且不去争论任那的性质问题,可以确定的是,任那是倭国在朝鲜
半岛上的一个战略要地,是倭人侵攻新罗,通交百济,进而在东亚政治格
局中争得一席之地的前哨阵地。

　　最后,关于任那诸国的灭亡过程,也十分复杂。由于记载 525 年前
后状况的《梁职贡图》中,已经没有"任那"的记载,同时《日本书纪》中也
有"任那复兴"的记事,因此有观点认为"任那"于 525 年灭亡了。也有观
点认为"任那"的灭亡始于 532 年加耶南部地区的金官国臣服于新罗,至
562 年以大加耶为首的诸国的灭亡。不管怎样,任那作为日本列岛对大
陆外交和贸易的要塞,可以说,任那诸国的灭亡对倭王权来说无疑是一
个十分沉重的打击。

① 末松保和『任那興亡史』、大八洲出版、1949 年。
② 井上秀雄『任那日本府と倭』、東京大学出版会、1973 年;奥田尚「『任那日本府』と倭典」、『古
　代国家の形成と展開』、吉川弘文館、1976 年;大山誠一『所謂『任那日本府』の成立につい
　て』、『古代文化』260・262・263、1980 年。
③ 金锡亨:《初期朝日关系研究》,朝鲜社会科学出版社,1966 年。
④ 金铉球『大和政権の対外関係研究』、吉川弘文館、1985 年。
⑤ 沈仁安:《日本起源考》,昆仑出版社,2004 年,第 288—290 页;全昌淑:《"任那日本府"真相》,
　《延边大学学报》2001 年 12 月。

# 第八章 6世纪的日本列岛

## 第一节 日本古代国家形成过程中的几个问题

有关日本国家起源的问题很多,以下就古代日本从无国家社会向古代国家过渡的几个问题就行论述。

### 一、关于"百余国"的性质

在谈到日本从原始社会向国家过渡的问题时,人们很自然地会想到成书于公元前1世纪的中国史书《汉书·地理志》中的记载:"夫乐浪海中有倭人,分为百余国,以岁时来献见云。"应当指出,这里所说的"百余国"是指当时分布于九州地区的相互间保持着独立性的地域性农业共同体。"国"这个字即便是在当时的中国,也不具有今天的"国家"的含义。同样,《后汉书·倭传》中记载的建武中元二年(57年)向中国遣使朝贡的倭奴国也还没有发展成为国家,其所谓的"国王"还只是当时地域共同体的首领。中国皇帝赐给他的金印上虽然写着"汉委(同'倭')奴国王",但这只表明了当时中国统治者对周边异民族的一种控制政策,而不反映当时倭人社会的社会性质。安帝永初元年(107年),倭国王(这个倭国,中国史料中又记载为"倭面土国")遣使向中国朝贡,这次朝贡与公元 57 年那次朝贡的一个很大的不同就是献上了 160 名生口。大量的生口,也就是失去自由的人的存在,表明当时倭人社会已发生了很大的变化。一方面,社会内部人与人之间的关系发生了变化,从自由民中分化出了被称为"奴婢"和"生口"的非自由民;另一方面,地域性农业共同体之间的关系也在发生变化,有势力的"国"不断兼并弱小的"国"。公元前 108 年以后,汉王朝在朝鲜半岛设立了四郡(前 108 年置乐浪、真番、临屯三郡,前 107 年置玄菟郡)。这样,中国的使者可以经由朝鲜半岛直接到达日本列岛并把观察到的有关倭人社会的知识记录下来。到了公元 3 世纪,在中国史料中记载的西日本地区的"小国"变成了 30 国。代表众多小国与中国王朝保持交往关系的是其中势力最大的邪马台国,另外还有一个与邪马台国对立的狗奴国。上述记载都是研究日本古代国家形成史的重要史料。当然,史料中提到的"国"都不是真正意义上的国家。

二、阶级划分与官制产生

　　古代国家在任何时候都不是根据全体人民的共同意愿建立的。古代国家总是在已发生分化的社会,即已划分为身份等级和阶级的社会中产生。阶级是按经济利益划分的社会集团,而身份等级就是按政治和社会地位的不同将社会成员划分为不同的社会阶层。而且身份同时又是将阶级关系作为政治的或国家的秩序固定下来的社会阶层。在早期的阶级社会中,阶级关系总是通过身份等级的形式来表现的。根据《魏志·倭人传》的记载来看,邪马台国时代的日本社会已经出现了阶级关系,同时也是一个存在明显社会序列的分层社会。大人、下户、奴婢、生口是当时社会中主要的身份序列,其中大人相当于社会的统治阶级,而其他三种身份是被统治阶级。大人在掌握象征社会权力的"威信财产"(象征威望和社会权力的财产)社会礼仪、婚姻权力、法律习俗等方面,与其他三种身份是有区别的。用《魏志·倭人传》的话来说,就是"尊卑有差",身份低的人要服从身份高的人。另外,在考古学资料中,佐贺县吉野里遗址主要反映了弥生时代中期至后期的社会状况。该遗址的环壕内的坟丘墓的被葬者与环壕外的公共墓地中的瓮棺墓的被葬者身份差异是很明显的。

在国家公共权力机关的形成中，官制的产生具有重要的意义。在邪马台国时代，西日本地区还没有统一，但是在以邪马台国为首的地域性的农业共同体中已开始演化出后世古代国家的公共权力机构的一些要素，其中之一就是"官制"。众所周知，公元 8 世纪以后的律令制下的官僚制，是日本古代天皇制国家进行集权统治的主要制度之一。而在公元 3 世纪的由卑弥呼女王统治的邪马台国，已开始出现官制的萌芽。在邪马台国与其他二十余个小国组成的联盟中，不仅女王国设有官吏，而且还向从属于女王国的其他周边小国派遣专门从事外交活动和检察贸易活动的官吏。

卑弥呼女王直接管辖的官吏主要可分为两类：一种是邪马台国国内的官吏，另一种是女王为加强对周边小国的控制而直接设立的官吏。女王国内的官吏分为四个等级，即"伊支马"（いきめ）、"弥马升"（みまき）、"弥马获支"（みまわけ）、"奴佳鞮"（なかとみ）。这四种官吏的具体职能《魏志·倭人传》中没有记载。为加强对周边诸小国的统治而设立的官吏至少有三种，即"大倭"、"大率"、"大夫"。大倭的职能是负责监管诸小国间的贸易交换活动。大率的地位如同中国古代的刺史，除监管诸小国的事务外，可能还具有管辖小国的军事长官的性质。大夫是女王派往中国的外交使节。需要指出的是，大率和大夫这两种官职的设立，都与倭女王与中国王朝、大陆诸国的交往以及引进大陆的物质文化有关。据《魏志·倭人传》记载，倭女王在伊都国设置大率的目的是："王遣使诣京都、带方郡、诸韩国，及郡使倭国，皆临津搜露，传送文书，赐遗之物，诣女王，不得有误。"就是说，是为了垄断女王国以北地区诸小国与大陆各国特别是中国王朝的政治经济交往，以确保来自大陆的各种政治的和经济的利益归女王王权占有。这一点可以说是早期官制的一项重要的职能，也是日本早期官制形成的一个特点。

### 三、中国王朝对倭王权的定位

日本列岛上的政治势力与中国王朝的交往,据史料记载是始于公元1世纪中期。到了公元3世纪的邪马台国时期,这种交往变得更加频繁和密切了。从公元239—247年,邪马台国向中国的魏王朝遣使五次,魏国向邪马台国遣使两次。可以说中国王朝在日本古代王权发生和发展的过程中也发挥了重要的作用。这主要表现在中国王朝对倭女王的册封和赐赠铜镜、印绶和黄幢等象征权威的贵重物品,加强了卑弥呼女王王权的合法性,巩固和提高了她在诸小国中的地位,有利于与敌国狗奴国的对抗。得到册封的不仅是倭女王一人,女王的使臣也分别得到了册封,这也在某种意义上加强了女王国的统治体制。

另一方面,中国王朝与倭王权交往的目的与对方不尽相同。首先,魏明帝册封卑弥呼女王为"亲魏倭王"的目的是继承了汉代以来的传统,即通过对周边异民族的册封,将其纳入自己的势力范围,达到扩大自己的影响力的目的。在魏晋南北朝时期,中国王朝的实力有所下降。尽管如此,中国王朝的权威依然存在,向中国南北方的王朝表示服属和朝贡的国家还是不少的。同时,在这一时期,在中国周边的东亚诸民族中,有许多民族正处在向国家发展的阶段。这些民族还需要利用中国的权威和学习中国的文物制度。他们与中国王朝的关系是通过双方结成的君臣关系来维持的。其次,就魏国来说,它当时面临着与吴国争天下的斗争。因此,魏国与倭女王的友好外交可能还带有牵制朝鲜半岛、牵制吴国在沿海地区称霸的战略意图。[①] 魏国统治者对倭女王王权的态度和定位集中反映在魏明帝给倭女王的诏书中。这份诏书的性质是一份制书。关于魏明帝的这份诏书,日本已故秦汉史学者大庭修教授在《亲魏倭王》一书中有过详细的论述。汉代以来,中国皇帝的专用文书分为四种形式:策书、制书、诏书、戒敕,这四种文书统称为诏书。简单来说,制书的

---

① 王金林:《汉唐文化与古代日本文化》,天津人民出版社,1996年版,第63—73页。

特点有三,(1)其起首开始部分都写作"制诏某官";(2)制书的适用对象为郡太守以上包括将军和公卿在内的所有职官;(3)制诏的内容事项有赦令、赎令、任免令,以及有关其他诸事的指示命令。由此可知,魏明帝对卑弥呼女王的册封使用了制书的形式,表明她的地位是在郡太守以上,地位是较高的;[1]同时也反映出明帝对卑弥呼的任命,带有很强烈的要与倭国结成君臣关系的意图。

　　古代中国对周边民族的影响与控制,往往不是通过直接征服,而是通过建立一种臣属关系、一种册封与朝贡关系来实现的。日本在古代国家形成过程中,没有经历过大规模外族入侵的征服过程(但外来移民与日本本土原住民之间小规模的部族战争是存在的)。这一点,除了日本所处的特殊地理位置之外,还与东亚的国际环境,特别是中国王朝对周边民族的政策,即通过建立臣属关系进行羁縻统治而不进行直接统治的政策,有很大的关系。

　　公元3世纪中后期到公元4世纪初,日本列岛的倭人社会发生了很大的变化,在畿内地区出现了强大的王权。在5世纪,以大和盆地为中心,在日本各地出现了定型化的前方后圆坟。大型古坟中埋葬的是当时日本各地的共同体首长(王)及其亲族。古坟的坟墓形制还表现了当时各地域社会之间存在的某种表示地位高下的身份秩序。[2] 不仅大型古坟,古坟时代的住居形态也印证了共同体首长与共同体普通成员之间日益扩大的差别。在弥生时代,氏族首长与共同体成员共同居住在聚落中。到了古坟时代,出现了专为氏族首长建造的大型住居,称作"豪族居馆"。这种类型的古坟时代的大型住居,目前在东日本和西日本地区已发现了六十余处。[3] "豪族居馆"往往带有围栏、环濠等防御设施,其中的高大房屋也是一般聚落中没有的。"豪族居馆"与农业聚落中的竖穴住

---

[1] 大庭脩『親魏倭王』増補版、学生社、2001 年。

[2] 西嶋定生「古墳と大和王権」、同氏著『中国古代国家と東アジア世界』、東京大学出版会、1983 年。

[3] 小笠原好彦「首長居館と王宮」、大塚初重『古墳時代の日本列島』、青木書店、2003 年。

居形成强烈的反差,凸显了氏族首长与共同体成员的对立。原来作为共同体代表的氏族首长逐渐转变为共同体的统治者。

古坟中出土的随葬品中铜镜是最重要的随葬品之一。迄今为止日本出土的铜镜中,大多是从古坟时代的坟墓中出土的。就著名的三角缘神兽镜而言,迄今出土了近400面。其中的80％是从全国的140座古坟中出土的。一次出土数量最多的是奈良盆地东南部的黑冢古坟,共出土了33面铜镜,其墓葬年代约为4世纪前期。[①] 这些铜镜在各地古坟中的分布状况,反映了各地首长阶层的权威和社会地位。到了5世纪,日本各地的古坟群特别是畿内大和地区的古坟群中,开始盛行随葬铁制武器和武具的风俗。从技术来源上看,日本古坟时代的铁制武器和武具与东亚大陆特别是朝鲜半岛南部的铁器文化有密切的关系。日本的这些铁制武器中,包括了种类繁多的攻击性武器和防御性武器和武具。因此5世纪又有"甲胄的世纪"之称。日本学者田中晋作在研究中指出,各地的大型古坟群,特别是大和地区的古坟中出土的武器和武具,数量多,种类全,且质量好。这说明5世纪以后,先进的武器和武具制造技术是掌握在各地最有势力的豪族手中的。这一重大的变化,不仅说明当时的军事技术、武器制造技术大大提高了,同时也表明武力在社会政治中的作用变得更为重要了。[②] 这时期的大和王权中可能已出现了原始形态的常备军。

这时期日本国内的部落统一战争也反映在中国方面的史料中。在《宋书·倭国传》中记载了升平二年(478年),倭国王武(相当日本古代史籍记载的雄略天皇)给中国刘宋顺帝的上表文,全文236个字,用魏晋文体写成。文中提到倭王武的前辈们曾亲自率兵,"东征毛人五十五国,西服众夷六十六国,渡平海北九十五国"。上表文提到的这些被征服小国的具体数量,目前只能看做是一种文字修饰,不过这种部落间的征服活动应当是存

---

①《卑弥呼的镜》,日本每日新闻临时增刊号,每日新闻社1998年3月。

② 田中晋作「武器の所有形態からみた古墳被葬者の性格」、横田健一先生古稀記念会編『文化史論叢——横田健一先生古稀記念』上、創元社、1987年。

在的。上述"征服战争"与中期古坟出现的大量武器随葬品的现象是一致的。这些都表明大和地区的王权是通过武力征服统一西日本的。

在大和地区的倭王权统一西日本的过程中，逐渐建立起了王权的统治组织和机构，这一点也反映在日本国内发现的为数不多的金石文史料中，比如镶嵌在铁剑和大刀上的铭文。主要的刀剑铭文有三例，即千叶县市原市的稻荷台一号古坟的"王赐"铭铁剑、熊本县菊水町江田船山古坟出土的银镶嵌大刀铭和埼玉县行田市的稻荷山古坟出土的金镶嵌铁剑铭。从这三件铭文史料中可以知道，大和王权的统治者当时称作"王"或"大王"。他们拥有"治天下"的权力，这个"天下"包括王所在的地区，也包括被他征服的地区。另外，通过铭文还可以了解到，当时已存在王的权力机构———官厅，即铭文中所说的"寺"。① 同时，从铭文中还可以了解到，当时倭国存在着历代"奉事"于倭王的豪族集团，他们和倭王权共同构成了倭国的统治组织。

在加强对国内统治的同时，为了获得更多的经济利益（特别是为了获得朝鲜半岛的铁资源），倭王权还努力加强其在朝鲜半岛上的影响力。当时倭王权的外交方针主要表现在两个方面：一方面是与中国南朝积极交往，致力于成为南朝册封体制下的属国；另一方面是仿照中国的册封体制，试图在自己势力所及的范围内建立所谓"倭本位"的地区性册封关系。这个范围主要是指包括百济、新罗在内的朝鲜半岛南部的诸国。由于东亚大陆存在强大的中国王朝，因此要实现这一目的，首先要得到中国王朝的认可。当时倭国王们向中国皇帝申请得到的称号是"使持节、都督倭、百济、新罗、任那、秦韩、慕韩六国诸军事、安东大将军、倭国王"这样一个很长的称号。同时，倭国王不仅要求中国皇帝为自己加封，而

---

① 制作于5世纪后期的埼玉县稻荷山古坟出土铁剑铭文中称："辛亥年（公元471年）七月中记。乎獲居臣上祖名意富比垝，其儿多加利足尼，其儿名氏已加利獲居，其儿名多加披次獲居，其儿名多沙鬼獲居，其名半氏比，其儿名加差披余，其儿名乎獲居臣，世世为杖刀人首，奉事来至今。獲加多支卤大王寺在斯鬼宫时，吾左治天下，令作此百炼利刀，记吾奉事根原（源）也。"在中国汉代，就有"城郭官寺。"的说法。日本古代刀剑铭文中的"寺"当作"官府"解。见《汉书·元帝纪》云："城郭官寺。"（注：师古曰："凡府庭所在，皆谓寺。"）

且还要求对自己的属下加封各种将军称号。这些称号也许是只能在朝鲜半岛使用的外交称号,不过也可以推测,这些在东亚外交活动中获得的称号,在日本国内倭王权的统治组织内也不是毫无意义的。就是说,倭国王和他(她)的属下也有可能根据中国王朝的册封制,在日本国内建立与这些官职相应的官府(类似都督府、将军府之类的官府)。[1] 在文献和金石文中记载的一些日本古代的官职名称,如江田船山古坟大刀铭中的"典曹人",稻荷山古坟铁剑铭中的"杖刀人首",以及《宋书·倭国传》中记载的"司马曹达"的"司马",可能就是这样的官府中的成员。

## 四、古代日本律令制国家的政体性质

根据日本出土木简的记载,倭王对内开始使用天皇的称号是在公元7世纪的中后期,也就是在645年的大化改新之后不久。7世纪中期至8世纪初期是古代天皇制国家形成的时期。首先,古代天皇制国家政体在本质上是具有专制主义色彩的君主制国家。根据8世纪时颁布的律令法典(《大宝律令》《养老律令》)的规定,天皇是国家的最高统治者,其权力在统治原理上是凌驾于法律之上的。律令法典是由古代天皇颁布的,但律令法典中并不包含约束限制天皇权力的规定。其次,古代天皇的王位在极小的范围内继承,具体说是在有血缘关系的皇族内部世袭继承。再次,政府官吏的地位与他的贵族爵位(位阶)有直接的对应关系。位阶高的人才能成为高级官吏,而几乎所有高级贵族的位阶都是由天皇直接任命和授予的,也就是说,天皇和由他任命的贵族掌握着国家的权力。因此,日本古代国家的权力体系,即古代中央集权官僚政府的权力体系,是封闭性的,而不是开放性的。以上三点可以视为日本律令制国家政权的最重要特征。

自20世纪50年代以来,日本古代史学界关于古代律令制国家的政体性质的讨论,主要存在两种对立的观点:一种观点认为,古代天皇拥有

---

[1] 鈴木靖民「倭の五王の外交と内政」、小笠原好彦、吉村武彦編『展望日本歴史 4・大和王権』、東京堂出版、2000 年。

至高无上的绝对权力,因而是专制君主制国家;另一种观点根据对古代诏令的起草、审议和实施的机构———太政官(相当于我国古代中书、门下、尚书三省的结合体)的详细考察,认为日本古代国家中存在着一个相对独立于天皇、在身份等级上、政治上、经济上拥有特权的世袭贵族统治阶级,并据此认定 8 世纪以后的国家是贵族共和制国家(此观点又称"畿内豪族联合政权论")。① 近年来,上述两种观点的争论开始倾向于一种折中的解释,即认为日本古代国家中"君主专制的要素"和"贵族制的要素"是同时并存的,不能简单地用一方否定另一方。② 不过,笔者认为,以往有关日本古代太政官对天皇权力的实际上的制约和分割的精细研究以及对畿内、畿外贵族实际统治权力的研究,都未能改变这样一个事实,即天皇是凌驾于法律之上的,天皇的身份是凌驾于全社会之上的。因此日本古代国家政体的性质只能是君主制,而不是贵族共和制。

古代天皇是从此前的倭王权演变而来的,7 世纪以前日本的专制主义王权并不发达。日本的律令法是从中国引进的,具有专制君主国法律的特征。在律令法律制度下,天皇获得了更高、更强的权力。古代日本律令制国家建立起由官僚管理的较为完备的中央政府和地方行政组织。通过律令制体制(特别是户籍制度、赋税制度和土地制度),古代天皇实现了对日本列岛各地(当时主要指日本关东地方以西的地区)人民的直接统治。但是,利用外部移植来的法律制度管理国家对 7 世纪的日本古代王权来说是一个新课题,所以,立法、执行和司法的具体实施不得不在很大程度上依靠畿内地区的中央贵族、特别是有中国留学经历的贵族(遣隋唐使节)。这样看来,在律令、法律上具有专制君主地位的天皇在

---

① 関晃「律令国家の展開」,『新日本史大系 2　古代社会』、朝倉書店、1952 年;同氏著「律令国家論」,『岩波講座・日本歴史 3　古代』、岩波書店、1976 年;早川庄八「天皇と大政官の権能」、日本歴史学会編『日本史研究の新視点』、吉川弘文館、1986 年;大町健「律令国家は専制国家なのか」,『争点日本の歴史 3』、新人物往来社、1991 年。

② 仁藤敦史「律令国家論の現状と課題——畿内貴族政権論・在地首長制論を中心として」,『歴史評論』第 500 号、1991 年 12 月;同氏著「律令国家の王権と儀礼」、佐藤信編『日本の時代史 4・律令国家と天平文化』、吉川弘文館、2002 年。

对现实社会的行政管理中又或多或少地受到中央贵族的权力制约,因此说古代日本律令制国家是一种"具有专制主义色彩的君主制国家"。

日本古代国家形成史研究涉及众多方面的研究课题。比如,铁器的传入和制作、国际间或倭人社会内部各地域间的贸易、交换关系的发展,人口的增长与变化,汉字的使用,外来移民,国造制、部民制、屯仓制、律令制等古代国家的政治、经济、社会与文化体制的建立,都城的建造,宗教与国家的关系,等等。笔者姑且先越过这些问题,归纳日本古代国家形成的一般特征。

首先,日本古代国家是相对独立地由生活在日本列岛上的人们建立起来的。这主要是与日本独立于东亚大陆的地理环境有关。日本古代国家既不是外族征服的结果,也不是先从属于东亚地区的某个先进国家,然后再分离后形成的国家。

其次,在日本古代国家形成过程中,外部条件也起了十分重要的作用,具体说,就是东亚大陆文化特别是中国文化对日本列岛的影响是巨大的。在日本古代国家与中国等东亚诸国的交往中,其接受大陆文化影响是通过当时日本的政治体制和文化体制实现的,在这样的文化影响过程中,主要有两种"法则"(带有一定规律性的变化)在起作用。[①] 第一个法则是政治势力扩展发展的"法则"。就古代东亚世界而言,当中国王朝权力稳定、实力强大时,包括日本在内的周边诸民族就会积极地加入中国古代的册封体制中来,依存于这一权威,特别是这些周边民族的社会内部不安定的时候,这种倾向就更为明显。相反,如果中国王朝的强权衰落,出现政治混乱时,周边诸国、诸民族的王权就会一起脱离这一体制。另一方面,当中国国内出现复数的王朝,并互相抗争时,日本等周边诸民族的王权便成为远交近攻的对象,有时还会受到厚遇。由于存在这样的"法则",在中国王朝强大或国内出现复数王朝的条件下,与中国王朝接触的周边民族的王就被编入册封体制内并出现在中国的正史中;在中国王朝衰落和发生动乱的条件下,周边诸国各自独立,因而不会出现

---

① 堀敏一『東アジアのなかの古代日本』,研文出版、1998 年。

在中国的正史中。在日本古代史上，倭的奴国王、邪马台国的卑弥呼和倭五王出现在中国的正史中，都是发生在前一种条件下。第二个"法则"是文化和文明传播的"法则"。在日本接受大陆文化影响时，都是通过当时日本的政治体制和文化体制实现的，即便在日本加入中国王朝的册封体制的时期也是如此。因此，日本引进中国文明的过程还体现了日本自身的选择能力。这种选择取舍主要取决于当时日本社会内部的需要。回顾弥生时代以后的历史，古代日本对中国文化的利用大体上存在着一个从简单到复杂、从器物技术到制度文化和思想文化的过程。这些经过选择取舍的外来文化与各时期日本列岛上的社会发展水平大致是相适应的。

最后，与典型的原生形态的国家相比，日本古代国家的形成过程是比较短暂的。本来，国家形成过程由于受到各种因素的影响，在时间上是无法进行比较的。不过，如果两个地区文明存在密切的交流和相互影响的关系，就可以在某种程度上进行比较。以东亚大陆上的中国为例，中国文明与国家的诸制度，比如，农耕生产技术、城市的规划与建设、文字的发明与使用、行政官僚制和法律制度等，都是在非常漫长的数千年的历史过程中逐渐积累发展起来的。与中国相比，日本则是在较短的1000—1200年的时间里把这些在中国大陆和朝鲜半岛发展起来的先进文化成功地吸收进来，形成了古代国家。在从古至今的任何一个时代，世界上都存在着相对先进和相对落后的国家和地区，而且，落后民族总是面临着是否向先进文明学习的选择。美国的人类学家托马斯·哈定等著《文化与进化》①一书中，在谈到文明与进化时，曾使用了"历史落伍者的特权"这一术语，意思是说落后国家可以容许或是迫使自己采纳任何地方、任何时期已完成的发展模式，从而跨过整个中间发展阶段。可以说在古代国家形成过程中，日本人充分地利用了这种"特权"。

---

① 托马斯·哈定等：《文化与进化》，韩建军、商戈令译，浙江人民出版社，1987年，第79—83页。

## 第二节　世袭王权的形成

### 一、继体王统的确立

在《古事记》《日本书纪》的"天皇系谱"中，5世纪的倭王都是出自仁德王统。然而，6世纪初，武烈大王亡故后，由于武烈大王没有子嗣，因此仁德王统出现了后继无人的状况。于是，新王统——继体王统登上了历史舞台。

继体登上大王之位的经由，《古事记》与《日本书纪》的记载略有不同。《古事记》只是用寥寥数语，讲述继体被从近江国（今滋贺县）迎入畿内①，与手白发命（武烈大王妹）婚姻，登上"治天下"的大王之位。② 而《日本书纪》的记述则相对比较长，略有戏剧性，即武烈大王死后，群臣经过商议，首先决定迎接住在丹波国（今京都府）的仲哀的5世孙——倭彦王为王；然而，倭彦王自己似乎并没有成为大王（"人主"）的欲望，甚至对登上大王之位可能还有恐惧的心理，当他远远看到群臣派来的迎接他的兵仗队伍时，逃避至山谷之中，不知去向；无奈之下，群臣只好再度商议王位的继承者，最终选择了居住在越前三国（今福井县坂井市）的男大迹王，并派出迎接队伍将男大迹王迎入"畿内"；507年，男大迹王成为倭国的新大王，就是继体大王。

一般认为，男大迹王（继体大王）的父亲与母亲都出身于地方豪族，分别出自近江的息长氏③和越前的三尾氏④。由于父亲早逝，男大迹王随母返回母系一族，在越前长大成人。从血缘关系来看，继体大王的势

---

① 6世纪的畿内主要是指奈良盆地和大阪平原一带，即构成倭王权的中央有力氏族的出身地。
② 『古事記』继体記。
③ 《古事记》记载，息长氏的祖先是意富富杼王（应神大王之孙）（『古事記』応神記）。在成书于镰仓时代的《释日本纪》卷十三·男大迹条所引《上宫记》记载的系谱中，意富富杼王被表记为"意富富等王"，是继体大王的曾祖父。
④ 继体大王的母亲振媛，被记为是垂仁大王的七世孙（『日本書紀』继体即位前纪）。

力底盘范围横跨近江、越前两个地区。

无论是《古事记》，还是《日本书纪》，继体大王都被描述为应神大王（仁德大王的父亲）的五世孙。但事实上，在应神至继体的大王系谱中，有 3 代不明，因此应神与继体二者之间是否存在着真正的血缘关系，颇有疑问。即使继体大王是应神大王的五世孙，二者之间的血缘纽带也非常微弱了。血统上与前代大王的王统几乎无甚关联的继体大王，并且身处远离王权核心部的畿外，之所以能够登上王位，主要是缘于构成倭王权的群臣（畿内的有力豪族）的支持。

6 世纪，王位的继承人依然不是由前大王生前指定的，而是在前大王死后，群臣聚集在一起经过商议，共同推举出新大王人选的。群臣在遴选新大王人选时，新大王的个人资质或魅力是重要的决定因素。继体之所以被拥立为大王，是因为群臣认为他"性慈仁孝顺"，且是"可承天绪"的"贤者"。[1] 当然，"性慈仁孝顺"的赞语，极有可能是后世人的臆撰，对于尚未将地方豪族统一至倭王权之下的倭王权群臣来说，选择继体的理由绝不是仅限于继体的人品，而是有更实际的理由的。

继体母系一族势力所在的以九头龙河流域为中心的越前坂井平原，水稻耕作发达，具有非常肥沃的土地，但由于湿润，排水困难，河水极易泛滥，因此自古以来，治水、利水及开发就是这一地区农业生产的重要课题。在坂井平原，继体治理九头龙河的传说一直流传至今，反映了 5 世纪末 6 世纪初这一地区的水利耕地的开发和农业的发展。农业的生产力，被认为是继体势力崛起的重要因素。[2] 越前也是大陆系移民秦氏的聚居地，农业水利事业的推进或许与大陆系移民传入的治水技术、农具技术等存在密切相关性。又，继体父系一族势力是以琵琶湖东北部的息长（滋贺县近江町）为势力底盘的地方有力豪族，不仅与琵琶湖北部的铁资源开采和制铁生产有关，而且还利用琵琶湖、淀川水系为中心的水运

---

① 『日本書紀』継体元年正月甲子条。
② 白崎昭一郎「継体興起の背景」、越まほろば物語編纂委員会編『越の国シンポジウム　継体大王の謎に挑む』、六興出版、1991 年、48—54 頁。

进行贸易、交流活动。①

又，和歌山县隅田八幡神社所藏的人物画像镜刻有以下铭文：

> 癸未年八月日十大王年　男（孚？）弟王在意柴沙加官时　斯麻
> 念长奉　遣开中费直秽人今州利二人等　取白上同二百旱　作
> 比竟

根据铭文的内容可知，该铜镜是斯麻为了表示长久奉仕意柴沙加官
的男（孚）弟王之意而铸造的。关于铭文中的"癸未年"、" 男（孚？）弟王"
和"斯麻"的释读，学者们的意见存在分歧，其中比较有力的释读是：癸未
年为503年，男（孚？）弟王是指继体，而斯麻则是百济的斯麻王（武宁
王）。若是如此，男大迹王（继体大王）在即位之前就和百济有着密切来
往，采取亲百济的对外政策。

6世纪初的倭王权，依然是畿内有力豪族层构成的权力联合体，因此
将以近江、越前等为势力地盘的地方豪族男大迹王的政治、经济及外交
活动收入倭王权之中，或许是倭王权的群臣选择男大迹王为大王的重要
目的。②

继体大王在位20余年，因病而逝。关于继体大王殁亡的时间，史料
上存在3种说法：一是继体二十五年（531年）；二是继体二十八年（534
年）；三是继体二十一年（527年）。③　根据考古学调查，位于大阪府高槻
市的今城塚古坟是6世纪前半叶日本列岛上的最大规模的前方后圆古
坟，学者们推测该古坟即是继体大王的坟墓。

---

① 山尾幸久「倭王権による近畿周辺の統合」、『日本古代王権形成史論』、岩波書店、1983年。
　 鈴木靖民「継体の王位継承とその性格」、『倭国史の展開と東アジア』、岩波書店、2012年、
　 207—220頁。
② 前掲山尾幸久「倭王権による近畿周辺の統合」。
③ 531年说和534年说都源自《日本书纪》继体廿五年十二月庚子条，其中531年说是《日本书
　 纪》引用的《百济本记》记述。527年说则据自《古事记》继体记。

继体大王生前拥有一后八妃,生有子女 19 人(7 男 12 女)。① 其中,长子勾大兄与次子武小广国押盾二人是同母兄弟,由出身于尾张的目子媛所生;嫡子天国排开广庭是手白香皇女所生,血统上既承袭继体大王的血脉,同时也间接地继承了武烈大王的血缘。在《古事记》《日本书纪》记述的王统系谱中,继体大王死后,勾大兄(安闲大王)、武小广国押盾(宣化大王)、天国排开广庭(钦明大王)依次先后顺序地登上王位。但是关于钦明大王的即位时间,文献史料的记载也出现不统一,《日本书纪》记为 539 年②,《上宫圣德法王帝说》则记为 531 年。③ 另一方面,《日本书纪》记述的安闲大王的即位时间是 534 年,若以同书正文所载的继体大王殁亡时间 531 年来计算的话,继体大王死后直至安闲大王即位,中间有两年时间王位是空置的。可是,根据《日本书纪》的明确记载,继体大王的亡故与安闲大王的即位都是在同一年内发生的。④ 此外,《日本书纪》又附载了《百济本记》的记事,即继体二十五年(531),"日本天皇及太子、皇子俱崩薨"⑤。假若钦明大王是 531 年即位的,那么这一年死亡的太子及皇子就很可能是勾大兄(安闲大王)和武小广国押盾(宣化大王)。文献史料记述上的混乱,折射出继体大王死后,在当时的倭王权内部,围绕着王位继承,诸势力之间出现了对立或争斗。依照《日本书纪》的历史叙述,安闲大王与宣化大王二者的在位时间合计不过是二三年左右,而钦明大王的在位时间则长达 32 年。由此可以窥见,在继体大王死后的诸势力的较力中,拥立钦明大王的势力取得了最终的胜利。

---

① 关于继体大王的后妃数和子女数,《古事记》与《日本书纪》二史料有出入。在此,后妃数采用《日本书纪》的记录;子女数采用《古事记》的说法。如若根据《日本书纪》继体纪的记事统计,继体大王的子女数是 21 人(9 男 12 女)。

② 据《日本书纪》钦明即位前记载,宣化四年(539)十二月,钦明即位。

③《上宫圣德法王帝说》载,钦明治天下 41 年,辛卯年(571)四月崩。据此可以推算出钦明即位的时间为 531 年。

④『日本書紀』安閑即位前纪。

⑤『日本書紀』继体廿五年十二月是月条。

## 二、钦明系王统的确立

钦明大王在位期间,通过氏姓制、屯仓制、国造制、部民制等措施,使得倭王权在各地的统治力不断强化,地方豪族陆续臣属倭王权。随着倭王权开始进入新的阶段,在王位继承原则方面也发生了明显的变化,后继者的血统受到重视,王统世袭取代了实力继承。

钦明大王死后,其次子继承了王位,是为敏达大王。敏达大王的母亲是宣化大王的女儿石姬,生有两个儿子,但长子箭田珠胜大兄早已亡故。敏达大王即位后,并没有马上立王后,而是经过数年,才立息长真手王的女儿广姬为后。敏达大王与广姬之间生有一男二女,但是广姬成为王后的时间没超过一年就亡故了。于是,敏达大王立自己的同父异母姐妹炊屋姬(亦称额田部皇女)为后,炊屋姬的母亲是苏我氏的坚盐媛。炊屋姬为敏达大王诞下了二男五女。

敏达十四年(585年),敏达大王病亡。钦明大王与小姊君所生的穴穗部皇子想继承王位,但最终未能如愿。登上王位的人是钦明大王的第四子,即用明大王。当时,除了广姬、炊屋姬二后所生的子女外,敏达大王与其他两位夫人之间也有子女(共三男三女)。但无论是想即位的穴穗部皇子,还是登上位的用明大王,都是敏达大王的同父兄弟,也就是说,当时的王位继承原则是"兄弟相及"优先于"父子相继"。用明大王是苏我氏系血脉的第一位大王,也为坚盐媛所生,与炊屋姬是同父同母的血缘关系。

用明大王的王后穴穗部间人皇女,不仅是用明大王的同父异母妹妹,而且也是苏我氏系血脉的王族,她的母亲是小姊君。用明大王与穴穗部间人皇女之间生有四子,其中厩户皇子就是后人传颂的圣德太子。此外,苏我稻目的另一个女儿石寸名也是用明大王的妃嫔,生有一男一女。用明大王与苏我氏的密切关联可见一斑。由此,苏我氏的话语权开始逐渐强于老对手的物部氏。用明大王在位期间,以大臣苏我马子为核心的势力与以大连物部守屋为核心的势力之间的对立日趋严重。① 用明二年（587 年），用明大王患疮病离世。

　　用明大王死后，围绕着王位继承人的人选，群臣之间出现了分歧，物部守屋一方欲拥立穴穗部皇子为王位继承人，而苏我马子一方则想拥立穴穗部皇子的同母弟弟——泊濑部皇子。双方的对立愈演愈烈，最终发展至军事冲突，穴穗部皇子与物部守屋先后被杀，苏我马子一方取得了最后的胜利。泊濑部皇子在炊屋姬、苏我马子以及群臣的拥立下，登上了王位，是为崇峻大王。

　　崇峻大王是钦明大王的第十二子，也是具有苏我氏系血脉的大王，其母是小姊君。崇峻大王即位后，依然任用苏我马子为大臣，但是二人之间的关系似乎也出现了隔阂。崇峻五年（592 年）十月，有人向崇峻大王献上山猪，于是崇峻大王指着山猪说："何时如断此猪之颈，断朕所嫌之人。"②由于苏我马子体胖，因此崇峻大王的话传入苏我马子之耳后，让苏我马子感到不安，认为崇峻大王的"所嫌之人"就是自己，加上苏我马子又听说崇峻大王在增设兵仗，于是苏我马子召集自己的党羽，商量谋杀崇峻大王。同年十一月乙巳（三日），苏我马子对群臣诈称这一天是"进东国之调"日，借举行"东国之调"仪式的机会，派出刺客暗杀了崇峻大王。大王被臣下暗杀可谓是前所未闻，非同小可的事件。为了保持王权的稳定，就要刻不容缓地选出新大王。崇峻大王死后，钦明大王的王子都已不在人世，但是钦明大王的女儿炊屋姬作为敏达大王的遗孀，其政治影响力非常举足轻重，在前述的苏我氏与物部氏的军事对决时，苏我马子是以炊屋姬的名义集结兵力的，而且崇峻大王的即位也是炊屋姬起到了推动的关键作用。在这种政治情势下，以苏我马子为首的群臣最终选择了炊屋姬为新大王，即是推古女王，开启了倭王权女性继承王位的先河。由此，同为钦明大王子女的敏达、用明、崇峻和推古相继登上王

————————

① 苏我马子是苏我稻目之子，物部守屋是物部尾舆之子。
② 『日本書紀』崇峻五年十月丙子条。

位,钦明系血统的世袭王权成立。

### 三、大王的婚姻

倭国王的婚姻状态是一夫多妻,并且多是政治策略的婚姻。在《古事记》《日本书纪》中,与大王结成婚姻关系的女性被称为"キサキ",身份的表记有"皇后"、"妃"、"夫人"、"嫔"、"宫人"、"采女"等6种,但是每一位大王的"キサキ",即使人数很多,身份的表记最多只有3种,反映出"キサキ"的身份等级制尚未健全。[①]

前已叙述,继体大王有9位"キサキ"[②],分别是"皇后"手白香皇女(武烈大王之妹)、"元妃"目子媛(更名色部,尾张连草香之女)、"妃"稚子媛(三尾角折君之妹)、广媛(坂田大跨王之女)、麻织娘子(息长真手王之女)、关媛(茨田连小望之女或妹)、倭媛(三尾君坚械之女)、黄媛(和珥臣河内之女)、广媛(根王之女)。其中,近江的息长氏是继体大王的父系,越前的三尾氏是继体大王的母系,因此与息长氏、三尾氏的婚姻属于近亲结婚,这种近亲婚姻关系无疑可以巩固继体大王在近江、越前的基本势力地盘。又,坂田氏也是近江的有力豪族,"坂田大跨王"的"王"称呼,或许是表现继体大王与坂田氏也有某种程度上的血缘关系。"根王"也是类似情况吧。

继体大王与尾张氏的联姻则属于地方豪族之间的强强联合。在继体的诸位"キサキ"中,地位仅次于"皇后"手白香皇女的人是尾张氏的目子媛,其身份表记被冠以"元妃",是继体在即位前就结成的婚姻。前已叙述,继体大王死后,围绕着王位继承,目子媛所生的王子与手白香皇女所生的王子之间存在对立,从中也折射出尾张氏的势力非同小可。尾张

---

[①] 荒木敏夫「大王とミコ・ヒメミコの婚姻」、『古代天皇家の婚姻戦略』、吉川弘文館、2013年、8—103頁。

[②]《古事记》记载的继体大王"キサキ"人数只有7位,分别是若比卖(三尾君等祖)、目子郎女(尾张连等之祖,凡连之妹)、"大后"手白发命(意祁天皇之御子,即仁贤大王之女)、麻组郎女(息长真手王之女)、黑比卖(坂田大俣王之女)、倭比卖(三尾君加多夫之妹)、阿倍之波延比卖。

氏是尾张地区的大豪族,位于名古屋市的段夫山古坟(全长 150 米)是尾张地区的规模最大的前方后圆古坟,被认为是 6 世纪前半叶可能与尾张氏有关的墓,也有不少人推测就是目子媛父亲尾张连香草的墓。与尾张氏的联姻,无疑扩大了当时作为地方豪族的继体的政治关系网,随着继体登上大王之位,作为外戚的尾张氏也从地方豪族变为中央豪族,其姓被授予为"连"即为佐证。在《日本书纪》神代卷中,尾张氏的先祖也被设定为天照大神的曾孙火明命(亦名天火明命)①,反映出尾张氏在倭王权中的重要性。

如前所述,5 世纪末 6 世纪初时,新大王与前大王之间的血缘关系尚不是新大王继位的必要条件,但毋庸置疑的是,大王的血缘正统性对巩固和强化王权统治有着不可忽视的作用。继体大王即位以后,迎娶了武烈大王的妹妹手白香皇女(手白发命)以及和珥氏的黄媛、茨田氏的关媛为"キサキ"。与手白香皇女的婚姻,毋庸置疑是为了弥补继体大王与前大王血统的不连续性。而和珥氏和茨田氏都是畿内的有力豪族。即位后的继体大王曾在河内、山背等地建立王宫,这些地区都处在和珥氏或茨田氏的势力范围,通过联姻的方式,与畿内有力豪族建立亲近的政治关系,获得更强有力的支持,对于来自地方的继体大王来说,是必不可少的吧。

继体大王之后,近亲婚成为倭王权的特点,并且还出现了"姊妹型一夫多妻婚"的事例。② 根据《日本书纪》的记载,钦明大王有 6 位"キサキ",分别是"皇后"石姬(宣化大王之女)、"妃"稚绫姬(石姬之妹)、日影(石姬之妹)、坚盐媛(苏我稻目之女)、小姊君(坚盐媛同母妹)、糠子(春日日抓之女)。③ 在 6 位"キサキ"中,就有 5 位分别属于两组"姊妹型一

---

① 『日本書紀』神代下·第九段正文。但在《日本书纪》第九段·一书第六中,尾张氏的先祖被设定为火明命之子——天香山。
② 前揭荒木敏夫「大王とミコ・ヒメミコの婚姻」。
③ 《古事记》记载,钦明大王共娶 5 位"キサキ",分别是石比卖命(桧㭊天皇之御子,即宣化大王之女)、小石比卖命(石比卖命之妹)、糠子郎女(春日之日爪臣之女)、岐多斯比卖(宗贺之稻目宿祢大臣之女,即苏我稻目之女)、小兄比卖(岐多志毘卖命之姨)。

夫多妻婚",其中,石姬、稚绫姬和日影是姊妹,出自宣化大王血脉,也属于近亲婚;坚盐媛和小姊君是同母姐妹,为苏我稻目之女,显现出钦明大王重用苏我稻目,以及二者相互间的政治婚姻策略。

敏达大王和用明大王的婚姻中,都存在与同父异母姐妹结婚的事例。根据《日本书纪》的记载,敏达大王有4位"キサキ","皇后"广姬(息长真手王之女)、"夫人"老名子夫人(亦称药君娘,春日仲君之女)、"采女"菟名子夫人(伊势大鹿首小熊之女)和"皇后"丰御食炊屋姬尊(敏达大王同父异母之妹);用明大王有3位"キサキ","皇后"穴穗部间人皇女(用明大王同父异母之妹)、"嫔"石寸名(苏我稻目之女)、广子(葛城直磐村之女)。显然,敏达大王与丰御食炊屋姬的结合,以及用明大王与穴穗部间人皇女的婚姻都属于同父异母兄妹间的近亲婚姻。另外,苏我稻目的女儿石寸名是用明大王的姨母,因此用明大王与石寸名的婚姻是姨甥间的近亲婚姻。无论是同父异母兄妹婚,还是姨甥婚,都与6世纪倭王权的政治过程与王权内部构造变化密切相关,避免血统向其他氏族流出,是闭锁性的婚姻。[1]

## 四、6世纪倭王权的统治

进入6世纪以后,随着新王统的世袭王权的形成,以及当时的东亚国际情势,倭王权通过部民制、国造制、屯仓制等具体措施,进一步强化对日本列岛各地的诸政治势力的统合,向中央集权性古代国家的方向发展。

### 1. 磐井之乱与武藏国造之乱

继体二十一年(527年),九州岛的北部发生了有名的磐井之乱。筑紫磐井[2]是九州北部地区的大豪族,其势力范围不仅包括筑紫,而且还覆盖火(今佐贺县、长崎县、熊本县)、丰(福冈县东部、大分县),遍及北部九

---

[1] 前揭荒木敏夫「大王とミコ・ヒメミコの婚姻」。
[2]《日本书纪》记为"筑紫国造磐井";《古事记》《筑后风土记》则记为"筑紫君磐井"。

州的整个地区。

关于磐井之乱发生的缘由，《古事记》与《日本书纪》两部文献史料的叙述侧重面略有不同。《古事记》从国内统治的视角，强调磐井不服从倭王权的命令，多有无礼之处，故倭王权遣兵杀磐井。[①] 而《日本书纪》则从倭王权对外关系的视角叙述磐井之乱，即当时在朝鲜半岛，崛起的新罗不断地扩张势力领域，吞并了加耶地区的南加罗（金官国）和喙己吞，于是继体王权以复兴南加罗和喙己吞二国为名，派出军队，由近江毛野率军6万人，准备出兵朝鲜半岛；此时，新罗获知磐井一直在伺机获得阴谋叛逆倭王权的情报，于是秘密地以物行贿磐井，劝说磐井阻止毛野军向朝鲜半岛进发；磐井接受了新罗的贿赂，扩大在火、丰地区的势力，遮断倭国与朝鲜半岛之间的海路，致使毛野军在北部九州地区受阻，无法继续前行远征。[②]

为了平定磐井的反叛，继体王权派出以物部麁鹿火为大将军的讨伐军前往九州，在筑紫御井郡（福冈县久留米市一带），物部麁鹿火率领的军队与磐井军决一死战，两军旗鼓相望，尘埃相接，最终结果是磐井军战败，磐井本人也被斩首。其后，磐井的儿子筑紫君葛子因为惧怕被牵连至死罪，向继体王权献上了糟屋屯仓（今福冈县糟屋郡附近），请求赎其死罪。

磐井之乱虽然与继体王权的对朝鲜半岛关系相关，但实际上这场反乱是畿内的倭王权与地方豪族之间的较量。当时，继体王权对朝鲜半岛的基本方针，是延续自4世纪以来的与百济结成同盟的亲百济政策。[③]而势力范围在北部九州的磐井，与倭王权的亲百济政策相对抗，采取了亲新罗政策，独自与新罗交涉，显示出位于九州地区的以磐井为代表的地方豪族，在地方统治及对外关系方面，相对于倭王权具有一定的独立

---

① 『古事記』継体記。
② 『日本書紀』継体廿一年六月甲午条。
③ 鈴木靖民「六世紀の朝鮮三国と伽耶と倭」、鈴木靖民ら『伽耶はなぜほろんだか——日本古代国家形成史の再検討』、大和書房、1991年、10—20頁。

性。因此在磐井之乱中的胜利,意味着倭王权不仅削弱了九州地区地方豪族的势力,同时也增强了倭王权在九州地区的威势。

磐井之乱以后,安闲元年(534年),在日本列岛的东部发生了武藏国造之乱。根据《日本书纪》记载,武藏(今东京都、埼玉县、神奈川东部)国造的笠原一族内部,围绕着国造之位,笠原直使主与同族的小杼,相互争斗多年,但始终没有结果;具有野心的小杼悄悄地向邻国的上毛野君小熊求援,欲谋杀使主;可是,使主察觉到了小杵的图谋,遂向倭王权寻求支援;于是倭王权介入武藏国造之争,支持使主为国造,并诛杀小杵;"悚喜交怀"的使主诚惶诚恐向倭王权献上了横渟、橘花、多冰、仓樔4处屯仓。① 地方豪族之间的利害冲突,成为倭王权介入地方统治的绝好契机。

无论是磐井之乱,还是武藏国造之乱,最终的结果都是地方豪族通过献上屯仓的手段,以示对倭王权的贡纳和奉仕。

## 2. 屯仓制与国造制

有关设置屯仓的记事,初见于《日本书纪》垂仁廿七年是岁条"兴屯仓于来目邑",并且注释屯仓的读音是"弥夜气"(ミヤケ)。"ヤケ"是宅、家的含义,"ミ"则是接头词"御",因此屯仓的汉字表记亦有"御宅"、"屯家"、"屯宅"、"官家"、"三宅"等。一般认为,宅、家原是指地方豪族经营的具有生产机能的据点,而"御"则是表示地方豪族贡纳奉仕倭王权的含义。另外,屯仓的"仓"字使用,表示设有存放米等物的仓库。"官家"的用语,强调是倭王权统治的地方据点。

有关5世纪以前的屯仓,《古事记》《日本书纪》虽有相关的记事,但由于史料可信性问题,难以解明当时屯仓的实态。② 文献史料中,关于屯仓的最早可信记事,就是上述的磐井之乱后的槽屋屯仓献上。其后,《日本书纪》安闲纪、宣化纪及钦明纪中,有关屯仓的记事频频可见,折射出在这一时期,倭王权对地方的不断的势力渗透,以及地方豪族势力逐渐

---

① 『日本書紀』安閑元年閏十二月是月条。
② 仁藤敦史「古代王権とミヤケ制」、『考古学ジャーナル』533、2005年8月、19—22頁。

衰弱。根据《日本书纪》,以下列举有关 6 世纪倭王权设置屯仓的若干事例。

(1) 安闲元年(534 年),膳臣大麻吕奉倭王权的命令,派出使节,向伊甚国(今千叶县夷)索求真珠,但是伊甚国造稚子直等人因为到大王宫的时间迟晚,未能按时献上,大麻吕大怒,欲追究稚子等人的过失;稚子等人恐慌中误逃至后宫的内寝,被视为犯了擅入宫中罪("阑入罪"),倭王权要重罚稚子;于是,稚子为了赎罪献上了伊甚屯仓,由此设置了属于倭王权的伊甚屯仓。[1]

(2) 安闲元年,为了安闲大王的王后,命令大河内直味张献上膏腴的屯仓之地(雌雉田);但是,味张拒绝献上该田,谎言:雌雉田,天旱时难灌溉,水多时易涝,费功极多,收获甚少。同年,安闲大王行幸至三岛时,派随行的大伴大连金村向三岛县主饭粒寻要良田;饭粒献上了 40 町田,设置为三岛竹村屯仓。于是,倭王权在褒扬饭粒的奉献行为的同时,指责味张的不献行为,决定禁止味张为"郡司"。味张后悔不已,表示愿献镬丁,以"春时五百丁,秋时五百丁"永远奉献倭王权。味张所献的镬丁,成为三岛竹村屯仓的耕作民。[2]

(3) 安闲元年,因安闲大王所纳的 4 位妻子都没有生育,命令大伴大连金村为王后、王妃建立屯仓之地。[3]

(4) 安闲二年(535 年),倭王权在诸地设置屯仓,共计 26 处,其中包括:筑紫的穗波屯仓和镰屯仓;丰国的䏴碕、桑原、肝等、大拔、我鹿,共 5 处屯仓;火国的春日部屯仓;播磨国的越部屯仓和牛鹿屯仓;备后国的后城、多祢、来履、叶稚、河音,共 5 处屯仓;婀娜国的胆殖屯仓和胆年部屯仓;阿波国的春日部屯仓;纪国的经湍屯仓和河边屯仓;丹波国的苏斯岐屯仓;近江国的苇浦屯仓;尾张国的间敷屯仓和入鹿屯仓;上毛野国的绿

---

[1]『日本書紀』安閑元年四月癸丑朔条。
[2]『日本書紀』安閑元年七月辛酉条、閏十二月壬午条。
[3]『日本書紀』安閑元年十月甲子条。

野屯仓;骏河国的稚赞屯仓。①

（5）宣化元年（536年），倭王权派人运送河内国茨田郡屯仓、尾张国屯仓、新家屯仓和伊贺国屯仓的稻谷，在筑紫国修造那津官家;并将筑紫、肥、丰三国屯仓的稻谷分别移出一部分，集中至那津官家，以备急需时用。②

（6）钦明十六年（555年），倭王权在吉备的五个郡,设置白猪屯仓。③

（7）钦明十七年（556年），倭王权在大和国高市郡，设置韩人大身狭屯仓和高丽人小身狭屯仓;纪国设置海部屯仓。④　其中，韩人大身狭屯仓的"韩人"的含义，《日本书纪》注释为"言韩人者，百济也"，即是指百济人。⑤

由上述事例可知,6世纪的倭王权在各地设置的屯仓,既有在与倭王权的"力"的较量中,力弱的地方豪族不得不向倭王权献上的屯仓,也有倭王权出于各种目的而新设的屯仓。

具有生产机能的屯仓是倭王权的经济基础,除了存放稻谷的仓库和具有管理机能的官衙性质的屋宅以外,还有从事生产的劳动力。日本列岛各地的屯仓,其所具有的生产机能不尽相同,因此相关联的职能劳动力也有所不同。例如,在附有田地的屯仓中,耕作劳动力被编成田部从事水田耕作、水田开发等农业生产;舂米的劳动力被编成舂米部;还有饲养犬守护仓库的犬饲部等职能部民。除了农业生产以外,与屯仓所在的自然环境相关,制盐或渔捞、须惠器生产、制铁、木炭生产等的劳动力也可能成为屯仓的职能部民。

在屯仓制中,尤为引人注目的是倭王权对大陆系移民的掌控与使用。古代日本列岛的大陆系移民主要来自中国或朝鲜半岛。5世纪初左

① 『日本書紀』安閑二年五月甲寅条。
② 『日本書紀』宣化元年五月辛丑条。
③ 『日本書紀』欽明十六年七月壬午条。
④ 一般认为,海部屯仓是与以海为生的渔捞生业相关的据点,向倭王权贡纳海产物。
⑤ 『日本書紀』欽明十七月十月条。

右,由于朝鲜半岛内的战乱,从朝鲜半岛南部地区移居日本列岛的人数急速增加。大陆系移民将大陆的先进性生产技术和新的生活方式带入日本列岛,影响了日本列岛的技术与文化。6世纪以后,随着屯仓的设置,倭王权重新组织大陆系移民,通过将大陆系移民集中移居至各地的屯仓,向各地移植大陆系技术,同时亦派拥有文字技术的大陆系移民前往屯仓,制作劳动者的名簿,掌控屯仓的税收,构建由倭王权管理的生产、流通体系。[1] 例如,前述的韩人大身狭屯仓的田部,是集中各处的韩人而组成的,故称韩人大身狭屯仓;还有,高丽人小身狭屯仓也是因以高句丽人组成屯仓的田部而得名的。[2] 又如,钦明三十年(569年),前述的位于吉备五郡的白猪屯仓,设置伊始时的众多年幼者已达到赋课年龄的十余岁,但尚没有被记录在男丁的名簿("丁籍")中,为了掌控屯仓的税收,倭王权派遣百济系移民胆津前往白猪屯仓,检定屯仓田部的男丁人口,制成名簿;为了嘉奖胆津的"定籍之功",钦明大王赐姓胆津为白猪史之姓。[3]

作为连接中央与地方的王权据点,某些屯仓也同时具有交通或军事、对外等机能。例如,吉备的儿岛屯仓是钦明十七年(556)设置的屯仓[4],敏达十二年(583年),出使倭国的百济使者日罗、德尔等人,行至儿岛屯仓时,倭王权派遣了大伴糠手子连前往儿岛屯仓,慰劳百济使者。[5] 又如,皇极元年(642年),在河内国的依网屯仓前,倭王权让百济王族翘岐观看了五月五日的射猎行事。[6] 此外,在《播磨国风土记》所记的传承中,仁德时期,倭王派遣使者召唤位于日本海沿岸的意伎、出云、伯耆、因

① 田中史生「渡来人と王権・地域」、鈴木靖民編『日本の時代史2　倭国と東アジア』、吉川弘文館、2002年、247—277頁。
② 『日本書紀』欽明十七年十月条。
③ 『日本書紀』欽明卅年正月辛卯朔条、四月条。
④ 《日本书纪》钦明十七年七月己卯条记载,儿岛屯仓建于备前。但备前是于7世纪后半叶的天武天皇时代以后才从吉备分离出来的。
⑤ 『日本書紀』敏達十二年是歳条。
⑥ 『日本書紀』皇極元年五月己未条。

幡、但马五国的"国造",但是五国的"国造"在前往倭王所在地时,让倭王的使者作船夫,因此受到倭王的治罪;为了赎罪,五"国造"在播磨国饰磨郡开垦耕田,分别称为"意伎田"、"出云田"、"伯耆田"、"因幡田"、"但马田",这些耕田收获的稻谷纳入饰磨御宅管理。① 位于播磨国的饰磨御宅,是连系王权与日本海沿岸地域的结点。

屯仓制是倭王权建立地方统治体系的重要手段,对于屯仓的管理,倭王权或者是直接派遣使者,或者是交由国造管治。后者与国造制密切相关。

国造的"国"是表示地方行政区划或者支配领域。在倭王权的地方统治体系中,国造是地方官的官职名,由倭王权任命臣属于倭王权当地有力的地方豪族层担任。② 《隋书》在有关开皇二十年(600年)的倭国遣隋使的记事中,记载倭国"有军尼一百二十人,犹中国牧宰。八十户置一伊尼翼。如今里长也。十伊尼翼属一军尼"③。一般认为,"军尼"是"ク二"的音译汉字,指国造;"伊尼翼"是"イナギ"的音译汉字,指稻置。也就是说,《隋书》所描述的当时倭王权的地方统治是通过设置地方官——国造、稻置实施的,而国造与稻置的关系,被比喻为如同中国的牧宰与里长,是上下级秩序关系。

《日本书纪》也记载了有关设置稻置的记事,即"以国郡立造长,县邑置稻置"④,其中"造长"是"国郡之长",即国造;"稻置"是"县邑之首"。作为县之首的稻置,亦表记为"县稻置"。但是《古事记》的记事中,县之首的官职名不是"稻置",而是"县主",即"定赐大国小国之国造,亦定赐国国之堺及大县小县之县主也"⑤。关于县主的"县"与国造的"国"以及县主与国造之间的关系,存在两种见解:一是井上光贞氏根据《隋书》的记

① 『播磨風土記』飾磨郡条。
②《日本书纪》成务四年二月丙寅朔条载:"国郡立长,县邑置首。即取国郡之干了者,任其国郡之首长"。
③《隋书·东夷传》倭国条。
④ 『日本書紀』成務五年九月条。
⑤ 『古事記』中卷·成務記。

事,认为县是国的下属行政机构,倭王权的统治领域被分为数十国,每一国又由若干县构成,每一县又分为若干邑,即国县制论①;二是上田正昭氏认为县主制与国造制是不同时期的地方统治体制,县主制成立于初期倭王权,而国造制是随着公元5、6世纪倭王权的统治扩大,重新组织县主制而建立的新体制②。

虽然《古事记》《日本书纪》中,有关倭王权实施国造制的记事初见于成务记和成务纪,但由于存在8世纪编纂者虚构史料的可能性,因此国造制的成立无法追溯至或为《古事记》《日本书纪》虚构的成务时期。关于国造制的成立时期,学界存在诸学说,但作为通说,一般认为国造制成立于6世纪,大致在磐井之乱或武藏国造之乱以后。

与屯仓制同样,国造制是6世纪倭王权对地方统治的重要体制,通过国造的任命,倭王权对各地的有力地方豪族加以整编、统合。作为倭王权的地方长官,国造承担着对中央贡纳、仕奉的职责,例如贡纳地方特产等物资、分担宫殿或王墓的建造、派遣国造军(军丁)参加海外出兵等等。与之相应,国造在其管辖范围内,握有征税权、裁判权、祭祀权和征兵权等权力。③

3. 部民制与氏姓制

在6世纪倭王权的地方统治体系中,部民制是与屯仓制和国造制相互关联的社会组织制度。部民制成立的契机是5世纪后半叶的雄略大王时代,来自朝鲜半岛的许多手工业者移民至日本列岛,他们被称作为"今来才伎"("手末才伎"),多被安置在倭王权直辖领域内定居,依据其所擅长的技术,分别被倭王权组织为"陶部"(须惠器制作)、"鞍部"(马具制作)、"画部"(绘画)、"锦部"(锦织)、"译语"(翻译)等。但是在大陆系技术集团成立之前,5世纪时,倭王权已经开始实施伴制了,臣服于倭王权的畿内及其周边的中小豪族被组织为世袭性的分掌倭王宫内的殿守、

---

① 井上光貞「国造制の成立」,『史学雑誌』60編11号、1951年、1—42頁。
② 上田正昭「国県制の実態とその本質」,『歴史学研究』230号、1959年6月、23—37頁。
③ 石母田正『日本の古代国家』、岩波書店、1971年、362—386頁。

水取、扫守、门守等职能的伴,通过在王宫的奉仕,体现对倭王权的臣属。① 进入6世纪后,结合伴制与部集团的统治体系——部民制成立。

1983年12月,岛根县松江市冈田山1号坟发现1把铁制大刀,其上刻有"各田卩臣□□□素？□大利□"铭文,其中,"各田卩"即为"额田部",是设置在出云地区的部,属于后述的名代、子代的部。冈田山1号坟是6世纪后半叶筑造的古坟,大刀也被认为是同时代的遗物,铭文佐证了作为社会组织制度的部于6世纪已经成立。在《日本书纪》记载的大化二年(646)有关废止部民制的诏令中,部民制的部的概念包括:隶属于大王或王族的名代、子代的部;有力豪族所有的部曲;品部(职业部)。②

名代的部的具体事例,分别见于《古事记》的仁德、允恭、雄略、清宁各段的记述中,皆是作为皇子或后妃的名代而被设置的部,例如允恭"为木梨之轻太子御名代,定轻部;为大后御名代,定刑部;为大后之弟田井中比卖御名代,定河部"③;雄略"为白发太子之御名代,定白发部"④;清宁(白发大倭根子命)"无皇后,又无御子,故御名代定白发部"。《日本书纪》中,未见"名代"用语,只有"御名入部"的表记⑤,但是为大王、后妃及王族设定部的相关记事亦是屡屡可见。⑥

另一方面,作为大王或皇子的子代而被设置的部的具体事例却不多见,《古事记》中只见于垂仁、武烈两段,即伊登志和气王"因无子而为子代,定伊登志部"⑦;武烈"无太子,故为御子代定小长谷部"⑧。

作为大王、后妃、王族领有的名代、子代的部名,常常与历代大王、后

① 鎌田元一「王権と部民制」、歴史研究会・日本史研究会編『講座日本歴史1 原始・古代1』、東京大学出版会、1984年、233—268頁。
② 『日本書紀』大化二年正月甲子朔条、同年八月癸酉条。
③ 『古事記』允恭記。
④ 『古事記』雄略記。
⑤ 『日本書紀』大化二年三月壬午条。
⑥ 例如,《日本书纪》允恭二年二月己酉条:"立忍坂大中姬为皇后。是日,为皇后定刑部。"又如,《日本书纪》雄略十九年三月戊寅条:"诏置穴穗部",等等。
⑦ 『古事記』垂仁記。
⑧ 『古事記』武烈記。

妃、王族的名或宫名有关①，例如白发部与清宁的"白发大倭根子"名，刑部与允恭王后的"忍坂大中姬"名或者忍坂宫，小长谷部与武烈的长谷列木宫，金刺部与钦明的矶城岛金刺宫等。同时，大王的子女的名字也有不少取自名代、子代的部名，例如钦明大王的众子女中，就有石上部皇子、泥部穴穗部皇女、泊濑部皇子、额田部皇女等。

倭王权在日本列岛各地设置名代、子代，即将居住在国造管辖领域内的部分民众编为名代、子代的部，并由当地的有力豪族（地方伴造②）管理。名代、子代的部承担仕奉大王或后妃、王族的义务，不仅向大王、后妃、王族的宫贡上"伴"（多出自国造一族），分担宫中的杂务、警卫、靫负、食膳等事务，而且还要负担"伴"的费用，贡纳生产物。

"部曲"一词，既被用于表示诸豪族领有的民众，也被用于表示臣属倭王权的中央、地方豪族所拥有的部。③ 其部名常常冠以豪族氏名，例如大伴部、苏我部、中臣部、和珥部等。国造制成立后，大伴氏、苏我氏等中央有力豪族在各地设置的部曲，亦是以国造为中介，委任国造一族管理。

品部是各种职业部的总称。所谓的职业部，是倭王权为统辖各类技术者而设置的技术者集团，部名常常冠以具体的职掌。进入 6 世纪后，除了锦织部（织物技术者集团）、锻冶部（加工铜铁制品）、陶作部（制作须惠器）、鞍作部（制作马具）、马饲部（马的饲养和调教）等属于大陆系技术者集团以外，日本列岛本地系的技术者也被编成山部（采集山林物产）、海部（渔捞和海运）、土师部（制作土师器、埴轮）、忌部（朝廷祭祀）等社会分工组织。无论是本地系职业部，还是大陆系职业部，都以特定技术、技

---

① 狩野久氏认为名代、子代的部名具有冠以王或王妃的住地名（宫号）的特征（狩野久「部民制—名代と子代を中心として」、『日本古代の国家と都城』、東京大学出版会 1990 年、3—24 頁）。
② 在东海道、东山道诸国，国造自身成为名代、子代的伴造的事例也不在少数（狩野久「部民制·国造制」、朝尾直弘ら編『岩波講座　日本通史』第 2 巻·古代 1、岩波書店 1993 年、211—243 頁）。
③ 鎌田元一「七世紀の日本列島—古代国家の形成—」、朝尾直弘ら編『岩波講座　日本通史』第 3 巻·古代 2、岩波書店、1994 年、1—52 頁。

能或者生产物仕奉倭王权,只是本地系职业部被设置在全国各地,由地方伴造管辖,而大陆系职业部,被设置在畿内及其周边,是倭王权的直属生产组织。

无论是名代、子代的部,还是有力豪族的部曲,部民向倭王权的贡纳和仕奉是通过国造对倭王权的从属关系实现的,同时部民对王权的贡纳和仕奉也是倭王权确认国造的臣属的手段。部民制是倭王权将民众纳入王权统治体系之中的制度,但是,前已叙述国造在其统辖的领域内拥有祭祀权、司法权、兵权等独立于王权的权力,而且部民也是既从属王权又从属豪族,因此日本列岛上的中央集权制的形成尚需时间的等待。

如前所述,有力豪族所有的部,其部名取自豪族氏名。在古代中国,姓是"统其祖考之所自出者",氏是"别其子孙之所自分者"①,即姓表示同一先祖的血缘集团(部族集团),"氏"是指从"姓"分支出来的小集团(氏族集团);"姓"大多来自母系的先祖名或祖先所在的地名,而"氏"名则多与地名、身份或职业名等有关。但是,形成于5世纪后半叶的倭王权的氏姓制,虽然采用了"氏"和"姓"二字,具体含义上却与汉字的原意有很大的不同。在倭王权的统治体系中,"氏"是以祭祀共通祖先为纽带结成的共同体及其一族。② 倭王权的政治组织是由在政权内部具有一定的地位及职掌的诸氏构成的,因此氏不仅是社会集团,更是政治集团。

在《日本书纪》记载中,允恭时代,姓氏纷乱,上下相争,百姓不安,于是允恭决意"举失正枉,而定氏姓"的秩序,由于"群卿百僚及诸国造等皆各言,或帝皇之裔,或异之天降",所以允恭采用"盟神探汤"的方法,辨别群臣关于各自先祖传承的真伪。所谓的"盟神探汤",即是在锅中放入泥土,煮沸,命令诸氏姓的人向神起誓后,将手伸入锅中探泥,诚实者安然无恙,谎言者受伤,于是"诈者愕然之,豫退无进,自是之后,氏姓自定,更无诈人"③。5世纪前半叶的允恭时代,氏姓制尚未成立,但是从后人编

---

① (宋)吕祖谦:《左氏博议》卷二《隐公问族于众仲》。
② 門脇禎二「古代家族論」、『日本古代政治史論』、塙書房、1981年、343—358頁。
③ 『日本書紀』允恭四年九月戊申条。

撰的允恭重编氏姓的记事来看,氏姓制是倭王权建立政治秩序的手段,倭王权所定的各氏,其各自的先祖或被拟为"帝皇"或被传承为"天降"之神,即通过拟制先祖在王权神话或历史中的地位,确立各有力豪族集团在倭政权中的政治地位。[1]

氏的氏名,既有取自氏族本据地的地名,如苏我氏、葛城氏、吉备氏、出云氏等;也有源自氏族在王权内所担当的世袭职掌,例如大伴氏、物部氏、中臣氏等。此外,大陆系移民被编成"东汉氏"、"西文氏"、"秦氏"等政治集团。

倭王与氏之间的关系通过"姓"来表现,即倭王以不同的"姓",界定诸有力豪族在政权内部的职掌和政治地位。换句话说,"姓"是表示"氏"在倭政权中的政治地位的标志。"姓"有臣、连、君、造、直、首、史等,其中臣姓多赋予以地名为氏名的氏,如苏我臣、葛城臣、吉备臣、出云臣等;连姓多赋予以职掌为氏名的氏,如大伴连、物部连、中臣连等。但是需要强调的是,倭王本人并不在氏姓秩序中,是凌驾于氏姓制度之上的大王。

氏姓秩序在国造制和部民制中也有所反映。例如,根据国造的氏姓,国造大致有三类[2]:

① 臣姓国造,分布于曾与倭王权势均力衡的地区,如吉备臣、出云臣等。

② 君姓国造,分布在位于倭王权边缘的、独立性较强的部分地区,如东国的毛野君和九州地区的筑紫君等。

③ 直姓国造,分布于广泛的地区,其中,倭王权直辖的畿内及其周边地区的国造的姓多取自地名,如葛城直、播磨直等;西国地区的国造多以地名+凡直为姓,如赞岐凡直、安芸凡直等;在东国地区,国造的姓有不少是取自部名,如日下部直(伊豆国造)、壬生直(甲斐国造)、新治直(新治国造)等,反映出国造自身担当统帅部的伴造。

[1] 北康宏「大王とウヂ」、大津透ら編『岩波講座 日本歷史』第 2 卷·古代 2、岩波書店、2014年、37—74 頁。
[2] 八木充「国造制の構造」、『岩波講座 日本歷史 2》古代 2、岩波書店、1975 年、1—37 頁。

又,前已叙述,冈田山1号坟的大刀铭文中,刻有以部名为氏名的"额田部臣"氏姓。根据日本学者的研究,铭文记录的额田部臣是出云地区的有力豪族,也是设置在出云地区的所有的额田部集团的首长;出云地区的额田部集团的内部组织秩序是额田部臣——额田部首(各个额田部集团的首长)——额田部(一般成员)。[①] 可以说,氏姓体现了地方豪族(地方伴造)管理部民的纵向统辖体系。

如上所述,6世纪倭王权通过屯仓制、国造制、部民制和氏姓制等措施,构成多层的管理秩序,强化对地方的统治,意欲实现权力的集中化。但是,多层的管理秩序也导致了多个支配-从属关系的存在。同时,在6世纪倭王权的权力结构中,参与王权议政、分掌中央各职能的有力氏族,都拥有私有田地("宅")和私有民("奴"),并且还统辖复数个中小氏族,管理着中小氏族对王权的贡纳和仕奉。[②] 这些课题的克服需要等到7世纪的大化改新以后。

### 3. 苏我氏的兴起

6世纪倭王权的政治结构中,大王之下,设有大臣、大连、大夫职位。[③] 其中,大臣是代表臣姓氏族的最高执政官,大连是代表连姓氏族的最高执政官,大夫是近侍于大王并分掌中央各职能的有力豪族的称呼。每当遇到大事(王位继承、国政重要决策等)之时,大臣、大连以及大夫聚集在一起,举行群臣会议,共同议政,即所谓的群臣合议制。

根据《日本书纪》的记事,5世纪后半叶,平群氏的平群真鸟作为大臣活跃在政治舞台;继体大王时代,许势氏(巨势氏)的许势男人被任命为大臣;但是,钦明大王时代以后,大臣的位置就一直是由苏我氏独占。苏

---

① 前揭鎌田元一「王権と部民制」。

② 佐藤長門「倭王権における合議制の機能と構造」,『日本古代王権の構造と展開』,吉川弘文館,2009年、14—54頁。

③ 由于"大连"的职位名称,只在《日本书纪》的记事中出现,因此近年来,关于倭王权阶段的"大连"是否是实际存在的职位,不少学者提出了疑问。此外,在《日本书纪》中,"大夫"、"卿大夫"等词汇,自崇神纪开始就频频出现,一般泛指朝廷的重臣或有力豪族,但是6世纪以后的"大夫"一词,代表着一定的政治地位,是群臣合议制的重要成员。

我氏是以大和国高市郡苏我(奈良县橿原市苏我町)为大本营的氏族。①
在苏我氏的系谱中,苏我氏被描绘为是神话传说人物建内宿祢后裔的氏
族。根据《古事记》的记述,建内宿祢②有子女9人(7男2女),其中的7
男分别被视为各个氏族的先祖,即,波多八代宿祢是波多臣、林臣、波美
臣、星川臣、淡海臣、长谷部君之祖;许势小柄宿祢是许势臣、雀部臣、轻
部臣之祖;苏我石河宿祢是苏我臣、川边臣、田中臣、高向臣、小治田臣、
樱井臣、岸田臣等之祖;平群都久宿祢是平群臣、佐和良臣、马御机连等
之祖;木角宿祢是本臣、都奴臣、坂本臣之祖;葛城长江曾都毘古是玉手
臣、的臣、生江臣、阿芸那臣等之祖。③ 这一建内宿祢后裔氏族的系谱,是
后世人作成的,存在史料可信性问题,因此被作为苏我氏先祖的苏我石
河宿祢是否是实际存在的人物,也是不详。但是平群氏、许势氏、木氏
(纪氏)等都是活跃在军事、对外关系舞台上的古代有名氏族,并且如前
所述,平群氏和许势氏的氏人曾就大臣之位,因此这些氏族与苏我氏具
有共同祖先的传说,似乎是旨在强调大臣之职的世袭性。

在苏我氏的系谱中,苏我石河宿祢之后,依序是苏我满智④、苏我韩
子⑤、苏我高丽⑥,从名字的汉字表记特点来看,满智、韩子、高丽都是与
朝鲜半岛有关的名字,例如百济人的名字中,有与满智发音相同的木满

---

① 7世纪以后,苏我氏自身主张葛城县是其氏族的本居地(『日本書紀』推古卅二年十月癸卯朔
　条、皇極元年十二月是歲条)。

② 《日本书纪》中,建内宿祢的汉字表记是"武内宿祢"。在《日本书纪》所载的传说中,武内宿祢
　是仕奉景行、成务、仲哀、应神、仁德5代王的大臣,神功皇后(仲哀的王后)摄政时,助其出兵
　新罗;应神时,奉令率领"诸韩人等作池"(『日本書紀』神功摄政前纪、応神七年九月条)。

③ 『古事記』孝元記。

④ 关于苏我满智的事迹,《日本书纪》履中二年十月条记载,苏我满智与平群木菟、物部伊莒弗、
　圆大事主一同执掌国政。但是,一般认为这一记事是《日本书纪》编纂者虚构之作。又,《古
　语拾遗》记载,雄略大王时代,"诸国贡调,年年盈溢",于是建立"大藏"机构,命令苏我满智
　"检校三藏(斋藏、内藏、大藏)",反映出苏我氏与倭王权的财政管理有关。

⑤ 关于苏我韩子,根据《日本书纪》的记载,雄略大王时代,苏我韩子与纪小弓、大伴谈、小鹿火
　一同远征新罗;在新罗,受小鹿火挑拨,苏我韩子与纪小弓之子纪大磐不和,被纪大磐射死
　(『日本書紀』雄略九年三月条、同年五月条)。

⑥ 『公卿補任』宣化天皇条・蘇我稲目宿禰。

致①、万智②；倭人和朝鲜半岛女性所生的混血儿——吉备韩子那多利，其名字中也使用了"韩子"二字③；高丽或许是源自高句丽的国名。因此，一般认为，苏我氏是与朝鲜半岛系移民有着密切关联的氏族。

　　苏我氏在倭王权政治舞台上的活跃始自苏我稻目。在苏我氏系谱中，苏我稻目是苏我高丽的儿子。钦明大王即位后，任命苏我稻目为大臣，大伴金连、物部尾舆为大连。大连是连姓氏族的最高执政官，由大伴氏、物部氏担任，但是540年，由于对朝鲜半岛政策的失败，大伴金村丢失了政治地位，其后是物部氏独占大连职位。大伴氏与物部氏分别以神话中的自天而降的天忍日命和饶速日命为始祖，自雄略大王时代以来，就是倭王权内的分掌军事的有力豪族。与之相比，苏我氏属于新兴的豪族。

　　作为新兴的豪族，苏我氏采取与大王家联姻的策略，凭借大王家的权威，与大伴氏、物部氏等旧有的豪族抗衡，巩固、扩展自身的势力。钦明大王拥有1后5妃，其中，3人是宣化的女儿即钦明的侄女，具有大王家血脉的王女；2人是苏我稻目的女儿；还有1人出自畿内的另一有力豪族春日氏。苏我稻目的两个女儿——坚盐媛和小姊君分别为大王家诞下了7男6女和4男1女，加上其他4位后妃所生的子女，钦明大王的子女数达至25人（16男9女）。毋庸多言，子女的繁衍是世袭王权成立、延续的必要条件，而具有苏我氏血脉的众多王子、王女的存在，也是日后的苏我氏可以胜出诸旧有豪族，称雄政治舞台的重要因素。

　　此外，在钦明大王时代，苏我稻目利用其支配下的东汉氏、西文氏、秦氏等大陆移民系氏族，管理王权的财政。钦明十四年（553年），苏我稻目奉钦明大王之命派遣百济系移民王辰尔，计算且记录船赋税。前述的白猪屯仓、儿岛屯仓、韩人大身狭屯仓和高丽人小身狭屯仓，都是苏我稻目作为钦明大王命令的具体执行者而设置的。钦明三十年（569年），前

①『日本書紀』応神二十五年条。
②『日本書紀』天智元年六月丙戌条。
③『日本書紀』継体二十四年九月条。

往白猪屯仓制成屯仓田部男丁名簿的胆津，就是王辰尔的侄子。前已叙述，屯仓是倭王权的经济基础，因此历代王权都非常重视对屯仓税收的管理。因此可以说，财政的管理和技术系移民的掌握，是苏我氏在倭王权内维持势力的基础。

苏我稻目于钦明三十一年（570 年）亡故。翌年（571 年），钦明大王也故去。敏达大王即位后，任命苏我稻目的儿子苏我马子为大臣，物部守屋为大连。物部守屋是物部尾舆之子。苏我马子与物部守屋二人延续着父辈之间的政治上对立。用明大王即位后依然如故，任命苏我马子为大臣，物部守屋为大连。

但是，如前所述，用明大王死后，围绕着王位继承人选，以苏我马子为首的一派与以物部守屋为首的一派之间的对立达到白热化。物部守屋欲助穴穗部皇子登上王位，苏我马子则以钦明大王之女、敏达大王遗孀炊屋姬（后为推古女王）之名，集结兵力，速杀穴穗部皇子；然后说服诸位王子和群臣，一起率兵直逼物部守屋的邸宅（涉河家），决战物部守屋；物部守屋率领一族子弟和奴军（私有民组成的军队）筑稻城迎战，其军强盛，箭如雨下；苏我马子一方的王子们、群臣们及兵士皆怯弱害怕，几度退却，这时，厩户皇子（后被尊为圣德太子）使用白胶木做了一尊四天王像，放在自己的头上，发誓如若四天王保佑己方胜敌，则必当奉四天王为护世四王，建造寺塔；随之，苏我马子也发誓若是所有的天王、大神王等佑护己方，使己方获得胜利，则愿意尊奉诸天王和大神王，建立寺塔，流通三宝；厩护皇子与苏我马子的发誓，鼓舞了士气，苏我马子一方再次发起攻击，杀死了物部守屋及其子等人，没有了首领的物部守屋军彻底溃败。[①]此后，大连职位不再设立，在大臣苏我氏和大连物部氏的几番政治较量中，苏我氏一方取得了最终的胜利。苏我马子、苏我虾夷、苏我入鹿三代相继担任大臣之职，直至 7 世纪的乙巳之变，苏我氏的盛势才终告结束。

---

① 『日本書紀』崇峻即位前紀。

## 第三节  6 世纪倭国的对外关系

6 世纪的倭国与中国王朝没有使节往来,其对外关系是以朝鲜半岛为中心的,如前所述,磐井之乱即是以朝鲜半岛情势为背景的地方豪族与倭王权的对抗。

### 一、6 世纪的朝鲜半岛

4 世纪中叶以后,朝鲜半岛诸国的势力分布大致是:北部为高句丽,南部有新罗、百济以及加耶诸国。进入 6 世纪,新罗迅速崛起,不断扩大其统治领域范围,给朝鲜半岛的情势带来了很大的变化。新罗原是朝鲜半岛东南部的辰韩诸国中的一国——斯卢国,4 世纪以后逐渐控制辰韩地区,形成王国。由于北部的高句丽以平壤为据点,对朝鲜半岛南部不断地加强攻势,大约在 4 世纪末 5 世纪初,新罗采取了臣服于高句丽的策略。但是 5 世纪中叶以后,新罗开始谋求脱离高句丽势力圈,与百济结盟,屡次出兵救援百济对抗高句丽。至 6 世纪,新罗逐渐地完善国家制度,智证王时代(500—514年),制定新罗国号,颁行丧服法;法兴王时代(514—540 年),设置兵部,施行以王为顶点的官位制、衣冠制等制度。随着内政的统治体系的构建,在对外关系方面,新罗也采取积极主动的姿态,在向中国的南朝萧梁王朝派遣使者朝贡的同时,越过小白山脉,与高句丽、百济对峙,并且不断地扩大其领域范围,6 世纪中叶时,汉江下游地区和加耶地区都被纳入新罗的掌控之下。

百济是以朝鲜半岛西南部马韩地区的伯济国为中心发展起来的王国。4 世纪中叶,百济迅速发展,无论是经济方面还是军事方面,都有能力与高句丽正面抗衡。371 年,在双方的军事对抗中,百济攻克了高句丽的平壤城,高句丽的故国原王也被流矢射中而亡。以此为契机,百济迁都汉山。5 世纪后半叶,在朝鲜半岛情势中,百济逐渐处于不利的地位。475 年,高句丽攻下百济的王都——汉城,杀死了百济的盖卤王。濒临危亡的百济被迫向南迁都至熊津。6 世纪初,武宁王(501—523 年在位)即位后,百济的国力渐渐恢复。538年,百济再次向南迁都至泗沘(扶余)。
6世纪20年代至30年代初,围绕着加耶地区,百济与新罗之间发生直接
军事冲突。541年,百济向新罗派出使节,请求和议,新罗应诺,由此百济
与新罗结成同盟。551年,百济与新罗联军北进,从高句丽手中夺回旧都
汉城。翌年(552年),汉城一带又被新罗夺走,百济-新罗同盟走向决裂。
554年,百济与新罗两国在管山城(函山城)交战,百济圣明王战死,新罗
取得胜利。

　　另一方面,在同一时期,高句丽内部出现了不安定的因素。531年,
高句丽的安臧王被杀。① 545年底,安原王亡故后,围绕着王位继承,高
句丽发生宫廷政变,被诛杀者众多。② 557年,在丸都城发生了叛乱。虽
然叛乱者最终被镇压,但是国内矛盾的激化必然会影响到高句丽的对外
策略。同时,崛起的新罗也使得长期以来一直对立的百济与高句丽之间
的关系开始发生变化,从敌对趋向联合。

　　加耶是指位于朝鲜南部的群立的诸小国,也被称作伽耶、加罗、驾洛
等。《三国志·魏书·东夷传》所记的弁辰(弁韩)就是加耶地区。加耶
地区的地理位置处于新罗与百济之间。为了对抗高句丽,4世纪后半叶
以来,百济一直与加耶诸国保持着友好的关系。但是6世纪后,国力复
苏的百济开始向东延伸势力,先后攻击加耶地区的己汶、多沙(带沙)等
国。另一方面,崛起的新罗也向西挤压加耶诸国,吞并了南加罗(金官
国)、喙己吞等国。随着新罗、百济势力对加耶地区的侵入,加耶地区的
范围不断缩小,最终加耶地区的诸国都被新罗吞并了。

## 二、倭国与朝鲜半岛诸国

### 1. 倭与百济

高句丽、百济、新罗三国中,与倭国保持最密切关系的是百济。根据

---

① 『日本書紀』继体廿五年十二月庚子条引用的〈百济本记〉文。
② 『日本書紀』钦明六年是年条、钦明七年是岁条。

位于中国吉林省集安的广开土王（好太王）碑的碑文，4世纪末5世纪初，百济联合倭国以及加耶地区的安罗、任那加耶（金官国），共同对抗高句丽。百济陷汉城，迁都熊津后，478年，倭王武在向中国刘宋王朝上表文中，不仅叙述百济与高句丽之间的对立关系，而且还指责高句丽"无道"，倭国的亲百济的姿态跃然纸上。479年，百济三斤王（477—479年在位）亡故，倭国派兵护送当时在倭国的昆支王之子——末多王返回百济继承王位，是为东城王（479—501年在位）。501年，由于暴虐百姓，东城王被百济国人杀死。其后，东城王的第二子斯麻（斯摩）登上王位，即前述的武宁王。根据《日本书纪》所引的《百济新撰》记载，武宁王本人也与倭国有着渊源关系，他是在筑紫各罗岛上出生的。①

进入6世纪以后，倭国依然采取与百济同盟的基本方针，两国之间频有互派使节的往来。《日本书纪》记载，继体六年（512），百济的使节抵达倭国，提出请倭国割让"任那"（加耶地区）的上哆唎、下哆唎、娑陀、牟娄"四县"，在大伴金村等人的力推下，继体大王同意了百济的要求。②"任那"一词原是指加耶诸国中的一国——金官国（任那加罗），但《日本书纪》编纂者所使用的"任那"则是泛指加耶地区。所谓的上哆唎等"四县"，其所在的地理位置"近连百济，远隔日本"，与百济是"旦暮易通，鸡犬难别"③，范围几乎涵盖位于韩国西南部的全罗南道的全域。由于加耶地区拥有丰富的铁资源，自古以来，倭国就与加耶地区保持着密切的交流。但是，《日本书纪》编纂者所记载的倭国向百济"割让任那四县"事件却并非事实，因为上哆唎等地区不曾被倭国直接统治过。不过，《日本书纪》的记事折射出在百济势力进入上哆唎等地区之后，继体王权采取了认同百济的行为，延续与百济交好的基本方针。

继体七年（513），百济派遣使节向倭国贡上五经博士段杨尔，并诉说伴跛国"掠夺"己汶，请求倭王权支持百济占有己汶；同年，伴跛国也向倭

---

① 『日本書紀』雄略五年六月丙戌朔条、武烈四年是歳条。
② 『日本書紀』継体六年十二月条。
③ 『日本書紀』継体六年十二月条。

国派出使节,献上珍宝,期望在己汶问题上,能够获得倭国的支持;最终,在百济和伴跛国之间,继体王权选择了站在百济一边,承认百济对己汶、滞沙(带沙)具有统治权。<sup></sup>① 伴跛国、己汶和滞沙都是加耶地区的国,其中,伴跛国是加耶北部地区诸国联盟的盟主国;己汶是东邻上哆唎等地区的小国,位于蟾津江流域;滞沙则在蟾津江口一带。在得到上哆唎等地区后,百济继续向东扩展势力,与伴跛国发生了军事冲突,于是向倭国派遣使节希望得到军事援助。继体王权曾数次派兵支援百济,军事介入伴跛与百济之间的冲突。②

531年,百济在加耶南部的安罗国驻军。此后,在百济与新罗的两面夹击下,加耶南部诸国大都采取了亲百济的策略。与之相应,倭国与加耶南部诸国关系也以百济为中介。例如,据《日本书纪》记载,钦明二年(541年),百济圣明王召集安罗、加罗、多罗等加耶南部7国的旱岐们(首长阶层)商议"复建任那"之策,其时,倭国的使臣也在座③;钦明五年(544年),圣明王再次聚集加耶南部8国的旱岐们,倭国使臣同样参加。④ 倭国与百济的友好关系一直持续至7世纪中叶百济亡国为止。

### 2. 倭与新罗

文献史料中,有关6世纪倭国与新罗之间对立的记事屡屡可见。如前所述,磐井之乱的发生原因就是九州地方豪族势力抵抗倭王权的敌对新罗方针。但值得注意的是,《日本书纪》记载,钦明元年(540年)八月,新罗派遣使节前往倭国修好。⑤ 同年九月,钦明大王与诸臣商议出兵新罗计划时,大连物部尾舆建议采取慎重态度,不可以轻率出兵新罗,同时责怪大连大伴金村在"割让任那四县"事件上顺从百济之意,造成新罗对

---

① 『日本書紀』継体七年六月条、同年十一月是月条。
② 継体八年(514年),伴跛国在蟾津江流域筑城、置烽火和仓库,准备抗击倭军(『日本書紀』継体八年三月条)。継体九年(515年),在带沙江(蟾津江口),物部连率领的倭国水军与伴跛国军队交战,最终不敌伴跛军,大败而逃(『日本書紀』継体九年二月是月条、同年四月条)。
③ 『日本書紀』欽明二年四月条。
④ 『日本書紀』欽明五年十一月条。
⑤ 『日本書紀』欽明元年八月条。

倭国"怨旷积年"。① 由此推测,在倭王权的内部,也存在对新罗的温和派,并非都是强硬派。

前已叙述,554年的管山城之役,新罗战胜百济。其后不久,原站在百济阵营的安罗,转投向新罗势力之下。钦明二十一年(560年),新罗向倭国派出使节并送上物品,与此相应,倭国超出寻常地款待新罗使,以致新罗使回国复命时,期望新罗王下次派遣官位更高的人出任前往倭国的使节。翌年(561年),新罗继续遣使至倭国,可是此次的新罗使在倭国所受到的待遇却不如前一年,使得新罗使愤愤而归。同年,新罗再次派使节出使倭国,但是倭国接待新罗使的规格低于百济使,新罗使即刻乘船怒归,行至穴门(长门)时,遇见工匠正在建造穴门客馆,新罗使问工匠为谁而造,工匠答道:"遣问西方无礼使者之所停宿处也。"②新罗使回国报告了工匠之言,为了防备倭国的军事攻击,新罗在安罗的波斯山筑山城。由此可见,面对新罗的积极外交,倭国的对应相对消极,这或许与当时的亲百济政策有关。

562年,新罗攻击加耶北部盟国的大加耶。随着大加耶的降伏,余下的加耶诸国相继被新罗被吞并,成为新罗统治下的地域。由此,朝鲜半岛进入高句丽、新罗、百济三国鼎立的时代。就在562年,新罗两次向倭国派出了使节,新罗显然希望与保持倭国使节往来关系,以抑制百济。但是,倭国并没有马上作出回应,直至钦明三十二年(571年),倭国才以询问加耶诸国被灭之事为名目,派遣使节前往新罗。这一年,钦明大王病亡。临终前,钦明大王留下遗言:"须打新罗,封建任那。"③此后,在相当长的时间里,"复兴任那"都是几代倭王权的目标。敏达大王时期,新罗时时派遣使节出使倭国,与之相应,倭国也派使节前往新罗。敏达四年(575年),尽管加耶诸国已不复存在,但是倭国同时向新罗派出了新罗使和任那使。随后,新罗向倭国"遣使进调多益常例,并进多多罗、须奈

①『日本書紀』欽明元年九月己卯条。
②『日本書紀』欽明廿二年是歳条。
③『日本書紀』欽明卅二年四月壬辰条。

罗、和驼、发鬼四邑之调",其中,多多罗等四邑之调是以"任那之调"名义送献的。① 敏达十二年(583年),敏达大王再次强调要继承钦明大王遗志,谋虑"复兴任那"。② 翌年(584年),倭王权就再派使节出使新罗及任那。如此反复,直至6世纪结束,倭国与新罗之间维持着互派使节往来的平和关系。

### 3. 高句丽与倭国的关系恢复

随着新罗的领域扩大至高句丽统治的咸镜道地区,高句丽与倭国的敌对关系也开始发生变化。钦明三十一年(570年),高句丽的使人经过"辛苦风浪,迷失浦津,任水漂流",最终在日本海沿岸的北陆地区("越")着岸,但是却被当地的豪族隐匿,高丽使人携带的方物也被夺去。③ 钦明大王闻知高句丽使人到来的消息后,非常重视,首先派遣人员前往北陆地区迎接使人,索回被豪族抢去的物品;同时,为了接待使人一行,在山城国相乐郡(今京都府相乐郡)建造舍馆。经过数旬,直至翌年(571年)三月,倭王权以"占待良日"为由,仍然迟迟未举行高句丽使人呈奏献物及表疏的仪式。④ 但其间,如前所述,倭国遣使前往新罗,询问新罗吞并"任那"的理由。由此推想,高句丽使人的到来,对于企图"复兴任那"的钦明王权而言,增加了与新罗国交涉时的有利因素。不久,钦明大王就病逝了。

敏达大王即位后,派遣群臣前往高句丽使人居住的相乐馆,检录使人所携带的献物,其后,高句丽的献物和表疏都送到了大王宫殿所在的政治中心地——"京师"。同年(571年)七月,在滞留倭国达一年多的高句丽使节内部发生了内讧,高句丽大使被副使等人杀死;并且,高句丽副使等人声称,是为倭国大王而杀大使的。⑤ 其后,高句丽使人归国。

---

① 『日本書紀』敏達四年六月条。坂本太郎ら編『日本古典文学大系68日本書紀』下・敏達四年六月条頭註、岩波書店1965年、139頁。

② 『日本書紀』敏達十二年七月丁酉朔条。

③ 『日本書紀』欽明卅一年四月乙酉条。

④ 『日本書紀』欽明卅二年三月是月条。

⑤ 『日本書紀』敏達元年六月条。

敏达二年(572年)五月,又有高句丽使人在日本海沿岸着陆,"破船溺死者众",敏达王权猜测是由于使人的船频频迷路所致,决定不飨宴使人,直接让使人返回高句丽,同时派出吉备海部直难波等人护送高句丽使人。① 七月,倭国的送使吉备海部直难波与高句丽使人等见面,相互商议后,让高句丽使人两名乘坐倭国的送使船,而倭国送使船上的两名船人则登上高句丽使船。倭国送使船行驶数里之后,吉备海部直难波开始畏惧波浪,遂将两名高句丽使人扔入海中,并于八月返回复命,谎称船遇大鲸鱼,因害怕鱼吞船而无法入海,但被敏达大王识破谎言。另一方面,倭国的两名船人乘坐高句丽使船抵达高句丽,高句丽以"使人之礼"优待倭国船人。② 翌年(573年),高句丽再遣使节送倭国船人返回倭国,并谒见敏达大王,询问前年(572年)乘坐倭国送使船的高句丽使人为何尚未回到高句丽,敏达大王无奈只好如实回答。此后,倭国与高句丽之间的使节往来中断,直至7世纪,两国间的通交才再次打开。

## 第四节　大陆系文化的吸收

### 一、大陆系移民的渡来

在日本,从中国大陆或朝鲜半岛渡海至日本列岛的移民被统称为渡来人。根据《古事记》《日本书纪》的记载,倭汉氏(东汉氏)、西文氏、秦氏等氏族的祖先,都是5世纪从中国大陆或朝鲜半岛移居至日本列岛的。其中,倭汉氏的祖先阿知使主及其子都加使主,率领"己之党类十七县"③,移居奈良盆地南部,其后,阿知使主等人还奉倭王权之命,经由朝鲜半岛,向吴国求得缝工女兄媛、弟媛、吴织、穴织4人,并带回倭国。④在后世的传承中,阿知使主被认为是东汉灵帝之后裔,因曹魏取代东汉,

---

① 『日本書紀』敏達二年五月戊辰条。
② 『日本書紀』敏達三年七月戊寅条。
③ 『日本書紀』応神二十年九月条。
④ 『日本書紀』応神三十七年二月戊午朔条。

出走至带方郡，然后再移居倭国。① 西文氏的祖先是王仁（和迩吉师），是百济王送给倭王权的文人，传说王仁携带《论语》《千字文》等中国典籍至倭国，教授应神大王的诸王子。② 虽然《千字文》是在 6 世纪成书的，5 世纪初的王仁不可能携带该书籍至日本列岛，但是这一传说反映出大陆移民为日本列岛带来了大陆的文化。③

随着朝鲜半岛情势的激荡，来自朝鲜半岛南部地区的移民明显增多。如前所述，5 世纪后半叶，来自朝鲜半岛的手工业者移民被倭王权编成不同的手工业者组织，将大陆的陶器制作、马具制造、绘画、锦织等技术传入日本列岛，这在考古发掘中也得到了佐证。

依据考古学发掘成果，5 世纪以后，须惠器生产技术和新的铜铁加工技术从朝鲜半岛传入日本列岛。须惠器属于窑烧制品，是用 1000 度以上的高温和还原焰烧成的暗青灰色硬质陶器。须惠器的生产技术传入以前，日本列岛普遍使用素烧土器——多孔质的土师器，其技术是与弥生土器生产技术一脉相承的。相比较土师器，须惠器因细密坚牢，更适合人类食物贮藏，尤其是液体贮藏的需求，因此须惠器在日本列岛迅速得到普及。须惠器的生产范围，也由最初主要在北部九州至濑户内海沿岸地区，逐渐扩展至东北南部地区。

同样，金属器的生产也迎来了技术变革时期。5 世纪，盛行以武具、马具、铁制农具等作为古坟的陪葬品，包括钉缀技法的甲胄、长颈铁镞等新式武具，以及金或镀金的马具、装饰品和 U 字形锄刀等。这些都是采用新的锻冶技术或金工技术制造出来的物品。另外，马具的出现与普及反映出当时日本列岛已存在骑马的风俗。据《魏志·倭人传》记载，3 世纪时，日本列岛尚没有牛、马、虎、豹、羊、鹊等动物。马和饲马技术传入

---

① 『続日本紀』宝亀三年四月庚午条。
② 『古事記』応神記。『日本書紀』応神十五年八月丁卯条、応神十六年二月条。
③ 成书于 8 世纪后半叶的《怀风藻》序文中写道："百济入朝，启于龙编于马厩，高丽上表，图乌册于鸟文。王仁始导蒙于轻岛，辰尔终敷教于译田。遂使俗渐洙泗之风，人趋中齐鲁之学。" 其中，"轻岛"是指应神大王的宫殿；"译田"是指敏达大王的宫殿。这段文字也叙述了王仁及王辰尔在大陆文化传入日本列岛过程中的重要作用。

日本列岛,是与技术系大陆移民有着密切关联的。《日本书纪》应神十五年条记载,百济王曾经派遣阿直岐,向倭国献上良马 2 匹,收到马匹的倭国没有饲养马匹的人才,于是将马匹安置在马厩,让阿直岐负责饲养。阿直岐就是后世阿直岐史(阿直史)氏的祖先。① 至 5 世纪后半叶,古坟出土的陪葬品中,马具的比例明显增加,不仅有实用性马具,而且还有装饰性马具。

无论是须惠器还是金属器的生产,都属于手工业生产,其生产者或是在农闲期间进行特定的手工业生产的农民,或是由属于手工业生产集团的工人。②

金属器生产技术的提高,给水田耕作也带来了极大的影响。众所周知,水稻耕作技术是从大陆传到日本列岛的。从出土的农具来看,初期的水田稻作所用的农具主要是石制和木制,如石包丁、木锹等。随着农具的铁器化,尤其是 U 字形锄刀的使用,使得古代人的水田耕作与开发能力得到了进一步的提高。又,位于福冈县北九州市小仓南横代的カキ遗址出土了 6 世纪后半叶的木制马锹,马锹是用于水田翻耕的畜力(牛或马)农具,由此推测 6 世纪后半叶时就已存在了牛马耕。③ 这些农具的革新为 7 世纪初的耕地大开发提供了前提条件。

此外,据《日本书纪》的记载,在雄略大王的身边,有擅长文笔的大陆系移民——身狭村主青和桧隈民使博德,二人曾多次出使吴国。④ 还有,倭王赞于 425 年派往刘宋的使节"司马曹达"、江田船山古坟大刀铭的"书者张安",曹达和张安也都是大陆移民的名字。这些表明大陆系移民在倭王权的内政统治和外交上都发挥着作用。

---

① 『日本書紀』応神十五年八月丁卯条。
② 広瀬和雄「弥生・古墳時代の集落と地域社会」、歴史学研究会・日本史研究会編『日本歴史講座 1 東アジアにおける国家の形成』、東京大学出版会、2004 年、241—265 頁。
③ 木村茂光「耕地の拡大と技術の発展」、木村茂光編『日本農業史』、吉川弘文館、2010 年、31—36 頁。
④ 『日本書紀』雄略二年十月是月条、同八年二月条、同十年九月戊子条、同十二年四月己卯条、同十四年正月戊寅条。

进入 6 世纪后,朝鲜半岛诸国在对倭国的通交时,除了派遣使节以外,还为倭王权送上技术者,也可以说是对倭国的文化外交。前已叙述,继体七年(513 年),百济为倭国送去了五经博士段杨尔。五经是指《易经》《书经》《诗经》《春秋》和《礼记》。不过,百济送到倭国的五经博士并非永久性地移居在倭国,而是实行替换制。继体十年(516 年),百济的五经博士汉高安茂为了替换段杨尔,随使节抵达倭国。此后,除了五经博士以外,百济还向倭国输出了医博士、易博士、历博士、采药师、乐人等,也是采用替换制。[①] 当佛教在倭国得以公传之后,百济还派出僧侣以及建造寺院的技术人才——寺工、炉盘博士、瓦博士和画工等。此外,高句丽和新罗对倭国也先后展开佛教外交,输出僧侣或与佛教有关的法物。

## 二、汉字的使用

最初的日本列岛虽然存在语言,但是却没有独自的文字。根据《后汉书·东夷传》记载,建武中元二年(57 年),汉光武帝赐予倭奴国王印绶。天明四年(1784 年)在福冈县志贺岛发现了金印“汉委奴国王”,其金印文字被认为是至今所知最早传入日本列岛的汉文字。另外,从弥生时代中期以后的遗迹中,出土了很多的汉铜镜,其中不少刻有“上有仙人不知老”、“寿如金石”等铭文,这些也是汉字传入日本列岛的佐证。但汉字真正地被运用至日本列岛的对外交往及内政中,还是 5 世纪以后的事情。

在以中国王朝为中心的古代东亚世界,汉字是官方通用的文字,因此国与国之间递交的国书都是用汉字撰写的。倭王武(雄略大王)于 478 年遣使向南朝刘宋王朝的皇帝递交的上表文,不仅使用汉字撰写,而且文笔流畅,部分语句还引自中国的古典文献,显示出上表文的撰写者具有精深的汉文造诣。[②] 在日本历史上,汉文外交文书的延用时间甚长,直

---

① 『日本书纪』钦明十四年六月条、同十五年二月条。
② 例如,“躬擐甲胄,跋涉山川”源自《左传》成公十三年条,“不遑宁处”出自《毛诗》卷一·羔羊三章章句等。

至14、15世纪的室町幕府时代,足利义满将军及其继承者,对朝鲜、明朝交往时,都是采用汉文的国书。

内政方面,从熊本县江田船山古坟的大刀铭、埼玉县稻荷山古坟的铁剑铭等金石文可知,5世纪中叶以后,汉字被用于描述大王的权威以及记录有力豪族的系谱等政治性、记录性的需求。前已叙述,6世纪后,作为管理各地设置的直辖统治据点(屯仓)税收的手段,倭王权起用大陆系移民,制作男丁名簿。文字作为国内统治的手段,其应用范围进一步扩大。

汉字、汉文的传入,无疑对倭王权的统治有着不可忽视的重要作用。但是,学习、掌握汉字存在一定难度。在6世纪,与日本列岛本土出身者相比,大陆系移民及其子孙的汉字、汉文水平要高,由此还形成了专以文笔为特长的奉仕倭王权的大陆系技术者集团("史")。571年,敏达大王接到高句丽使节呈上的国书后,将表疏交予大臣苏我稻目,召聚诸史令读解高句丽国书,但是,众人读了三天也没有读解出来,究其原因,是因为高句丽表疏是用墨写在"乌羽"上的,因此"字随羽黑",很难辨认出来了;最后,王辰尔"蒸羽于饭气,以帛印羽,悉写其字",才读释出高句丽的表疏。[1] 由此可见,在纸张使用之前,汉字的学习,除了文字以外,还需掌握文字载体的材料特质,对于学习者来说,确实存在相当的难度。

汉字传入日本列岛的另一重要媒介是汉译佛经。[2] 随着佛教公传日本(后述),汉译佛经也不断传入日本列岛。根据《日本书纪》记载,钦明十三年(552年),百济圣明王派遣使节前往倭国,送上佛教经典若干卷等佛物;敏达六年(577年),倭国派遣使人出使百济,其时,百济威德王向倭国赠送了佛教经典若干卷。此外,7世纪前半叶

---

① 『日本書紀』敏達元年五月丙辰条。
② 《隋书》倭国传记载:"(倭国)无文字,唯刻木结绳,敬佛法,于百济求得佛经,始有文字。"虽然《隋书》的记载与历史事实并不一致,但据此可知,古代日本的文字使用与佛教传播有着密切的关联。

的文字资料也大多与佛教相关,例如,法隆寺金堂释迦三尊像光背铭、天寿国曼荼罗绣帐铭等皆是汉文文书。汉字是连接佛教世界与俗世世界的重要手段之一。

### 三、佛教的传入

6 世纪,佛教由中国经过朝鲜半岛,传入日本列岛。关于佛教传入日本的途径,有公传(官方)和私传(民间)之分。所谓的公传,是指朝鲜半岛的百济国派出使节,携带佛像、经典或让僧侣随行,即佛、法、僧三宝,出使倭国。另一方面,私传是指信仰佛教的大陆移民,出于自身的信仰,随身携带佛像移居日本列岛。

佛教私传日本列岛的最初时间不详。根据成书于平安时代末期的《扶桑略记》的记载,继体十六年(522 年),大唐汉人案(鞍)部村主司马达止(《日本书纪》表记为"司马达等")移居日本列岛,在大和国高市郡坂田原(奈良县明日香村),建造"草堂",安置佛像,"归依礼拜"。① 但是,司马达止这个人物在《日本书纪》中的初见是敏达十三年(584 年),因此,私传的最初时间是否能够确定在继体朝,学界也存在着不同的意见。

关于佛教公传倭国的初始时间,有 538 年说和 552 年说两种说法。前者源于《上宫圣德法王帝说》《元兴寺伽蓝缘起并流记资财帐》②,后者的依据是《日本书纪》。尽管两种说法的时间相差 14 年,但所叙述的佛教传入倭国的经纬大致相同,即在钦明大王时代期间,百济圣明王派遣使节,给倭国送上了佛像和佛教经典。

根据《日本书纪》的记载,面对百济圣明王送来的释迦佛金铜像、幡盖、经论等佛物,钦明大王欢喜踊跃,感叹佛像的相貌端严和佛法的玄

---

① 『扶桑略記』第三・日吉山薬恒法師法華験記。

② 《上宫圣德法王帝说》,著者不详,成书于 11 世纪中叶以前,由圣德太子的系谱、传记、金石铭文及其注释文等构成(家永三郎「上宫聖德法王帝説」,家永三郎ら編『日本思想大系 2 聖德太子集』,岩波書店、1975、545—554 頁)。《元兴寺伽蓝缘起并流记资财帐》是记录元兴寺的缘起及资财的古文书,其内容包括塔露盘铭文和丈六光铭文,文书末所记的成文时间为天平十九年(747 年)。

妙,询问群臣是否也可以让佛教在倭国传播。对于钦明大王提出的问题,群臣之间意见不一,赞成崇佛的苏我稻目基于当时东亚世界的情势,认为当时的中国王朝以及朝鲜半岛诸国都已经推崇佛教,倭国岂能不敬佛呢? 而反对敬佛的物部尾舆、中臣镰子则基于倭国内部的固有传统,主张"我国家之王天下者,恒以天地社稷百八十神,春夏秋冬祭拜为事,方今改拜蕃神,恐致国神之怒"①。两派意见相持不下,这就是日本历史上有名的所谓的崇佛—排佛之争。在这种情形下,钦明大王将百济赠送的佛像交给了苏我稻目,尝试性地命令苏我稻目礼拜佛像。苏我稻目欣悦地将佛像安置在他的小垦田家,并舍向原家宅为寺,供奉佛像。可是不久,倭国发生了瘟疫,病死的人越来越多。于是,物部尾舆和中臣镰子等人借此机会上奏钦明大王:瘟疫的流行是因为崇佛招惹了国神之怒所致,请钦明大王下令丢弃佛像。钦明大王准允了物部尾舆等人的奏请,命人将佛像扔进难波(大阪市)的沟渠,纵火烧毁寺院。佛教的传播遭受了打击,在其后的一段时间里停滞不前。

　　不过,一般认为的以苏我氏为代表的崇佛派与以物部氏、中臣氏为首的排佛派,二者之间争斗实际上并不是围绕着"蕃神"(外国神)与"国神"之间的信仰对立,不仅苏我氏没有反对崇拜"国神",而且物部氏自身也不排斥佛教信仰,例如物部氏称佛教为"神"以及在物部氏的势力根据地发现寺院遗址(渋川废寺遗迹,位于大阪府八尾市)都可以佐证这一点。如前所述,钦明大王时期,物部氏和苏我氏是王权内的两大势力。物部氏自雄略朝以来,就是倭王权内的有力氏族,其在王权内保持政治势力的重要基础之一,就是从事传统的神祇祭祀。相比之下,苏我氏作为倭王权内的新兴氏族,钦明大王时代才开始在政治舞台上显露锋芒,因为经典、偶像信仰等是佛教的重要组成,也就是说,佛教的传播需要掌握文字、技术(造寺、造佛、造瓦)的人才,而许多技术系大陆移民集团当时都在苏我氏的支配之下,因此佛教的传入有利于苏我氏提高其政治上

①『日本書紀』欽明十三年十月是日条。

的优势。确切地说,所谓的崇佛—排佛之争,不过是苏我氏和物部氏在政治上对立的一个表象。

敏达大王时期(572—585年),苏我马子和物部守屋延续着苏我氏与物部氏之间的政治对立,佛教的传播也因此又再起波澜。敏达大王本身虽然偏爱文史,不信仰佛法,但最初对佛教似乎并未采取排斥的政策,例如根据《日本书纪》的记事,敏达六年(577年),百济威德王送给倭国的律师、禅师、比丘尼、咒禁师、造佛工、造寺工共6人被安置在难波大别寺;敏达十三年(584年),苏我马子派人四方寻觅修行者,在播磨国发现来自高句丽的还俗比丘惠便,即以惠便为师,命令惠便度善信尼(司马达等之女,时年11岁)等三女子出家。[①] 此外,苏我马子在自宅的东侧修佛殿,供奉弥勒石像2尊,同时还舍出另一处宅第为佛殿;敏达十四年(585年),苏我马子建塔藏佛舍利。但是就在敏达十四年(585年)这一年,倭国流行疫病,众多民众因病而亡。于是,物部守屋等人向敏达大王上奏建议排斥佛教,其理由是苏我马子兴行佛法导致了疫病的流行。由此,敏达大王下令禁止佛教。物部守屋亲自到苏我马子所建的佛寺坐镇,推倒佛塔,烧毁佛像和佛殿,把未烧尽的佛像投入江中,并派人鞭打尼僧,佛教的传播再次受到阻力。

敏达大王之后的用明大王,其本人是"信佛法,尊神道"的大王。[②] 用明二年(587年),用明大王病重,召集群臣,表达了自己要皈依佛教的心愿。然而,这一心愿虽然得到了苏我马子的支持,但是在物部守屋等人的反对声音中,用明大王没有实现夙愿,就离开了人世。前已叙述,用明大王死后,苏我马子与物部守屋双方之间发生了军事对立,其时,厩户王子和苏我马子为了鼓舞士气,都祈愿四天王等佑护己方,并发誓起立寺

---

① 关于善信尼三人出家的经过,《元兴寺缘起》记载的是敏达十二年(583年),苏我马子建造樱井到场,派人四方寻觅修行者,在播磨国发现来自高句丽的还俗比丘惠便、比丘尼法明,是时,善信尼(司马达等的女儿)等三女子以法明为师学习佛法,三人都表示愿意出家,于是苏我马子大喜,让善信尼三人出家住在樱井道场。
② 「日本書紀」用明即位前纪。

塔。胜利后,厩户王子和苏我马子也确实遵守各自的誓言,分别在摄津国和飞鸟(奈良县明日香村)开始建造四天王寺和飞鸟寺(又称法兴寺、元兴寺)。由此,日本列岛的佛教传播开始进入了新的阶段。[①]

① 作为大王墓的最后一座前方后圆古坟,被认为是位于奈良县橿原市的见濑丸山古坟,全长 318 米,被推定为是钦明大王陵。究其前方后圆古坟消失的原因,有学者认为是与佛教寺院开始营造有关(冈本東三「仏教受容の原風景」、『古代寺院の成立と展開』、山川出版社、2002 年、1—21 頁)。

# 附　录

## 一、地图[①]

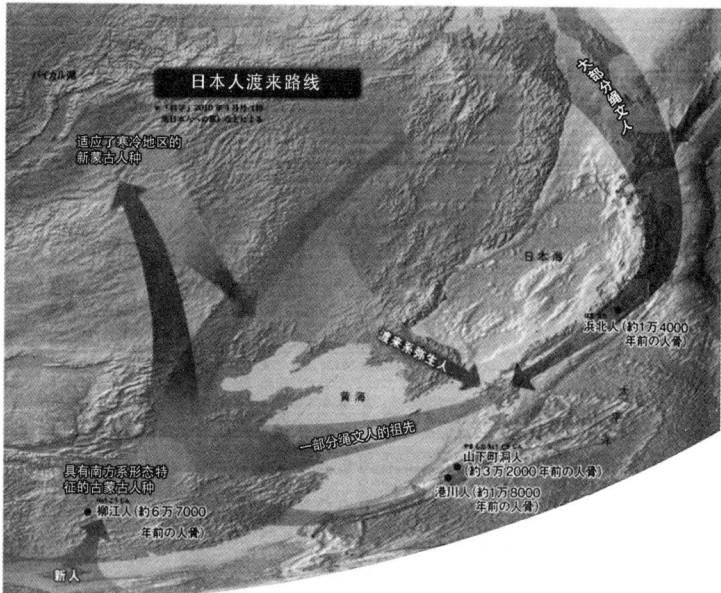

图中文字：
日本人渡来路线
『科学』2010年4月号
「日本人への旅」による
适应了寒冷地区的新蒙古人种
バイカル湖
渡来系弥生人
一部绳文人的祖先
具有南方系形态特征的古蒙古人种
柳江人（約6万7000年前の人骨）
新人
黄海
日本海
大陆东部文人
港北人（約1万4000年前の人骨）
山下町洞人（約3万2000年前の人骨）
港川人（約1万8000年前の人骨）
太平洋

**图1　新旧蒙古人种来日路线示意图**

根据日本《科学》杂志 2010 年 4 月号（特集·成为日本人之旅）的内容制作。

东进至亚洲大陆的新人形成了最早起源于亚洲南部区域的旧蒙古人种。该人群在旧石器时代渡海进入日本列岛，成为绳文人的祖先。与前述人群不同的部分古蒙古人种分东西两路北上，其中一支经库页岛来到日本列岛成为绳文人。另一支则迁移至西伯利亚并适应了寒冷气候而发展为新蒙古人种。此后，在弥生时代南下日本列岛成为渡来系弥生人。这些新旧蒙古人种不断融合，最终成为日本人。

---

① 本书地图选自武光誠、大石学、小林英夫監修『地図·年表·図解でみる日本の歴史』上、小学館、2012 年；児玉幸多編『日本史年表·地図』、吉川弘文館、2011 年。

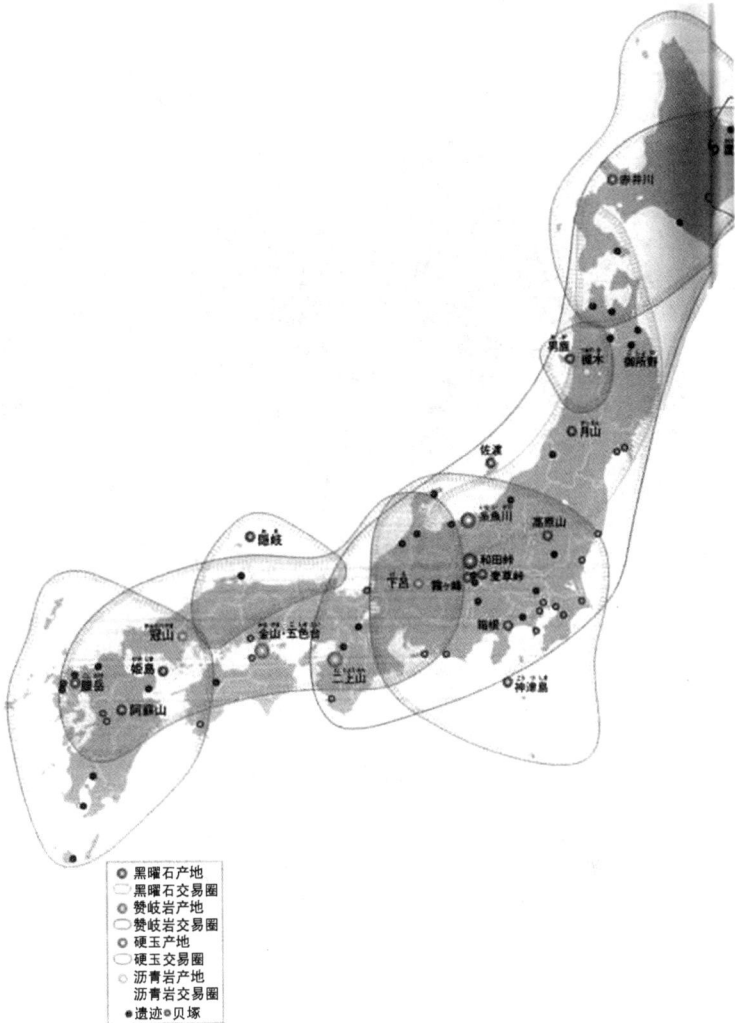

**图2　绳文时代石器交易示意图**

在绳文时代,日本列岛广大区域内存在着黑曜石和赞岐岩石器、硬玉装饰品以及用以将石枪、石簇固定于木柄的沥青岩的交易。通过追踪这些原料产地和出土地点,可以发现交易圈以日本中部地区为界大体分为东西两个部分。此外,伊豆七岛的神津岛和岛根县的隐岐因盛产黑曜石而闻名,不过这些黑曜石在对岸也被大量发现,因此绳文人交易的活跃程度远超想象。

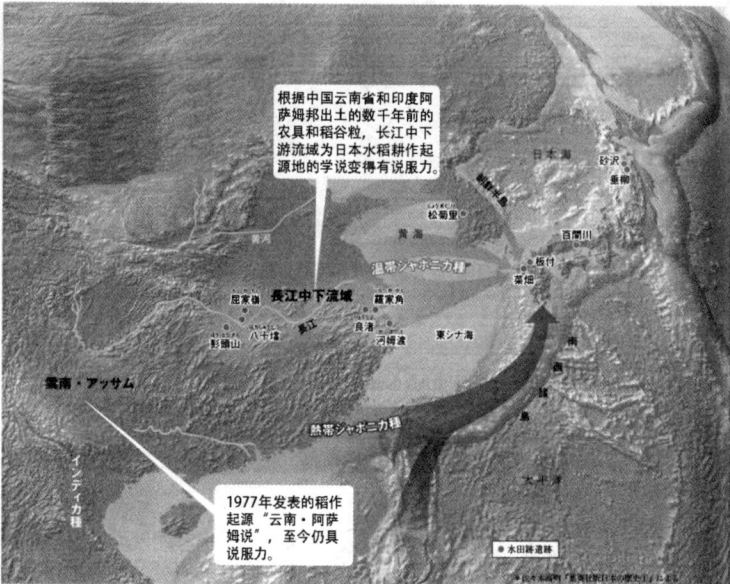

**图3　水稻起源及其向日本传播示意图**
根据佐佐木高明《日本历史①》集英社版的内容制作。

水稻的栽培始于中国的长江流域,在弥生时代传入日本的是粳稻。粳稻有热带和温带两种,进入九州北部的是温带粳稻,在短短数百年的时间里便一路北传至津轻平原。据说在古代,热带粳稻也曾在日本繁茂生长。

前方後円墳

前方後方墳

全　長

300m 以上

200～299m

150～199m

70～149m

前期古墳（～4 世纪）

中期古墳（5 世纪）

後期古墳（6 世纪）

元島名将軍塚古墳

前橋八幡山古墳

天神山古墳

雷神山古墳

中山茶臼山古墳

金蔵山古墳

神明山古墳

安土瓢箪山古墳

高崎浅間山古墳

大安場古墳

造山古墳

山代二子塚古墳

網野銚子塚古墳

両宫山古墳

柳田布尾山古墳

上侍塚古墳

作山古墳

光福寺古墳

山王寺大桝塚古墳

下侍塚古墳

湊茶臼山古墳

北山古墳

甲斐銚子塚古墳

舟塚山古墳

五色塚古墳

東之宮山古墳

伏原大塚古墳

御墓山古墳

新夫山古墳

浅間古墳

藤本観音山古墳

越女塚

別所茶臼山古墳

太田天神山古墳

女狭穂塚古墳

淡輪ニサンザイ古墳

今城塚古墳

男狭穂塚古墳

淡輪西陵古墳

太田茶臼山古墳

久津川車塚古墳

太田天神山古墳

♦ 『日本史総覧Ⅰ』などによる

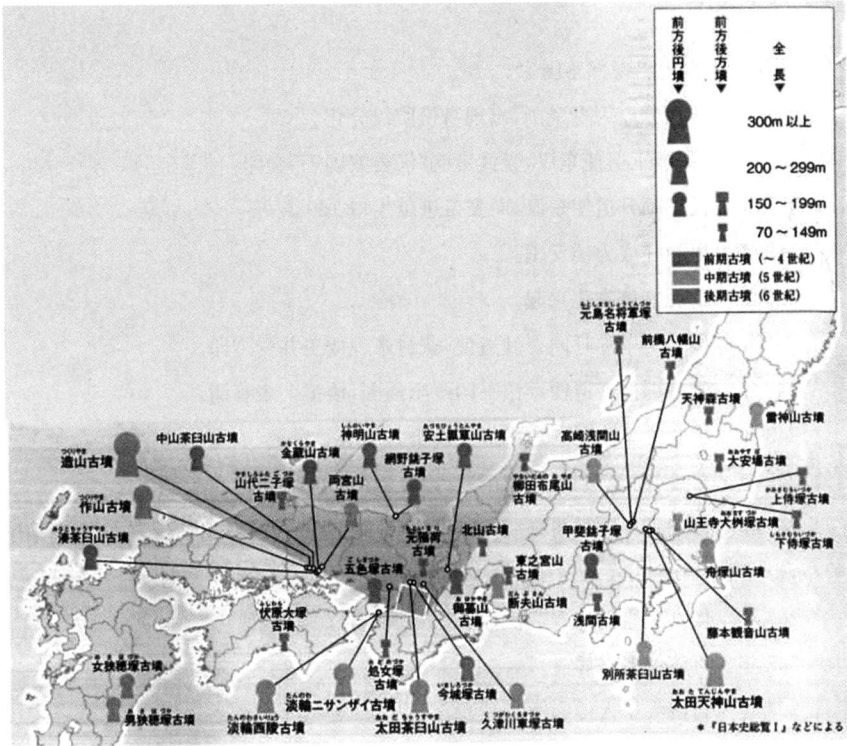

**图 4　主要古坟分布图**

根据《日本史总揽Ⅰ》内容制作。

3 世纪末以后，以近畿地区为中心的各地开始营建大型前方后圆坟。这意味着以大和王权为盟主的政治联合的形成。另一方面，关东到北陆一带，建造了很多规模不是很大的前方后方坟。一般认为，这些是未臣服于大和王权的地方首长的古坟。

## 二、大事年表

公元前1世纪出现部落国家。

1世纪　倭国分立为百余国,出现身份阶级分化。

57年　倭奴国王遣使东汉,光武帝赐"汉委奴国王"金印。

107年　倭王师升遣使东汉,向安帝进献生口160人。

189年　卑弥呼成为倭女王。

3世纪　前后古坟文化兴起。

239年　倭女王卑弥呼向曹魏遣使,获封亲魏倭王并受金印。

240年　带方郡太守遣使奉诏书印绶至倭国,倭王上表答谢。

243年　倭女王卑弥呼向曹魏遣使进贡。

245年　曹魏齐王赏赐倭国使臣。

247年　倭女王卑弥呼与狗奴国王卑弥弓呼相争。卑弥呼遣使带方郡告以国内争斗,带方郡使节携带黄幢与檄文至倭国。

266年　倭女王壱与向晋遣使,此后147年倭与中国无官方交往。

367年　百济使者来倭。

397年　百济太子入倭为质。

400年　高句丽南下攻击伽耶,倭军与高句丽军交战,战败。

413年　倭国朝贡晋朝。

421年　倭王赞受刘宋武帝册封。

425年　倭王赞遣使刘宋,奉表、献方物。

430年　倭国朝贡刘宋。

438年　倭王赞死,弟珍继位。倭王珍遣使朝贡刘宋,获封安东将军、倭国王。

443年　倭王济遣使刘宋,获封安东将军、倭国王。

451年　刘宋授予倭王济"使持节、都督倭新罗任那加罗秦韩慕韩六国诸军事",并册封为安东大将军。

462年　倭王济死,子兴继位。倭王兴遣使刘宋,获封安东将军、倭国王。

478年　倭王武遣使刘宋,获封"使持节、都督倭新罗任那加罗秦韩慕韩六国诸军事、安东大将军、倭王"。

478年　齐高帝册封倭王为镇东大将军。

502 年　梁武帝册封倭王为征东大将军。

507 年　继体即位。

513 年　百济派遣五经博士。

527 年　筑紫国造磐井之乱。

538 年　百济献佛像及经论(亦有 552 年说),佛教公传日本。

552 年　崇佛与排佛之争。

554 年　出兵百济。

562 年　新罗灭伽耶。

572 年　敏达即位。

577 年　百济献经论、造佛工、造寺工等。

585 年　用明继位。

587 年　苏我氏灭物部氏。崇峻即位。

592 年　苏我马子弑杀崇峻天皇。推古即位。

593 年　厩户皇子被立为太子(史称圣德太子),开始摄政。

594 年　发布兴隆佛法之诏。

600 年　向隋朝遣使。

## 三、参考书目

### 日文部分

太田亮『日本上代における社会組織の研究』、磯部甲陽堂、1929 年。

三宅宗悦著「日本石器時代の埋葬」、『人類学・先史学講座』第二巻、雄山閣、1938 年。

末松保和『任那興亡史』、大八洲出版、1949 年。

岡本勇著「埋葬」、『日本考古学講座』第三巻、河出書房、1956 年。

鎌木義昌「先縄文文化の変遷・打製石器にみる生活技術」、『図説世界文化史大系』第 20 巻、角川書店、1960 年。

山内清男、佐藤達夫著「縄文土器の古さ」、『科学読売』第 14 巻第 12 号、1962 年。

山内清男著「日本先史時代概説」、山内清男編『縄文式土器』、講談社、1964 年。

西村正衛著「埋葬」、『日本の考古学 II 縄文時代』、河出書房新社、1965 年。

渡辺仁著「縄文時代の生態――住居の安定性とその生物学的民族史的意義」、『人類学雑誌』74 号、1966 年。

黒板勝美国史大系編修会編輯《新訂増補国史大系第七巻　古事記》、吉川弘文館、1966 年、上中下巻。

黒板勝美国史大系編修会編輯《新訂増補国史大系第一巻上　日本書紀》、吉川弘文館、1966 年。

小林和正著「出土人骨による日本縄文時代人の寿命の推定」、国立社会保障・人口問題研究所編『人口問題研究』第 102 号、1967 年。

江上波夫『騎馬民族国家』、中央公論新社、1967 年。

江上波夫『倭人の国から大和朝廷へ』、平凡社、1984 年。

芹沢長介著「日本の石器時代」、『科学』第 39 巻第 1 号、1969 年。

井伊章『倭の人々』、東京：金剛出版社，1973 年。

井上秀雄「中国文献のなかの朝鮮、韓、倭」、『任那政府と倭』、東出版、1973 年。

直木孝次郎「部民制の一考察」、『日本古代国家の構造』、青木書店、1974 年。

国分直一編『倭と倭人の世界』、毎日新聞社、1975 年。

奥田尚「『任那日本府』と倭典」、『古代国家の形成と展開』、吉川弘文館、

1976 年。

　　大山誠一「所謂『任那日本府』の成立について」、『古代文化』260・262・263、
1980 年。

　　坂元義種『倭の五王―空白の五世紀』、教育社、1981 年。

　　角林文雄「倭人伝考証」、佐伯有清編『邪馬台国基本論文集 3』、創元社、
1982 年。

　　原秀三郎「日本列島の未開と文明」、『講座日本歴史』1 原始・古代 1、東京大学
出版会、1983 年。

　　小山修三著『縄文時代――コンピュータ考古学による復元』、中公新書(733)、
1984 年。

　　渡辺誠著『縄文時代の漁業』、雄山閣、1984 年。

　　近藤義郎ほか『変化と画期』(岩波講座日本考古学 6)、岩波書店、1986 年。

　　近藤義郎ほか編集『岩波講座日本考古学 2―人間と環境』、岩波書店、1991 年。

　　金鉉球『大和政権の対外関係研究』、吉川弘文館、1985 年。

　　井上光貞「部民の研究」、『井上光貞著作集』第四巻、岩波書店、1985 年。

　　西嶋定生『日本歴史の国際環境』、東京大学出版会、1985 年。

　　佐伯有清『日本の古代国家と東アジア』、雄山閣、1986 年。

　　西島定生『空白の四世紀とヤマト王権―邪馬台国以後』、角川書店、1987 年。

　　直木孝次郎『日本古代国家の成立』、社会思想社、1987 年。

　　藤家礼之助『日中交流二千年』、東海大学出版会、1988 年。

　　山本暉久著「環状集落と墓域」、『古代史探叢』Ⅲ、早稲田大学出版部、1991 年。

　　鳥越憲三郎『古代朝鮮と倭族：神話解読と現地踏査』、中央公論社、1992 年。

　　鳥越憲三郎『古代中国と倭族：黄河・長江文明を検証する』、中央公論新社、
2000 年。

　　坪井清足、平野邦雄編集『新版「古代の日本」1 古代史総論』、角川書店、
1993 年。

　　堀敏一『中国と古代東アジア世界』、岩波書店、1993 年。

　　丹羽佑一著「縄文集落の住居配置はなぜ円いのか」、『論苑考古学』、天山舎、
1993 年。

　　樽野博幸、亀井節夫著「近畿地方の鮮新・更新統の脊椎動物化石」、市原実編

『大阪層群』、創元社、1993 年。

　埴原和郎著「日本人集団の形成――二重構造モデル」、『日本人と日本文化の形成』、朝倉書店、1993 年。

　小泉格、田中耕司編集『海と文明』（講座文明と環境第 10 巻）、第 31―48 頁、朝倉書店、1995 年。

　勅使河原彰著「最近話題の縄文時代の大型遺構について」、『歴史手帳』第 23 巻第 7 号、1995 年。

　井手将雪『日本国家の起源と銅剣・銅矛・銅戈・銅鐸の謎』、日本図書刊行会、1997 年。

　小西省吾、吉川周作著「トウヨウゾウ・ナウマンゾウの日本列島への移入時期と陸橋形成」、『地球科学』五三、1999 年。

　河内春人「日本古代における『天子』」、『歴史学研究』1745 号、2001 年 1 月。

　鈴木靖民『倭国と東アジア』、吉川弘文館、2002 年。

　佐藤宏之「北海道の後期旧石器時代前半期の様相――細石刃文化以前の石器群」、『古代文化』第 55 巻第 4 号、2003 年。

　谷口康浩著「縄文時代中期における拠点集落の分布と領域モデル」、『考古学研究』第 49 号、2003 年。

　斉藤忠著『日本考古学用語辞典』（改訂新版）、学生社、2004 年。

　小菅将夫ほか『群馬の旧石器』、みやま文庫、2004 年。

　木﨑康弘「ナイフ形石器文化における定住化と祭祀」、明治大学文学部考古学研究室編『地域と文化の考古学』Ⅰ、六一書房、2005 年。

　石井正敏「5 世紀の日韓関係―倭の五王と高句麗・百済」、『日韓歴史共同研究委員会報告書 第一期第一分科古代＞』、2005 年。

　石狩市教育委員会編『石狩紅葉山 49 号遺跡発掘調査報告書』、2005 年。

　田村圓澄『東アジアのなかの日本古代史』、吉川弘文館、2006 年。

　木村英明「総論」、月刊『考古学ジャーナル』第 540 号、2006 年。

　萩原博文「九州西北部の地域編年」、安斎正人ほか編集『旧石器時代の地域編年的研究』、同成社、2006 年。

　小杉康、谷口康浩ほか編『歴史のものさし――縄文時代研究の編年体系』（縄文時代の考古学 2）、同成社、2008 年。

佐藤信・五味文彦・高埜利彦・鳥海靖編『詳説日本史研究（改訂版）』、山川出版社、2008 年。

国木田夫、吉田邦夫、辻誠一郎著「東北地方北部におけるトチノキ利用の変遷」、『環境文化研究』第 1 号、2008 年。

稲田孝司、佐藤宏之編『旧石器時代・上』（講座日本の考古学 1）、青木書店、2010 年。

稲田孝司、佐藤宏之編『旧石器時代・下』（講座日本の考古学 2）、青木書店、2010 年。

長岡朋人著「縄文時代人骨の古人口学的研究」、『月刊考古学ジャーナル』（特集古人骨から縄文弥生時代を考える）、2010 年 10 月。

甲元真一、寺沢薫編『弥生時代・上』（講座日本の考古学 5）、青木書店、2011 年。

甲元真一、寺沢薫編『弥生時代・下』（講座日本の考古学 6）、青木書店、2011 年。

児玉幸多編『日本史年表・地図』、東京：吉川弘文館、2011 年。

広瀬和雄、和田晴吾編『古墳時代・上』（講座日本の考古学 7）、青木書店、2011 年。

広瀬和雄、和田晴吾編『古墳時代・下』（講座日本の考古学 8）、青木書店、2011 年。

武光誠，大石学，小林英夫監修『地図・年表・図解でみる日本の歴史』上、小学館、2012 年。

泉拓良、今村啓爾編『縄文時代・上』（講座日本の考古学 3）、青木書店、2013 年。

泉拓良、今村啓爾編『縄文時代・下』（講座日本の考古学 4）、青木書店、2014 年。

大津透編集『岩波講座日本歴史』第 1 巻原始・古代 1、岩波書店、2013 年。

田中史生「倭の五王の列島支配」、『岩波講座 日本歴史 第 1 巻』原始・古代 1、岩波書店、2013 年。

一瀬和夫ほか編『21 世紀の古墳時代像』、同成社、2014 年。

寺沢薫著『弥生時代の年代と交流』、吉川弘文館、2014 年。

加藤謙吉・佐藤信・倉本一宏編『日本古代の地域と交流』、臨川書店、2016 年。

吉川昌伸、吉川純子ほか著「福井県鳥浜貝塚周辺における縄文時代草創期から前期の植生史と植物利用」、日本植生史学会編『植生史研究』第 24 巻第 2 号、2016 年。

児玉幸多編『標準日本史年表』、吉川弘文館、2016 年。

秋山浩三著『弥生時代のモノとムラ』、新泉社、2017 年。

杉山真二著「後牟田遺跡における植物珪酸体分析」、後牟田遺跡調査団（東京大学、別府大学）、川南町教育委員会編『宮崎県川南町後牟田遺跡における旧石器時代の研究』。


## 中文部分

李季：《二千年中日关系发展史》，学用社，1940 年。

金锡亨：《初期朝日关系研究》，朝鲜社会科学出版社，1966 年。

木宫泰彦：《日中文化交流史》，胡锡年译，商务印书馆，1980 年。

王金林：《日本古代部民的性质》，《历史研究》1981 年第 3 期。

王金林：《简明日本古代史》，天津人民出版社，1984 年。

王金林：《汉唐文化与日本古代文化》，天津人民出版社，1996 年。

王仲殊：《关于日本三角缘神兽镜的问题》，《考古》1981 年第 4 期。

王仲殊：《日本三角缘神兽镜综述》，《考古》1984 年第 5 期。

王仲殊：《古代的中日关系——从志贺岛的金印到高松塚的海兽葡萄镜》，《考古》1989 年 05 期。

王仲殊：《东晋南北朝时代中国与海东诸国的关系》，《考古》1989 年第 11 期。

王仲殊：《论所谓"倭面土国"之存在与否》，《北京大学学报（哲学社会科学版）》，1994 年第 4 期。

王仲殊：《古代中国与日本及朝鲜半岛诸国的关系》，中国社会科学出版社，2013 年。

汪向荣：《弥生中后期近畿地区生产力发展状况和邪马台国的地理位置》，《中国社会科学》1982 年第 3 期。

汪向荣、夏应元编：《中日关系史资料汇编》，中华书局，1984 年。

藤家礼之助：《日中交流二千年》，卞立强译，北京大学出版社，1982 年。

张光直:《中国青铜时代》,三联书店,1983 年。

王健群:《好太王碑研究》,吉林人民出版社,1984 年。

李卓:《氏姓制度与日本社会》,《史学月刊》1985 年第 5 期。

坂本太郎:《日本的修史与史学》,沈仁安、林铁森译,北京大学出版社,1991 年。

朱俊明:《日本倭文化源出中国东南》,《贵州社会科学》1990 年第 12 期。

朱俊明:《日本古倭人稻作文化滥觞于中国古吴越》,《贵州民族研究》1994 年第 1 期。

王顺利:《古代日本氏姓制度浅析》,《东北师大学报》1992 年第 4 期。

坂本太郎:《日本史概说》,汪向荣、武寅、韩铁英译,商务印书馆,1992 年。

王秀文:《日本姓氏制度的演变及其特征》,《日本学刊》1993 年第 4 期。

山中顺雅:《法律家眼中的日本古代一千五百年史》,曹章祺译,中国社会科学出版社,1994 年。

吴廷璆:《日本史》,南开大学出版社,1994 年。

韩昇:《日本古代的大陆移民研究》,台北:文津出版社,1995 年。

韩昇:《中国古代的外交实践及其基本原则》,《学术研究》2008 年第 8 期。

韩昇:《海东集——古代东亚史实考论》,上海人民出版社,2009 年。

韩昇:《日本古代修史与〈古事记〉、〈日本书纪〉》,《史林》2011 年第 6 期。

韩昇:《东亚世界形成史论》,中国方正出版社,2015 年。

姚继中:《论〈日本书纪〉的产生及其文史价值》,《东方丛刊》1996 年第 1 辑。

王顺利、刘莉:《古代日本部民制性质浅析》,《外国问题研究》1996 年第 4 期。

应骥:《古越人与倭人——大和民族先民探源》,《西南民族学院学报(哲社版)》1996 年第 4 期。

王贞平:《汉唐中日关系论》,文津出版社,1997 年。

潘昌龙:《原始信仰在日本文化史中的地位》,《日本研究论集》,1998 年。

陆晓光:《古代中国对日本称名演变的历史考索》,《华东师范大学学报(哲学社会科学版)》2000 年第 1 期。

严文明:《稻作、陶器和都市的起源》,文物出版社,2000 年。

全昌淑:《"任那日本府"真相》,《延边大学学报》2001 年 12 月。

曹兵武:《中国早期陶器与陶器起源》,《中国文物报》,2001 年 12 月 7 日 007 版。

沈仁安:《日本史研究序说》,香港社会科学出版社,2001 年。

沈仁安：《日本起源考》，昆仑出版社，2004 年。

魏女：《环境与河姆渡文化》，《考古与文物》，总 131 期，2002 年第 3 期。

周新平：《稻米部族》，浙江文艺出版社，2002 年。

田以仁：《中日关系史中的"倭"》，《南开日本研究》，2015 年第 2 期。

付百臣：《略论日本在东亚朝贡体系中的角色与作用》，《社会科学战线》2006 年第 2 期。

吕玉新：《古代东亚政治环境中天皇与日本国的产生》，中文大学出版社，2006 年。

张声振、郭洪茂：《中日关系史》第一卷，社会科学文献出版社，2006 年。

王海燕：《古代日本的都城空间与礼仪》，浙江大学出版社，2006 年。

王海燕：《日本古代史》，昆仑出版社，2012 年。

房奕：《东亚国际秩序瓦解过程中的中古各国关系》，复旦大学博士学位论文，2007 年。

李凭：《魏晋南北朝史研究》，湖北教育出版社，2009 年。

王凯：《日本古代大陆移民与倭国的内政外交》，《日本研究》2011 年第 4 期。

王升：《东汉以前"倭"涵义变迁略考——试析〈山海经〉〈论衡〉〈汉书〉对"倭"的不同理解》，《辽东学院学报（社会科学版）》，2013 年 4 月，第 15 卷第 2 期。

丁晓东、郑立伟、高树基：《新仙女木事件研究进展》，《地球科学进展》2014 年第 10 期。

孙炜冉：《五世纪的丽倭战争述论》，《东北史地》2014 年第 3 期。

永原庆二：《20 世纪日本历史学》，王新生等译，北京大学出版社，2014 年。

安万侣：《古事记》，周作人译，上海人民出版社，2015 年。

奥法·巴尔·约瑟夫：《旧石器时代晚期革命》，刘吉颖、汪俊译，《南方文物》2016 年第 1 期。

陈嘉兴：《浅析津田左右吉的学术思想》，《知识文库》2016 年第 9 期。

陈宥成、曲彤丽：《中国早期陶器的起源及相关问题》，《考古》2017 年第 6 期。


**英文部分**

K. C. Chang, *Art*, *Myth*, *and Ritual*：*The Path to Political Authority in Ancient China Cambridge*，Harvard University Press，1983.

Bergman, C. A. , Ksar Akil, Lebanon: A Technological and Typological Analysis of the Later Palaeolithic Levels of Ksar Akil, BAR International Series 329, Oxford, 1987.

Marshall DavidSahlins, *Evolution and Culture*, University of Michigan Press, Revised, 1960. 06.

Gian Barnes,*China*,*Korea*,*and Japan*: *The Rise of Civilization in East Asia*, Thames&·Hudson,1993.

William WayneFarris, *Sacred Texts and Buried Treasures*: *Issues in the Historical Archaeology of Ancient Japan*,University of Hawaii Press,1998.

Shi-Lin Li,Toshimichi Yamamoto and others, *Phylogenetc relationship of the populations within and around Japan using* 105 *short tandem repeat polymorphic loci*, Hum Genet(2006) 118:695-707, Published online: 29 November 2005.

Hammer MF,Karafet TM, Park H, Omoto K, Harihara S, Stoneking, Horai S. Dual, *Origins of the Japanese*: *common ground for hunter-gather and farmer Y chromosomes.* Journal of Human Genetics, 2006, 51(1).

Yokoyama, Y. and others, *Japan Sea oxygen isotope stratigraphy and global sea-level changes for the last* 50000 *years recorded in sediment cores from the Oki Ridge.* Palaeogeography Palaeodimatology Palaeoecology, 247, 2007.

Wu, XH; Zhang, C; Goldberg, P et al, *Early pottery at* 20000 *years ago in Xianrendong Cave*, China, Science, 6089, pp. 1696-1700, 2012.

Milford H Wolpoff, Rachel Caspari, *The Origin of Modern East Asians*, ACTA Anthropologicca Sinica, Vol. 32, No. 4, 2013.

# 四、索引

236,238—242,245—257

带方 128,149,152,153,155,156,159,
195,196,198,203,204,210,250

稻田孝司 35

德川赖宣 131

登吕遗址 57,58

第四纪 1,5—8

渡来人 112,157,158,160,162,163,
165,166,232,249

段杨尔 167,200,245,252

对马海峡 9,150

多起源假说 12

**E**

始良丹泽（AT） 12,22—24

二次葬 53,83,84

**F**

反正天皇 158,186,187,191

范晔 137

飞驒山脉 6

分区构造 48

丰田遗址 19

**G**

改葬 52

盖卤王 157,200,243

港川人 13—15

高句丽 96,139,149,154,156,157,166,
168,169,175,177,188—190,193—
196,198—200,203—206,232,241,
243—245,247—249,252,253,256

戈登·柴尔德 93

更新世 1,2,5—8,10,12—16,28,29,
32,34

古北海道 6,9,20,21,28

古坟 11,85,88—97,99—103,105—
117,152,157,158,163,174,183,
212—215,221,226,235,250,251,
253,257

古坟人 16

古坟时代 28,34,56,57,62,64,85,88—
93,95—105,107,109,111—113,
116,129,148,152,161,168,172,
174,180—182,212,213

古事记 29,90,119,158,160—162,164,
165,168,170,172,187,219—222,
225—229,233—235,240,249

关东平原 6,9,22,37,46

光武帝 138,139,141,142,150,252

广开土王 166,245

广义倭人论 122

龟冈式土器 39

鲑科鱼·坚果论 31

国府遗址 24

国家形成 61,64,92,95—97,133,144,
152,199,208,209,212,215,217,
218,228

国造制 217,223,227,229,233,234,
236,238,239

**H**

海退 48,49

寒冰期 8

273

五、研究成果

# 东亚现代人的起源①

Milford H Wolpoff[1], Rachel Caspari[2]

1. *Department of Anthropology, University of Michigan, Ann Arbor, MI 48109, USA;*

2. *Department Sociology, Anthropology, and Social Work, Central Michigan University, Mount Pleasant, MI 48859, USA*

**摘 要:**古遗传学过去十年的发展表明,现代人在全新物种——智人的出现过程中并没有一个系统发育学意义上的起源,因此,解剖学、行为学和遗传学方面的现代性并不是一个相同且单一事件的结果。本文研究了东亚解剖学、行为学和遗传学方面的证据,现代性在每个方面都可以被理解为多地区进化过程的一个片段,而不是一个整体。三个方面的现代性在某种程度上是相互独立的,而且各自都是在不同的时间发展出来,直到晚更新世的人口变化才使三者相互关联起来;人类存活率的提高和不断扩张改变了人类的进化行程。

**关键词:**亚洲;人类;进化;现代性

# 1 人类进化模式

人类支系在上新世末期起源于非洲。这一支系是指近期和现存人

---

① 译者:徐欣、崔娅铭,中国科学院古脊椎动物与古人类研究所,中国科学院脊椎动物演化与人类起源重点实验室,北京 100044。

群的唯一祖先,已明显不同于其他南方古猿。有些学者不是根据解剖学上的定义,而是根据系统发育学的定义[3]认为,这个支系与人类物种——"智人"[1, 2]本身是同义的。根据哈达(Hadar)AL－666号标本[4],人类支系可能起源于230万年前;或者依据东非Garhi地区[5]南方古猿非洲种的首次出现时间,也许还要更早几十万年。其后在近200万年前,人类种群的数量开始增长,并在地域上向外扩张,但在更新世的大部分时间,人类总的数量还仍然很小,只有大约一百万或更少[6]。

　　人属形成以后至最近的大部分时间里,一半甚至更多的人都生活在非洲[7],其余则不均匀地分布在旧大陆的居住地。因为大部分人类居住在非洲,所以人属内的大多数基因流是从非洲流向欧亚大陆的边缘人群。人口数量的增长在整个更新世都很缓慢,在新石器时代前不久才出现明显地加速,并且在人类学着掌控他们的食物源[8]以及普遍了解了农业、畜牧业之后,加速度更加提高。人口规模的加速增长持续至今,在不同的地区有着不同的速率。人口规模与分布开始出现了显著的区别,非洲不再是世界上人口最多的地区。像东亚等世界上土地肥沃和动物资源更为丰富的地区,人口变得很稠密,直到今天还仍有着最高数量和最高密度。

　　从多地区进化的观点来看,人类在更新世初期就随着人口规模的增加而进化,开始从非洲扩散到欧亚大陆的热带和亚热带地区。随着扩散、扩张和迁移,人类就形成了整个世界的居住网络。这种进化模式由人类群落最初的及持续发生的地理扩散构成[9]。人群之间通过基因流和迁移保持着持续的联系,允许了有选择的适应基因和行为随着更多存活下来的子孙后代扩散到整个人类的生存区域,确保了人类进化趋势的普遍性和人类基因扩散到世界的每个角落。值得说明的是,适应性基因和行为的分布是不均匀的,有些人群在长时间与外界隔离。这些人群的基因在重新与外界建立联系时能够被识别出来,因为它们是比重建人群基因更为古老的分散基因。这种现象成为"基因渗入(introgression)[10]",证明人类在过去曾经存在有亚种。

人群,实际上每一个人以及他们的多个祖先和多个后代在智人阶段的大多数时间里都存在于这个网络即种族遗传模式之中[11]。每一个人群都是独一无二的,因为他们都有自己的历史和适应过程,但是每一个人群也是人类网络中的一部分,通过基因流动和人群迁移彼此关联。

多地区进化理论主张人类进化过程是一个由人群形成的动态网络的模型,这个理论是由北京中国科学院古脊椎动物与古人类研究所的吴新智教授、堪培拉澳大利亚国立大学的 Alan Thorne 博士和我们密歇根大学的 Milford Wolpoff 博士于 1984 年首次明确提出的[12]。多地区进化模式的关键是自然选择下的全球性进化变化,这种自然选择是由语言、智力、技术等使我们成为现代人的适应性基因[13]的扩散所形成的。每一个重要的元素都开始于不同的地区,结束时却全都无处不在,现代性就是我们今天的样子。有几项证据指示现代性的模式是基于上述进化改变形成的,而不是人群或物种的大规模替代,因为在世界的各个地区,特别是边缘地带,世界上不同地区的区域性主导特征具有持续性,这种“区域连续性”[14]证明替代并未发生过,因为替代会抹去更早的特征。另外,目前遗传数据证实在不同地区的古老人群之间以及古老人群与现代人群之间存在着基因交流,支持早期解剖学观察所得出的结论。因此,人属历史上发生的全球性变化源自基因通过人群网络的扩散,同时还受到选择以及不连续广泛传播的人群或物种替代的作用。

## 2　东亚地区复杂的现代人起源

多地区进化的理论首次得以详细地解释是由于东亚地区有关人类进化方面的化石证据的发现[12]。东亚地区的化石记录表明当地现代人的起源是一个复杂的过程[15]。现代东亚人的起源并非如曾经所想,始于侵入性物种对早期原始人类的取代。在东亚地区,地区主导性特征在中更新世和晚更新世的连续性表明,近现代东亚人群不可能仅是入侵性非洲人种的后裔。他们的祖先既包括非洲人,又包括在不同时期进入东亚南部和北部的其他人群以及更早的东亚人。考古学记录也指示了这样的格局，即有许多扩散进入东亚的事件，而这些扩散并不总是来自同一个地方[16]。很多关键性的解剖学特征有助于这种复杂的东亚人类起源和进化观点的建立，包括在东亚人类的时间跨度内一直存在的地区主导性特征，为更早的东亚人是这个复杂祖先中的一部分提供了证据。现在，根据吴新智等人的观点[17]，我们认识到东亚地区长期存在很多占主导的区域性特征，比如（但不限于）共同存在的面部特征，例如：

1）额骨与上颌骨、鼻骨之间的骨缝成一条大致水平的弧线；

2）颧骨额蝶突的前外侧面比较朝向前方；

3）鼻根扁平；

4）眼眶略成长方形且其下外侧边缘圆钝；

5）鼻梁侧面接近垂直（至少是鼻梁的上部）；

6）梨状孔与眼眶之间的骨面平或稍凹；

7）上颌骨颧突与颧骨上颌突下缘合成曲线；

8）铲形门齿（中国更新世所有的 23 个上门齿化石均为铲形），其特征在于顶面平，边缘嵴发达[18]。

存在于东亚人种中主要的占主导的区域性面部特征对于确定各地的现代人具有重要的意义。如果现代人作为一种近期形成的，具有独特的现代解剖特征、行为模式以及遗传特点的新物种，就能很容易将他们识别出来，因为所有这些因素都会被绑定在一起作为其专属特征，所以当它首次出现并展现其独特属性时，我们便能轻易地识别出这个新物种。

解剖变异和遗传分析却显示一个复杂得多的进化格局。非洲人在所有的人类进化中扮演着重要的角色，但并非是唯一祖先的角色[19]。并且，非洲人并非现代性的唯一承载者。虽然非洲人群的扩张在现代性的进化中有高度的影响，但是被认定为最早现代人的非洲人类化石标本并不特别的"现代"，相反的，在非洲以外地区发现的被认定为早期现代人的人类化石标本与近期的或现今生活在非洲的人群相比也并没有特别的相似。例如,Skhul 遗址[31],虽然有很多有关 Skhul 男性的现代性和这个地点不同标本间相似性的讨论,例如 Skhul 4,Skhul 5 和 Skhul 9,但是他们都没有被广义地识别为非洲人。保存不完好的女性标本,例如 Skhul 2,引起了关于其现代性的问题,因为她表现出的混合特征与任何地方的近代或现存的女性的特征都并不一致。这些特征包括异常大的眶间距,以及相当粗壮并贯穿整个前额、明显突出于额鳞的眶上隆凸,这样就在眶上隆突上方和下方形成了一个深深的、显著的眶上沟。来自于旧大陆最早的早期现代人标本与非洲人并非特别相像[21],此时也没有非洲人瓶颈的遗传证据[20]。

在过去的几十年,从对保存于化石中古老基因进行的古遗传学研究中可以明显地发现,各地的现代人类都有一个复杂的血统[21]。数量众多且典型的尼安德特人、丹尼索瓦人[22]与新兴于非洲的人群之间杂交的事实解释了这种复杂血统的形成原因[23-26]。正如前文提到的,这是一种种族遗传模式。

现今的亚洲和欧洲人类都具有尼安德特人独有的基因。始于新石器时代[27]的大型人口扩张与当地人口替代的全新世历史强烈地影响着非洲以外地区保存下来的尼安德特人的核基因分布情况[28]。在不久的过去,尼安德特人在欧洲人群中的基因数量比现在高,例如,与现代欧洲人携带有 4% 的尼安德特基因的情况不同,从 5300 年前铜器时代的提洛尔冰人"Ötzi"[29]中复原出的 DNA 中,约 10% 属于尼安德特人。

尼安德特人与一些东亚人的祖先发生过杂交是毋庸置疑的。一部分这样的杂交很有可能于晚更新世早期发生于西亚地区[30]。根据已详细研究并发表的分析,在这个地区发现的 Skhul 和 Tabun[31, 32]化石遗存表现出一种混合的解剖学特征[33],其来源既包含出自非洲的人口,又有同时具有东亚和欧洲的血统的当地居民。从中更新世到晚更新世,西亚人继续扩散至欧洲和亚洲的其他地区[34]。现在的欧洲人和中国人有着不同程度的源自尼安德特人的 DNA 序列。大部分序列很罕见,所以 Hawks 和 Throckmorton 认为,"遗传漂变在这些人群的分化过程中起到重要的作用的说法是可信的……这个假说预测了这些晚更新世人群的实际规模与同时期的非洲人群及其三万年后的后代相比非常小"[35]（P. 345）。

源自尼安德特人序列的分布指示了基因流动的存在以及东亚（和其他周边地区）的人口规模在三万年前非常小。

这只是众多人类基因流从中心到边缘的例证中的一个。亚洲的古代居民也曾经与当地丹尼索瓦人之间发生杂交。古老的丹尼索瓦人曾经居住在从西伯利亚到亚洲的热带地区，一个极为广阔的地域与生态范围[36]。他们在亚洲的出现晚于携带着尼安德特基因的人类，早于最近显著扩散进入这一区域的人群。

亚洲祖先与尼安德特人和丹尼索瓦人的多次扩散以及随后之间杂交展现了一系列复杂的相互作用的最近部分，跨越了整个亚洲，经历了很长时间[37]，大多源自非洲人口稠密地区的基因与具有区域性、主导性、持续性特征的更加古老的东亚人群之间的基因结合。这种模式证明了大量杂交和取代发生的同时，基因扩散并未导致亚洲的古代当地人类被完全取代。亚洲仍然是具有最完善记录的多地区进化实例。

## 3　现代的意义是什么？

上述东亚人群（以及其他地区）的混合并不是新的人群替代了更古老的人群的结果。现存人群并不仅来源于任何单个近期起源，现代性不是一个单独的事情或单独的事件，因此很难对其下定义。在我们复杂的进化支系内，任何现代性意义之下的基本而共同的涵义是，它是对所有活着的人群及其最近的祖先的描述[38,39]。

我们这样看待现代性，现代性表现于解剖学、行为学和遗传学方面，它们并不是同一事件的三个方面，尽管它们相互关联。每一方面有不同的意义，其最好的理解方式是将它们视为在不同事件和不同模式中发展的过程。"不同"并不完全意味着"独立"。古遗传学和对现代遗传多样性更深入的认识向我们展示,遗传学、解剖学和行为学现代性的概念是如何以错综复杂的方式相关联的。它们分别涉及人性的三个不同方面,这三个方面被一个共同的准则联合在一起。这个准则最好的解释是,所有近代和现存的人类都是现代的,并在很大的程度上是相互关联的。这些关联从晚更新世开始,建立在新石器时代急剧加速的人口变化的基础上。

我们将现代性描述为一个复杂的过程,在近期的和活着的人类身上可以观察到这个过程的解剖学、行为学和遗传学方面的表现。这些方面现代性是在一个长的时间内随着不同而逐渐的过程而产生[40]。过去与现在是非常不同的。今天的现代性不是一个特定的事件,而是一个正在进行的处于变化过程中的状态,这个过程是一个在节奏和模式上不同于古代的进化样式。在现代的进化样式中,世界范围内互相联系的人类经历着迅速的生物性、遗传性和社会性变化。这些变化造就了现代人性,乃至现代性的三个最独特的方面:1)正在发生的、快速的且仍在加速的遗传学进化;2)人类群体显著的混合祖先,与人种无关[37],尽管存在很大的地理差异,但是在不同族群中存在广泛的、异族通婚的遗传学联系;3)延长的寿命在多世代关系中产生的结果[38];祖父母和以他们为中心发展起来的更广泛的亲缘关系和社会系统[39]。

## 4　东亚现代性的三个方面

### 4.1　解剖学的现代性

解剖学现代性一直非常难以定义[45],这是因为现代性是一个过程,它发生在全世界的多个地区,并不是简单的从非洲来的,具有一系列独特的、标志性特征的现代人的扩散所导致的[21]。事实上,很多被认为是现代人的标志性特征会在不同的时间独立出现,而且并不总是最早出现在非洲。东亚在现代性传播的过程中基本上不位于最末端。正相反,一些广泛分布的现代特征在东亚最早出现,例如上颌切迹[46],在周口店下洞中发现的面部遗存中存在。真正下颌颏的大多数证据在中国，拉凡特和南非几乎同时出现，这一点在下文中还将提到。

最早被认定为"现代"的化石，发现于远离非洲的地方，其特点既不特别与非洲人相似，也不特别与现生人群有相似感的现代人相似[47]。早期解剖学上现代性的表现在不同地区之间存在差异，这是全球趋势与地区特色结合，以及人群混合的结果。遗传学证据表明非洲在这一过程中扮演了重要角色，它是人类活动范围的中心，在更新世的时候人口数量也是最多的。但是现代性是一个长期的、复杂的进程，包括非洲人与其他来源的人种的混合，非洲以外地区的人群之间的相互混合以及自然选择下产生的显著变化。举例来说，从欧洲到离非洲最远的东亚，现代人与他们来自相同地区的晚更新世祖先相比，总体来说要更为纤弱一些，头盖骨更小、更圆。很容易假设这种纤弱是从非洲向外扩散的纤细非洲人所带来的遗传影响，但是并没有证据表明从非洲扩散的非洲人本身是特别小或者纤弱的。

在东亚，中更新世晚期的人类遗存并不是解剖学上现代的人，标本上的特征不能在当地近期或现生的人群中找到，但他们却与来自世界其他地区的、更早的直立人不同的准同时期标本具有一些相同的特征。这些特征包括更加趋于球形的脑颅、头骨后部圆隆、额骨更宽、枕平面更长；还有两个与后者有联系的特征，即项圆枕缩小和颅后点与项圆枕分开。尽管如此，东亚中更新世的颅骨长而相对低矮，眶上隆突明显。陕西大荔人和辽宁金牛山人是保存最好的这样两个颅骨，与金牛山人颅骨相关联的还有一件颅后骨骼，是一件较大的骨盆，证明其躯干宽大，呈桶形，与尼安德特人和更早的中更新世标本相似，例如 Sierra de Atapuerca 的 Sima de los Huesos 地点发现的骨盆遗存。某些整个更新世在地区占主导的面部特征也表现出上述情况。

我们从东亚晚更新世早期的前现代人表现出的地区主导性特征的连续性开始说起，来证明后来来到东亚的非洲人不可能是东亚早期现代人的唯一祖先。广东马坝人[53]和山西许家窑人是发现自华北的东亚晚更新世早期的早期现代人,他们具有比他们的中更新世祖先更大的脑颅。许家窑人遗存不完整而且破碎,穹窿碎片很厚,有些比周口店的标本还要厚,并总是落在周口店标本的变异范围内。这些顶骨暗示了许家窑人具有低矮而弯曲的穹窿以及突出的颞线,但缺少角隆突和正中矢状脊。两件部分枕骨与更早的标本相比具有更加圆隆的后部,微弱的项圆枕,人字点处有缝间骨。一件短而宽的下颌支,在属于少年的上颌骨上附有一颗扁平齿冠,两边有着强烈边缘脊以及基结节的铲形门齿。其突颌程度比其周口店和金牛山的标本小。

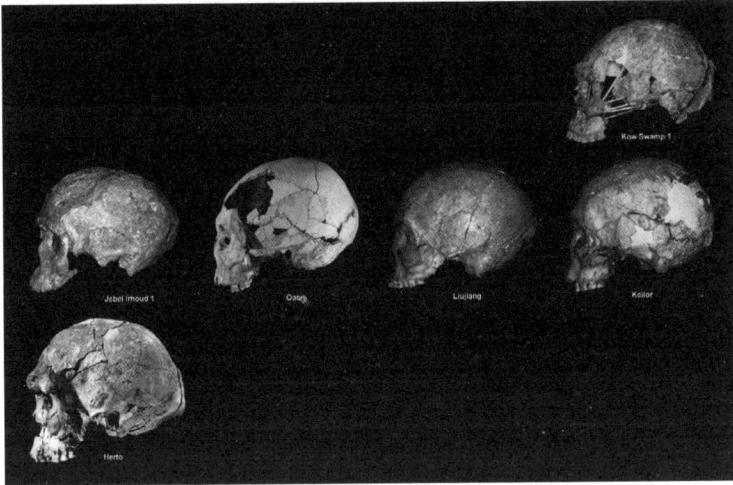

**图 1 从不同地区获得的最完整的早期现代头盖骨**

**Fig. 1　The most complete early modern crania from different regions**

　　"现代"并不与"非洲"完全相同。Herto[51]是来自非洲的最早的完整近现代人类头盖骨,而 Jebel Irhoud 1,几乎同样完整,年代要稍微晚些。这些在最左边的头盖骨,具有非洲特征,如果现代性意味着所有标本都变得与非洲标本相似,这些特征应该会扩散到其他标本上。它们在这儿与来自欧洲的(Pesteta cu oase2[52])、东亚的(柳江)、和澳大利亚的(Kow Swamp 1 和 Keilor)最早的完整或接近完整的现代头盖骨一起展示(从左到右)。这些是最早的具有足够面部保存的样本,反映了面部解剖学特征,没有经常存在的由重建带来的误导。Herto 和 Jebel Irhoud 1 的解剖学特征作为其他样本中的共同的现代特征的解剖学来源是并不令人信服的。很难证明 Herto 和 Jebel Irhoud 所代表的人群是否是较晚人类遗存的唯一祖先,但是同样难以证伪的是一个更广泛的假说:他们与他们的祖先同时存在。这个更广泛的假说得到了古遗传学的支持。

马坝标本是一件不完整的头盖骨,上面部的眶上隆突两侧明显变薄,从额鳞突出并随着眼眶轮廓弯曲,令人想起更早的东亚颅骨形态。上面部横向非常扁平,眼眶和其下的颊骨朝向下方。与大荔一样,鼻骨相对于宽阔的眶间区域较窄,并在中线上的一个窄脊上相交。鼻额缝平坦,与相邻的额颌缝位于同一个水平面上。前额有一个增大的额骨隆突,在中心突起,与周口店标本的前额很相似。一个微弱的正中矢状脊从它的中心开始。马坝与金牛山标本相比,其穿窿骨较薄,中部和两侧的眶上高较小,以及从鼻骨顶点稍下开始的鼻角稍高。

广西智人洞下颌骨是一件最早的、带有无可辩驳的现代人解剖特征的标本。智人洞有人类遗存的层位形成于中更新世晚期或晚更新世早期,出产了带有下颌颏的下颌骨[54],其上方地层的铀系测年结果指示其最小年龄为约 10 万年,这个年代与在南非克拉济斯河口发现的具有可与其相比特征的下颌骨的年代相同或稍早。智人洞 3 号下颌骨有明显的三角形颏三角,从正中联合的垂直表面处轻微突出,下颌联合"形成的角度比所有中更新世和晚更新世的古老人类标本都大,比撒哈拉以南非洲的和旧石器时代中期的现代人标本稍大,并超过了较早的旧石器时代晚期的标本变化的四分间距"(ref. 54, p. 19202)。在这个突出的下方有一个下凹的下颌切迹,一个脊从颏三角上方开始沿着正中联合的前中线延伸。这个脊和下方颏三角下方的界限处有一个明显的位于前方的下颌切迹。总的来说,这个解剖特征描述了一个彻底的现代的下颌[55]。在大多数方面,智人洞 3 号下颌骨与克拉济斯河口的标本相似[56]。克拉济斯河口的下颌骨正中联合高度和角度以及颏隆凸的发育程度具有相当大的变异范围,智人洞 3 号也在其范围内。智人洞 3 号下颌骨在大小与正中联合的垂直程度上与一个更小的标本 KRM 14695 相似,但它的颏三角更加发达;在解剖特征上与 KRM 21776 更相似,它们具有相似的从颏三角顶点沿着正中矢状面延伸至 I1 牙槽的脊。如果将落在变异范围内的情况也考虑在内的话,智人洞下颌骨也与稍年轻的 Skhul[31] 下颌骨相似,智人洞标本落在其变异范围内。

年代较晚的保存有现代亚洲标志性特征的晚更新世颅骨遗存发现于东南亚(包括印度尼西亚)和东亚。最近,在东南亚老挝 Tam Pa Ling 发现的距今约 5 万年的标本具有明显的眉弓和顶骨隆起的圆隆矢状轮廓的颅骨特征,这些特征是很多现代颅骨的正常情况,但却与东亚晚更新世颅骨,如马坝和许家窑并不相似。它的上颌门齿呈铲形[57],这在亚洲是贯穿整个更新世的特征,平直的牙冠面两侧界限处有边缘脊[18]。如上文所述,以眼眶上缘确定的面部轮廓上部是平扁的。

在泰国 Moh Khiew 发现的人类化石是一个年代更晚的成年女性遗存(约 2.6 万年),包括颅骨的大部分和带有全部牙齿的下颌骨[58]。经过详细的牙齿和骨骼比较,结果显示它"与山顶洞女性(103 号标本)具有亲缘关系"。这些相似性不是单一的,该标本同样显示出与 Coobool Creek(澳大利亚)女性标本相似的表型。研究者的结论是,"它是晚更新世巽他大陆上人群中的一员,可能与今天的澳大利亚土著和美拉尼西亚人有着共同的祖先"。

Wajak 的人类遗存发现于 19 世纪晚期,已经过详细的描述[59],但年代不确定。颅骨遗存的特征常被描述为东亚和澳大利亚混合性状。两个颅骨标本都缺少眶上圆枕,而且仅有 Wajak 2 有外侧圆枕。Wajak 1 前额的形状和倾斜程度以及宽阔的眶间区域这些特征,与山顶洞 101 标本相似,鼻骨横向扁平与柳江标本相似。Alan Thorne 经常将 Wajak 1 当为东亚的柳江人和澳大利亚的 Keilor 人之间的解剖联系,并同 Wolpoff 与吴新智院士一起撰文,Throne[60]总结道,"它们与澳大利亚人群在很多特征上相似,我们一致认为 Wajak 遗存似乎反映了来自北方基因流的效应"。现在对 Wajak 2 和 3 的人类骨骼碎片进行的直接铀系测年结果,将这些遗存的年代框定在了 2.8 万-3.7 万年之间[61];在我们看来,Wajak 代表了晚更新世特征在东亚最南端的变化程度。除了证明东亚特征的范围,这些晚更新世东南亚遗存似乎没有对东亚的人类进化作出特别的贡献。其重要性在于帮助我们更广泛地理解晚更新世时,从巽他大陆到萨胡尔大陆的当地人口动态。

在东亚大陆,晚更新世最早的早期现代人颅骨发现于来宾、涞水、柳江、山顶洞和资阳[62,63]。这些颅骨是现代的,因为具有在近期和现在活着的人类中常见的解剖特征,在某些程度上与近期和现在活着的人类相似。但与这些颅骨相关联的测年结果并不都是确定的,有些由于不明确的地层背景,其年代基本上仍然未知。资阳人(四川省)的来源不确定,而柳江人(广西壮族自治区)的年代被报道为 2 万年、6.7 万年、11.1 万年、13.9 万年,或是大于 15.3 万年[64],这些年代与骨骼遗存的关系并不明确。这非常可惜,因为柳江头骨是这个组别中最完整的一个,并且也同时发现了颅后骨骼。颅骨和颅后骨骼遗存有可能落入或被扔进了洞中有更古老沉积物的裂缝中,就像金牛山标本所暗示的那样。柳江颅骨保持了很多东亚的特异性特征,包括扁平的上面部、鼻部的比例和朝向、眼眶下外缘呈圆形以及侧门齿微弱的铲形。

　　一个发现于河北省涞水距今约 6 万年,并与其他骨骼相关联的男性颅骨[78],在很多方面与金牛山标本相似,从它前突而连续的发达眶上结构,以及倾斜的前额和粗壮的颅骨穹窿,到它较大的髋骨以及垂直而薄的耻骨上支。然而,不同点也同时存在于更大的颅骨大小和面部,涞水标本被描述为"粗壮但基本上现代"[66]。夹紧的鼻梁骨(鼻骨距离非常近,以至于他们接近平行)与面部形成了明显的鼻骨角,反映了马坝的状况并且与山顶洞 101 相似(见下文)。

　　广西麒麟山来宾[62]的年代是 3.9 万—4.4 万年[67]。标本包括颅底和部分面部。这个中国南方标本的鼻下边界较宽,腭部深,宽而短。齿槽突颌水平中等。颧骨较扁平而且朝向前方,眶突接近水平,与颧骨前表面构成接近于直角的角度。与柳江标本不同,犬齿窝的发育较微弱,鼻下边界尖锐。项区发达而且枕部粗壮,中心项隆突发达,有明显的枕外隆突,与其他特征一起暗示这个标本是男性。

　　稍晚的北京山顶洞标本是我们将要讨论的年代最晚的标本[69],AMS 放射性碳测年结果为 2.4 万—2.9 万年[68]。当魏敦瑞第一次描述山顶洞颅骨[70]时,他提到一个当时关键性的种族起源问题,即更新世时是否存在后来与其他种族融合而形成今天的杂交人群的纯种族。他用山顶洞标本作为证据来证明这样的种族从来没有存在过，并辩论道，如果过去的种族是纯的，后来随着时间越来越多地相互混合，直到达到他们现在的状态（没有留下纯的种族），我们应该能够在过去的标本中看到比今天更少的变异，因为过去没有现在这么多的种族间融合。但是他将山顶洞颅骨的比较解剖特征来证明，作为中国人，爱斯基摩人和美拉尼西亚人祖先的山顶洞的三个颅骨标本显示出的内部变异却更大。与此相似的解读是这些颅骨是美洲原住民的祖先[71,72]，或是亚洲和美洲人群广泛祖先的"广义蒙古人种"。

在这些较早的研究中一个常见的结论是山顶洞颅骨有可能是东亚和美洲人群的先人，但却并不是现在生活在这些地区的人群的祖先。魏敦瑞[70]自己对关于山顶洞与中国人特别的亲缘关系这个问题说得很清楚。他的论点是三个山顶洞颅骨"表现出某些亚洲特征"，但代表了"三个不同种族的元素，最好将他们归为原始蒙古人种、美拉尼西亚人和爱斯基摩人"。他还特别提到"……近期北方中国人可以被认为是一个高级的类型，但可以追溯到以山顶洞人为代表的祖先"。

将山顶洞人与近期或现在活着的人群区分开的是约三万年的进化，现在我们认识到这段时间中包括了人类全部历史上最迅速的进化改变[27]，因此，各种多变量分析结果中山顶洞颅骨都没有把亚洲现代人颅骨聚为一类也是不奇怪的；山顶洞的颅骨并非来自现代亚洲人群，而是他们的祖先。

这些晚更新世东南亚和东亚人群具有现代的解剖结构，并与近期的或现在活着的人群相关联，他们的解剖特征与其准同时代的或更早的非洲人（如 Jebel Irhoud 或 Herto）不相似（图 1）。每个这样的晚更新世东亚头骨都保存了整个更新世在东亚占主导的特征[78-80]，证明他们的一部分血统是来自本地的。此外，很多颅骨还保留了更早时在欧亚大陆常见的古老的元素。

从大约 10 万年前开始，化石记录中的确存在一个约四万年或更长的空白，正如金力和宿兵主张的那样，在这个空白中没有出现标志性的颅骨遗存,后来才出现现代人。但是没有证据并不等于在那段空白期间东亚大陆没有人类存在,而现在,十多年过去了,考古学家已经发现了这段空白中的人类遗存。在黄龙洞(湖北)发现的牙齿及与之相关的考古材料,年代被铀系测年法确定为 8.1 万—10.1 万年前[83],但并没有表现出标志性的特征。无论如何,这个化石记录中的空白并不能证明东亚人口不连续;如果要证明这一点,证据必须从比这个空白更早的和更晚的人群的比较中得出。这样的比较显示,比这个空白更早或更晚的遗存具有共同的、在东亚占主导地位的特征,并且这些特征作为一个群体,在其他地方并不占主导地位。此外,现在存在的空白被归为早期现代人的化石标本内部,并不是早期现代人和更古老的分类单元之间的空白。

我们研究更新世东亚人类进化结果的格局,也许最有意思的是它与累积进化多么不相似。累积进化[84]是指更新世人类群体[85]在与其他地方的人类部分或完全的隔离中,随着逐渐明确的形态特征积累、通过建立者效应而进化的理论。根据假设,当这些特征变得更加常见,其多样性也会逐渐变小。遗传漂变被认为是这种进化的原因,是一个初始的人口较少的人群的第一次扩散的结果,遗传漂变或者导致完全隔离,或者导致与其他地区的同时代人类群体的基因交流剧烈减少。

东亚在一个非常不同的过程中提供了解剖学证据。区域性占主导的特征在更新世直到全新世持续存在,然而解剖学上的现代性由于自然选择的作用,而非漂变,在表现程度和出现频率上都扮演着进化变化中间人的主要角色,就像通常的情况那样[86]。

## 4.2　行为学现代性

行为学现代性是难以定义的,一部分原因是我们希望从考古遗存中识别现代行为的可能性(认知上的和象征性的)。很多考古学家争辩行为学现代性(这种人类的潜能)可以从与现存的或近期的狩猎采集者的相似行为中识别[87]。但并没有一个其他的理论可以解释新物种到来的现代性的证据,并将行为学和解剖学上的现代性联系起来,我们认为行为学现代性可以被准确地描述为一个持续的过程,而不是有一个特定的具有新的行为学可能性的"现代"整体。我们认为行为学现代性意味着近代或者现存的人群中能够反映他们文化和社会的行为可能性的范围,而且我们预期它们在各地的表达是不同的。

因为历史原因,包括许多欧洲地点的早期发掘,行为学现代性一直与欧洲的旧石器时代中期到晚期的迅速转变被划上等号[88],或至少欧洲旧石器时代晚期一直被用作行为学现代性的模型。但是我们质疑用同样的方式去描述其他地方的行为学现代性的做法的合理性。在过去的几十年里,数量庞大的考古学发现削弱了仅见于欧洲"人类革命"的观点[89],并且质疑以欧洲为中心的方式在欧洲以外是否也是合适的。一个关键的事实是行为学现代性的多个方面在欧洲以外出现的证据,包括可以被解读为与人类社交和认知能力有关的人类学材料,存在于数个中石器时代环境,即在非洲[90,91],也在零星分布在欧亚大陆的中石器时代遗址,在这些遗址中的材料并没有采取革命性的"整体"的形式。

在东亚,现代行为留下证据的方式与欧洲不同[93]。石器时代在欧洲被划分为旧石器时代早期、中期和晚期,在非洲被划分为石器时代早期、中期和晚期,或是根据技术变化的描述将其分为模式一、模式二和模式三的方式[94],这在东亚不太可能[95]。与作为欧洲旧石器时代晚期标志性工具相似的石片技术仅发现于中国最西边的准同时代地点宁夏水洞沟[96],蒙古、西伯利亚东部[97]以及吉林省的东部地区[98]。但是与此同时,在中国的北部和中部有着基本连续的古老得多的以石核和石片占主导地位的石制品组合,在某些地区还有骨器和身体装饰的证据[99]。在中国南部,以前占主导地位的是用鹅卵石或石结节制作的石核砍砸器,随后细石器传播到了这里。中国北方更晚的变化包括在原有的基础上增加了有柄细石叶,在很多情况下都与在全新世地点中与处理淀粉类食物有关的石器相似的扁平磨石相关联[100]。

中国南方和北方在遗传上也是不同的[101],下文将会讨论他们具有不同的遗传历史,他们之间的差异至少不比欧洲南部和北部之间的差异少。毫无疑问的,虽然这两地具有现代解剖特征的人群在晚更新世末期结束时都存在,但东亚存在的这种遗传和考古石制品组合上的变化的格局和细节与欧洲十分不同。这是对一个广为人知的现代人类研究结果的一个不太令人意外的证明:人类解剖结构和人类文化并不一定相关。不同的石制品组合或不同的文化,无论在过去或现在是否存在,都不是不同人类种族的行为标记[102]。我们不能像对待比如大猩猩和黑猩猩之间的行为差异那样对待人类的不同文化,而且我们也清楚石器不会杂交!

　　然而,我们认为东亚的,事实上是所有地区的现代行为,无论它是如何表达的,可能有相似的原因,那就是晚更新世由成人生存率提高带来的人口规模增长[43]。成人存活率在上新世至更新世的大部分时期内是非常低的,早更新世和中更新世逐渐缓慢地增长,在晚更新世老年成人的比例急剧增长,特别是 4 万年以后,历史上首次许多成年人可以活到成为爷爷奶奶的年纪[44]。这标志着在一个考古学更复杂的时代的主要人口变化的开始[103]。

　　成年人存活率的提高导致人口增长,这是晚更新世到现代人口的膨胀过程的基础,也为考古学和遗传学证据所证实。存活率的提高不仅仅导致那些活得更久的人具有更高的潜在生育率,而且老年个体对子女家庭的参与,提高了子女的生育率和孙儿女的存活率,从而提高了他们的健康水平[59]。成年人存活率的提高导致人口增长,人口膨胀有一个倍增的因素。

　　这些人口学变化,包括成年人存活率本身的提升,影响了行为学的复杂性[105]。更大的人口数量能够产生更多的创新和行为多样性。老年人通过促进知识和资源的代间积累[106]和转移来孵育行为学多样性,其结果是形成了人类独有的复杂的亲戚系统和其他社交网络。多代家庭有更多的和更具有知识的家庭成员来教授或者重复教授重要的课程[107],重复对于传递积累性的文化知识[108]及其在一个棘齿轮①状过程

---

① 译者注:棘齿轮,一种带齿的轮子,装有一个掣子,用以防止轮子向回滑动,而只允许向一个
　　方向转动。

中的迅速积累是极重要的[109]。

这样，和解剖学现代性一样，行为学现代性可以被视为一个持续的过程。老年成人的显著增加标志着人类历史格局向现代生活的转变，在这个格局里，三个世代的关系是重要的，这个格局还导致了大规模的人口增长，也构成了遗传学现代性格局的基础，同样也是现代人的成功适应。

## 4.3　遗传学现代性

遗传学现代性描述了现存人类的遗传学多样性，包括变异的区域格局。人类物种今天遗传变异的复杂格局并非源自单一地点和单一时间，并随着现代性的传播而分散[110]。它在不同的地方有不同的表达方式。作为人类现代性中最晚出现的方面，它出现的时间和方式与解剖学和行为学上的现代性有很大不同。这是因为现代遗传变异是近期发生的遗传学变化的急剧加速的结果，大多数发生在更新世结束之后[8, 27]。

"对古遗传学和对现代遗传变异起源更深刻的理解让我们对遗传学现代性有了不同的认识，并进一步证明了解剖学、行为学和遗传学上的现代性表达了人类的三个不同的方面，这三个方面通过人口变化相互关联，并在所有近期的和现在活着的人类都是现代人的事实中统一起来"[21]。

简单地说，东亚（和其他地方）遗传学上的现代性是大量遗传变化的后果，这种遗传变化随着人类群体开始通过驯养动物和发展农业控制他们的食物来源导致新石器时代人口数量呈指数增加而带来的。人口越多，变异就越多，并且"新石器时代和更晚的阶段适应性进化的速率可能比人类进化大多数时间的100倍还要多"。很多最近产生的，在人类群体中共有的基因都来源于这种变化；驯养动物和农业对这个过程起到的作用可能比"现代人起源"带来的遗传变化重要得多。

今天的东亚人口就是这些人口扩张的后代，他们将同样的遗传变化，带到了也许曾被多样性更大的人群占据的地区。如果不谈其他，丹尼索瓦人基因的分布就说明了这一点。这些基因在亚洲广泛分布,但是,"澳大利亚原住民,近大洋洲人,波利尼西亚人,东印度尼西亚人以及Mamanwa人(菲律宾的一个尼格利陀族群)都具有丹尼索瓦人的遗传物质,但在东亚,西印度尼西亚,Jehai(马来西亚的一个尼格利陀族群)和Onge(阿曼达群岛上的一个尼格利陀族群)并没有。"

对这种格局最简单的解释是,具有更多丹尼索瓦人基因的人群曾经在亚洲广泛分布[24],今天具有最少丹尼索瓦人基因的大陆人群[111],要么是后来迁徙进入这个地区的移民,要么是在最近以数量优势占据了这个区域(或二者兼有),从而创造了人群混合,这是遗传学现代性现代格局的基础。

东亚的遗传学现代性出现之前是什么?

遗传证据显示携带着一小部分尼安德特基因的现代人类在距今大约3.5万—5万年已经居住在或者到达东亚。这样,就像在西亚一样,旧石器时代中期的石制品组合是由属于不同形态型的人类(古老型现代人和当地尼安德特人)制造的,东亚人类的生物学多样性也许更加复杂(ref 95,p. 327)。

这个地区唯一已知的古代核DNA来自北京地区的田园洞。田园洞是我们在这里讨论的最晚的早期现代人地点之一,年代估计为距今4.2万—3.9万年[112]。田园洞1号是一件部分成人骨骼(缺少头骨)[113],它的骨骼粗壮,是解剖学上现代的人。在讨论到田园洞1号下颌骨时,尚虹和同事注意到这件标本"显示出几项与晚期古老型人类(主要以尼安德特人为代表)相近,或是介于晚期古老型人类和早期现代智人之间的特征",这与来自这件标本的nDNA的结果相对应[114]。DNA分析得到了一个并不让人震惊的结论,田园洞样本与包括美国土著人在内的今天的亚洲人相关联,但是已经与现代欧洲人的祖先分异。这反映了至少部分东亚基因型的系统发育(phylogenetic)关系[115],但是它们的表型关系呢?在足够相似可以被任何特定现代人群包括的意义上,田园人是否在遗传学上是现代的呢?答案很有可能是否定的。样本显示了不比今天

的东亚人更多的尼安德特人或丹尼索瓦人祖先,但是它缺少近期形成的
遗传变异,以及后来在当地占主导地位的人群与更早居民混合的遗传标
记。这为估计丹尼索瓦人和现代东亚人祖先之间的混合的古老型提供
了线索[115]。

　　遗传证据能够明确显示的是尽管我们所有人都有显著的非洲血统,
其他人群与非洲人的混合也是显著的[41],非洲人自己不可能是所有人独
特且惟一的祖先。因为他的混合祖先,奥巴马总统曾经描述他自己是
"杂种狗"。现代人种起源研究的遗产就是意识到我们全部都是杂种狗。

## 5　结论:现代东亚人的起源

　　对于现代性描述的是,在人类居住的世界里近代和现存的人类,而
不是对一个系统发育史(一种新的、现代的人种的出现)产物的认识,表
达了一种关于现代人含义更微妙的观点。现代性包含解剖学、行为学和
遗传学的方面,这些侧面引发了生物、社会和遗传上的变化,并通过加速
人口结构的转变相互关联,这种转变促成了近代的与现存人口的分化。
现代性来自不断变化的、以增长的成年人生存率为标志的生活历史格局
中,是一个持续的过程,反映了历史变异和基因流以及新适应基因在选
择压力下扩散的人类进化样式。

　　上述这些过程在不同地点和不同时间点仍然以真正多地区的方式
继续出现,现代性的起源并不是单一的。东亚现代人的起源可以反映整
个世界的格局,但是却又是独特的,因为东亚是独特的。东亚的历史和
人类在此居住的独特细节包括它过去的人群和循环冰期所强加在他们
身上的适应,外源的和内源的基因流模式和古老型人类的基因贡献。地
区占主导的解剖特征在更新世的东亚有着和其他地区主导性特征一样
长的历史,而且全世界共有的进化改变发生在东亚的时间并不比其他地
区晚。然而,东亚最显著的进化事件并非发生在更新世而是全新世;正
如世界的其他地区,这是由于通过驯养动物和农业对食物资源的控制,

对解剖学、行为学和遗传学上的现代性产生了强烈而显著的影响,这种影响现在仍在持续。

今天所有的人类群体都是现代的。根据他们的现代性,东亚人群与世界范围内的其他人群同时到达了同一个现代性"终点"。这并没有任何神秘之处。因为"终点"并不是系统发育实体的出现或是人类的一个"种类",也不是一种特别的人类潜能;相反地,现代性可以用我们共同经历的旅程的目前状态,以及表现出现代性的过程来定义。

并不是我们的起源造就了我们,也不是我们的谱系使我们特殊。而是在旅途中我们沿着从起点开始的大量交织的路线迈出的步伐,一旦我们清除了上分类学的迷雾,我们就有希望了解这个起点,并最终到达一个还没有在视野中出现的终点[116]。

# 从邪马台国到大和朝廷的变迁

## ——三角缘神兽镜的铸造和前方后圆坟的营建

王　凯①

**内容提要**　据中国正史记载，公元前后至 3 世纪左右，先后有倭奴国、倭面土国、邪马台国这三个倭人政权粉墨登场，与大陆封建王朝开展外交活动。然而，最终统一日本列岛的却是从未在中国史书中出现过的大和国。其凭借自身的"发明"——三角缘神兽镜和前方后圆坟不但完成了统一大业，而且在 5 世纪时与我国南朝政权建立起了稳定的外交关系。这一戏剧性的演变既可谓是历史之偶然，又是其必然。

**关键词**　邪马台国；大和国；三角缘神兽镜；前方后；圆坟

**基金项目**　中央高校基本科研业务费专项资金项目资助项目"日本上代诗歌与大陆移民研究"（NKZXB1247）

近年来，随着对奈良县樱井市缠向遗迹考古发掘工作的进展，邪马台国问题又成为学界和民间热议的话题。关于邪马台国的所在地，其衰落消亡以及大和国兴起，并最终成为大和朝廷的具体过程等均是日本古代史研究的未解之谜。本文拟结合近来文献史学与考古发掘的相关成果，以三角缘神兽镜的铸造与前方后圆坟的营建为切入点，尝试论述倭人社会从邪马台国向大和朝廷过渡的历史进程。

---

① 作者简介：王凯，南开大学外国语学院日语系教师，历史学博士。

## 一、倭人与汉赐铜镜：邪马台国的盛衰

自西汉时代起，乐浪海中的倭人便"以岁时来献见"，开拓民间以及与带方郡等地方政府之间的交往渠道。[①] 至汉光武帝建武中元二年（57年），倭奴国王奉贡朝贺，开启了中日两国"官方往来"的先河。年迈的光武帝对此次倭人来朝龙颜大悦，赐以"汉委奴国王"金印。[②] 随着倭人和两汉王朝官民双向交流的日益密切，大陆先进的物质、技术文明陆续传入日本列岛。从考古出土情况来看，两汉铜镜作为象征大陆文化的代表性物品亦被广泛传播，且颇为倭人喜爱。[③]

在奴国朝贡 50 年后的永初元年（107 年），倭人的新代表帅升等一行来到洛阳"献上口百六十人"，"愿请见"汉安帝。然而，帅升等人此行似乎并未携带加盖此前光武帝所赐金印的国书。如此贸然来访使得以为倭人之王"世世传统"的东汉皇帝对其不用先帝所赐印绶互通国书之举深感不满。《后汉书》对帅升朝贡的记录简陋之原因恐怕也在于此。安帝既知倭人不用印绶，便决定赏赐些"实用物品"加以打发。如此，在回礼清单中自然少不了当时倭人喜爱的铜镜。

经过汉朝皇帝赏赐行为而得到的铜镜平添了不少"价值"，即一种来自大陆封建王朝的、可以用来彰显自身统治正统性与权威性的政治意义。对此，帅升等人似乎深有领会。他们试图通过"二次下赐"的方式，确立或巩固其自身在列岛内的统治地位和支配体系。然而，汉赐铜镜毕竟数量有限，而需要借助其力量确立或巩固自身统治的"国王"又甚多。倭人无法妥善处理汉赐铜镜在列岛内的"再分配"问题，由此反而引起战乱——"倭国乱"。

据《梁书》记载，这场"倭国乱"发生在汉灵帝光和年间，即 178—184

---

① 班固撰、颜师古注：《汉书》，中华书局，1962 年，第 1658 页。
② 范晔撰、李贤等注：《后汉书》，中华书局，1965 年，第 2820—2821 页。
③ 森浩一：《倭人伝を読みなおす》，筑摩书房，2010 年，第 192—196 页。

年左右。① 又据《三国志》对"倭国乱"的相关记载,若将动乱时间逆推"七八十年",则"以男子为王"者极有可能为帅升。② 如此推算,这场动乱爆发于帅升朝贡后的可能性极大。

倭国动乱之时也正值东汉末年中原军阀割据、战火连年、民不聊生之际。由于中国古代江南地区与日本列岛早在远古就有交通联系③,因此原本生活在该地区的百姓便东渡扶桑以避战乱,而他们中间有一部分则是铸造铜镜的工匠。大批吴人工匠的东渡使得列岛内铜镜铸造技术在短时间内有了突飞猛进,倭人仿制铜镜的规模迅速扩大。④

然而,这一技术革新对于倭人社会原本就激荡动乱的局势却是火上浇油。由于倭人"三十许国"开始竞相仿造铜镜,以试图采用"下赐"铜镜的方法来确立其政治统治权威。因此,倭制铜镜不仅在数量上急剧增加,而且为了达到与众不同的效果,铜镜的样式也是层出不穷。可是,事与愿违,倭制铜镜的泛滥反而使其失去了政治象征意义的权威性,汉赐铜镜这一唯一标准被打乱,这加剧了动乱局势并最终形成了《后汉书》中所谓的"桓、灵间,倭国大乱"的局面。

在这场大乱的末期,卑弥呼以其个人"事鬼道、能惑众"的特殊才能暂时稳定了局面而被"共立"为王。为了树立并巩固自身统治权威,新女王不得不去寻求某种可以代替倭人仿制铜镜的具有绝对政治象征意义的物品。她做出的决定便是向魏王朝遣使以求得魏赐铜镜,希望通过借助大陆封建王朝下赐的政治权威来巩固自身在岛内的统治。

景初二年(238 年),卑弥呼遣使求诣天子。以难升米为首的使团在曹魏与辽东公孙氏之间的大战勃发之际来到带方郡乞见,又于战火刚熄之时前往魏都朝贡,足以见倭人诚意。对此,魏明帝大悦,称其"忠孝",

---

① 姚思廉:《梁书》,中华书局,1973 年,第 806 页。

② 陈寿撰、裴松之注:《三国志》,中华书局,1959 年,第 856 页。

③ 王勇:《古代日本的吴越移民王国》,王勇编:《中国江南:寻绎日本文化的源流》,当代中国出版社,1996 年,第 49—70 页。

④ 王仲殊:《日本三角缘神兽镜综论》,《考古》,1984 年第 5 期。

封其为"亲魏倭王";并郑重赐给卑弥呼所好之物,其中就有"铜镜百枚"。对于这些铜镜的用途,魏明帝还特意嘱咐称"悉可以示汝国中人,使知国家哀汝"。①

卑弥呼成功获得魏赐铜镜后,其治国虽然取得了一定效果,但是在其死后,倭人社会又再次发生战乱,后立其宗女壹与才得平息。值得注意的是,壹与在登上王位之后也立刻遣使向曹魏朝贡,其目的恐怕与卑弥呼一样,也是为了获得魏赐铜镜以巩固其统治权威。然而,此时魏王朝自身的统治已经岌岌可危,恐无暇对应倭人的请求。邪马台国也因无法获得魏赐铜镜而走向没落,在中国史书的记载中销声匿迹。

综观公元前后至3世纪倭人社会的反复动乱,在一定程度上说明,仅依靠从大陆封建王朝获得下赐铜镜以树立在日本列岛内的统治权威这种方法并不可行,其效果难以持久。尤其是大陆封建王朝或朝鲜半岛一旦局势发生动荡,倭人统治者便无法定期定量地获得铜镜,因而导致汉赐铜镜在列岛内无法进行"再分配",其统治权威便得不到巩固。邪马台国衰亡的具体原因恐怕就在于此。

## 二、大和国的发明:三角缘神兽镜与前方后圆坟

邪马台国并非当时日本列岛内唯一的"国家",不为中国正史记载的位于近畿地区的大和国也正在逐步兴起。② 如前文所述,位于九州北部地区的邪马台国继承了同样位于该地区的奴国与面土国的政治传统,主要以汉赐铜镜为载体,依靠借助大陆封建王朝的权威来树立巩固其在日本列岛内的统治地位。然而,与其不同的是,大和国的高明之处在于其选择了一条放弃依靠大陆封建王朝的下赐行为获得统治权威的方法,开辟了一条"独立自主"地创造自身统治权威的道路。

与紧邻朝鲜半岛南端、和大陆交通方便的九州北部地区不同,大和

---

① 陈寿撰、裴松之注:《三国志》,中华书局,1959年,第857页。
② 王金林:《简明日本古代史》,天津人民出版社,1984年,第42—44页。

国位于日本列岛的近畿地区,通往大陆的水陆交通与邪马台国相比均有不便,而且中途又有"敌国"阻挠,可谓路途艰难。因此,这在客观上决定了大和国较难通过朝贡的方式以定期获得大陆封建王朝的下赐物品用以巩固统治。另一方面,大陆与朝鲜半岛局势一旦发生动荡,倭人就无法稳定地获得下赐物品,而且与大陆封建王朝的交流也会被切断。曹魏政权维持时间不长,且极不稳定。此后,西晋南迁,成立东晋;而北方则进入五胡十六国这一中国历史上大分裂、大融合的时代。即便是在九州北部地区,占尽地利之便的倭人都因为朝鲜半岛和中国北方地区联系中原的要道被切断而无法与大陆封建王朝的中央政权建立起稳定的外交关系,获得下赐物品,更何况是地处偏远的大和国呢!4世纪以后,中国史书对当时倭国相关的记载骤然减少,足见两地交往之疏远。

在当时国际形势剧变的背景下,又受到上述地缘政治因素的影响,这客观上使得大和国在政治运营上必须有所变革,否则将难以维持统治。三角缘神兽镜的铸造和前方后圆坟的营建便是当时大和国统治者"自主创新"留下来的物证。

在日本列岛,三角缘神兽镜的出土案例屡见不鲜,而中日考古学界对中国是否存在三角缘神兽镜问题存在较大分歧。[1] 从分布上来看,近畿地区出土的三角缘神兽镜占多数,而与大陆和朝鲜半岛交流密切的九州地区则相对较少。[2] 由此不难推测,作为近畿地区政治中心的大和国极有可能是三角缘神兽镜诞生、流行的核心地区。

倭人统治者认为铜镜兼具政治性与巫术性,三角缘神兽镜也不例外。可是,倭人获得铜镜的手段却截然不同。以邪马台国为代表的九州北部地区诸国主要通过向大陆封建王朝朝贡以获得汉赐铜镜作为象征统治权威的物质载体。然而,此并非长久之计。一旦中原或朝鲜半岛局势动荡,倭人便无法定期获得足量的汉赐铜镜,这也将直接危及其在该

---

① 宫代荣一、冢本和人:《对中国新发现的三角缘神兽镜的疑问和反思》,葛继勇译,《华夏考古》,2012年第3期。

② 近藤乔一:《三角缘神獸鏡》,東京大学出版会,1988年,第81—83页。

地区的统治。倭人统治者对此深有查知，因此他们便借助前来躲避战乱的吴人工匠的技术力量在日本列岛内仿制铜镜。虽然吴人工匠的东渡使得列岛内的铸造技术在短时间内有长足进步，制造足够数量的铜镜也不再成为问题，但是在"小国"林立的九州北部地区，需要统一某种样式的铜镜作为权威的象征却十分困难。由于诸国无法达成合意，倭人仿制铜镜的样式杂乱反而引发了局势混乱。因此，邪马台国的卑弥呼以及她的后继者壹与都不得不采取向大陆封建王朝请求下赐铜镜以作为确立政治权威的手段。这使得此间倭人仿制的各类铜镜在这一地区逐渐失去其政治象征意义。

与此相比，大和国的倭人统治者则采取了另一套办法。为了解决维持统治所需铜镜的质和量的问题，大和国的统治者决定创造一种特定样式的铜镜作为在近畿地区各国中象征政治权威的载体，而这就是三角缘神兽镜。或许类似于三角缘神兽镜的铜镜或其雏形在九州北部地区倭人仿制的铜镜中偶然也会存在，但是问题的关键在于倭人统治者是否将其视为其象征统治权威的唯一标准铜镜。三角缘神兽镜在九州北部地区的出土量便可说明，这一镜种在该地区并没有作为统治权威的绝对象征而被确立下来。与此相对，为了确立近畿地区各国之间以及其内部的统治秩序，大和国的统治者开始大量生产三角缘神兽镜，并将其确定为"唯一标准"，从而摆脱了因滥造各种铜镜而引发的混乱，也克服了维持自身统治却需要借助"外力"的弱点。随着三角缘神兽镜这一政治象征器物的确立，在九州北部地区的王权因大陆封建王朝的下信物得不到保障而迅速衰落的时候，近畿地区的王权统治却可以在一定时期内保持稳定发展。概言之，大和国巧妙地利用了其地理条件和政治环境上的劣势，通过"发明"三角缘神兽镜构建了政治的繁荣。

如果说三角缘神兽镜的铸造只能维持倭人统治者的现世权威的话，那么为了世世代代延续其统治，大和国统治者又创造了另一项发明——前方后圆坟。

日本列岛的古坟主要营建于3世纪后期至7世纪前期，一般多为倭人统治者的墓葬。邪马台国女王卑弥呼就曾"大作冢",其规模庞大"径百余步",且有"殉葬者奴婢百余人"。① 当时,日本列岛内小国林立,统治者都有自己特色的墓葬。因此,古坟的形状也各种各样,有圆坟、方坟、八角坟等,其中最具有代表性的古坟形状当属前方后圆坟。

从日本列岛内古坟的分布以及形态来看,近畿地区与九州北部地区有着明显不同。大型前方后圆坟主要集中于近畿地区,而越往西,则古坟的规模变得越小。到了九州北部地区,墓葬明显受到了朝鲜半岛以及大陆封建王朝的影响,圆坟增多而前方后圆坟这一列岛特有的墓葬形式几乎销声匿迹。② 由此不难推测,与铜镜分布的情况相似,以邪马台国为代表的九州北部地区的墓葬形式深受大陆封建王朝和朝鲜半岛的影响,而位于近畿地区的大和国则更加倾心于构建前方后圆坟。

虽然前方后圆坟遍布于除现在的北海道和冲绳以外的广大地区,但是其原型的发祥地极有可能位于大和地区。③ 九州北部地区的诸王权,因为其坟墓样式深受大陆以及朝鲜半岛的影响,难以通过树立某种特有的坟墓样式来明确谁才是"王中之王",因此政治局势动荡,权力传承不稳定。然而,大和国统治者的独到之处在于通过"前方后圆坟"这种有着独特造型的古坟以区别于其他国王的墓葬,用以显示大和国统治者的特殊地位,确保其死后该系统的权力传承。

前方后圆坟无论是其选址,还是其外观,都具有很强的视觉冲击力,而九州北部地区乃至朝鲜半岛的墓葬所缺乏的正是这一要素。④ 大和国的统治者正是依靠营建前方后圆坟这一"可视"的墓葬形式,不仅维持了其系统内权力的传承,而且也为"看到"前方后圆坟的其他"小国"提供了可以模仿的样本。由于各国的实力大小以及与大和国的亲疏关系不同,

---

① 陈寿撰、裴松之注:《三国志》,中华书局,1959 年,第 858 页。
② 白石太一郎「天皇陵の被葬者を推理する」,『中央公論』,2012 年 12 月号。
③ 寺沢薫「纏向方先方後円墳の構造」、森浩一:『考古学と技術』、同志社大学考古学シリーズ刊行会,1988 年。
④ 広瀬和雄『先方後円墳の世界』、岩波書店、2010 年、23—30 頁。

因此前方后圆坟呈现出地址分散、规模迥异的特征。但是，从整体上来看，大和国正是通过这一方式客观上扩大了其势力影响范围，形成了既具有身份认同性、又具有阶层性的政治统治体系。[①] 虽然建造古坟需要花费大量的人力物力，但是摆脱大陆封建王朝的影响，朝着倭人自身创造的特定形式而进行的集体劳动也加强了近畿地区乃至日本列岛内倭人的凝聚力，孕育了倭人自身政治文化的产生。

位于近畿地区的大和国因地理位置远离大陆，所以不易得到来自大陆先进技术文化的滋养。从中国正史对其缺乏记载这一点来看，和邪马台国等位于九州北部地区的倭人群体不同，大和国并没有得到大陆封建王朝对脱离于自身政治文化体系以外的这一群体的"倭人"的认同感。然而，大和国的统治者积极利用了这一消极因素，变不利为有利，创造了特有的象征统治权威的器物——三角缘神兽镜与象征权力延续的建筑——前方后圆坟，从而与以邪马台国为代表的九州北部地区诸国借助大陆封建王朝的权威维持统治不同，走上了一条独立自主的发展道路。虽然这条道路起步艰难，且路途坎坷，但是随着大和国内部以及以其为中心的周边政治势力的形成和稳定，大和国的发展更加快速，延续传承也更加稳定，并最终超越了逐渐没落的九州北部地区诸国而成了日本列岛的政治中心。

## 三、从"大和国"到"大和朝廷"：关于倭人诸国兴衰模型的思考

综观 3 世纪前后的日本列岛，无论是以邪马台国为代表的九州北部地区倭人诸国的衰落瓦解，还是以近畿地区为中心扩张势力的大和国的发展，都处于一个弱肉强食的时代，而且这段历史的演化又是一个漫长而复杂的过程。

从《汉书》中的倭人"百余国"至《后汉书》时的"使驿通于汉者三十许

---

① 都出比吕志『古代国家はいつ成立したか』、岩波書店、2011 年、68—70 頁。

国"，最后到《三国志》时，则成了"今使译所通三十国"。倭人国家数量的变化说明了日本列岛整体呈现出统一的趋势，但这是一个缓慢前行的过程。其中，既有新的国家诞生，也有旧的国家没落。"国"的产生和消失交织在一起，列岛朝着统一的方向演变，邪马台国的衰亡和大和国的兴起亦在其中。

就邪马台国没落和大和国兴起的具体过程，学界难以形成定论。究其原因，在于是否应该承认在当时的日本列岛内同时存在邪马台国和大和国这两个可以代表倭人社会的国家。根据以往日本学界的见解，主张邪马台国是列岛内唯一可以代表倭人社会的国家的观点占据优势。如此，邪马台国的所在地也就自然成了学界聚焦的热点。

1910 年 5 月至 7 月，内藤湖南先后发表题为《卑弥呼考》的系列论文，在考论邪马台国女王卑弥呼究竟是谁的同时，一反占据当时学界多数派意见的九州说，通过比对《通典》等各类版本的中国古文献记录，将《魏志倭人传》中"斯马国"以后的国名与近畿地区的地名相比较，全面提出了邪马台国大和说。对此，同年时任东京帝国大学文科大学史学科兼任教授的白鸟库吉则发表《倭女王卑弥呼考》进一步推进了邪马台国九州说，由此邪马台国争论的帷幕正式拉开。[①]

经过百年论战，近来，随着位于奈良县樱井市的缠向遗迹箸墓古坟的考古发掘进展，邪马台国大和说虽然在学界逐渐占了上风，但是仍然缺乏决定性的证据。而以位于佐贺县神崎市的吉野里遗迹作为邪马台国九州说依据的论者也面临着同样的窘境。发生这种情况的主要原因就在于这两处遗迹的构造十分相似，难以获得具有决定性意义的考古证据以证明自己就是邪马台国的遗址。

邪马台国争论之所以难以化解，还在于思维方式的束缚。学界对邪马台国的绝对追求，即无论是邪马台国，还是其女王卑弥呼，都认为是某一时代的绝对唯一的存在。对此，正如许多学者已经指出的那样，在 3

---

① 佐伯有清『邪馬台国論争』、岩波書店、2006 年、28—63 頁。

世纪的日本列岛,以邪马台国为首的倭国并不是唯一的诸国联合体,女王国之东的倭种之国以及狗奴国的存在都证明了这一点。因此,无论邪马台国是位于九州还是位于畿内,都不能否认另一个诸国联合体在畿内或九州与邪马台国同时并存。[①] 谁也无法完全保证,在当时的日本列岛内只有邪马台国一国之联合,现在考古发掘出土的城郭和古坟遗址构造仅是邪马台国的专利。日本海一侧的出云地区[②],濑户内海一侧的吉备地区[③],都存在着与邪马台国和大和国类似的倭人国家联合体的可能性。邪马台国也好,卑弥呼也罢,既要将其作为个体,即代表当时日本列岛内的"一国"和"一王"来看,同时也应该具有宏观灵活的视野,考虑到列岛内其他相似的"国"与"王"存在的可能性。

从这一意义上来说,在思考 3 世纪日本列岛内小国统一进程的问题上,"邪马台国东迁说"则提供了较为灵活的思考方式。所谓"东迁",即认为邪马台国本在九州地区,其势力东迁形成了大和国。[④] 此外,"王朝交替说"在思维方式上是对前者的继承和发展。这一学说认为,记纪神话中的神武东征传说完全是根据应神天皇和仁德天皇时代,以倭人势力东迁事实为原型所创造的,并提出了源于应神、仁德特别是仁德朝的新王朝学说。新王朝兴起于九州,后东迁并定都于难波高津宫。[⑤] 这从侧面肯定了所谓的"新王朝"就是以邪马台国为中心的北九州地区倭人势力的延续。

神武东征等神话暗示了邪马台国残余势力的东迁和大和国对融合吸收其他倭人势力的事实。例如,《日本书纪》神武天皇即位前纪戊午年春二月酉朔丁未条记载道:"戊午年春二月丁酉朔丁未、皇师遂东舳舻相接。方到难波之崎、会有奔潮太急。因以名为浪速国。亦曰浪花。今谓

---

① 王海燕:《日本古代史》,昆仑出版社,2012 年,第 38 页。
② 村井康彦『出雲と大和——古代国家の原像をたずねて』,岩波書店,2013 年。
③ 門脇禎二『邪馬台国と地域王国』,吉川弘文館,2008 年。
④ 和辻哲郎『日本古代文化』,岩波書店,1920 年,54 頁。
⑤ 水野祐『日本古代王朝史論序説』,小宮山書店,1952 年。

难波讹也。讹、此云与许奈磨卢。"此后,《日本书纪》神武即位前纪又记载道:"三月丁卯朔丙子,溯流而上,径至河内国草香邑青云白肩之津。"[①]这两则记录在解释"难波"这一地名的起源,说明难波和神武东征神话之间存在联系的同时,还明确指出了神武天皇在登陆"难波之崎"后的征战路线,即"逆流而上",在"河内国草香邑青云白肩之津"登陆。"难波之崎"即后来的"难波津",可见神武天皇是自西向东渡海而来,此后,经过一系列战斗,最终完成了进入大和、创建王朝的大业。这则神话从表面上来看,是西来的倭人占据了大和地区,创立了大和国。然而,事实上,应该是近畿地区已有的大和国这一倭人诸国联合吸收了东来的倭人势力,即没落后的以邪马台国为代表的九州北部地区乃至濑户内海地区的倭人势力,并壮大了自身力量。

　　无论是认为邪马台国和大和国并存的静态观点,还是邪马台国东迁成为大和国这种"点对点"式的动态观察,都应该修正性地加以看待。邪马台国和大和国之间并非独立存在、毫无关系,也不宜机械式地认为邪马台国"一步到位"迁到了近畿地区。其具体的历史过程可以模拟为,在以邪马台国为中心的九州北部地区倭人势力逐渐衰落的过程中,大和国有了自身的发展,并主动、被动地融合了部分九州北部地区以及濑户内海沿岸等地区的倭人先进势力,从而最终形成了大和朝廷的雏形。邪马台国的衰落在很大程度上是因为其与朝鲜半岛以及大陆在地缘政治的层面上关系十分紧密,因此大陆局势的动荡直接影响到当地倭人社会的稳定。大陆与朝鲜半岛的局势的"余震"使得原本生活在九州地区的倭人开始经由濑户内海,逐渐向政治较为安定的近畿地区聚集。其结果便是,汇集了岛内优秀人才的大和国最终实现了统一列岛,经过 4 世纪的对外扩张,并在 5 世纪时开始与中国的南朝政权建立起了稳定的外交关系,成为真正意义上的大和朝廷。

---

① 小岛宪之、直木孝次郎、西宫一民校注・訳『新编日本古典文学全集 2 日本书纪①』,小学馆、1994 年、198 頁。

## 四、结语

　　综上所述,历史的演变并非单层单向的,而是同时复层多向交错发生的。在邪马台国势力发展的同时,大和国势力也在逐渐成长。然而,过度依靠大陆封建王朝力量的邪马台国适得其反,其统治不如善于"发明创造"的大和国稳健,最终走向了没落。伴随着其倭人的迁徙,大和国在客观上吸收了邪马台国的部分残余势力,壮大了自身力量。可见,大和朝廷的诞生既是历史之偶然,也是历史之必然。

# 日本早期国家的形成与古代东亚社会

蔡凤林①

（中央民族大学外国语学院，北京 100081）

**摘　要**："二战"结束以前,受皇国史观的控制,日本史学界的主流态势是基于军国主义分子宣扬的日本的"神国"性,强调日本国家、民族形成过程的独自性,而将日本历史作为东亚史的有机组成部分,在广阔的东亚历史视域下研究日本社会发展史的研究者极少。"二战"结束后,受民主化社会思潮的影响,并出于理性把握日本的历史和未来的目的,关于日本历史的发展形式,日本史学界打破以往的"独善"史观,开始较客观地阐释日本历史与古代东亚历史之间的关联性和互动性。古代日本国家的形成,是在以中国为核心的东亚国际环境影响下形成。

**关键词**:日本早期国家;国家雏形;邪马台国;"大和"政权;古代东亚社会

**中图分类号**:K313.1　　　**文献标识码**:A

**文章编号**:1004－2458(2019)01－0070－11

DOI:10.14156/j.cnki.rbwtyj.2019.01.007

---

① 作者简介:蔡凤林(1963—),男,黑龙江大庆人,历史学博士,教授,主要从事中日关系史及东亚区域史研究。

# 引　言

　　"二战"结束以前,由于受皇国史观的控制,日本史学界的主流态势是基于军国主义分子宣扬的日本的"神国"性,强调日本国家、民族形成过程的独自性,而将日本历史作为东亚史的有机组成部分,在广阔的东亚历史视域下研究日本社会发展史的研究者极少。"二战"结束后,受民主化社会思潮的影响,并出于理性把握日本的历史和未来的目的,关于日本历史的发展形式,日本史学界打破以往的"独善"史观,开始较客观地阐释日本历史与古代东亚历史之间的关联性、互动性,出现了将包括日本在内的东亚地区视为一体进行整体研究的"东亚世界"论。历史上,具有内在有机联系和完备结构的"东亚世界"是否存在,目前学界尚在争论,但日本古代国家(文中主要指日本早期国家和律令制国家)的形成是在以中国为核心的古代东亚国际环境影响下形成这一理论命题能够成立。关于古代东亚国际环境对日本国家形成的影响,石母田正提出了"国际契机论"。但他的这一学说主要是针对日本律令制国家的形成而言[1]。事实上,日本早期国家(包括"邑落国家"、邪马台国及"大和"王朝)的形成,亦与古代东亚社会环境的影响有着密不可分的关系。文章就日本早期国家形成的这一特征做一概述。文中纰缪,敬请方家指正。

## 一、日本国家雏形的形成与东亚社会

　　作为马克思主义史学有关国家起源的经典解释,恩格斯在《家庭、私有制和国家的起源》一书中分析了国家起源的三种形态,认为作为国家形成的典型代表,雅典国家的产生是氏族制内部矛盾斗争的产物,而不是受外来力量影响的结果;国家产生的第二种类型为罗马国家的形成过程,它是在平民与贵族的斗争中形成;国家产生的第三种类型为德意志国家的形成过程,它是在氏族制度瓦解时,在被征服的外国领土上,由征服者和被征服者长期相互作用的结果[2]。

在恩格斯有关国家起源的三种形态划分中,第三种类型较适合解释日本国家雏形的形成特点。尽管不似文化落后的日耳曼人征服具有高度文明的罗马帝国,但日本的早期国家形态,是由从朝鲜半岛或中国大陆移居日本列岛的移民———"渡来人"创建(根据日本开国神话具有的征服性特征[3],不排除这些移民是以武力手段移居日本列岛的可能性),而不是直接从日本列岛固有的氏族社会内部发生的阶级对立中产生。

根据目前所取得的考古学研究成果,得知日本的旧石器文化始于 3 万年前。日本新石器文化亦称绳文文化(目前学术界一般认为日本绳文时代始于 1.3 万年前,持续 1 万余年),其主要生产形态属于狩猎、渔猎和采集业;虽然有定居村落出现,但社会依然处于没有阶级分化的原始公社阶段。

近年,在距今约 6 000 年的属于绳文时代Ⅲ期的冈山市朝寝鼻贝冢及距今约 4 500 年的冈山县姬笹原遗址出土的绳文陶器的胎土上,检出了稻谷硅晶体;甚至从距今 4 000 年以后的绳文时代晚期遗址出土的陶器的胎土上检出了稻壳,由此推知,稻谷在绳文时代晚期已为日本人祖先所知。总之,到了绳文时代晚期的后半叶,水稻耕作技术从朝鲜半岛被带入今日本九州北部地区。目前能够确认的日本最早的水田遗址是佐贺县菜田遗址,其年代能够追溯到绳文时代晚期后半叶,延续至弥生时代中期[4]。该遗址呈方格状,水路、堰堤俱备,出土了木质脱粒工具等农具以及用于制作这些工具的新的大陆系磨制石器和石制摘穗农具[5]28。这些体系完备的农具与先前的旱作农耕生产所用农具属于完全不同的系谱,它们应是从朝鲜半岛传入。

稻作技术的传入,改变了日本列岛固有的社会文化面貌。其最大的特征是,弥生时代早期首先是在今日九州北部地区出现了周边带有壕沟的环壕聚落(如板付遗址、吉野里遗址①)。从弥生时代前期延续到古坟时代的奈良县唐古·键遗址亦带有环壕,环壕内面积达 30 万平方米,东西长 600 米,南北长 700 米。弥生时代前期的环壕内有数个聚落,到了中期以后统合为一个聚落,且周围有三重环壕(均宽 100—150 米)[6]。属于弥生时代中期的大阪府池上曾根遗址,总面积达 60 万平方米,掘有两重环壕,环壕内面积约有 7.8 万平方米,呈现为直径达 330 米的不规则圆形,周长约达 1 千米。这些大型环壕聚落应该是通过战争由小聚落合并而成。这些环壕聚落明显具有防卫功能,表明至晚从弥生时代初期日本社会已进入了能够组织大量劳动力修筑防御工事的阶级分化和战争的时代。

随着稻作农耕技术的传入,及至弥生时代中期,在日本列岛广泛出现了环壕聚落,它们同时也是日本最早的国家形态,笔者称之为"邑落国家"或"聚落国家"。《汉书·地理志》记述"乐浪海中有倭人,分为百余国"[7],说的就是日本列岛的这种政治情势和格局。

九州北部地区首先出现的环壕聚落,在韩国庆尚南道的检丹里遗迹亦有发现,昭示起源于朝鲜半岛南端的环壕聚落这一住居形式,伴随着稻作文化,由渡来人带入了日本列岛。从最能够体现弥生文化特征的稻作技术和青铜器,能够认为朝鲜半岛是日本弥生文化的原乡。

由于绳文人采用适合日本列岛自然条件的稻作技术,开始了定居的农耕经济生活。水稻的高产,出现了剩余产品,此时原共同体的首领占有剩余产品而转化为统治阶级;另外,经营稻作农业时不可欠缺的集体灌溉等生产形式,亦助长了各共同体首领的政治权威。因此,稻作农耕本身的特征,也是推动日本社会进入"邑落国家"阶段的重要因素。

---

① 板付遗址,位于福冈市博多区板付 2 丁目。1961 年以后日本考古学协会和福冈县教育委员会开始发掘。该遗址分布于台地上,南北约 117 米,东西约 82 米,周围有卵形环壕。发掘出了住居、贮藏穴和水井遗址和夜臼式、板付式陶器。作为弥生时代早期的环壕聚落,受到重视。吉野里遗址,位于佐贺县神埼町和三田川町,1986 年开始发掘。该遗址为弥生时代最大的环壕聚落的遗址,由此能够具体了解到日本国家雏形——聚落的内部结构。其存续时间跨弥生时代全体。

　　根据目前所取得的考古学研究成果,能够认为中国是稻作农业的起源地。2011 年 11 月 22 日,由湖南省文物考古研究所、哈佛大学、北京大学和波士顿大学联合对在湖南常德市临澧县杉龙冈遗址进行考古发掘,发现了 6 粒距今约 8 000—9 000 年的碳化稻谷。参加考古发掘的哈佛大学教授约瑟夫称:"澧阳平原存在多处距今 8 000 年以上的稻作文化遗迹,稻作种植已形成规模,因此我坚信此地是稻作文化的发源地。"[8] 新的考古发现进一步揭示约 1 万年前,长江中下游地区的人们开始耕种野生稻,开启了水稻的驯化过程[9]。这些均证实,是繁衍生息于中国长江中下游及华南地区的先民发明了稻作技术。

　　与中原地区以粟、麦种植为主的旱作农业不同,春秋战国时期,吴越地区的稻作技术业已相当发达。《吴越春秋》记载,当时"春种八谷,夏长而养,秋成而聚,冬畜而藏。……留意省察,谨除苗秽,秽除苗盛"[10],稻谷为"八谷"之一。由此记载能够窥知春秋战国时期吴越地区的稻作技术已达到了很高的水平。

　　春秋战国时的社会动乱,造成了中国人向周边地区移民。这些移民中有一部分人将发达的稻作技术和青铜生产工具带至朝鲜半岛。朝鲜半岛西北部地区出土了中国战国时期的武器、农具等青铜器及其仿制品。有研究者根据这些青铜器,认为朝鲜半岛进入青铜器时代是在公元前 4 世纪至公元前 3 世纪间,且青铜器的使用者主要是中国人[11]。

　　战国时期,中国人甚至徙居朝鲜半岛南部地区。1975 年,在韩国全罗北道全州市以北完州郡上林里出土了 26 件铜剑。关于这些铜剑的性质和来源,研究者据其铸造技术和所用原料,认为它们是由公元前 4 世纪后半叶徙居朝鲜半岛南部的中国吴越地区工匠铸造。吴越地区工匠迁徙朝鲜半岛,是由于公元前 334 年楚威王兴兵征伐越国,越人离散,越国王室的青铜工匠中一部分铸剑工匠离开会稽(今绍兴市)、姑苏(今苏州市)等吴越故地奔向大海,寻找新的生存家园,他们到达了朝鲜半岛的西南沿海地区,在当地铸造了这些铜剑[12]。史书还记载秦末战乱时,"天下叛秦,燕、齐、赵民避地朝鲜数万口。"[13]848 表明秦末时亦有大量中国人移居朝鲜半岛,平壤石岩里古坟出土的秦始皇二十五年度铭文戈[14],可证此点。

根据《三国志·魏书·乌丸鲜卑东夷传》辰韩条等文献的记载,3世纪时生活在朝鲜半岛东南部的辰韩应是躲避秦朝暴政而移居朝鲜半岛的中国移民的后裔。春秋战国、秦朝时移居朝鲜半岛的中国移民,早在公元前3世纪(或更早)就开始徙居今日本九州北部地区,其中一部分人以后发展成日本渡来人中的"秦人"。他们不仅将稻作和青铜铸造技术传入日本,同时也推动日本社会进入了国家形成的历史时期。

## 二、邪马台国的形成与东亚社会

对于古代日本人而言,朝鲜半岛不仅是财富和资源之地,还是文明、信息、人才乃至政治权威的来源。朝鲜半岛犹如一条从东亚大陆架往日本列岛的文化管道,从中国向日本列岛输送了大量的文明乳汁,哺育了日本文化。

日本列岛和朝鲜半岛自史前时代即有密切的经济文化联系;历史时代以后,这种联系日趋频繁。《三国志·魏书·乌丸鲜卑东夷传》弁辰条记载:弁辰"国出铁,韩、濊、倭皆从取之。诸市买皆用铁。"[13]853弁辰,亦称"弁韩",与"马韩""辰韩"合称"三韩",指朝鲜半岛南部地区。3世纪以前的日本将产于朝鲜半岛南端的铁资源视为珍宝,甚至作为货币使用。公元前108年汉武帝在朝鲜半岛设置乐浪等郡后,半岛更成为吸引古代日本人的文明中心。日本由"邑落国家"向统一王朝迈进是在3世纪初。据学界最新的研究成果,为了经由朝鲜半岛得到中国的先进文物以及半岛的铁资源,3世纪之前,在今日日本福冈县西北部的玄界滩沿海、濑户内海沿岸以及近畿(奈良盆地)等地区,逐渐形成了独霸一方的地方势力。至3世纪初,濑户内海沿岸各地和近畿地区的势力联合起来,与玄界滩沿海地区的势力争夺通往朝鲜半岛的"文物之路"及"资源之路"。以此为契机,至迟在3世纪中叶,日本列岛上开始形成西自玄界滩沿海地区、中经濑户内海沿岸地区、东达畿内的广域政治联合体,这就是以邪马台国为中心形成的二十九国联合,即邪马台国联合体[5]90—92。日本早期国家之一邪马台国的形成动力,在于为了追求包括朝鲜半岛在内的东亚大陆的先进文化和物质资源。

与此同时,3世纪以中国为核心的东亚国际局势对邪马台国的巩固、发展发挥了很大的推进作用。《三国志·魏书·乌丸鲜卑东夷传》倭人条记载:

> 景初二年六月,倭女王遣大夫难升米等诣郡,求诣天子朝献,太守刘夏遣吏将送京都。其年十二月,诏书报倭女王曰:"制诏亲魏倭王卑弥呼……今以汝为亲魏倭王,假金印紫绶,装封付带方太守假授汝。其抚绥种人,勉为孝顺。汝来使难升米、牛利涉远,道路勤劳,今以难升米为率善中郎将,牛利为率善校尉,假银印青绶,引见劳赐遣还。"……正始元年,太守弓遵遣建中校尉梯俊等奉诏书印绶诣国王,拜假倭王……其四年,倭王遣使大夫伊声耆、掖邪狗等八人,上献生口……掖邪狗等壹拜率善中郎将印绶。其六年,诏赐倭难升米黄幢,付郡假授。……倭女王卑弥呼与狗奴国男王卑弥弓呼素不和……遣塞曹掾史张政等因赍诏书、黄幢,拜假难升米为檄告喻之。[13]857—858

古代中国统治者为了实现"溥天之下,莫非王土;率土之滨,莫非王臣"的大一统政治理念,在官僚体制中设置了一套专授周边民族首领以官爵名号的制度,这一制度包括爵位体系和职官体系。对外臣封授爵位(简称"外封"),始自先秦,完善于西汉。对外臣授予的职官,分为文官和武官两类。汉武帝时中原王朝官职中的武职开始正式封授外臣。东汉、曹魏时外封趋于规模化,制度逐渐完备,形成对周边民族首领封授官爵名号的封赐制度[15],其形式包括颁印赐幢、拜官封爵等。

王,夏商周三代时,唯最高统治者称王。周朝衰落后列国统治者亦称王[16]3382。秦朝开始天子称"皇帝",王便成为对贵族或功臣的最高封爵。汉魏王朝时中原王朝对周边民族首领封王赐爵,较为普遍。但曹魏王朝以"亲魏"字样外封周边民族首领,仅有大月氏王波调被封为"亲魏大月氏王"[17]97以及倭女王卑弥呼被封为"亲魏倭王",表现出对古代日本的高度重视。

在中国历史上,统治者的印章是政治权力和权威的象征。秦汉之前,印章称为"玺"或"印",尊卑通用,秦汉以后唯皇帝印称"玺"[18]1594,臣下所用只能称"印"。史书载高辛帝对南方民族"有邑君长,皆赐印绶"[19]2829-2930。"授",即丝带,古代用于系佩玉或印章。这一记载显然是传说,但表明中国统治者对周边民族首领赐予印绶极为重视。汉武帝曾多次对周边民族首领赐印,例如:元封二年(公元前109年),汉武帝出兵征讨滇国,滇王降汉,武帝在其故地设益州郡,封滇国王为"滇王",并赐"滇王之印"[20]2997。元鼎六年(公元前111年),西汉军队"平南夷,为牂牁郡,夜郎侯迎降,天子赐其王印绶。"[20]2996《史记》载"西南夷君长以百数,独夜郎、滇受王印。滇小邑,最宠焉。"[20]2997西汉王朝如此重视滇国和夜郎国,其目的应是防止南越政权死灰复燃和冲破匈奴对汉朝西南地区的包围。

东汉时,周边民族纷纷兴起,对东汉王朝构成了极大的边患,因此引起了东汉统治者对周边民族的高度重视,其表现形式之一就是对周边民族首领频繁赐印,以示怀柔羁縻。例如:建武十七年(41年),莎车王"贤复遣使奉献,请都护"。光武帝"以问大司空窦融,以为贤父子兄弟相约事汉,款诚又至,宜加号位以镇安之。帝乃因其使,赐贤西域都护印绶,及车旗黄金锦绣。……更赐贤以汉大将军印绶。"[21]2923-2924永元六年(94年),"蜀郡徼外大牂夷种羌豪造头等率种人五十余万内属",汉和帝"拜造头为邑君长,赐印绶"[22]2898等等。

东汉末年,周边民族乘汉朝衰落,内侵不已,这种情况延续至三国时期,尤其是北方民族对曹魏王朝形成了极大威胁。出于怀柔羁縻北方民族的目的,曹魏皇帝对其首领多次赐印。例如:黄初元年(220年)十一月,曹魏王朝"更授匈奴南单于呼厨泉魏玺绶,赐青盖车、乘舆、宝剑、玉玦。"[23]67且封车师后部王壹多杂为守魏侍中,号大都尉,授魏王印[13]862。
上已引述,景初三年十二月曹魏明帝制诏封倭女王卑弥呼为"亲魏倭
王",并授金印紫绶,表明曹魏对外臣授爵已远及日本。事实上,早在曹
魏王朝之前,东汉王朝即已向倭王颁赐金印。《后汉书·东夷传》记载:

> 建武中元二年,倭奴国奉贡朝贺,使人自称大夫,倭国之极南界
> 也。光武赐以印绶。安帝永初元年,倭国王帅升等献生口百六十
> 人,愿请见。[24]2821

57年倭奴国朝贡汉朝以及107年倭国遣使汉朝的记载,亦出现于
《后汉书》光武帝本纪[25]84和安帝本纪[26]208,值得信赖。这里出现的倭奴
国,即以后被称为那津和傩县的地区,即今日日本福冈县博多湾附近。
一般认为,倭奴国奉贡朝贺时光武帝所赐金印,即为1784年在福冈县糟
屋郡志贺岛(今福冈市东区志贺岛)发现的"汉委奴国王"金印。

汉朝印玺的材质分为玉、金、银、铜等。皇族和将军使用龟钮印。根
据不同的经济文化形态,对周边民族赐予体现其文化特征的动物钮印,
如中国内蒙古自治区额济纳旗博物馆藏一枚"率善校尉"方形驼钮铜印,
是曹魏王朝颁赐给居延地区①游牧民族首领的印章[27]。上述"汉委奴国
王"金印和中国云南省石寨山古墓群发现的滇王金印,均为蛇钮,说明东
汉统治者将倭奴国视为南方农耕民族国家。

前已引述,《三国志·魏书·乌丸鲜卑东夷传》倭人条记载曹魏王朝
还封卑弥呼女王属下难升米、掖邪狗为率善中郎将、牛利为率善校尉,这
也是值得关注的政治行为。《汉书·百官公卿表》记述:

> 郎中令,秦官,掌官殿掖门户,有丞。武帝太初元年更名光禄
> 勋。属官有大夫、郎、谒者,皆秦官。又期门、羽林皆属焉。……郎
> 掌守门户,出充车骑,有议郎、中郎、侍郎、郎中,皆无定员,多至千

---

① 居延城是汉唐以来中国西北地区的军事重镇,故址在我国内蒙古自治区额济纳旗东南约17
公里处。居延地区在历史上面积至少相当于现在的额济纳旗辖区。

人。……中郎有五官、左、右三将,秩皆比二千石。[28]727

"郎中",即"廊中",起初在走廊担任王的警卫工作,其职责以后发展为王的陪从,备顾问及差遣。战国始有,秦汉沿置。"廊":"汉书通用郎。"[29]193西汉时由于中郎将侍从皇帝,身份特殊,所以有更多机会受皇帝差遣,出使执行一些特殊任务或带兵打仗。这些中郎将已不再具有皇帝警卫的性质,而是脱离内朝,形成了专门从事行政、军事、外交三方面工作的新的中郎将,具有极高的政治地位。

在中国官制史上,"校尉"也属于重要的武职。校:"军队编制单位";尉:"古代掌管军事的官吏叫'军尉',管刑狱的叫'廷尉',皆省称'尉'。"[18]727校尉,战国末已有此官,秦时为中级军官,"汉时军职之称,略次于将军。"[16]3694汉武帝为了加强对首都长安城的防护而置中垒、屯骑、步兵、越骑、长水、胡骑、射声、虎贲八校尉,秩皆比二千石,尽属劲旅。为了有效管理周边民族,汉朝在那里长期驻军,其长官亦称校尉,如驻西域的"戊己校尉",驻陕甘的"护羌校尉"等[28]1727。

西汉王朝最早以武官外封周边政权首领,是元鼎四年(公元前113年)汉武帝赐南越国丞相吕嘉"银印及内史、中尉、太傅印"("中尉"为武官)[30]2972。为了解除匈奴威胁,西汉王朝高度重视西域各国,故在那里频封武官[31]。东汉王朝不仅继承了西汉王朝武官外封的制度,而且使外封武官多样化,出现了"归义""率众""率善"等不同级别的官号。东汉时期,"归义"官号既可以加在诸王爵位上,亦可冠以"诸佰长"等下级武官官职之上,如"汉归义羌佰长"等。"率众"则多用于对乌桓、鲜卑首领的册封,如"汉保塞乌桓率众长"等。"率善",东汉王朝一般用于外封中下级武官,如"率善都尉""率善中郎将""率善氐佰长"等。曹魏王朝继承了汉朝的武官外封制度,同时改进、省并了部分封号。例如,东汉时较常使用的"归义""率众""率善""破虏"等官号中,"归义""率众"的地位提高,用以专封王侯,"破虏"则省去,"率善"得以广泛使用,成为中下级武官外封时的专称[15]。

东汉末年和曹魏时期，由于战乱频仍，武官封授泛滥，而亦以"率善"滥授周边民族首领。根据罗福颐主编的《秦汉南北朝官印征存》所录曹魏时期存世官印，"率善"加诸民族首领者目前所见有 103 例，涉及乌丸、鲜卑、屠各、蛮夷、羌、氐、胡、叟、傁等民族和部落。而且迄今发现的曹魏封授民族首领的 106 例官印中，仅"魏卢奴左长""蛮夷邑君""蛮夷邑长"三例未用"率善"称号。其他官印中，"率善仟长"28 例、"率善佰长"54 例、"率善邑长"20 例、"率善都尉"1 例[32]。

主簿：掌管文书、办理事务的属官[18]1949。《文献通考》卷六十三："盖古者官府皆有主簿一官，上自三公及御史府，下至九寺五监以至郡县皆有之。"魏晋以前主簿官职广泛存在于各级官署中，魏晋以后统兵开府的大臣幕府中，主簿常参机要，总领府事。隋唐以前，因属长官亲吏，权势颇重。

《三国志·魏书·乌丸鲜卑东夷传》记载：高句丽"其国有王，其官有相加、对卢、沛者、古雏加、主簿、优台丞、使者、皂衣先人，尊卑各有等级"；"唯不耐濊侯至今犹置功曹、主簿诸曹，皆濊民作之。"[13]843公元前 108 年汉武帝剿灭卫氏朝鲜（公元前 195—公元前 108）后，在辽东地区和朝鲜半岛设立玄菟、乐浪、真番、临屯四郡，高句丽和濊等当地民族被编入四郡，此后受两汉和魏晋王朝辖治。因此汉魏时他们使用中国官职，不足为奇。据史籍记载，三国时期，韩人"其官有魏率善邑君、归义侯、中郎将、都尉、伯长。"[13]850"率善"应为冠以邑君至伯长的官号，表明 3 世纪时"率善归义侯""率善中郎将""率善都尉""率善伯长"等典型的中国官爵或代有中国色彩的官职，已由曹魏王朝授予韩人。

《后汉书》记载倭国也有"大夫"这一中国官职。这些官职是否实为倭国所用抑或《后汉书》撰者范晔对倭国固有官职的汉译，需要谨慎对待。但光武帝既然赐予倭奴国王以金印，也不排除以中国官职外封倭王属下的可能性。总之，3 世纪时倭人统治者已被曹魏王朝统治者封为"率善中郎将""率善校尉"等中国官职，且史书没有明确记录韩人有多少人被曹魏王朝封为"率善校尉""归义侯""中郎将""都尉""伯长"，但确切记录倭人计有9人被封为"率善中郎将",有1人被封为"率善校尉"。如此多的官职封给隔海而居的倭人,这在中国周边民族中少有,体现出曹魏王朝对倭国的高度重视。

正始六年(245年),曹魏明帝"诏赐倭难升米黄幢,付郡假授。……倭女王卑弥呼与狗奴国男王卑弥弓呼素不和……遣塞曹掾史张政等因赍诏书、黄幢,拜假难升米为檄告喻之。"[13]856−857曹魏王朝赐倭人以"黄幢",也是体现3世纪中日政治关系的重要形式。

《说文解字》:"幢,旌旗之属,从巾,童声。"[29]160《尔雅》将"幢"安排在释兵部中。李善注《文选》中称:"幢盖,将军刺史之仪也。兵书曰:军之长服,赤幢。"《后汉书·班超传》章帝建初八年(83年):"拜超为将兵长史,假鼓吹幢麾。"[33]1577李贤注云:"鼓吹、幢麾,皆大将所有。"可知幢为军旗一种。《汉书·韩延寿传》记载汉宣帝时韩延寿在东郡太守任中,"都试"①时立幢,因此而被议为僭越,被处以"弃市"之刑[34]3210−3216。足见未经皇帝许可,即便在"都试"这样的军务上也不能立幢。

综上所述,曹魏王朝皇帝以颁印赐绶、封官授爵等形式,对倭国表现出了极高的政治热情,其原因应出于现实政治利益的考虑,那就是要妥善解决朝鲜半岛问题。

东汉末年,群雄并起,在东汉帝国的东北边疆出现了存续近五十年的割据政权辽东公孙氏政权(190—238)。另外,东汉王朝灭亡后,高句丽政权主动与曹魏王朝联盟,攻打辽东郡。曹魏王朝攻取辽东地区后,高句丽政权终止了与曹魏王朝的合作,发兵袭击辽东地区。公孙氏政权和高句丽政权对曹魏王朝统一朝鲜半岛形成了很大障碍。不仅如此,公孙氏政权和高句丽政权还私通曹魏王朝的宿敌孙吴政权[17]109。这些均成为曹魏王朝重视对日外交的动力。曹魏王朝积极通交倭国,册封倭王等外交行为,亦与当时中国大陆三国鼎立的政治格局有着直接的关系。日本山梨县鸟居原古坟出土三国孙吴赤乌元年(238年)铭神兽镜,兵库

---

① 即"大试",汉代各郡中每年举行一次的军事演习。

县安仓古坟出土三国孙吴赤乌七年（244 年）铭画文带神兽镜[35]，表明孙吴政权和日本列岛存在政治或文化联系。

《三国志·魏书·乌丸鲜卑东夷传》记载[13]851，公孙氏政权被剿灭后，乐浪郡或带方郡官员吴林认为韩国本归乐浪郡统治，所以要求辰韩八国归乐浪郡管辖，这激起了韩人的不满，发动叛乱，攻打带方郡崎离营，曹魏王朝遣弓遵、刘茂"兴兵伐之"，"二郡遂灭韩"。这一战争应发生于正始七年（246 年）[36]。《三国志·魏书》齐王纪正始七年（246 年）夏五月条记："韩那奚①等数十国各率种落降"[37]121。这和上述曹魏王朝"二郡遂灭韩"的军事行动有关。

这一战争发生后，景元二年（261 年）七月，"乐浪外夷韩、濊貊，各率其属来朝贡。"[37]148此应为位于乐浪郡东南部的韩（辰韩之一部）朝贡曹魏。从此，中国史书中不见有关韩族入贡的记载。《晋书·东夷传》马韩条记载："武帝太康元年、二年，其主频遣使入贡方物，七年、八年、十年，又频至。太熙元年，诣东夷校尉何龛上献。"[38]2533 261—280 年，近二十年时间内韩族从史书上销声匿迹，说明曹魏王朝对韩人的统治是相当严厉的。曹魏王朝当然不希望朝鲜半岛南部地区游离于自己的统治范围之外。上述征韩战争爆发的前一年，即正始六年（245 年），曹魏王朝赐予难升米黄幢，此非偶然之举。嘉禾元年（232 年）十月，孙权封辽东公孙渊为"燕王"[39]1136，这是为了联合公孙氏政权，对抗曹魏王朝，曹魏王朝赐予倭人以黄幢，应是试图联合倭国镇压韩族叛乱，朝鲜半岛政治局势将曹魏王朝和倭国联系到一起。

中原王朝统治者对周边民族首领的册封②，对各族政权的形成和巩固产生了很大影响；对于周边民族的兴起而言，这成为较普遍的现象。一定程度上能够认为，中国周边民族兴起并建立政权，均与当时中原王

---

① 可能是《魏书》韩传弁辰条中的冉奚国。
② 中国古代皇帝授藩属、诸侯、宗族、妃嫔与功臣和羁縻及土司等以封爵，皆举行一定仪式，对受封者宣读授给封爵名号的诏书。这种诏书叫"册文"，简称"册"。宣读后，将册文连同印玺授给被封人，称册封。

朝的这种政治扶持有着直接的关系。对于古代东亚各国而言,中国发挥着维持东亚国际秩序的定海神针的作用。中国出现强大王朝时,推进周边民族经济文化发展,同时又促进周边民族自他意识的觉醒而建立民族政权。同样,中原王朝衰微时,周边民族政权因失去国际政治秩序或政治依靠而出现变乱。中原王朝政治的这种"一张一弛",不仅对东亚国际秩序冲击至深,对周边民族政权也会带来极大的震荡。《三国志·魏书·乌丸鲜卑东夷传》倭人条记载倭国"其国本亦以男子为王,住七八十年,倭国乱,相攻伐历年,乃共立一女子为王,名曰卑弥呼……。"[13]856 关于此次"倭国乱"的时间,有研究者认为是在 3 世纪初[5]61。此时正直东汉(25—220)末年,因党锢之争和宦官擅权,东汉王朝走向衰落。这导致中国对包括倭国在内的周边国家或政权的政治掌控遭到削弱,倭国由此失去政治庇护后发生内乱,相互攻伐多年,最后应该是在曹魏王朝支持下,倭女王卑弥呼即位,维持住了倭国的政治稳定和政权延续。

## 三、"大和"王朝的形成与东亚社会

关于"大和"王朝,一般指 3 世纪后半叶在弥生文化的中心之一"大和"地区(今奈良盆地)发展壮大的诸豪族以天皇祖先为核心建立的政权。四五世纪时发展成统治日本列岛大部分地区的势力,5 世纪"倭五王"(赞、珍、济、兴、武)执政时期,其势力扩展到朝鲜半岛南部地区,并与中国南朝刘宋王朝建立了极为密切的政治关系。

《日本书纪》引《晋起居注》载西晋泰初(始)二年(266 年)十月,"倭女王重译遣使"[40]。《晋书·武帝纪》泰始二年十一月条:"倭人来献方物。"[41]55 这些记载均表明倭国在晋初继续朝贡中国。但此后近 150 年间,文献中不见倭国朝贡中国的历史信息。

文献中再次出现日本通交中国的记载,是在 5 世纪初。《晋书·安帝纪》义熙九年(413 年)十二月条:"是岁,高句丽、倭国及西南夷铜头大师并献方物。"[42]264《太平御览》所引《义熙起居注》记载:"倭国献貂皮、人参等……"[43]《梁书·东夷传》载"晋安帝时,有倭王赞。"[44]807 由此推知义熙年间献方物和貂皮的倭王应为赞,即仁德天皇。近一个半世纪后,5世纪初日本再次朝贡中国,其目的应是采取远交近攻的外交策略,依恃中国的政治支持,以抗衡高句丽。升明二年(478年),倭王武(雄略大王)致宋顺帝的一则上表文明显地表露出这种政治意图[45]2395。

根据《宋书》记载,5世纪时"倭五王"遣使朝贡刘宋王朝达10次。其间,倭王及其属下得到刘宋皇帝的拜官封爵,中国府官制官职在当时的日本得到采用。《宋书·倭国传》记载:

> 高祖永初二年,诏曰:"倭赞万里修贡,远诚宜甄,可赐除授。"太祖元嘉二年,赞又遣司马曹达奉表献方物。赞死,弟珍立,遣使贡献。自称使持节、都督倭、百济、新罗、任那、秦韩、慕韩六国诸军事、安东大将军、倭国王。表求除正,诏除安东将军、倭国王。珍又求除正倭隋等十三人平西、征虏、冠军、辅国将军号,诏并听。二十,倭国王济遣使奉献,复以为安东将军、倭国王。二十八年,加使持节、都督倭、新罗、任那、加罗、秦韩六国诸军事,安东将军如故。并除所上二十三人军、郡。济死,世子兴遣使贡献。世祖大明六年,诏曰:"倭王世子兴,奕世载忠,作藩外海,禀化宁境,恭修贡职。新嗣边业,宜授爵号,可安东将军、倭国王。"兴死,弟武立,自称使持节、都督倭、百济、新罗、任那、加罗、秦韩、慕韩七国诸军事、安东大将军、倭国王。
>
> 顺帝升明二年,遣使上表曰:"封国偏远,作藩于外……。窃自假开府仪同三司,其余咸各假授。以劝忠节。"诏除武使持节、都督倭、新罗、任那、加罗、秦韩、慕韩六国诸军事、安东大将军、倭王。[45]2934−2936

《晋书·职官志》载:"开府仪同三司,汉官也。殇帝延平元年,邓骘车骑将军,仪同三司;仪同之名,始自此也。及魏黄权以车骑将军开府仪同三司;开府之名,起于此也。"[46]725−726 开府仪:在指定地方开设官府,建立办公场所。同三司：官府级别以及所用仪仗同于三司。三司，就是三公三师。太尉、司徒、司空，是为三公；太师、太傅、太保，是为三师。皆正一品。

将军：春秋时晋国以卿为军将，自此有将军之称。战国时始为武官名。汉代有大将军、骠骑将军、车骑将军、卫将军、前将军、后将军、左将军、右将军等。魏晋南北朝时，将军名号频繁，除沿袭汉代旧称外，又有龙骧、校骑等名称，常置并有专职的属于少数[16]2392。将军有时作为爵号使用。

《晋书·职官志》载："大司马，古官也。汉制以冠大将军、骠骑、车骑之上，以代太尉之职，故恒与太尉跌置，不并列。及魏有太尉，而大司马、大将军各自为官，位在三司上。晋受魏禅，因其制。"[46]725足见司马为重要武职。

曹魏王朝时期社会动荡，作为军职，司马的地位尤重，往往掌一方军政大权或承担管理周边民族的重任。例如：梁习"以别部司马领并州刺史。"[47]469曹仁，"太祖从弟也。少好弓马弋猎。后豪杰并起，仁亦阴结少年，得千余人，周旋淮、泗之间，遂从太祖为别部司马，行厉锋校尉。"[48]274夏侯渊，"太祖居家，曾有县官事，渊代引重罪，太祖营救之，得免。太祖起兵，以别部司马、骑都尉从，迁陈留、颍川太守。"[49]270

上已述及，478年，倭王武遣使刘宋王朝，上表称"窃自假开府仪同三司，其余咸各假授"。关于倭国是否实质性地采用了府官制，目前没有确凿的历史依据。但根据《宋书·倭国传》所记倭王被刘宋王朝除为安东将军或安东大将军以及派遣司马官员出使中国等情况，5世纪时日本已使用中国府官制中的若干官称，是无疑的。坂元义种认为，考虑到将军府的运营和功能，府官只是组建外交使节团时的身份标志而已[50]243，此论得当。根据史料，百济的府官全部被任命为外交使节。在5世纪动荡的东亚国际形势下，外交和军事合为一体，外交使节由具有军事性质的府官担任，亦为情理中之事。根据6世纪的日本政治制度，5世纪时日本采用完备的府官制的可能性不大，倭王及其属下被刘宋王朝授予的各种将军号以及司马等官号，应属虚爵空职。

弥生时代后，4世纪末至5世纪初，从朝鲜半岛向日本列岛兴起了新一轮的移民热潮。5世纪倭五王时代，日本和中国建立密切的外交关系并采用中国的府官制中的若干官爵称号，应以百济为媒介。

在5世纪的百济，身备长史等官号参与外交的使节，均具有中国人的姓名。他们多数属于汉、魏、晋王朝交替时为躲避战乱从辽东地区和朝鲜半岛北部流徙百济的移民的后裔，或是百济与东晋、刘宋王朝交往时移居百济的中国人的后代。他们带着先进的知识、技能参加了百济王权，由百济国王授予将军、太守等官爵，或在百济与中国交往时被任命为使节，或替百济制定对华外交政策，撰写对华外交文书，等等。百济王权的显著特征是由百济王族和中国移民组成。在4世纪末至5世纪初高句丽大规模南下朝鲜半岛带来的剧烈动荡中，这些中国移民又移居日本列岛，并为倭王政权服务。5世纪倭五王积极朝贡刘宋王朝，并采用中国的若干官职，均与他们的出谋划策有着直接的关系。

政治制度是统治阶级为实现其政治目的，以政治机构、组织形式以及职官制度对人民进行有效管辖和统治的方式。早在夏商周时期，中国即已形成较完备的奴隶制国家制度。秦汉以后，中国的政治制度进一步发展，形成了一整套结构严密而完备的封建王朝政治制度，并影响到了包括日本在内的海东各国。

1873年出土的《埼玉县稻荷山古坟出土铁剑铭》有115字。其中的"辛亥年"应为471年。文中的"獲加多支卤"一般指雄略天皇。通过对这一铭文的解读，能够判断熊本县江田船山古坟出土的铁刀铭文中出现的"獲□□□卤"，亦应为雄略天皇。这些刀剑是在5世纪后半叶在日本铸造，其铭文内容反映出王权和豪族之间形成了较为严密的政治隶属关系。5世纪时，日本在朝鲜半岛的利益面临着来自高句丽的剧烈冲击，为了与高句丽争夺半岛，倭王动员日本国内豪族组成强大军队出征朝鲜半岛。在此过程中，得到中国刘宋王朝的封官赐爵，采用中国府官制中的若干官爵，客观上推进了日本"大和"王朝的形成进程。

# 结　语

　　"古代日本地名的表记是借用汉字或直接取汉语地名,表现出浓厚的汉字文化色彩。"[51]"日本"这一国家名称就是出自汉语。能够认为,日本古代文化的形成,是中华文明与日本民族文化交融结合的结晶。而带来这种交融结合的根本动力在于古代东亚各国之间的互动,文章所阐述的日本早期国家形成的过程亦遵循此历史法则。以东亚历史视域深入系统地研究日本古代国家和文化的形成过程,有助于当代日本正确定位于东亚国际社会并理性把握日本的未来走向,从而推进东亚各国命运共同体的打造。希望学界关注这一具有重要学术价值和现实意义的研究领域。

[参考文献]

　　[1] 蔡凤林.关于东亚历史视域下的古代中日民族关系史研究动态[J].中央民族大学学报,2018(2):75-85.

　　[2] 恩格斯.家庭、私有制和国家的起源[M].北京:人民出版社,1957:117-128.

　　[3] 井上秀雄.古代東アジアの文化交流[M].広島:渓水社,1994:53.

　　[4] 金関恕,佐原真.弥生文化の研究2生業[M].東京:雄山閣,1988:13.

　　[5] 白石太一郎.日本の時代史1:倭国誕生[M].東京:吉川弘文館,2002:28.

　　[6] 大塚初重,桜井清彦,鈴木公雄.日本古代遺跡事典[M].東京:吉川弘文館,1962:564.

　　[7] 班固.汉书(卷二十八下):地理志下[M].北京:中华书局,1962:1658.

　　[8] 龙军.世界稻作农业起源何地?[D]光明日报,2011-11-29.

　　[9] 屈婷,刘欣.科学家发现"稻作起源长江中下游"新证据[EB/OL].[2018-04-08].中国社会科学院考古所中国考古网.http://kaogu.cn.

　　[10] 赵晔.吴越春秋[M].北京:燕山出版社,2010:149.

　　[11] 三上次男.古代東北アジア史研究[M].東京:吉川弘文館,1977:

119—120.

[12]白云翔.公元前一千纪后半中韩交流的考古学探究[J].中国国家博物馆馆刊,2018(4):10—25.

[13]陈寿.三国志·魏书(卷三十):乌丸鲜卑东夷传[M].北京:中华书局,1982.

[14]稲葉君山.朝鮮文化史研究[M].東京:雄山閣,1926:303.

[15]李文学.汉魏封授周边民族及政权首领的武官体制[D].光明日报,2013—04—25.

[16]《辞海》编辑委员会.辞海[M].上海:上海辞书出版社,1999.

[17]陈寿.三国志·魏书(卷三):明帝纪[M].北京:中华书局,1982.

[18]商务印书馆辞书研究中心.古代汉语词典[M],北京:商务印书馆:2014.

[19]范晔.后汉书(卷八十六):南蛮西南夷列传[M].北京:中华书局,1982.

[20]司马迁.史记(卷一百一十六):西南夷列传[M].北京:中华书局,1982.

[21]范晔.后汉书(卷八十八):西域传[M].北京:中华书局,1982.

[22]范晔.后汉书(卷八十八):西羌传[M].北京:中华书局,1982.

[23]陈寿.三国志·魏书(卷二):文帝纪[M].北京:中华书局,1982.

[24]范晔.后汉书(卷八十五):东夷传[M].北京:中华书局,1982.

[25]范晔.后汉书(卷一下):光武帝纪[M].北京:中华书局,1982.

[26]范晔.后汉书(卷五):安帝纪[M].北京:中华书局,1982.

[27]裴海霞.居延地区出土"率善校尉"印章考据[J].丝绸之路,2016(2):18—19.

[28]班固.汉书(卷十九上):百官公卿表[M].北京:中华书局,1982.

[29]许慎.说文解字[M].天津:天津古籍出版社,1991.

[30]司马迁.史记(卷一百一十三):南越列传[M].北京:中华书局,1982:2972.

[31]司马迁.史记(卷一百一十):匈奴列传[M].北京:中华书局,1982.

[32]罗福颐.秦汉南北朝官印征存[M].北京:文物出版社,1987:245—263.

[33]范晔.后汉书(卷四十七):班超传[M].北京:中华书局,1982.

[34]班固.汉书(卷七十六):韩延寿传[M].北京:中华书局,1982.

[35]中田祝夫.日本の漢字[M].東京:中央公論社,1982:156.

[36]池内宏.曹魏の東方経略[M]//満鮮史研究(上世:第一册).東京:吉川弘

文館,1979:251—291.

[37] 陈寿.三国志·魏书(卷四):少帝纪[M].北京:中华书局,1982.

[38] 房玄龄.晋书(卷九十七):东夷传[M].北京:中华书局,1974.

[39] 陈寿.三国志·吴书(卷四十七):吴主传[M].北京:中华书局,1982.

[40] 舍人親王.日本書紀(卷九):神功皇后紀[M].東京:経済雑誌社,1897:177.

[41] 房玄龄.晋书(卷三):武帝纪[M].北京:中华书局,1974.

[42] 房玄龄.晋书(卷十):安帝纪[M].北京:中华书局,1974.

[43] 李昉.太平御览(卷九百八十一):香部一(第四册)[M].北京:中华书局,1982:4344.

[44] 姚思廉.梁书(卷五十四):东夷传[M].北京:中华书局,1982.

[45] 沈约.宋书(卷九十七):倭国传[M].北京:中华书局,1974.

[46] 房玄龄.晋书(卷二十四):职官志[M].北京:中华书局,1974.

[47] 陈寿.三国志·魏书(卷十五):梁习传[M].北京:中华书局,1982.

[48] 陈寿.三国志·魏书(卷九):曹仁传[M].北京:中华书局,1982.

[49] 陈寿.三国志·魏书(卷九):夏侯渊传[M].北京:中华书局,1982.

[50] 坂元義種.古代東アジアの日本と朝鮮[M].東京:吉川弘文館,1978.

[51] 蔡凤林.日本地名文化的特点[J].日本问题研究,2016(1):26—35.

# 透视日本旧石器时代考古造假事件

## 徐建新[1]

  自 1980 年以来，日本的旧石器时代考古，特别是前期旧石器时代考古的成就令人刮目相看。这是因为在日本各地，其中主要是关东、东北和北海道地区的考古发掘中，不断有年代久远的前期和中期旧石器出土。而且，其年代被不断刷新，最早的可以追溯到 70 万年前。于是，使用这些石器的古人类也被堂而皇之地誉为"亚洲最北端的直立人"[2]。日本学界的许多学者和广大日本国民对上述考古成就给予了高度的关注和评价。可是两年前发生的那件性质极为恶劣的旧石器系列造假案，却把人们的热情期待变成了满腔愤怒。关于这一学术造假事件，我国新闻界已在第一时间做了较详细的报道。本文将在简单回顾此次事件的基础上，对事件的影响以及事件发生的原因、背景作进一步的分析和评价。

---

① 中国社会科学院世界历史研究所研究员。

② 直立人是早期人类进化过程中的一个阶段。亚洲直立人的代表是生活于 50 万年前的周口店北京猿人。古人类学的传统观点将早期人类的进化过程分为三个阶段，即猿人阶段（又称早期猿人）、直立人阶段（又称晚期猿人或原人）、化石智人阶段（又称智人）。化石智人阶段又可进一步分为早期智人（又称古人或尼人）和晚期智人（又称新人）两个发展阶段。在晚期智人阶段的晚期，人类逐渐进化为现代人。不过，关于人类的起源和进化过程的研究目前仍是一个充满争论的学术研究领域，上述观点并不是定论。随着分子生物学等现代科学和技术的发展，一些新的观点正在向传统观点提出挑战。

## 一、世界旧石器考古史上罕见的造假案

2000 年 11 月 5 日，日本新闻媒体中颇具影响力的全国性报刊《每日新闻》在头版头条的位置刊登了一则重大新闻，用大量的真实照片和详细的记述，揭露了新近在宫城县上高森旧石器时代遗址中出土的，据称是 70 万年前的石器，实际上是被人事先埋入遗址中的，而埋石器的人正是主持该遗址发掘的遗址调查团长、日本东北旧石器文化研究所副理事长、日本全国闻名的前期旧石器的发现人藤村新一。

藤村新一是 1972 年以后开始参加考古发掘的业余考古爱好者。1981 年，藤村在宫城县岩出山町的座散乱木遗址"发现"了 4 万年前的比当时已知最早的石器文化还早一万年的更新世旧石器，刷新了当时日本旧石器文化年代的最早记录。1983 年 4 月出版的该遗址的考古调查报告声称，多年来学术界关于日本是否存在前期旧石器的争论，在座散乱木遗址的发掘中得到解决。1984 年，藤村又在宫城县古川市的马场坛 A 遗址的约 17 万年前的地层中"发现"了石器，最终"确定"了日本的前期旧石器文化的存在。1997 年，在有藤村介入发掘的山形县尾花泽市袖原 3 号遗址和宫城县色麻町中岛山遗址这两处旧石器时代遗址中，分别发现了大约 10 万年前的旧石器。不可思议的是，这两处相距 30 公里的遗址中发现的两件石器竟能十分完美地对接拼合起来，证明这两件断裂的石器是来自同一块石材。这一"发现"后来被渲染为"世界上最古老的可缀合石器"。

1980 年代以后，藤村亲自参加发掘的旧石器时代考古遗址达 33 处，其中 17 处在宫城县，他涉足过的遗址共有 186 处，遍及日本的 9 个都、道、府、县。在过去 20 年中，藤村发现的石器接连三次刷新了日本旧石器年代的最高纪录，把日本的旧石器时代上推到 70 万年以前。和藤村一起从事发掘的日本东北福祉大学教授梶原洋还根据藤村的"发现"推测，日本直立人在前期旧石器时代就已有了"死亡"的观念，有了建造

墓穴的智慧,甚至有可能具备了语言能力。藤村新一在旧石器考古领域取得的一连串的"成功"使他的名声大噪,他的发掘成果引起了日本学术界、教育界和新闻媒体的高度重视。他发现的遗址和旧石器被高校和中小学的历史教科书广泛引用,许多国内博物馆,包括日本的国家博物馆——国立历史民俗博物馆都展出过藤村"发现"的"旧石器"和复制品。

藤村在旧石器考古学界的迅速走红,特别是他在短短 20 年的时间里将日本旧石器时代的上限提前了数十万年的事实,也引起了日本学术界少数有识之士的警觉。2000 年 8 月下旬,《每日新闻》北海道分社的记者开始对藤村进行跟踪暗查,经过两个多月的努力,终于掌握了藤村在考古发掘现场造假的事实。

藤村新一的学术造假行为在新闻媒体上曝光之后,在日本学术界和社会上引起了强烈的反响。各界人士纷纷谴责藤村的可耻行径。日本考古学协会会长甘粕健指出,此次造假事件"辜负了国民的信任",是摧毁日本考古学基础的"前所未闻的行为"。日本著名考古学家佐原真指出:"在世界旧石器时代考古史上,研究者本人在考古现场造假的案件,迄今为止仅此一例。"事件发生后,藤村所在的东北旧石器文化研究所迅速将其除名;日本考古学界的全国性学术团体日本考古学协会也对藤村做出了该会的最高处罚——令其退会;日本全国各地的博物馆纷纷撤除了与藤村的发掘有关的展品和说明。与此同时,一批出版高校和中小学教科书的出版社分别向日本文部省提出申请,要求修改教科书中的有关内容。为了彻底查清此事,日本考古学协会于 2001 年 6 月设立了一个专门委员会——"前·中期旧石器问题调查研究特别委员会"(以下简称"特别委员会")。该委员会的工作主要包括两个方面:一是给藤村施加压力,让其交代全部造假事实;二是组织力量重新排查验证藤村涉足过的所有遗址。

2001 年 9 月下旬,藤村在强大的舆论压力下,向特别委员会递交了一份自 1981 年以来从事造假活动的遗址名单。从这份造假遗址名单来看，藤村的造假活动涉及日本关东、东北地区的 7 个县（道），即岩手县、宫城县、山形县、福岛县、群马县、埼玉县、北海道。他从事造假的遗址并非最初所承认的两处，而是多达 42 处！在这些遗址中包括了近 20 年来日本旧石器文化考古中最著名的遗址，其中宫城县座散乱木遗址、马场坛 A 遗址和上高森遗址、福岛县一斗内松叶山遗址、埼玉县小鹿坂遗址，都"榜上有名"。这些遗址和发现的遗物早已被写入教科书和历史书中，变成了常识性知识。藤村交代的 42 处造假遗址使人们感受到了旧石器考古界"灾情"的严重程度。然而，人们有理由怀疑藤村迄今为止交代的内容还不是他以往造假的全部内容。最近还有人根据藤村过去的发掘经历指出，藤村的造假活动恐怕不是始于 1981 年，而是在 1974 年就开始了。他造假的历史应当上溯到 28 年前。

在和藤村本人进行交涉的同时，特别委员会还与各地考古团体合作，对藤村过去染指的遗址分批进行了排查。专家们对部分保存下来的遗址进行了重新发掘，但并没有发掘出货真价实的旧石器遗物，倒是在个别遗址中发现了过去未被挖出来的、"漏网"的藤村造假石器。另一方面，根据以往旧石器文化的研究成果可知，旧石器时代原始人的智力水平和工具制作水平要远远落后于新石器时代的原始人。因此，根据石器类型学的比较研究也帮助人们排查出一大批假石器或非人工制作的自然石。再有，在过去 20 年中，在东北地区出土的旧石器中有不少石器上带有被铁器划过的划痕，划痕上的铁残留物形成氧化铁，也就是铁锈的锈斑。铁器是文明时代的产物，只有在特殊的情况下才可能在年代久远的旧石器上留下印记。因此，那些不是从地表采集来的有铁器划痕的石器，很可能不是旧石器时代的遗物。通过上述分析排查，一大批假旧石器被查了出来，一批所谓的旧石器时代遗址正在等待最终的"判决"——将其从全国旧石器考古遗址名单中删除。

藤村的造假活动给日本旧石器考古界造成了无法弥补的创伤和损失。他的造假行为使日本前·中期旧石器时代考古的发展步伐倒退了整整 20 年，使考古学界苦心编织出来的日本前·中期旧石器时代编年体系顷刻之间土崩瓦解。他的造假活动还大大降低了日本国民和外国学术界对日本旧石器考古学家和考古成果的信任，从而使日本考古学界蒙受了巨大的耻辱。

## 二、造假事件的学术背景

旧石器考古造假事件发生后，关心此事的人们不禁要问，藤村的造假活动为什么得以持续 20 年（而且很可能要超过 20 年）。在这 20 年中，藤村的足迹遍及日本国内的 180 多个遗址，他本人已交代的造假遗址达 42 处。如此大范围的学术造假活动为什么始终没有被日本考古学界彻底揭露和批判，为什么最终揭露藤村的是媒体的记者，而不是考古学家。这样的事实如果仅用藤村的造假之术极为高明之类的理由来解释，恐怕是很难说服人的。痛定思痛，现在有不少学者逐渐认识到，正是日本旧石器考古界的发展现状使藤村这样的造假者有机可乘，有空可钻。从学术的角度来看，致使整个考古学界上当受骗的原因至少可从两个方面来总结，一是日本旧石器考古的主流学术观点无形中对藤村的造假活动起了保护伞的作用；二是学术体制和学风存在缺陷和偏差。

实际上，藤村的造假手法并不复杂。他偷埋石器的方法不外乎两种：一是在相应的地层中挖一个坑穴，埋入一组石器。二是用"大面积播撒"的方法，在遗址的较大范围内分散地埋入石器。在出土石器后，藤村一般都会请专家测定地层年代，地层的年代一旦确定，石器的年代也随之确定。过去学术界之所以相信了藤村的发掘成果，就是因为他"发现"的石器出土于古老的地层。实际上，旧石器的年代确定方法，除了查明石器包含层的地层年代，还需要对石器进行石器形态、加工技术和区域特点等类型学方面的分析。那么，过去日本旧石器考古中为什么偏重地层的检测而忽视了类型学的研究呢？这恐怕与旧石器考古界多年来形成的主流观点有关。

在 20 世纪六七十年代，围绕日本是否存在前期和中期旧石器问题，考古界曾有热烈的讨论。在讨论中有两个观点对后来的考古发掘产生了重要影响。一个就是今天日本旧石器考古的泰斗人物、日本东北大学教授芹泽长介提出的"层位优先于型式"的观点。所谓"层位优先于型式"是指在判断前期和中期旧石器的年代时，应优先考虑出土物所在地层的年代，而不是对石器本身的类型学研究。日本列岛上的酸性火山灰土壤使石器以外的前·中期旧石器遗物很少保存下来。另外，和欧洲和中国等国家的旧石器考古相比，日本旧石器考古开展的时间较短，积累的经验、知识和发掘成果还不多，有关旧石器型式的研究观点还不成熟。这些都是导致过去较长时间里，人们很容易接受"层位优先于型式"观点的重要原因。再有，除少数专家学者外，一般的发掘者很少有人了解复杂的石器加工技术的编年方法。对他们来说，用"层位优先于型式"的观点来判断石器的制作年代无疑是最便捷易行的办法。正是这样一种学术上的认识，使藤村的造假活动变得不易被人察觉。就是说，只要他能从十几万年前的地层中挖出石器，那么人们肯定会坚定不移地相信他挖出的石器是前期旧石器。

另外一个重要的学术观点是有关旧石器的加工技术。旧石器时代人加工制作石器，是人脑的发达和发挥人的主观能动性以适应自然环境的结果。但是，人类加工制造工具的技术会受到各种客观条件（特别是人类自身进化水平）的限制。譬如脑容量的大小、脑组织的发达程度和人的手臂骨骼的演化，前者决定了人的智力的高低，后者决定了人手的灵活程度。就是说，人的智力和手的灵活性的不断提高决定了石器加工技术的进步。考古学的实践经验也证明，属于较晚时代的较先进的石器加工技术是不可能出现在较早时代的较原始的石器文化中的。

在六七十年代的讨论中，日本的旧石器考古学家注意到日本的前陶文化中存在着称作磨制石斧的石器。经过一番讨论，学术界逐渐默认了日本旧石器文化中存在磨制石斧的观点。也就是说，把拥有磨制石斧的文化当作旧石器文化来看待。这一点与已有多年研究积累的欧洲的旧石器文化编年全然不同。在欧洲的旧石器文化中虽然存在着磨制的骨角器文化，但不存在磨制石斧。从世界范围来看，磨制石器的加工技术是在旧石器时代末期向新石器时代过渡时期开始出现，并在新石器时代才普遍被采用的。日本在旧石器时代的较早时期已存在磨制石器的说法作为一种学术观点是可以探讨的。但是这一观点也容易使人们产生一种误解，即日本的旧石器文化中既然存在磨制石斧，那么在前期旧石器时代文化中存在绳文时代的石器加工技术似乎也是可能的。

　　与此相关的另一个例子是日本前期旧石器中存在的"压制法"加工技术问题。最近，竹冈俊树等学者在审查藤村曾参与发掘的宫城县马场坛 A 遗址、高森遗址的出土石器时，发现有用"压制法"制作的石器。所谓"压制法"（日本称"押压剥离法"）是打制石器中一种比较精细的间接加工技术。用"压制法"制作石器时，是先将石料初步打造成形，然后用石制或骨制的压砸器沿着石片的边缘用力按压，以便压出更理想的边刃。用"压制法"制作的石器上会沿石片边缘留下浅而长的按压痕迹。这种技术对人手的结构和手指的灵活程度有很高的要求，因此一般认为，它是在打制石器的较晚阶段才出现的一种石器加工技术，直立人和早期智人都不可能采用这种技术。竹冈俊树、西秋良宏等学者进一步指出，打制石器中使用"压制法"的时代上限，在东西伯利亚地区始于 2 万年前的旧石器时代后期；在欧洲始于 1.8 万年前的旧石器时代后期；在西亚始于 1 万年前的新石器时代；在南非始于 9 万—10 万前的中石器时代；而日本可以证实的实例出现在后期旧石器时代结束期的 1.3 万年前。可见，日本前期旧石器中出现这一技术是极不自然的。用竹冈俊树的话说，就好像是 300 年前的江户时代人使上了电子计算器。可是，日本东北地区旧石器时代考古的权威学者芹泽长介、梶原洋、镰田俊昭等人都认为，既然上述石器出土于更新世地层，那么直立人会使用这种技术也是可能的。后来发生的事件表明，所谓日本前期旧石器中用"压制法"制作的石器，实际上是藤村埋入的绳文时代的新石器，而不是旧石器。

以上提到的"层位优先于型式"和日本旧石器时代已拥有先进的石器加工技术这两种见解，构成了藤村旧石器造假事件的学术研究背景。从一定意义上说，上述两种观点妨碍了今天的研究者识破藤村的把绳文时代的新石器埋入古老地层的简单骗局。

## 三、对考古学界研究体制的反思

不少日本考古学界人士在藤村造假事件发生后的自我反思中，越来越清楚地认识到，造假事件不只是藤村的个人问题，还与目前日本考古学界的研究体制中存在的弊病和缺陷有很大的关系。根据日本考古学人士的反省，目前旧石器考古学界存在的问题主要集中在以下几个方面。

弊病之一：只重视发掘、发现，忽视研究的倾向十分严重。这种现象与 20 世纪 70 年代以后日本考古学界的异常发展有关。据说日本近年来每年都要进行 1 万件左右的考古发掘。其中以学术研究为目的的有计划的发掘调查只占二三百件，其余绝大多数的发掘都属于开发建设之前的抢救性发掘。就像狼吞虎咽式的进食会导致消化不良一样，大量的发掘带来的一个后果是没有充分的时间进行详细的研究，久而久之便形成了忽视研究的倾向。日本每年出版的考古报告大约有 3000 多种，这一数字要大大少于发掘的件数。研究者们所依据的考古信息有时不是发掘报告，而是在新闻报刊和一些专业期刊上公布的简单报道。在这种情况下，发掘者的未经深思熟虑的判断往往被当成了正式的结论。例如，在藤村新一亲自参加发掘的 33 处遗址中，有 6 处遗址至今没有出版正式的发掘报告，其中就包括著名的上高森遗址。可是，该遗址的所谓的发掘成果和结论很快就被写入由 6 家出版社出版的 14 种教科书中，在日本社会上广泛传播。这一实例充分反映出近年来日本旧石器考古研究中存在的缺乏深入的研究，不按学术规范办事的浮躁作风。考古学研究的内容，除了最初的发掘工作外，更主要的是要对考古发现进行整理、分析、报告和论证。多年来，日本旧石器考古中存在的只重发掘、忽视研究的倾向，实际上是错误地强调和夸大了考古学研究的最初阶段的工作。这种缺乏深入研究的考古学是不可能进步的。

弊病之二：对违规操作的民营发掘公司和实体失于管理和监督。在大量出现的遗址面前，训练有素的专业考古工作者的人手明显不足，于是日本社会上涌现出许多民营的以考古发掘为业的公司和实体。藤村新一所属的东北旧石器文化研究所实际上也是这样的发掘实体之一。这些公司和实体更是以发掘为主业。对他们来说，发现是第一位的，只有不断地在发掘现场"有所斩获"，才能对向他们提供发掘经费的部门和机构做出满意的交代。造假者藤村新一在谈到他以往的业务活动时说："有些遗址如果每年不挖出东西来，就无法得到地方行政机构提供的发掘补助金，从而也就无法向发掘地的土地主人交付感谢金。"在这种心态的背后，人们不难发现支配着藤村的发掘行为的，不是考古学的原则和规范，而是名誉和金钱。在这里，严肃的考古学研究行为已经蜕变为"你给钱，我交货"的商业行为。

在利益驱动之下，民营的发掘公司和实体总要想方设法地挖出东西来。然而，考古学研究本来是十分严谨的科学研究行为，考古发现不过是这种行为的结果。在科学研究领域中，资金的投入与科研成果的收获之间并无必然的联系。在人类的科学研究活动中，失败的概率往往要高于成功的概率。就考古学研究而言，即便是最正规的考古发掘，在发掘中一无所获也是屡见不鲜的。对本来残存遗物就很稀少的旧石器考古来说，更是如此。相反，日本旧石器考古学中那些每挖必有的发掘现象，才是最不正常的，因为这违反了以往日本旧石器考古的经验和常识。对旧石器考古有丰富经验和知识的马场悠男教授曾指出，由同一支发掘队伍在不同的发掘地点或同一地点的不同自然堆积层中不断发掘出旧石器的可能性，几乎是不存在的。他还根据自己的亲身经历举例说，在印度尼西亚桑基兰地区寻找爪哇猿人化石的考古发掘中，尽管来自不同国家的发掘队进行了大量的发掘，但在过去 100 年中只有 3 次挖掘出了少量的遗物，这与过去 20 年藤村新一在日本东北地方的发掘中连续不断地发掘出数以百计的旧石器的现象，形成鲜明对照。仅凭这一点就足以对藤村的发掘提出怀疑。

从上述分析可以看出，迄今为止日本考古学界对民营发掘公司和实体在考古发掘中存在的违规行为缺乏有效的管理、监督和审查的办法。这种失控的局面很容易使一些民营发掘公司和实体发展成为造假活动的温床。

弊病之三：学术体制带有封闭性，缺乏积极的学术批评。许多学者都曾指出日本学术界的封闭性。这种封闭性的一个表现是日本考古学家一般不把自己的研究成果拿到国际学术界讨论。这种封闭性的另一个表现是考古学教育的知识面较窄。执教于日本上智大学、专门从事日本旧石器考古研究的美籍教授 C．T．凯利指出，在日本，学习考古学专业的学生所接受的教育一般仅限于考古学的知识，而很少接受与考古学有密切关系的相邻学科的知识教育，如地质学、年代测定学、花粉研究、古生物学、古生态学、文化人类学等。这种教育状况造成学生的知识面十分狭窄。

熟悉日本学术界的人都知道，日本的研究者一般都有自己的学术小团体、小圈子。与日本学者交流的外国人很快就能发现这种小团体的存在。这种小团体内部的人际关系类似一种家长制：著名而年迈的教授是这种小团体的领袖，他对小团体成员的学术研究活动有很大的影响力。在人际关系上，下级的教师和学生要服从上级的教师和领导者的意见，不然就会遭到小团体的排斥。凯利教授批评这种以结成小团体为特征的学术研究体制是一种封闭式的研究体制，它是日本传统社会的一些特点（如强迫性的对集团的顺从、阶层式的社会结构、权威主义、秘密主义等）在学术研究体制中的反映。由于上述小团体利益的存在，学者们在进行学术交流时也变得十分小心谨慎。在一些人的心目中，学术批评往往被认为是人身攻击。进行公开批评的人往往会受到冷遇，或是面临被封锁资料、断绝学术来往的困境。凯利教授就有过类似的经历。他曾与藤村新一等东北地区的旧石器考古人员有密切的交流，多次被邀请参加会议，参观石器。可是当他撰文对东北地区的旧石器考古成果表示怀疑后，他很快便从这些研究者的视野中消失了。

对学术名人的批评就更不容易了。这种批评往往被忽视，甚至被认为是不怀好意。此次旧石器造假事件可以说是轻视学术批评而导致极端后果的一个典型案例。实际上，在藤村的造假活动败露之前，至少有三篇有分量的学术论文对藤村的发掘成果提出质疑。①这些论文根据欧洲国家旧石器文化研究的成果和经验，指出藤村的前期旧石器发掘成果有许多可疑之处。然而，这些中肯的批评很快就被湮没在对藤村的一片赞扬声中，没有引起学术界的重视。

坦率地说，日本旧石器考古学界只要稍加留意，是不难发现藤村的造假事实的。实际上，在藤村造假事件发生之后，学者们很快就从藤村发掘过的遗址遗物中寻找出大量的疑点。譬如，（1）一般的旧石器遗址在出土石器时还会出土大量的剥片，并且大多是集中出土的。这样的地点往往是旧石器时代人的生活遗址、石器制作场所或石器废弃场所。可是日本的前·中期旧石器时代遗址中很少有这样的石器和剥片的集中地。即使有也是小规模和分散的，并且遗物的数量很少。（2）在一般的旧石器时代遗址，除石器和剥片外，往往还可以找到木材和骨片的碳化物，这是用火烧制食物后留下的。但日本前·中期旧石器时代遗址中却找不到这样的碳化物。（3）在石器和剥片集中的地方，往往可以发现同样质地的石器和剥片的拼合关系，这反映了石器的制作过程。可是在日

---

① 其中包括小田静夫和 C．T．凯利合著的《宫城县的旧石器及其"前期旧石器"时代研究批判》（《人类学杂志》第 94 编第 3 号，日本人类学会，1986 年 7 月版）、竹冈俊树著《"前期旧石器"究竟是怎样的石器》（《旧石器考古学》第 56 号，旧石器文化谈话会，1997 年 5 月版）、竹花和晴著《法国阿拉贡洞穴遗址与日本的前期旧石器文化》（《旧石器考古学》第 59 号，旧石器文化谈话会，2000 年 2 月版）。

本的前·中期旧石器遗址中，石器都是单件的，找不到石器和剥片之间的拼合关系。过去日本旧石器考古中唯一的石器拼合的例子，是山形县袖原 3 遗址和宫城县中岛山遗址分别出土的两件可拼合石器。而这两处遗址相距甚远，这本身就与常识不符。现已证明这个唯一的例子不过是藤村造假的结果。（4）在一般的旧石器遗址中，除出土的石器外，还存在大量的与石器制作有关的遗物，如打击石、石核、剥片和碎片等。此外，还往往可以找到还未制成就已残破的石制品。可是在日本前·中期旧石器遗址中，找不到显示石器制作过程的遗物。同时，在遗址中发现的石器，即使是很小的一个剥片都是有使用痕迹的石器，找不到一件未完成的石制品。这就是说，日本的旧石器时代人在加工石器时从未生产过次品。实际上这是根本不可能的事。（5）旧石器时代遗址的地层往往会由于一些自然的原因（如土壤流失、树根的生长、地层因在冰河期和间冰期反复冻结和解冻而产生变动等）而出现上下移动的现象，因此地层中的石器等遗物也会随着土层的移动而移动，不可能处在同一水平面上。可是日本前·中期旧石器遗址中出土的石器大多是在同一水平面上被发现。（6）旧石器深埋于更新世地层中，由于地层的压力，土壤会紧紧地贴在石器表面上，不易脱落。可是日本的前·中期旧石器出土时往往表面很光洁，很少有泥土。另外，日本更新世的土壤是红色的，然而日本前·中期旧石器表面的纹理中却时常能观察到黑色土壤，即绳文时代的土壤。

通过上述对旧石器的分析和比较，足以证明过去 20 年中出土的日本前·中期旧石器发掘和研究存在严重问题。然而遗憾的是，在此之前除极少数人外，日本考古学术界多数学者都未能从上述角度详细分析藤村发现的"旧石器"。

上述种种弊病对日本考古学界的危害，就像病毒对人体的侵害一样，造成学术界自身免疫功能的低下。当遇到藤村造假事件这样的恶性事件时，学术界不能有效地发挥应有的自净能力，及时制止他的造假活动。这一点恐怕是藤村的造假活动得以猖獗 20 载而未被发现的最主要原因。由此可见，遵循学术规律，严守学术规范，整肃学术风气，开展积极的学术批评，提高学界的自净能力，对一个国家的学术研究和科学的进步来说是何等的重要！此次日本旧石器考古学造假事件的经验教训，不仅是日本学术界，而且也值得其他国家的学术界认真思考。①

---

① 本文为避免烦琐，没有对文中引用的资料和学术观点——作注。在此仅将文中所引参考资料一并罗列如下：一、有关此次造假事件的新闻报道，主要依据了日本《每日新闻》2000 年 11 月 5 日至 2002 年 2 月 15 日的所有有关报道，计 100 余篇。二、日本学术界的批判性文章和研究成果：每日新闻社编：《发掘捏造》，每日新闻社 2001 年版；春成秀尔编：《验证·日本的前期旧石器》，学生社 2001 年版；春成秀尔编：《"前期旧石器问题探讨"学术讨论会发言要旨》，每日新闻社资助出版，2001 年 1 月版；每日新闻社编：《立花隆访谈——追踪"旧石器发掘捏造事件"》，每日新闻社 2001 年 3 月版；圣岳洞穴发掘调查团编：《大分县圣岳洞穴的发掘调查》，2001 年 3 月；日本《考古学研究》杂志 48 卷 2 号，2001 年 8 月版；《季刊考古学》杂志第 74 号，特辑"前期旧石器文化的诸问题"，2001 年版；日本《历史评论》2001 年 2 月号和 7 月号上所载文章；日本《人文学与信息处理》杂志第 34 号，勉诚出版社 2001 年版；日本《科学》杂志 2001 年第 2 期、第 3 期所载专集"验证·旧石器发掘捏造事件（第一回、第二回）"；日本《周刊文春》杂志 2001 年所载有关评论文章。三、中文参考资料：周国兴：《人怎样认识自己的起源》下册，中国青年出版社 1977 年版；王幼平：《旧石器时代考古》，文物出版社 2000 年版；B. M. 费根：《地球上的人们——世界史前史导论》，云南民族学院历史系民族学教研室译，文物出版社 1991 年版；苏联科学院民族研究所：《原始社会史——一般问题、人类社会起源问题》，蔡俊生、马龙闪译，浙江人民出版社 1990 年版；《中国大百科全书·考古卷》"欧洲的旧石器文化"等条目，中国大百科全书出版社 1986 年版。

# 五至九世纪日本构建区域秩序的尝试[①]

董灏智[②]

**内容提要** 公元前一世纪左右,日本被纳入到以中国王朝为中心的区域体系之中。由于日本与中国大陆隔海相望、未有领土接壤的特殊地理位置,日本常常与中国王朝保持着若即若离的状态。最为关键的是,日本虽以朝贡者的身份融入"前近代"东亚区域秩序中,并接受中国王朝的册封,但当其政治势力积累到一定程度时,便试图摆脱被册封的身份,力争取得与中国王朝平等的地位,甚至不惜采取军事手段与中国王朝一争高下,来扭转中日之间的不对等局面。透过日本在五至九世纪间的一系列行动,可看出其意图构建"日式区域秩序"的尝试。

**关键词** 日本;东亚区域秩序;倭五王;隋倭国书事件;白村江之战

从 1894 年甲午战争开始到 1941 年太平洋战争爆发,几乎每隔十年左右甚至在更短的周期内,日本便会发动一场规模或大或小的对外战争,如日俄战争(1904 年)、对德宣战而攻占中国青岛(1914 年)、济南惨案(1928 年)、"九一八"事变(1931 年)、全面侵华战争(1937 年)和太平

---

① 本文是国家社科基金重大项目"东亚史上的'落差—稳定'结构与区域走向分析"(项目编号:15ZDB063)和国家社科基金青年项目"东亚诸国当今纷争的历史渊源研究"(项目编号:15CSS028)的阶段性成果。
② 东北师范大学历史文化学院教授。

洋战争（1941年）。日本如此频繁地发动对外战争的目的，在于构建以日本为中心的"东亚秩序圈"，掌握区域秩序的主导权，进而实现独霸亚洲及征服世界的野心。这一问题自不待言。然而，若将研究视野聚焦在近代之前的东亚世界，便会发现日本的某些举动也在一定程度上凸显出其构建日式区域秩序的尝试。本文拟将日本近代之前的倭五王的请封、隋倭国书事件和白村江之战三个原本孤立的事件作一体观瞻，[①]通过对三者内在逻辑关系的考察，勾勒出日本尝试构建以自身为中心的小型区域秩序的历程，进而凸显出这些事件与日本历史走向的内在关联。

## 一、倭五王的"自称"与"请封"

从秦汉至隋唐，中国王朝对日本的主要认识是视其为东夷之一，《汉书》《三国志》《宋书》《南史》等正史中称日本为倭、倭人或倭国。[②] 然而，从倭五王开始，日本与中国王朝的朝贡关系出现微妙的变化，在某种程度上折射出以日本为中心的小型区域秩序的雏形。

据《晋书》《宋书》《南齐书》和《梁书》所载，"倭五王"即倭国的赞、珍、济、兴、武五王，他们可能相当于《日本书纪》所载的仁德天皇、反正天皇、允恭天皇、安康天皇和雄略天皇。[③]按中国正史所言，倭五王在413—502年间，至少有12次向南朝（宋、齐、梁）遣使朝贡，接受中国王朝的册封。

---

① 关于中日学界关于倭五王、隋倭国书事件和白村江之战的个案研究，成果可谓汗牛充栋，不仅取得了丰硕的业绩，还不断有新作问世，可参见西嶋定生：《中国古代国家与东亚世界》，东京大学出版会1983年版；坂元义种：《倭五王——空白的五世纪》，东京教育社1981年版；沈仁安：《倭五王遣使除授考》，《日本研究》1990年第4期；高宽敏：《倭五王与朝鲜》，《东亚史研究》1995年第8号；川胜守：《圣德太子与东亚世界》，吉川弘文馆2002年版；堀敏一：《隋唐帝国与东亚》，韩昇等译，兰州大学出版社2010年版。

② 为表述一致，本文均以日本称之，有特殊之处会专门指出。

③ 由于日本方面古史史料的缺失，关于"倭五王"的记载多出现在中国史书中，故只能以中国方面的记载为研究依据。

**中国王朝对倭五王的册封表**

| 序号 | 中国朝代与纪年 | 倭五王 | 史事 |
|---|---|---|---|
| 1 | 宋武帝永初二年(421年) | 赞 | 遣使朝贡 |
| 2 | 宋文帝元嘉二年(425年) | 赞 | 遣司马曹达奉表献方物 |
| 3 | 宋文帝元嘉七年(430年) | 珍 | 赞死,弟珍立,遣使贡献,自称爵号而请封 |
| 4 | 宋文帝元嘉十五年(438年) | 珍 | 遣使朝贡,自称爵号而请封 |
| 5 | 宋文帝元嘉二十年(443年) | 济 | 遣使奉献 |
| 6 | 宋文帝元嘉二十八年(451年) | 济 | 遣使上表,请求授予正官 |
| 7 | 宋孝武帝大明四年(460年) | 兴 | 济死,世子兴遣使贡献 |
| 8 | 宋孝武帝大明六年(462年) | 兴 | 遣使奉献,上表除正 |
| 9 | 宋顺帝昇明元年(477年) | 武 | 兴死,弟武立,遣使上表 |
| 10 | 宋顺帝昇明二年(478年) | 武 | 遣使奉献,上表除正 |
| 11 | 齐高帝建元元年(479年) | 武 | 遣使上表,接受册封封号 |
| 12 | 梁武帝天监元年(502年) | 武 | 遣使上表,接受册封封号 |

按照西岛定生的表述,"册封关系的特征之一是中国王朝的皇帝与周边诸国的君长间君臣关系的确立,但并不意味着中国王朝领有周边诸国的领土……这种册封的特别之处在于周边诸国的君长从中国皇帝处接受官爵或官职"①。也就是说,周边诸国的君长只有通过中国王朝的册

① 西岛定生:《东亚世界与册封体制》,《西岛定生东亚史论集》第3卷,岩波书店2002年版,第96页。

封才具有合法性与权威性。这种册封并非一劳永逸,而是具有时效性的,或者一年一封,或者多年一封,尤其是新君继位之时必须遣使来告,否则便是非法。在"倭五王"之前,曾有倭国王向汉王朝遣使朝贡并接受册封的史实。①继之,又有魏明帝诏赐女王卑弥呼为"亲魏倭王"之事。②对此,有学者指出,"正史(三国志)所明记的贡献之事,不仅包括(使者)到汉都或魏都入贡奉献的情况,还有到乐浪郡治或带方郡治入贡的情形,即通商的情况"③。这说明,虽然关于日本早期古史的记载多出自中国正史,但日本近代学者的研究也大多是承认卑弥呼接受中国王朝册封的史事,双方争议之处只在于《三国志》所载的倭国之地望。自卑弥呼之后,日本不但继续向中国朝贡,还接受中国王朝的册封。不过,由于4至5世纪的中国战乱不断、政权更迭频仍,故日本朝贡、中国册封的局面时断时续,但始终没有长时间的终止。

然而,至"倭五王"时,他们虽接受中国王朝的册封,但做法发生了变化,尤其从倭王珍开始,采取了"自称封号"而后请求中国王朝册封的做法。《宋书·蛮夷·东夷·倭国》载:"倭国在高骊东南大海中,世修贡职……赞死,弟珍立,遣使贡献。自称使持节、都督倭、百济、新罗、任那、秦韩、慕韩六国诸军事、安东大将军、倭国王。表求除正,诏除安东将军、倭国王。珍又求除正倭隋等十三人平西、征虏、冠军、辅国将军号,诏并听。"④从中可知,倭王珍自称的封号主要是使持节、都督、安东大将军、倭国王,除了倭国王之外,其他皆为中国古代的官职。考之中国古史,"使持节"为魏晋南北朝时期掌管地方军政的官员,由于被皇帝授予"旄节"而称"使持节"。与其他地方官员不同,持节官员在所辖区域内拥有诛杀之权。都督、大将军的职能与"使持节"相似,皆为地方高级军政长官。

① 范晔:《后汉书》卷八五《东夷列传》,中华书局1973年版,第2820—2821页。
② 陈寿:《三国志》卷三〇《乌丸鲜卑东夷传》,中华书局1964年版,第857页。
③ 桥本增吉:《东洋史视域下的日本上古史研究(邪马台国论考)》,东京大冈山书店1932年版,第83页。
④ 沈约:《宋书》卷九七《蛮夷列传》,中华书局1974年版,第2394—2395页。

在此之前,中国王朝只封过日本"倭国王"的封号,而使持节、都督、大将军的封号则皆曾册封给高句丽与百济二国的国君。《宋书·蛮夷·东夷》载:"高句骊王高琏,晋安帝义熙九年,遣长史高翼奉表献赭白马……诏曰:'使持节、都督营州诸军事、征东将军、高句骊王、乐浪公琏,使持节、督百济诸军事、镇东将军、百济王映,并执义海外,远修贡职。'"[1]又载:"义熙十二年,以百济王余映为使持节、都督百济诸军事、镇东将军、百济王。高祖践祚,进号镇东大将军。"[2]从这一层面可知,日本索要封号的目的在于取得与高句丽同等的地位,并且明显有凌驾于百济之上的意味,从而以取得对朝鲜半岛的支配权和统治权。诚如有学者所言,"倭国王的想法是具有现实性的,想要取得除高句丽之外地域的军事支配权"[3]。同时,这也意味着由于日本势力的崛起,之前以中国王朝为首、高句丽为次、百济又次之的局面被打破,中国东北及朝鲜半岛的局势也将随之改变。据学者考证,"266年到413年之间,以畿内的大和为中心进行了国家统一的运动"[4]。在此之后,日本便将扩张的矛头指向朝鲜半岛。由于史料的缺失,这一过程不得而知,但仅从《好太王碑》的碑文中仍可见些端倪。据考证,好太王碑是高句丽长寿王为纪念其父好太王的功绩而建立的大型墓碑,建于414年。[5]其碑文中多次出现"倭"字,但"倭"字究竟何指,至今仍有争议。无疑,"倭"指向日本列岛上的民众是不成问题的,至少可以证明彼时倭人已经侵略至朝鲜半岛。同时,若将倭王珍索求封号与好太王碑的碑文结合来看,日本征伐朝鲜半岛之事应该是存在的。其中,"使持节""都督倭、百济、新罗、任那、秦韩、慕韩六国诸军事"和"安东大将军"这三个封号已隐隐预示着日本政治力量或军事力量的激增。显然,日本的崛起不可能是以和平方式,必然要通过武力

---

① 沈约:《宋书》卷九七《蛮夷列传》,第2392页。
② 沈约:《宋书》卷九七《蛮夷列传》,第2393—2394页。
③ 石井正敏:《5世纪的日韩关系——倭五王与高句丽·百济》,《日韩历史共同研究报告书第1分科篇》,日韩历史共同研究委员会2005年版。
④ 坂本太郎:《日本史》,汪向荣等译,中国社会科学出版社2008年版,第35页。
⑤ 王健群:《好太王碑研究》,吉林人民出版社1984年版,第3页。

征讨才能得以实现。

　　然而,倭王珍自称的封号并未得到中国王朝的认可,中国王朝只封其为"安东将军"和"倭国王"。至倭王济时,宋文帝加封其为"使持节"和"都督倭、新罗、任那、加罗、秦韩、慕韩六国诸军事","安东将军"的封号也同之前一样册封给了倭王济,这意味着其承认了倭国的国际地位。这一局面到倭王武时又有所变化,"兴死,弟武立。自称使持节、都督倭百济新罗任那加罗秦韩慕韩七国诸军事、安东大将军、倭国王"①。按照东亚册封体制的运行模式,对周边属国而言,中国王朝册封的有效性仅限于"王一代",新君继位必须遣使来告,重新得到中国王朝册封,其王位才具有正当性。因此,倭王武即位后就向中国王朝请封,但仍是自带封号请封,并且"都督六国诸军事"变为"都督七国诸军事",暗示倭国"势力范围"的扩大。最终,宋顺帝册封倭王武为"武使持节、都督倭新罗任那加罗秦韩慕韩六国诸军事、安东大将军、倭王"。继南朝宋之后,齐、梁建政。倭王武亦遣使朝贺,先后被齐高帝封为"镇东大将军"、被梁武帝封为"征东大将军"。虽然,这种册封对中国南朝来说仅是形式而已,未有实际意义,况且中国南朝与日本、朝鲜半岛之间又间隔北朝政权,不可能对他们有实质性的影响,但这对于日本却意义非凡。通过接受中国册封,倭王树立了其在国内的权威。诚如坂本太郎所言:"日本之所以需要这个称号,是想通过这个称号,说明中国承认其统治半岛各国的正当性,然可借中国的权威君临各国,充分表现出丧失了自主性的事大思想。"②表面上看,倭王武的做法确实凸显出对中国的事大主义,但其"自封"的举动并未丧失自主性,反而从中获得了政治利益。

　　最关键的是,倭王武的上表中还凸显出以日本为中心的"华夷秩序"的雏形。其上表言道:"封国偏远,作藩于外,自昔祖祢,躬擐甲胄,跋涉山川,不遑宁处。东征毛人五十五国,西服众夷六十六国,渡平海北九十

---

① 沈约:《宋书》卷九七《蛮夷列传》,第 2395 页。
② 坂本太郎:《日本史概说》,汪向荣等译,商务印书馆 1992 年版,第 38 页。

五国,王道融泰,廓土遐畿,累叶朝宗,不愆于岁。"①其中的"五十五国""六十六国""九十五国"的说法可能有所夸大,但从《三国志·魏书·东夷传》中所载的诸多小国情况来看,当时的日本确是小国林立。日本虽称自己为封国,但它对毛人、众夷的称谓则暗示其自身已摆脱了夷狄的身份,故而,日本向中国王朝索要封号是名正言顺的。倭王武在承认以中国王朝为中心的"天下秩序"的同时,已将中国式"华夷秩序"的展开脉络②运用在与周边国家的往来中,并试图用武力建构以日本为中心的区域秩序。这一做法,更为后世日本的一系列举动埋下了伏笔。正如有学者所论,倭五王的举动标志着日本国际地位由此得到了确立。③

## 二、隋倭国书事件与白村江之战

如果说,隋代之前的中日关系是以中国册封、日本朝贡的不对等局面为主体,那么,自隋代起,日本则开启了谋求中日对等身份的举动。这一过程的开端是"隋倭国书"事件。隋朝终结了中国南北朝的分裂格局,重新一统天下,日本于 600 年向隋朝派遣使者致贺。自南朝梁代之后,中断了近百年的中日关系由此重新开始。

600—615 年间,日本推古朝(529—628)先后多次派出遣隋使,隋朝也派出使者赴日,这一情形的改变与日本圣德太子的改革有着重要关联。据载,在圣德太子执政之前,东亚局势发生了明显变化,除了隋朝统一中国之外,朝鲜半岛上的新罗也逐渐强大起来,而日本却因朝廷内部新旧势力的争斗致使国势日衰。至圣德太子摄政时,他以中国王朝的政治制度及政治思想为蓝本,进行了政治改革。改革的主要内容包括,制定十二阶冠位、限制贵族势力、推进贵族官僚化和形成以天皇为首的官

---

① 沈约:《宋书》卷九七《蛮夷列传》,第 2395 页。
② 按照韩东育的说法,"华夷秩序"在文化上的表现形式是"华夷关系",但二者之间的身份并不是固定的,一旦夷狄具备了"变夷为华"的条件,也会自称"中华",并将周边落后的地区称为"夷狄"。参见韩东育《东亚的心胸》,《读书》2008 年第 8 期。
③ 坂元义种:《古代东亚的日本与朝鲜》,吉川弘文馆 1978 年版,第 261 页。

僚体制；以中国儒家思想为主旨，制定十七条宪法，进而提高皇权；提倡佛教，削弱氏姓贵族的势力；恢复日本与中国王朝的国交，派遣留学生，摄取中国先进的思想与文化；编纂《天皇记》《国记》等史书，加强日本的国家观念。① 圣德太子虽然恢复了与中国王朝的国交，但坚持相互平等的身份。于是，他在 607 年派遣小野妹子赴隋时，所携带的国书中出现了"日出处天子致书日没处天子无恙云云"的字样，这自然引起了隋炀帝的不悦，他对鸿胪卿说，"蛮夷书有无礼者，勿复以闻"②。关于隋炀帝不悦的原因，目前学术界较为认可的解释为"日本自称为天子"。在此之前，日本为中国王朝的属国，向中原王朝朝贡并接受册封，其身份显然与中国王朝不对等。然而，在此次的国书中，圣德太子竟将日本也称为天子，意图与中国王朝平起平坐，这是隋炀帝难以接受的。③

　　之后，隋炀帝派使团携国书与小野妹子一并回访日本。但是，这一过程并不顺利，其间还发生了"国书被劫"事件。据《日本书纪》所载："爰妹子臣奏之曰：'臣参还之时，唐帝（应是隋帝）以书授臣。然经过百济国之日，百济人探以掠取。是以不得上。'于是群臣议之曰：'夫使人虽死之不失旨。是使矣何怠之失大国之书哉？'则坐流刑。时天皇敕之曰：'妹子虽有失书之罪，辄不可罪。其大国客等闻之亦不良。'乃赦之不坐也。"④一年后，隋使裴世清又将国书带至日本，其内容为"皇帝问倭皇。

---

① 胜浦鞆雄：《皇国史要》上卷，东京京桥区南传马町一丁目十二番地 1895 年版，第 21—23 页；吴廷璆：《日本史》，南开大学出版社 1994 年版，第 46—47 页。
② 魏徵：《隋书》卷八一《东夷列传》，中华书局 1982 年版，第 1827 页。
③ 对此，有学者提出了不同看法，认为隋朝君臣误解了圣德太子的"良苦用心"，"（日本）称隋朝为'西'，是一种褒义的双关语，既是方位的指称，又暗喻西方净土世界，丝毫没有贬损之意，反而应该含有宗教的尊敬，此应是'日没处'亦即西方的引申义。当年倭国使者用求法的名义入隋，心怀崇敬，向西而行，圣德太子煞费苦心地引用佛典，所修国书与此情景颇为贴切"。参见韩昇：《东亚世界形成史论》，复旦大学出版社 2009 年版，第 206 页。
④《日本书纪》，经济杂志社编：《国史大系》第 1 卷，东京经济杂志社 1901 年版，第 382 页。关于"国书被劫"事件，日本学界至少有三种解读，即掠走或自毁说、无回书说、小野隐匿未奏或史书故意删除说，可参见黄尊严：《隋日交往中的"国书"问题研究述评》，《北方论丛》1996 年 5 期。其中，小野隐匿未奏的说法可能更接近事实真相。对此，本居宣长指出，"可能因为隋帝的国书极无礼貌，妹子才伪称被百济掠去，没有交出"。参见本居宣长：《驭戎概言》，《本居宣长全集》第 6 卷，吉川弘文馆 1926 年版，第 159—160 页。

使人长吏大礼苏因高等至具状。朕钦承宝命临仰区宇,思弘德化覃被含灵,爱育之情无隔遐迩。知皇介居海表,抚宁民庶,境内安乐,风俗融和,深气至诚,远修朝贡,丹款之美朕有嘉焉"①。由于这段记载出自《日本书纪》而未见于中国史书,故其中的"倭皇"称谓显然不可能出自隋炀帝之口,又《善邻国宝记》引《经籍后传记》明确记载"皇帝问倭王"②,因而,国书中为"倭王"非"倭皇"。这意味着,隋炀帝虽对日本的国书深感不快,却并未通过军事打击的方式来解决,而是在国书上继续采用中国王朝对属国的册封口气,这种"天子赐诸侯书"式的语气必然引起日本的不满,"圣德太子甚恶其黜天子之号为倭王,而不赏其使。仍书曰东天皇白西皇帝云云"③。同时,《善邻国宝记》还记载了日本回致中国的第二个国书的形成过程。"隋帝书曰皇帝问倭皇云云,天皇问太子曰,以书如何?太子奏曰,天子赐诸侯王书式也。然皇帝之字,天下一耳,而用皇字,彼有其礼云云。天皇召太子以下而议答书之辞,太子握笔书之曰,东天皇敬问西皇帝云云,帝谨白不具。"④从中可知,日本在第二封国书中虽抹去了"天子"的称谓,但"东天皇敬问西皇帝"的表述则明显地折射出其在形式上力争与中国王朝对等的外交关系,意图表明自身已不再从属于中国王朝,这是中日关系的重大转折。诚如有学者所言:"中国封爵对实现了统一的天皇已无政治利用价值可言,既然不再需要以中国封号巩固自己的国内政治地位,与中国的君臣关系也就由此告终,日本对华关系的重点转向引入、借鉴中国文化、佛教和政治制度。"⑤又如木宫泰彦所言:"圣德太子一面向往中国文化,极愿试图吸取,而另一面又始终尊重国家体面,对隋坚持对等态度,真是值得钦佩。"⑥自此,在两国关系对等的前提下,日本开始大规模地向中国唐朝学习。

---

① 《日本书纪》,第383页。
② 田中健夫编:《善邻国宝记·新订续善邻国宝记》,东京集英社1995年版,第36页。
③ 同上书。
④ 《善邻国宝记·新订续善邻国宝记》,第32页。
⑤ 王贞平:《汉唐中日关系论》,台湾文津出版社1997年版,第121页。
⑥ 木宫泰彦:《日中文化交流史》,胡锡年译,商务印书馆1980年版,第55页。

　　尽管如此,日本也只是在形式上单方面取得了与中国王朝的对等关系,其政治实力和文化水平与中国王朝相比,仍有极大的差距。于是,日本孝德天皇在 645 年开始了"大化改新"。改新派以中国儒学的政治理念和唐代的律令制度为蓝本,从经济到政治在诸多方面进行了改革,确立了以天皇为首的中央集权的封建国家体制,这对后世日本的发展进程产生了重要影响。① 日本推行大化改新的重要目标就是超过中国。"645 年的政变和 646 年的诏书,显著地激发了皇族的干劲。他们要权力,他们要赶超中国。"②尤为关键的是,在大化改新之后,日本又将侵略的矛头指向朝鲜半岛,这是继日本丢失朝鲜半岛占领地"任那"之后,再次进犯朝鲜。据载,在 655 年前后,朝鲜半岛上的三国发生战争,百济和高句丽结成军事同盟,共同进犯新罗,并且,前两者又与日本的关系有所缓和。面对不利的困境,新罗向唐朝求援。唐朝出兵,与新罗一起灭掉百济。随后唐军挥师进军高句丽,但进展不顺利,而亡国之后的百济又开展复国运动,且进展迅速。在这一背景下,日本于 663 年出兵援助百济,与唐朝、新罗军队在白江口展开激战,即"白村江之战"。③ 这一事件的发生与朝鲜半岛的政局变化紧密相关,其过程较为复杂,已有诸多学者有所论述,本文不再赘言。而其结果,则是日百联军大败,唐新之军完胜。"仁轨遇楼兵于白江之口,四战捷,焚其舟四百艘,烟焰涨天,海水皆赤,贼众大溃。百济王余丰脱身而走,获其宝剑,伪王子扶余忠胜、忠志等率士女及楼众,并耽罗国使,一时并降。百济诸城,皆复归顺。"④除中国史书外,日本史书对此也有记载,"大唐军将率战船一百七十艘,阵烈于白村江。戊申,日本船初师至者,与大唐船师合战。日本不利而退,大唐坚阵而守。己酉,日本诸将与百济王不观气象,而相谓之曰:'我等争先,彼应自退。'更率日本乱伍中军之卒进打大唐军。大唐便自左右夹船绕战。须

① 渡辺几治郎:《皇国大日本史》,朝日新闻社 1941 年版,第 69—72 页。
② 霍尔:《日本:从史前到现代》,邓懿、周一良译,商务印书馆 1997 年版,第 36 页。
③ 木村小舟:《日本国史物语·大和卷》,东京博文馆 1930 年版,第 417—418 页。
④ 刘昫等:《旧唐书》卷八四《刘仁轨列传》,中华书局 1975 年版,第 2791—2792 页。

臾之际,官军败绩,赴水逆死者众,舻舳不得回旋,朴市田来津仰天而誓,切齿而嗔,杀数十人,于焉战死"①。

　　白村江之战虽以日本一方的失败而告终,但这是中日两国历史上第一次正面的军事冲突,对东亚地区影响深远。首先,进一步巩固了以中国为中心的东亚区域秩序;其次,新罗统一了朝鲜半岛南部,结束了朝鲜半岛的分裂局面;最后,日本的势力退出朝鲜半岛,一千余年内再未进犯朝鲜半岛,不过日本从未放弃侵略朝鲜的野心。不宁唯是,白村江之战更是日本扭转中日落差的一次军事尝试。试想,日本如果不自认为实力达到一定程度,岂能贸然出兵相助百济而对抗大唐? 表面上看,日本的战败仅是小规模的损失,但事实上是失去了大化改新以来的国家自信心。诚如有学者所言,"白村江一败,颠覆了源自根底的国民自负自尊的信念"②。即使是在 1930 年的日本人著作中,仍视白村江之战为重大失败,认为日本的国防政策也随之一变,"今日之见,白村江之战可训诫之处多矣……此海战中海军的战败,全然失坠国威于大陆……以至于不得不舍去朝鲜……白村江海战的结果,我国完全放弃积极对政策的同时,围绕着国防问题,纯然变为防御的态度"③。言外之意,古代日本的"大陆政策"即随此战破灭。

　　自此之后,日本意识到自身没有实力与中国王朝抗衡,因而,虚心向中国学习,派遣遣唐使、留学生来中国。对此,有学者称,"自白村江之役,唐高宗大败日本后,患畏唐病之日人,愈崇拜景仰我国之文化,故遣唐使留学生之派遣,极达最盛时代"④。据载,有唐一代,先后派遣遣唐使达十八九次。⑤其中,三分之二的遣唐使是在白村江战役后派遣的,每次人数几十人到数百人不等。在这段时间,中日之间的文化交流达到了前

①《日本书纪》,第 475 页。
② 衣斐钧吉:《东亚形势与日本将来》上卷,立命馆大学出版部 1926 年版,第 39 页。
③ 三笠保存会编:《大日本海军战史谈》,东京三笠保存会 1930 年版,第 12—15 页。
④ 王辑五:《中国日本交通史》,上海书店 1996 年版,第 59 页。
⑤ 武安隆:《遣唐使》,黑龙江人民出版社 1985 年版,第 31 页。

所未有的高度,直至 894 年日本废止遣唐使,这一状况才发生转变。

## 三、边缘化的日式区域秩序

白村江之战后,日本便开始派遣唐使赴中国学习,也延续了圣德太子的做法,始终追求与中国相互平等的身份。日本在与唐朝实施对等外交的同时,也在尝试建构以日本为中心的区域体系,有学者以"日本型的小帝国体制"称之。①如果说,日式的区域秩序在"倭王武"时代初现端倪,那么,在隋唐之际,日本的区域秩序则伴随着律令制国家的确立而进一步发酵。白村江之战虽以日本战败而告终,但对于朝鲜半岛及中国东北的政权格局而言,日本毕竟是已成为仅次于中国唐朝的地区大国,实力不容小觑。故而,新罗、渤海等国在白村江战后皆有接受日本国书的情况发生。

《续日本纪》记载了第十次遣唐副使大伴古麻吕归国后的奏文:"大唐天宝十二载(753 年),岁在癸巳,正月朔癸卯,百官、诸蕃朝贺,天子于蓬莱宫含元殿受朝。是日于以我次西畔第二吐蕃下,以新罗使次东畔第一大食国上。古麻吕论曰:'自古至今,新罗之朝贡大日本国久矣,而今列东畔上,我反在其下,义不合得。'时将军吴怀宝见知古麻吕不肯色,即引新罗使次西畔第二吐蕃下,以日本使次东畔第一大食国上。"②《大日本史》中亦有类似的记载:"大伴古麻吕……六年归自唐,奏曰,天宝十二载元会,唐主居含元殿受贺。是日以臣等列西畔第二吐蕃下,新罗使次东畔第一大食国上。臣争曰:'新罗朝贡于日本久矣,而今列反列东畔上,义所不当。'于是其将军吴怀宝见臣颜色,即引新罗使,就吐蕃下,臣等列大食国上。"③由于这一史料仅见于日方史书,而中国史书未有记载,因

---

① 罗丽馨:《日本型华夷观——七至九世纪日本的外交和礼仪》,《台湾师大历史学报》2006 年第 35 期。

② 菅野真道:《续日本纪》,经济杂志社编:《国史大系》第 2 卷,东京经济杂志社 1901 年版,第 307 页。

③ 源光圀:《大日本史》第 13 册·卷 106—116,东京吉川半七出版 1907 年版,第 4 页。

此,中日学者对此有不同的解读。日本学者突出强调,日本当时的国际地位高于新罗。与之相反,中国学者不但质疑该史料的真实性,更依据《通典》中的大唐开元礼以及《唐书·突厥传》中的另一次争长事件,认为"《续日本纪》所载盛唐天宝年间日本使者向唐朝宣称'新罗之朝贡大日本国久矣',显然是一种自欺欺人的说法"①。当然,中国史书未曾记载这一史料不能成为否定其真实性的依据,但其中的"新罗朝贡于日本久矣"恰是中国学者质疑该史料真实性的重要依据。由于史料的缺失,事实究竟如何,难以明证。有学者推论:"如果从日本人的民族性格及其统治者自推古朝以来对中国奉行的平等外交的传统以及当时新罗与日本的关系来看,天宝争长的存在还是十分有可能的。"②本文赞同这一说法,尤其是将其与隋倭国书事件结合起来考察来看。表面上看,日本与新罗争长的原因在于新罗曾向日本朝贡,而在唐朝的典礼上新罗的地位反高于日本,故日本使者不能接受这一事实。实际上,日本对唐朝的外交始终奉行对等原则,并且是"只朝贡不受封",其身份明显与"既朝贡又受封"的新罗不同,从这一层面来看,似乎更容易理解"天宝争长"事件的内情。

　　新罗、渤海是否有过向日本朝贡之事,尚存有争议,但在《续日本纪》中,却多次记载了日本致新罗、渤海的国书。其载:"正月丁亥,金儒吉等还蕃,赐其王敕书曰:天皇敬问新罗王。使人一吉飡金儒吉、萨飡金今古等至,所献调物并具。王有国以还多历年岁,所贡无亏。"③又载:"天皇敬问渤海国王:朕以寡德,虔奉宝图。亭毒黎民,照临八极。王僻居海外,远使入朝,丹心至明,深可嘉尚。但省来启,无称臣名。仍寻高丽旧记,国平之日,上表文云:族惟兄弟,义则君臣。或乞援兵,或贺践祚。修朝聘之恒式,效忠款之恳诚。故先朝善其贞节,待以殊恩,荣命之隆,日

① 王小甫:《唐朝与新罗关系史论——兼论统一新罗在东亚世界中的地位》,荣新江主编:《唐研究》第 6 卷,北京大学出版社 2000 年版,第 164—165 页。
② 朱莉丽:《从唐日外交态势看天宝争长之可能性》,《安徽史学》2005 年 4 期。
③《续日本纪》,第 37—38 页。

新无绝。"①这些记载中,明显地出现了"天皇敬问××国王"字样。《延喜式》中的"诏书式"道出了原委:"大蕃国云天皇敬问,小蕃国云天皇问。"②《延喜式》为日本平安时代的律令条文,于967年颁布实施。由此可知,"天皇敬问"的国书语气是对藩属国的称谓,而藩属国又有大小之分。虽然,以上两个国书颁发于8世纪前期,《延喜式》颁布于10世纪中叶,二者相差近二百年,但这更进一步地说明了"日式区域秩序"在8世纪初确立,并且其对后世产生了深远影响。

重要的是,日式区域秩序的确立与日本律令制国家的建构过程紧密相连。7世纪末,日本开始仿效唐代律令制来建设自身的律令制国家。701年,"大宝律令"的制定标志着日本律令制国家的形成。继之的"养老律令",更凸显出以日本为中心的区域秩序。《养老律令·公式令》:"诏书式。明神御宇日本天皇诏旨云云,咸闻。"《令集解》进一步解之:"谓以大事宣于蕃国使之辞,释云:宣蕃国大事辞。古记云:御宇日本天皇诏旨,对邻国及蕃国而诏之辞。问:邻国与蕃国何其别? 答:邻国者大唐,蕃国者新罗也。朱云:宣蕃国辞谓,我化内来时宣辞耳,非宣遣蕃国。市十今案指宣使之辞也,但宣遣蕃国之辞,可求之,额不同也,但事大小可有式之也。"③据此可看出日式区域的构图,即以日本为中心、为化内,其他为化外。化外又有邻国与蕃国之分,唐朝为邻国,新罗、渤海为蕃国。此外,还包括虾夷等为夷狄。对此,有学者认为,"诸蕃和夷狄的朝贡,是确立'小帝国'构造圈必备的条件,但随蕃国不再入贡,或入贡意义变质,及夷狄的内属,'小帝国'实际上仅存其名"④。

白村江战役的惨败,意味着日本第一次尝试扭转中日政治落差的失败,但日本在失败中觉醒,在双方对等关系的前提下积极向对手学习,甚

---

① 《续日本纪》,第304页。

② 藤原忠平:《延喜式》,经济杂志社编:《国史大系》第13卷,东京经济杂志社1901年版,第452页。

③ 国书刊行会编:《令集解》第二,东京国书刊行会1913年版,第255页。

④ 罗丽馨:《日本型华夷观——七至九世纪日本的外交和礼仪》,《台湾师大历史学报》2006年第35期。

至在政治模式上也效法唐朝。在政治实力激增至一定程度时，日本开始从其他层面挑战中国，日式区域秩序的建构就是其中的一种形式。然而，这种日本一厢情愿的做法对朝鲜半岛及中国是否有效，我们从《续日本纪》中就可看出问题。其载："遣新罗使奏：'新罗国，失常礼，不受使旨。'于是，召五位已上并六位已下官人惣冊五人于内里，令陈意见。"①其中的"不受使者"，应是新罗不接受日本的国书或诏书。"责问渤海王表无礼于壹万福。是日，告壹万福等曰：'万福等，实是渤海王使者。所上之表，岂违例无礼乎。由兹，不收其表。'"②"新罗使还蕃。赐玺书曰：天皇敬问新罗国王。朕以寡薄，纂业承基。理育苍生，宁隔中外。王自远祖，恒守海服，上表贡调，其来尚矣。日者亏违蕃礼，积岁不朝。虽有轻使，而无表奏。"③又《日本后纪》载："先是，渤海国王所上书疏，体无定例，词多不逊。今所上之启，首尾不失礼，诚款见乎词。"④仅从以上四条日本方面的史料来看，日本推行的区域秩序并未按照其预想展开，新罗、渤海等国常在国书上各行其是，既不以日本为宗主国，也未奉其正朔，甚至朝贡日本的次数也并不多见，因而引起双方冲突。

　　然而，由于新罗、渤海等国的实力难以与日本抗衡，两国更希望在与日本的交往中获利，故两国有时也会顺应日本的要求在国书称谓上让步，但其从属意识并不是太强烈。同样，对中国唐朝而言，日式的"小帝国"模式对其影响不大。在《旧唐书》中对日本的记载是："日本旧小国，并倭国之地。其人入朝者，多自矜大，不以实对，故中国疑焉。"⑤由此可推测，日本因与唐朝采取的是对等关系，且又有以日本为中心的思想作祟，故"其人入朝者，多自矜大"。虽然，日式区域秩序难以冲击以唐朝为中心的东亚区域体系，且影响力度有限，对新罗、渤海等国也并无太大意

---

①《续日本纪》，第 205—206 页。

②《续日本纪》，第 554 页。

③《续日本纪》，第 638 页。

④ 藤原绪嗣：《日本后纪》，经济杂志社编：《国史大系》第 3 卷，东京经济杂志社 1901 年版，第 4 页。

⑤《旧唐书》卷一九九《东夷列传》，第 5340 页。

义,仅属于边缘化的区域秩序,但这是日本在军事上挑衅中日落差后,继续尝试构建区域秩序的举动,对后世日本的历史发展有着一定程度的影响。

## 结 语

894 年,日本终止了遣唐使。对于其原因的探讨,学界一直未曾停止。其中,日本学者森克己的解释较为合理,即日本难以承担遣唐使高昂的费用及唐日商人的民间活动取代了两国之间的政治往来。[①] 这也从另一侧面解释了此后五百余年中日两国"政冷经热"的状况。两国虽无邦交往来,但民间的经济、文化交往极为繁盛,双方均获利巨甚。即便是元朝曾有过两次征日的军事行动,但其后也并未影响两国的民间交往。两国的交往是以经贸往来为主、文化交流为辅,其间扮演重要角色的分别是商人和僧侣。这一时期的文化交流已不同于隋唐时期,以僧人为代表的佛教交流成为中日文化交流的主要内容,日本留学生的数量则大为减少。尤其是,日本在学习、吸收中国文化的基础上,融合自身文化形成了国风文化,渐渐取代了唐风文化,逐渐形成了自身的独特文化,为后来江户日本扭转文化落差奠定了基础。

日本从五世纪到九世纪的一系列举动,恰是日本尝试构建区域秩序的诸多重要环节。原本,在前近代的东亚世界内,长期存在以中国王朝为中心的区域秩序,有学者将其表现形式括为"文化上的'华夷关系'、政治上的'宗藩关系'和经济上的'封贡关系'"[②],并进而指出,以上"三大纽带"是建立在"三大落差"的基础上的,即与"华—夷"对应的"文—野"价值落差,与"宗—藩"同构的"中—边"地位落差和与"封—贡"相应的"厚—薄"丰瘠落差。[③] 从秦汉大一统到明清时代,中国王朝展现出了强

---

① 森克己:《遣唐使》,东京至文堂 1966 年版。
② 韩东育:《东亚的心胸》,《读书》2008 年第 8 期。
③ 同上。

大的综合实力，在各方面皆优于周边诸国，即使是处于分裂时期，在文化方面的影响力，周边诸国也是难以望其项背。这意味着，中国王朝与周边王朝在政治、文化、经济等方面的"落差"，是维系前近代东亚世界稳定的重要因素。中国王朝在政治、经济、文化等方面展现了强大的实力，因此，日本即便试图通过武力方式来扭转二者间的差距与地位，却均以失败告终。自白村江之战后，日本尝试建构以日本为中心的小型区域秩序，虽然影响力有限，但是，日本从未放弃构建日式区域秩序的野心。一千多年后，日本通过明治维新，增强了国力，并通过发动侵略战争，削弱了中国国力，与西方列强争霸东亚地区。从这一方面考察，日本在五至九世纪期间构建日式区域秩序的尝试，与之后丰臣秀吉的"征朝侵明"之战、幕末的"征韩论"以及明治初期日本吞并琉球的举动实是有着千丝万缕的关联。

# 后　记

　　我国史学界对日本历史的研究,整体上呈现出古代史(7—12世纪)、近世史及近现代史较为繁荣,远古史(6世纪末前)与中世史相对冷寂的局面。尤其是关于弥生时代前的原始古代部分,国内少有以此为专业方向的学者。与此同时,日本的远古史包含旧石器时代、绳文时代、弥生时代和古坟时代,时间跨度大,留存的文字资料很少。因此,《日本通史》远古卷是由多名作者合作完成,这与其他五卷有明显区别。由于作者能力的不足,本书在某些内容的叙述上或有不严谨之处,也可能没有充分参照国内外最新的研究成果,但由于国内关于日本远古史的著作非常少,本书作为通史应能对广大读者有所助益。

　　在行将付梓之际,对本卷成书过程与执笔分工情况作简要说明。2015年7月,通史主编王新生教授召集本卷作者就远古卷的写作计划进行了讨论。作为六卷本《日本通史》的第一卷,远古卷设定的时间下限为6世纪末。考虑到目前国内日本史学界对这一时段的研究积累不多、相关原始文献非常稀少,决定在参考资料选择上将考古学与历史学研究成果并重。在具体分工上,首都师范大学崔金柱负责第一至四章以及附录;北京大学高燎负责第五、第六章;北京联合大学章林负责第七章;浙江大学王海燕负责第八章。需要说明的是,本卷关于弥生时代和古坟时代考古的部分内容改编自陈国庆教授著作，第八章第一节改编自徐建新研究员部分论文。承蒙两位老师惠允将其研究成果吸收进本书并在专业上提供指导，谨于此致以深深谢意。

本书的完成还得益于多位师友的鼎力帮助。北京大学沈仁安老师、王新生老师提供了大量日文研究资料并对写作提出宝贵建议；首都师范大学陈宥成老师阅读部分书稿并从考古学专业角度提出了部分意见；江苏人民出版社王保顶先生、金书羽女士和马晓晓女士在编辑出版过程中提供了大量协助。在此表示谢忱。